공공조직행태론

조경호
이석환 · 이정욱 · 조윤직
주효진 · 최상옥 · 최성욱

도서출판 대영문화사

머리말

공공조직은 개인의 이해 관심을 뛰어넘는 공동의 문제가 제기되고 해결되는 곳이며, 공동의 선을 추구하면서 보편성과 합리성을 보장하는 영역이다. 21세기 국가와 정부의 경쟁력은 공공조직의 혁신과 개혁에 달려 있으며, 근래 들어 선진국들의 개혁 노력은 공공조직 혁신을 중심으로 전개되고 있는 것도 이 때문이다. 건국 이후 우리나라는 전통적으로 행정국가 중심으로 발전해 왔으며, 정부가 바뀔 때마다 행정개혁을 공공조직 혁신과 연결시켜 시도해 왔기 때문에 우리나라 공공조직은 이론과 실제의 양 차원에서 상당한 변화를 겪고 있다.

공공조직 혁신의 중심에는 공공조직 구성원의 행동과 태도의 변화를 추구하는 데 있다고 해도 과언이 아니다. 국민의 눈높이에 공공조직 구성원의 행동과 태도를 맞추는 일, 글로벌 환경 변화에 이들의 행동과 태도를 바꾸는 하는 일, 그리고 국가적 위기를 극복하고 국격을 높이기 위한 이들의 행동과 태도를 전략적으로 짜고 발전시키는 일 모두가 공공조직 혁신의 중심 과제임에 틀림없다. 이 책은 조직행태론의 기본적인 이론과 실제를 충실히 소개하면서도, 우리나라 공공조직 구성원의 행동과 태도에 대한 혁신과 개혁 내용을 되도록 자세히 전달하고자 했다. 이 책은 저자들의 전문 분야와 학문적 경향에 기반을 두고 있지만 공공조직의 특성과 공공조직 구성원의 바람직한 행동과 태도의 형성에 영향을 미치는 종합적이고 구체적인 내용을 담고 있다. 특히 이 책은 민주주의 국가의 공공조직 구성원의 바람직한 행동과 태도 지향 정향을 담고 있고, 이들의 참여 동기, 혁신적 행동 및 책임 있는 행동과 태도에 초점을 맞추고 있다.

이 책에서 주로 다룬 내용은 다음과 같다. 제1편은 공공조직 구성원의 행동과 태도에 대한 이해를 다루고 있는데 이 책의 분야별 주제들을 아우르는 요체가 된다. 제2편에서는 개인 수준의 공공조직행태론을 포함하고 있는데, 조직몰입과 동기부여 등 그간 여타 교재에서는 상세하게 취급하지 않았던 내용들을 다루고 있다. 특히 공공봉사 동기를 포함해 공공조직 구성원의 참여 동기 형성에 영향을 미치는 다양한 요인들을 포함한다. 제3편은 집단 수준의 공공조직행태론을 다루고 있는데, 커뮤니케이션과 리더십, 공공조직 구성원들에게 필요한 규범 개발에 초점을 둔다. 제4편은 조직 수준의 공공조직행태론을 설명하고 있는데, 공공조직을 둘러싸고 변화하는 정치공동체의 구성원들이 다양하다는 사실에 의존해 권력과 갈등 행태를 다루며, 조직문화와 상징을 조직유효성 관점에서 상세하게 설명하고 처방하고 있다. 제5편은 조직과 조직 사이의 네트워크 행태에 대한 것인데, 공공조직에 대한 국민, 그리고 글로벌 신뢰를 증진하고 조직 자본의 효율적인 활용을 위한 네트워크 행태를 매우 구체적으로 다룬다.

현대 조직은 거의 모두가 공공조직이라는 관점에서 본다면 이 책의 독자층은 매우 넓다고 볼 수 있다. 공공조직 구성원은 당연하고, 경영조직 임직원들의 지속 가능 경영에도 긍정적인 영향을 미칠 수 있는 책이라고 생각한다. 이 책에 포함된 장별, 절별 내용 면에서 전문성이 강하기 때문에 장 간이나 절 간 연결이 다소 매끄럽지 못할 수 있다. 또한 일반론적 관점에서 공공조직행태론을 소개하는 부분이 간헐적으로 포함될 수밖에 없었기 때문에 공공조직행태론의 특성화가 약간 미흡한 부분도 있다. 이와 같은 한계는 앞으로의 개정 작업으로 계속 보완해 나가기로 한다. 이 책의 미흡한 부분에 대해 지속적으로 지도·편달해 주실 것을 독자들에게 부탁드리면서 아무쪼록 이 책이 공공조직행태론을 연구하고 강의하는 데 유익한 참고 자료가 되기를 바란다. 끝으로 이 책의 출간에 많은 도움을 주신 대영문화사 임춘환 사장님과 관계자 여러분께 감사드리고, 마지막 편집 작업에 도움을 준 장다정 박사과정생에게 감사드린다.

2014년 7월
필자들을 대신해서
조경호

차 례

머리말 / 3

제 1 편 공공조직 행태의 이해

제 1 장 공공조직 구성원의 행태 ······ 15

제 1 절 공공조직이란? ······ 15
제 2 절 공공조직 구성원이란? ······ 18

제 2 장 공공조직행태론의 구성 ······ 22

제 1 절 공공조직 행태의 형성과 발전 ······ 22
제 2 절 공공조직행태론의 주요 연구와 구성 ······ 23

제 3 장 조직행태론의 개관 ······ 30

제 1 절 조직행태론이란? ······ 30
제 2 절 조직행태론의 특징 ······ 32
제 3 절 조직행태론의 주된 종속변수 ······ 34
제 4 절 조직 행태의 기본 모형 ······ 38

제 2 편 개인 수준의 공공조직행태론

제 4 장 성격과 가치관 ······ 41

제 1 절 성격 ························ 41
1. 성격의 정의와 결정 요인 / 41
2. 성격에 관한 이론들 / 44
3. MBTI 성격 유형 / 48
4. 5요인 모형(FFM) / 50
제 2 절 가치관 ························ 52
1. 가치관의 정의 / 52
2. 가치관과 태도 / 54
3. 가치관의 유형 / 55
4. 갈등과 가치관 / 58
제 5 장 지각과 학습 ························ 60
제 1 절 지각 ························ 60
1. 지각의 의의 / 60
2. 지각 과정 / 61
3. 지각의 영향 요인 / 61
4. 지각의 메커니즘 / 62
5. 지각의 오류 / 63
6. 지각과 판단의 정확성 / 65
7. 지각 해석의 오류를 감소시키는 방안 / 66
제 2 절 학습 ························ 67
1. 학습의 정의 / 67
2. 학습의 필요 요건 / 68
3. 학습이론 / 69
4. 학습과 행동 수정 / 72
5. 학습 방법의 종류와 효과 / 74
제 6 장 스트레스와 감정관리 ························ 77
제 1 절 스트레스의 본질 ························ 78
1. 스트레스의 개념 / 78
2. 스트레스의 연구 관점 / 79

3. 스트레스에 대한 일반 인식 / 79

제 2 절 스트레스 요인과 결과 ······ 80

1. 스트레스 요인 / 80
2. 스트레스의 결과 / 81
3. 스트레스의 최적 수준 / 82

제 3 절 감정유해성의 의미 ······ 83

1. 조직생활의 감정관리 / 83
2. 감정유해성의 개념 / 84

제 4 절 감정유해성의 발생 원인 ······ 85

제 5 절 관리 방안 ······ 88

1. 개별 구성원 수준 / 89
2. 관리자 및 리더 수준 / 90
3. 조직문화 수준 / 93

제 7 장 조직몰입 ······ 98

제 1 절 조직몰입의 개념과 관련된 정리되지 않은 논쟁들 ······ 98

1. 조직몰입에 대한 개념과 이해 / 98
2. 조직몰입의 선행변수와 결과변수들 / 99
3. 조직몰입의 다차원적 측면 / 100

제 2 절 조직신뢰와 조직몰입의 차이 ······ 102

1. 조직신뢰의 개념과 혁신적 행태 / 102
2. 조직신뢰와 조직몰입 간의 관계 / 103

제 8 장 동기부여 ······ 109

제 1 절 공직 동기 ······ 109

1. 개념 / 109
2. 공직 동기와 상관 관계를 보이는 변수들 / 110

제 2 절 머슬로의 욕구계층이론 ······ 112

1. 개념 / 112
2. 머슬로 이론의 한계 / 113

제 3 절　앨더퍼의 ERG 이론 ········· 114
1. 개념 / 114
2. 앨더퍼 이론의 한계 / 114
제 4 절　허즈버그의 욕구충족요인 이원론 ········· 115
1. 개념 / 115
2. 허즈버그 이론의 한계 / 116
제 5 절　맥그리거의 X, Y이론 ········· 117
1. 개념 / 117
2. 맥그리거의 이론의 한계 / 117
제 6 절　기대이론 ········· 118
1. 개념 / 118
2. 적용 / 119
제 7 절　목표설정이론 ········· 121
1. 개념 / 121
2. 한계 및 향후 연구 방향 / 121

제 3 편　집단 수준의 공공조직행태론

제 9 장　집단역학 ········· 125
제 1 절　왜 집단을 공부하는가? ········· 125
제 2 절　집단의 정의와 유형 ········· 126
제 3 절　효과적 집단 ········· 129
제 4 절　집단 발전의 단계: 터크맨의 5단계 모형 ········· 130
1. 형성기 / 130
2. 격동기 / 131
3. 규범화 단계 / 131
4. 성과달성기 / 131
5. 해체기 / 132
제 5 절　집단의 행태적 특성 ········· 132

1. 응집성 / 132
2. 사회적 태만 / 134

제 6 절　집단의 성과에 영향을 미치는 요인들 ········· 135
1. 투입 요소 / 135
2. 전환 및 산출 / 139

제 7 절　집단 의사 결정 ········· 140
제 8 절　팀의 이해 ········· 141
제 9 절　팀의 유형 ········· 143

제 10 장　커뮤니케이션 ········· 146

제 1 절　커뮤니케이션의 의의 ········· 147
1. 커뮤니케이션의 개념 / 147
2. 커뮤니케이션의 중요성 / 148
3. 커뮤니케이션의 기능 / 149

제 2 절　커뮤니케이션의 원칙과 과정 ········· 150
1. 커뮤니케이션의 원칙 / 150
2. 커뮤니케이션의 과정 / 152
3. 커뮤니케이션 이론 모형 / 153

제 3 절　커뮤니케이션의 유형 ········· 156
1. 공식적 커뮤니케이션 / 156
2. 비공식적 커뮤니케이션 / 158
3. 언어적 · 비언어적 커뮤니케이션 / 159

제 4 절　커뮤니케이션의 장애과 극복 ········· 160
1. 장애의 원인 / 160
2. 커뮤니케이션 장애의 극복 / 162

제 11 장　리더십 ········· 167

제 1 절　리더십이란? ········· 167
1. 리더십의 정의 / 167
2. 리더십과 관리의 차이 / 168

제 2 절 리더십의 주요 접근법: 특성이론과 행위이론 ················ 169
1. 특성이론 / 170
2. 행위이론 / 171

제 3 절 리더십의 주요 접근법: 상황이론 ································ 174
1. 피들러의 리더십 상황이론 / 175
2. 하우스의 경로-목표이론 / 177
3. 허시와 블랜차드의 상황적 리더십 모형 / 180

제 4 절 그래언의 리더-멤버 교환이론 ···································· 182

제 5 절 리더십에 대한 영감적 접근법 ···································· 184
1. 카리스마적 리더십 / 185
2. 변혁적 리더십 / 186

제 6 절 진실한 리더십 ·· 190

제 4 편 조직 수준의 공공조직행태론

제 12 장 권 력 ·· 195

제 1 절 권력의 기본 이해 ··· 195
제 2 절 권력의 과정 ·· 197
제 3 절 권력의 하위 개념들 ·· 198
제 4 절 권력의 여러 가지 관점들 ··· 198
1. 교환이론 / 199
2. 연결망 분석이론 / 200
3. 베버의 권위 권력론 / 202
4. 클레그의 계급이론 / 205

제 5 절 권력의 원천 ·· 206
1. 조직 내부 / 206
2. 조직 외부 / 209

제 6 절 권력의 분포 ·· 211

1. 수직적 분포/211
2. 수평적 분포/213

제 7 절 권력의 확보 전략 ······ 215
1. 객관적 기준의 선택적 사용/215
2. 외부 전문가의 영입/216
3. 무의사 결정/217
4. 연합 형성/217
5. 흡수/219
6. 위원회/220

제 13 장 갈 등 ······ 221

제 1 절 갈등의 정의와 기능 ······ 221
1. 갈등의 정의/221
2. 갈등의 순기능과 역기능/222
3. 갈등에 대한 견해/222
4. 갈등과 조직의 성과/223

제 2 절 갈등의 유형 ······ 225
제 3 절 갈등의 관리 ······ 227
제 4 절 갈등관리를 위한 협력적 네트워크 구축 ······ 229
제 5 절 협상 ······ 232

제 14 장 조직문화와 상징 ······ 236

제 1 절 조직문화의 발달 배경 ······ 237
제 2 절 조직문화의 이해 ······ 238
1. 개념 정의의 다양성/238
2. 문화적 항목으로서 상징/241
3. 조직문화의 수준과 층/243

제 3 절 조직문화의 유형 ······ 247
1. 경쟁가치모형에 의한 분류 유형/247
2. 해리슨의 분류 유형/248
3. 핸디의 분류 유형/251

제 4 절 조직문화 연구의 접근법 ········· 254
1. 변수(소유) 대 핵심 은유(존재) / 254
2. 통합적 · 분화적 · 분절적 관점 / 255
3. 합리주의 · 기능주의 · 상징주의 관점 / 257

제 5 절 조직문화와 상징의 관리 ········· 258
1. 조직 리더와 상징관리 / 258
2. 조직문화 관리의 주요 메커니즘 / 259

제 5 편 네트워크 수준의 공공조직행태론

제15 장 네트워크 행동과 공공조직 행태 ········· 265

제 1 절 네트워크 행동의 의의 ········· 266
1. 네트워크의 개념 / 266
2. 네트워크 행동의 정의 / 267

제 2 절 네트워크 행동의 주요 이론 ········· 269
1. 자원의존이론 / 269
2. 정책네트워크이론 / 270
3. 합리적 제도선택이론 / 271
4. 사회자본이론 / 272

제 3 절 협력적 네트워크 구축 성공 요인 ········· 273
1. 신뢰 / 275
2. 네트워크 규모 / 276
3. 목표에 대한 합의 / 277
4. 네트워크 역량 / 279

참고 문헌 / 284
찾아보기 / 310

제 1 편

공공조직 행태의 이해

제 1 장　공공조직 구성원의 행태
제 2 장　공공조직행태론의 구성
제 3 장　조직행태론의 개관

제 1 장 공공조직 구성원의 행태

제 1 절 공공조직이란?

조직 유형에 따라 조직의 관리 전략과 구조의 설계는 달라져야 한다. 이에 근거를 두고 발전하고 있는 조직유형론(organizational typology)에 대한 접근은 조직 유형과 특성에 따라 조직관리 전략과 구조 설계가 어떻게 달라지는가에 대한 연구를 중심으로 그간 지속적인 관심의 대상이 되어 왔다(Perry & Rainey, 1988: 197; Rainey, 2003). 조직유형론은 또한 다양한 혼합조직(hybrid organizations: 준공공조직)의 존재를 식별해 조직이 수행하는 기능과 서비스의 차이는 없음에도 불구하고 조직 내부 시스템(집단의식, 제도, 문화 등)의 차이 때문에 발생하는 조직 간 관리 방식의 차이를 관리자가 용이하게 분별할 수 있도록 도와 준다.

공공조직과 민간조직 간 차이를 분별해 내는 데 필요한 기준 변수들은 그 동안 상당한 연구를 통해 발전해 왔다.

첫째, 조직에 영향을 미치는 시장 요인이 있다. 즉, 조직이 생산하는 서비스의 시장교환성의 수준과 조직활동에 대한 정부규제의 강도는 대표적인 시장 요인들이다.

둘째, 정치 요인이 있다. 공공조직은 중요한 의사 결정 시 민간조직에 비해 비교적 강한 외부 이익집단의 영향을 받는다. 공무원들은 정책집행의 수용성 때문에 국민들의 협조와 지지를 획득하려는 정치적 활동을 해내야 한다(김병섭 외, 2008: 36-42).

셋째, 소유(ownership)와 출자(funding)에 따라 정부조직과 민간조직을 전통적으로 구분하기도 한다. 소유와 출자의 근원이 모두 국민(국가)이면 정부조직, 모두 개인이면 민간조직, 그리고 소유는 국민(국가), 출자는 개인인 경우와 출자는 국민(국가)이고 소유는 개인인 경우는 혼재형인 공공기관으로 분류한다.

그러나 어떤 조직이든 어느 정도의 공공성(또는 사익성)을 추구하고 있다. 심지어 정부조직의 경우에도 공공성의 정도는 조직에 따라 다양하다는 주장이 있다. 정부조직과 민간조직 간 공공성의 차이는 상호 극단을 가지고 설명할 수 없으며, 그 차이는 정도의 차이 또는 국면의 차이로 볼 수밖에 없다. 가령 어떤 항공회사가 공공조직이냐 민간조직이냐 하는 것은 공공성과 사익성의 연장선상에서 정도의 차이를 가지고 식별할 수밖에 없다(Bozeman, 1987; 백완기, 2013: 179). 여기서 공공성을 다시 음미해 보자.

> 공공성 하면 일반적으로 공적 영역을 이야기하는데, 공적 영역과 사적 영역을 엄격히 구별하는 것은 지극히 어려운 일이다. … 사적 영역에서 사기업들이 이윤 창출을 통해서 부와 경제력을 키워 놓고, 국가경쟁력을 제고시키면 이것이 바로 국력이 되고 국력은 바로 공공성의 핵심적 내용이 된다. 예컨대 삼성, 현대, LG 등 기업들이 우수 제품을 만들어 세계시장을 제패할 때에 이는 이윤 창출을 통해서 국력을 키울 뿐만 아니라 국위를 떨치고 국가의 품격과 위상을 높임으로써 공공성을 높이게 된다. 동시에 이러한 기업들은 이윤 창출을 통해서 국가재정에 소요되는 막대한 세금의 납부자가 되며 고용을 창출해서 많은 사람에게 일자리를 제공하게 된다. 따라서 이들의 사적인 이윤 추구는 바로 공공성의 창조로 직결된다.… 말춤을 통해서 세계적인 스타가 된 가수 싸이는 개인의 명성뿐만 아니라 국가의 명성도 드높여 공공성을 크게 제고시킨 인물이다(백완기, 2013: 179).

공공성이 강한 공기업들도 사적 이익을 증진하는 데 기여한다. 많은 공기업이 중소기업이나 자영업자들과 해외 수출 확대나 국내 시장 활성화를 위한 동반 진출 및 공동 마케팅을 강화하고 있다(조선일보, 2014.3.10). 일부 공기업은 수출이나 내수 시장에서 경쟁력 있는 우수 중소기업들을 선정해 공동으로 홍보관을 설립하거나 국내외 지사망을 공동으로 활용하면서 선정된 기업들의 사적 이익 창출에 기여하기

그림 1-1 1970년 완공된 정부서울청사 전경

위해 노력한다. 상생 협력, 동반 성장, 공동 마케팅 등이 공기업의 사회 공헌 활동의 하나로 정착되고 있는 것을 보면 공익을 우선하는 공공기관들의 사익 창출 경영 활동의 범위가 넓어지고 있음을 알 수 있다.

공공조직은 일정한 수준의 사적 자원의 지원을 필요로 하며, 현대의 민간조직들도 공공 부문의 재정적 보조, 기술과 인력의 공급, 그리고 사회적 책임을 져야 할 필요가 높다. 자원 혼합(resource mix) 속성 때문에 공공조직과 민간조직의 공통성을 강조하려는 논리(Bozeman, 1987)는 상당한 지지를 받고 있다(Perry & Rainey, 1988; Rainey, 2003). 혼합형 조직에 해당하는 공공기관의 구성 논리와 목적은 바로 공익성과 사익성을 동시에 추구하려는 가치와 밀접하게 결부되어 있다. 이 때문에 공공기관들은 조직 내의 무수한 모순(contradiction), 갈등(conflict), 역설(paradox), 그리고 딜레마(dilemma) 요인들을 해결해야 하는 또 다른 과제를 안고 있다. 또한 공기업은 순수 정부조직이나 민간조직과 달리 다원적인 조직관리가 필요하며, 양자의 장단점을 적절히 결합해 공공성과 기업성을 조화시키는 방향으로 인사제도나 재정계획을 세워야 한다.

제 2 절 공공조직 구성원이란?

정부나 지방자치단체 공무원이 되고자 하는 사람은 매년 늘고 있다. 청년실업난이 가중되면서 공무원이 되려고 줄을 서는 젊은이들이 늘고 있기 때문이다. 2013년 9급 공무원 시험에 20만 명 이상 몰렸고, 수치상으로 75 대 1의 경쟁률을 기록할 정도이다. 공기업 입사를 희망하는 사람들도 시간이 갈수록 늘어나고 있다. 공무원과 공기업 입사는 누구나 한번쯤 생각해 본 적이 있을 정도로 공공조직 구성원은 행정국가 시대에 막강한 권한을 갖는 사회적 계급이다. 공공조직 영역에는 사기업에서는 접해보지 못할 상당히 다양한 여러 직업 유형이 존재한다. 정책을 입안하고 결정하는 공무원도 있지만 주차단속원이나 일선 경찰서에서 근무하는 경찰이나, 세관원들에 이르기까지 매우 다양한 직종이 공공조직 영역에 포함된다. 이들이 하는 일도 다양하다. 자원을 배분하는 일도 하지만 주민들과 적대적인 조건 속에서 근무해야 하는 사람들이 더 많다. 사회복지나 주차 단속 등 합리적인 규정에 따라 수행되는 일도 제기되는 이의신청 건수가 매일 폭증하는 경우가 비일비재하다. 따라서 공공조직의 영역에 속하는 사람들의 행태와 업무 구조를 살펴보는 연구는 사기업체 임직원의 그것들을 연구하는 것보다 더 어렵다. 조직은 사람들의 집합으로 이루어져 있는데 이들의 행동과 태도를 예측하고 적기에 대응하기는 그리 쉽지 않다. 설상가상으로 공공 영역(public sphere)에서 조직구성원의 행태를 이해하기란 더 어렵다. 우리는 정부나 공공기관의 규모가 커지고 예산도 늘어나는 것이 국가 경영의 효율성과는 무관한 다양한 형태의 시장지배력 및 정치적 지지에 의해 이루어져 왔다는 점을 잘 알고 있다. 즉, 정부가 거느리고 있는 수백 개에 이르는 공공기관은 비용 절감이나 효율 증대 이유로 필요한 것이 아니라 시장과 노동에 대한 통제 때문일 수도 있다는 것이다. 공공 철도나 대중교통의 성장에는 생산비용 절감보다는 고수익의 다른 회사

그림 1-2 2013년도 9급 공무원 채용시험장

를 합병하고 더 저렴한 거래를 끊도록 함으로써 경쟁자를 제거한 결과로 볼 수 있다. 수많은 동기이론에 의하면 조직 내에서 사람들은 이기적이기도 하지만 이타적이기도 하고, 낮은 수준의 욕구를 갈망하기도 하지만 동시에 최고급 수준의 욕구를 추구한다. 공공 영역에서 사람들은 자기 이익만 추구하는 것보다 사회적 관계 속에서 생각하고 움직인다. 정부 공무원들의 행동과 태도는 개인적 관심사를 억제하면서 공직을 지배하는 매우 엄격한 제도적 규칙에 따라 작동하는 지위와 압력 때문에 다르게 나타나기 때문에 충분히 이해하기 어려운 경우가 종종 있다.

사무관은 공무원의 꽃이자 공공조직의 영역에서 가장 선망의 대상이 되는 직급이다. 이들은 기관마다 차이가 있지만 계장, 과장 등 조직의 중간관리자 역할을 수행한다. 사무관은 5급 공채나 특채를 거쳐서 신규로 임용되기도 하지만 6급 주무관으로부터의 승진 임용을 통해서도 가능하다. 두 가지 경로 모두 그리 쉬운 일이 아니다. 공무원으로서 중간관리자가 되는 것은 세상의 그 어떤 자리보다도 명예스러운 것이며 아무나 할 수 없는, 또 아무나 해서도 안 되는 것이다. 그러나 한편으로 사무관은 가장 어렵고 고달픈 자리이기도 하다. 늘 수많은 문제를 해결해야 하고, 또한 매우 곤란한 문제나 정책들의 기초가 되는 판단을 해야 한다. 이들이 움직이지 않으면 정책과 행정의 시동이 걸리지 않는다고도 말할 수 있다. 중앙행정기관의 과장이 되면 그 고통과 책임의 정도는 더욱 커진다. 또한 국장이나 실장이 되면 대부분의 정책 결정과 집행 결과에 대한 책임을 좋은 것이든 그렇지 않은 것이든 고스란히 떠안을 만큼 막대한 부담과 권한을 갖게 된다. 실장과 국장은 경력직 공무원의 최고봉 직위이기 때문에 공직사회에서 성공한 자들만이 차지한다. 한편으로 이들은 차관이나 장관 등 정무직 공무원에 도전할 수 있는 후보자들이기 때문에 일정 수준의 정치 역량과 정책 수립 역할을 수행하기도 한다. 그러나 국장과 실장이 되고자 열심히 일하는 수많은 공무원이 있기에 이들은 단 한 번의 실수로 낙마하기도 한다.

최고 인기 직종 '공무원'과 사무관 되기

취직이 어려워지고 평생직장이 사라지면서 공무원은 최고 인기 직종으로 떠올랐다. 요즘 공무원 시험은 '고시'에 가깝다. 몇 달이고 고시학원이 밀집한 노량진과 집을 오가며 학업에 몰두해도 붙을까 말까다.

'1980년대 9급으로 입사. 공무원 경력 25년. 시 · 군 · 구청에서 계장 혹은 주사로 통함. 40대 후반에서 50대 초반. 10여 년 후 정년. 연봉 5,000만~5,500만 원. 자녀는 고등학생 또는 대학생. 부부가 맞벌이하는 경우가 많음. '별'을 따기 위해 고군분투 중.' 9급으로 입사한 6급 공무원의 평균 프로필이다. 먼저 구청 6급 공무원의 목소리를 들어보자.

"이런 말이 있습니다. '6급까지는 아전(衙前), 5급 사무관을 달아야 벼슬아치.' '관'자가 들어가야 비로소 고위 공무원이라는 뜻이지요. 7급까지는 순조롭게, 6급까지는 그럭저럭 승진이 가능하지만 5급 승진은 억세게 운 좋은 몇몇의 몫입니다. 비(非)고시 9급 출신은 보통 6급으로 퇴직합니다. 30년 일하고 주사로 퇴직하는 것이지요."

신동아, 2008.4.1, 「'말단 큰형님' 6급 공무원이 사는 법」 중에서

사회 전체 이익에 두루 관심을 가지고 정책과 서비스를 하는 공공조직 구성원들은 정부가 하는 일에 관심을 가져야 하고, 어느 정도의 정치적 역할을 해야 하며, 상식적으로 요구되는 공정성이나 공익성보다는 조금 높은 수준의 역할 기대를 충족해야 한다. 이 때문에 공공조직 구성원들은 일반 직장인에 비해 상당히 높은 수준의 권한과 책임을 갖고 있는 것이 보통이다. 공정 거래와 환경 관련 규제 권한은 공공조직구성원들이 갖고 있는 매우 강력한 무기의 예로 들 수 있다. 이 때문에 공무원이 되었든 공공기관 종사자가 되었든 간에 공공조직 구성원들은 사회적으로 요구되는 수준 이상의 윤리 기준을 지켜야 한다. 공무원 윤리를 예로 들어 보자. 공무원 윤

리란 행정이 담당하는 모든 역할을 좀 더 바람직하고 공정한 방향으로 인도하는 규범적 기준이다. 공무원 윤리는 통상적으로 요구되는 부정이나 부패를 예방하는 활동에 그치지 않고 좀 더 적극적 의미에서 공무원의 사명과 책임을 다 하는 방향으로 변화되어야 한다. 퇴직 공직자의 취업 제한 규정은 퇴직 직전 공무원이 갖고 있던 권한을 이용해 퇴직 후 사적 이익을 도모하려는 인간의 기회주의적 욕구를 사전에 차단하기 위한 것이다. 더 중요한 것은 공무원들이 자신이 속한 국가와 지방자치단체의 위상과 가치를 높이기 위해 스스로 노력하는 것일 것이다.

생각해 보기

1. 우리나라 정부 거버넌스 체계를 그린다면 어떻게 해야 할까?
2. 공무원이 하는 일을 생각나는대로 적어 보자.
3. 일선공무원의 근무 행태를 설명해 보고, 이들의 근무 동기를 높이려면 어떤 조치가 필요한가?
4. 공공기관 종사자들의 공익성과 사익성을 균형적으로 높이려면 어떻게 하면 좋은가?
5. 공공조직 구성원이 되려는 이유를 설명해 보자.

제2장
공공조직행태론의 구성

제1절 공공조직 행태의 형성과 발전

조직 내에서 구성원의 행동과 태도는 서로 다른 상황에 적응하거나 대응해 나가면서 조직의 서로 다른 단위 영역에서 형성되고 발전한다. 조직행태론은 조직 내 개인들의 행동과 태도를 분석하는 학문으로서 행정학과 경영학의 주요 학문 분야로 자리매김하고 있다. 이 책의 3장에서 더 자세히 설명하고 있지만 조직행태론은 조직 구성원의 개인적 특성과 집단에서의 활동, 조직생활을 이해하고 분석하는 데 필요한 이론, 실제 그리고 측정 방법을 습득하는 꼭 필요한 학문 영역이고, 행정학에서도 매우 중요한 과목으로 다루어진다.

공공조직 영역에서 구성원의 행태를 이해하기 위해서는 국가와 정부기관 내에서의 조직과 개인의 상호 관계를 먼저 알아야 한다. 따라서 공공조직행태론은 공공조직 구성원의 욕구, 능력, 그리고 선호와 공식적 역할이 잘 어울리도록 하기 위한 체계적인 노력의 하나로 볼 수 있다. 즉, 공공조직이 잘 돌아가지 않고 문제가 생기는 것은 공공조직 구성원의 욕구가 제대로 충족되지 않았기 때문이므로 이들의 선호를 찾아 충족시켜 주는 방법을 찾아야 한다는 것이다.

결국, 공공조직행태론은 공공조직의 목표와 개인의 목표를 통합하는 것이 조직이 추구해야 할 가장 기본적인 목표란 점에 중점을 둔다. 공공조직 영역에서 개인이 잠재적인 능력을 충분히 발휘할 수 있는 그러한 조직을 발전된 모습으로 이해하는 것이다. 이것은 곧 개인과 조직, 그리고 개인과 개인 상호간에 서로 잘 될 수 있는 가능성이 있다는 것을 전제로 하는 것이다. 그렇기 때문에 공공조직행태론은 공공조직의 성과와 개인의 성장을 동시에 달성하기 위한 관리 방식을 포함한다. 기획부터 평가에 이르기까지 단계별로 조직관리에 필요한 행태적 접근은 매우 효과적인 발상을 제공한다.

기획 단계에서 행태적 접근은 조직구성원의 참여를 독려하는 조장하는 활동을 의미하며, 의사 결정 단계에서 행태적 접근은 조직의 문제 해결 능력을 제고하기 위한 개방적 활동을 말한다. 구조조정이나 조직개편 단계에서 행태론은 개인의 욕구와 조직의 공식적 역할 사이의 괴리를 줄이고 균형점을 찾는 방편으로 활용되며, 평가 단계에서 행태적 접근은 보상과 처벌의 수단이 아닌 개인이 성장하고 조직의 문제를 개선할 수 있는 기초를 다지는 활동으로 이해된다. 목표 설정도 마찬가지이다. 조직의 목표 설정 활동은 행태적 접근에 의해 조직몰입과 직무몰입의 중요한 활동으로 이해될 수 있으며, 의사 전달 활동도 드러난 정보 외에 감정과 느낌이 전달되는 통로로 활용된다. 동기 유발 활동도 행태적 접근에서 보면 개인의 성장과 자아실현 활동의 하나로 본다.

이처럼 행태적 접근은 조직을 구조적 개입의 대상이나 정치적 활동의 장으로 보는 것과 달리 개인이 삶을 영위하고 성장할 수 있는 장소로 본다. 행태적 접근은 공식조직에 사람들이 모여 서로 느낌을 주고받고 유대를 확인하는 비공식적 관점들을 더 중요하게 생각한다. 그렇기 때문에 행태적 접근은 조직에서 모두가 승리하는 상생(win/win) 전략을 지향한다. 이는 전통적인 구조적 관점이나 정치적 관점의 영화적(zero-sum) 전략과는 무척 다르다.

제 2 절 공공조직행태론의 주요 연구와 구성

공공조직 영역에서 구성원의 행태는 조직의 구조나 관행 또는 문화 등에 가려 큰 관심을 받지 못한 것이 사실이다. 공공조직의 혁신과 변화에 구성원의 의식과 행태가 중요하다는 점에 대해서는 대다수가 동의하면서도 정작 행태적 관점에서 접근하려는 정책대안은 조직구조 개편이나 제도 수정 대안보다 우선순위가 뒤로 밀린 감이 없지 않다. 조경호(1997)는 우리나라 공무원의 가치관을 경험적으로 조사해 발표한 선구적 연구물이다.

> 한국의 공무원들은 무엇을 생각하며 무엇을 하는 사람들인가? 그들은 변화하는 정치·사회·경제 환경에 대응하여 어떠한 마음가짐과 판단을 내리고 있는가? … 21세기 행정환경 변화와 한국 공무원의 역할 변화 전망, 그리고 가치관 정립의 중요성과 그 효용은 어떠한가?… (조경호, 1997: 1).

사실 우리나라의 국가 발전과 사회 통합 과정에서 공무원이 차지하는 비중이 커졌음에도 불구하고, 행정 서비스의 질을 향상시키고 행정 체제의 효율성과 효과성을 증진시키고자 수행되었던 지금까지의 많은 연구 중에서도 공무원 개인과 공무원집단에 관한 연구는 양적으로 그리 풍성하지 못했다. 여기서 공무원 개인과 집단에 관한 연구는 공무원의 출신 배경, 직급, 연령, 성별, 부서에 따른 공직관, 사회관 및 정책 결정에서의 성향(가치관)의 차이의 조사연구 및 분석을 주된 분야로 하고 있다. 하지만 1987년 6월항쟁 이후 급격한 민주화가 이루어진 점을 염두에 두고 1990년대 많은 행정학자가 공무원 의식과 행태 변화에 대해 관심을 갖기 시작했다.

공무원의 직무몰입, 조직몰입에 대한 영향 요인을 분석한 논문들(최창현, 1991; 조경호, 1993)과, 중간직 공무원의 조직 변화에 관한 인식과 경험을 인터뷰 조사를 통해 분석한 조경호(1995)의 논문, 민주화 시대의 정부관료의 인식을 민주주의/공익/시민 참여로 나누어 고찰한 박종민의 논문(1994), 지방자치제 실시 이후의 지방공무원의 행정 수행 의식 변화를 조사한 김호정의 논문(1994a), 공무원이 생각하는 민주주의에 대한 개념적 구조를 경험적으로 분석한 황성돈의 논문(1992), 지방공무원을 대상으로 자치 의식에 관한 설문조사를 발표한 백종섭(1995)의 논문과 한국지방행정연구원의 보고서(1993), 한국 관료의 행태를 보신주의·형식주의·권위주의로 나누어 각각의 행태에 영향을 미치는 관료 가치관을 분석을 김호정의 논문(1994b) 등을 통해 공무원의 가치관과 행태에 관한 일부를 개략적으로 파악할 수 있다. 안광일(1994)은 융(Carl G. Jung)의 성격이론을 응용해 MBTI(Myers-Briggs Type Indicator)를 사용한 척도를 사용해서 5급 공무원의 성격 구조를 분석하기도 했다.

고급관료의 출신 성분과 가치 체계와의 관계를 교차분석을 통해 살펴본 노정현의 논문(1979)이나 관료들의 경제지향성이나 승진에 대한 가치관을 분석한 박동서(1968; 1987), 박흥식(1993) 등의 논저는 주로 고급관료를 중심으로 분석한 논문이란 점에서 연구 대상의 대표성이 떨어지기는 하지만, 공무원의 성격, 가치관과 행동 성향과의 관계를 시론적 관점에서 논의했다는 점에서 매우 유익하다. 한국의 고급공무원과 일선 하급공무원 간의 동기부여 요인의 차이를 검증 발표한 김석주(1994)의 논문은 고급공무원은 의사 결정에의 참여, 성취감, 책임감 등이, 하급공무원은 보수, 업무량, 승진 등의 요인이 동기부여하는 동인(動因)이 되고 있다고 보고하고 있으며, 교육공무원의 역할 갈등과 직무만족도를 조사한 김영돈(1993)의 논문, 일선관료들의 행정 행태에 관한 의식구조와 가치관을 조사연구 한 오세홍의 논문(1989)과 임경호의 논문(1986), 강원도 공무원의 무사안일 행태의 원인을 진단하고 분석한 이복수의 논문(1995), 사무관 특채자라는 특수한 계층의 공무원을 대상으로 그들의 가치 체계와 직무 수행 태도를 조사한 황일면(1991)의 연구 등은 1990년대 초 발표된 공무원의 의식구조와 가치 체계를 조사연구한 몇 안 되는 박사학위 논문들 중 일부이다.

한국행정연구원을 비롯한 여러 연구기관도 행정공무원의 의식과 행태에 관해 많은 관심을 가지고 연구를 수행했다. 그중에서도 1991년도를 기준으로 2,944명의 공무원을 대상으로 공직관, 근무 자세, 만족도 등을 조사한 한국행정연구원의 작업(1992a)이나, 같은 기관에서 2,500명의 일반 시민을 대상으로 공직관을 조사한 연구(1992b)는 매우 종합적인 연구로 인정받고 있다.

대체로 행정의 발전과 질을 향상시키기 위한 여러 가지 연구적 접근에서 학자들과 실무자들은 공무원 개인과 집단에 관한 연구보다도 공무원과 행정을 둘러싸고 있는 물리적 환경, 제도적 환경에 대해 상대적으로 활발한 연구활동을 해 왔다. 행정과 정치와의 관계는 어떠한가, 행정제도의 문제점과 개혁 방안은 무엇인가, 행정의 물리적 환경은 어떠한가, 행·재정 관리 운영 체제와 제도는 어떠한가 등 여러 측면에서 활발한 연구가 진행되었으나, 미시적 차원에서 공무원 개인과 집단의 태도, 성향에 관한 연구 노력은 상대적으로 미약했던 것이다.

공무원 개인과 집단의 태도 및 성향에 관한 연구는 아래의 세 가지 차원에서 탐구될 수 있다.

첫째, 공무원의 인구학적 특성과 다양한 행정 현상과의 관계를 분석하고 설명하는 연구가 있다. 공무원의 출신 지역, 전공, 연령, 직급, 경력 등을 연구해 행정의 전문성과 대표성에 관한 전반적인 설명과 분석을 시도하는 연구들이다. 고급공무원의 인구학적 성분 변화를 시대별로 고찰한 박동서(1992)의 연구나 출신 지역과 같이 특정한 요인에 대한 관료적 대표성 수준을 분석한 경우(유종해, 1990; 박경효, 1993; 양형일 · 이태형, 1993), 그리고 공무원 임용에 작동하는 지배적인 가치나 규범을 조사연구한 하태권(1990)과 박경효(1995)의 논문 등이 대표적인 것들이다. 이들은 주로 한국 공무원의 인적 구성의 특성과 성향을 구체적으로 보여 주고 있다는 점에서 공공조직행태론의 발전에 토대를 마련했다고 볼 수 있다.

둘째, 공직과 국민에 대한 공무원들의 우호적인 태도 형성과 그 원인 검증에 관한 연구들이다. 태도는 신념과 가치의 통합을 통해 표출된다. 신념은 사실에 대한 믿음이며, 가치는 개인의 선호에 의해 선택된 규범적 기준이다. 결국 태도로 형성된 개인의 신념과 가치는 조직과 개인 모두의 발전에 중대한 영향을 미친다. 조직이나 담당직무에 대해서 좋은 태도를 가지게 되면 그것이 정의적(affective)이든, 인지적(cognitive)이든 간에 개인의 자기 발전에 많은 도움이 된다. 이렇듯 어떤 대상에 대해 '좋다, 나쁘다'라는 방식으로 반응하려는 개인의 선호 경향(predisposition)으로 정의되는 태도는 많은 학자의 연구 대상이 되어 왔다. 주요 연구 주제로는 개인이 수행하는 직무에 만족하는지(직무 만족), 조직에 몰입하는 태도(조직몰입), 조직에 대한 충성심 등에 관한 것이며, 그러한 태도에 영향을 미치는 요인의 파악과 분석에 많은 연구 노력을 기울이고 있다. 최근까지 매우 활발한 연구가 이루어지고 있는 분야이다.

셋째, 공무원들의 사회심리적 측면에 초점을 맞추는 연구들이다. 이들은 공무원집단 간의 갈등, 인간 관계, 권력 의존, 관료제의 병리적 행위와 그 원인, 공무원집단과 의회의원 집단과의 관계, 공무원과 국민과의 관계 등 여러 측면의 사회심리적 내용을 포함하고 있다. 문화 간 차이 때문에 생기는 귀인 과정(attribution process)의 비교연구는 좋은 예가 된다. 지배계층과 피지배계층이 심리적으로 가지고 있는 권위주의 구조에 대한 태도의 비교연구는 사회심리학적 연구의 또 다른 좋은 예이다. 사회심리학의 대표적인 연구 주제로 대인 관계와 리더십, 순응과 굴종, 소외, 인지불일치(cognitive dissonance), 구조적 요인과 심리적 요인과의 관계 등을 들 수 있다.

이 책은 공공조직의 영역에 속하는 모든 구성원의 행태를 대상으로 한다. 공공조직행태론은 공무원 개인 특성의 차이를 추구 가치나 욕구 체계를 중심으로 보는 하나가 있고, 직무와 소속 조직에 대한 태도 및 국가 사회 전체에 대한 태도를 중심으로 보는 하나가 있으며, 다른 하나는 공무원들의 사회심리적 기반을 집단역학, 권력 갈등, 커뮤니케이션, 리더십, 네트워크 행동 등을 통해 분석하는 것이다. 이 세 가지 연구 접근 유형을 토대로 이 책의 집필은 개인 수준, 집단 수준, 조직 수준, 조직 간 수준의 통상적인 체계를 따르되, 각 주제별로 조직 내 개인의 욕구와 개인차에 따라 어떠한 동기부여 활동이 필요하고, 나아가 효과적인 조직을 설계하기 위해서는 집단 구조를 어떤 방식으로 짜야 하며, 조직 내 갈등은 어떻게 해결해야 하고, 바람직한

그림 2-1 **공공조직행태론 모형**

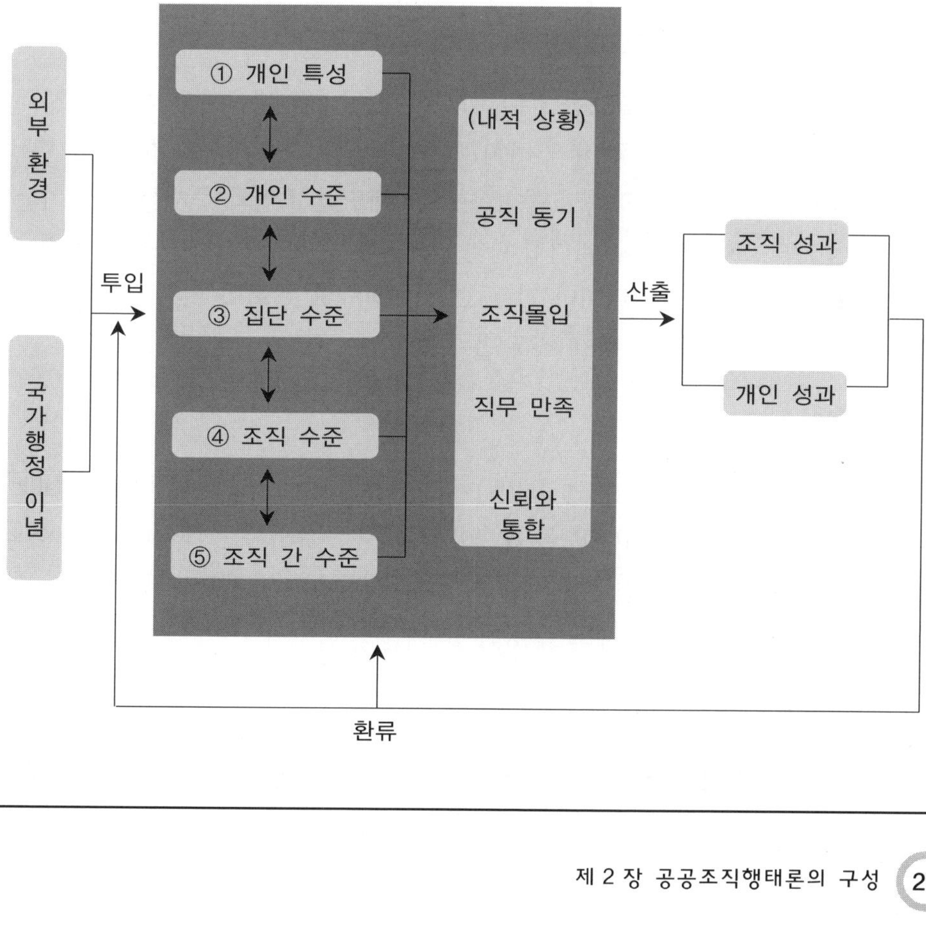

조직문화를 어떤 방식으로 구성하고 혁신해 나가야 하며, 조직 간 관계망은 어떻게 관리해 나가야 하는지 검토한다.

1) 효과적인 공공조직 행태 관리의 결과

효과적인 공공조직 행태 관리는 조직구성원의 내적 상황의 개선을 1차적으로 가져오고, 나아가 조직과 자기자신의 성과 증진으로 나타난다. 여기서 조직구성원의 내적 상황의 개선이란 구성원의 동기 수준을 높이고 직업과 직무에 대해 긍정적인 태도로 임하게 되는 것을 의미하며, 신뢰와 통합의 조직문화를 조성하는 것까지 포함한다.

조직의 성과는 정책의 성공적 수행과 조직의 경쟁력 제고를 의미한다. 개인 성과는 조직구성원 자신의 경쟁력 제고를 의미하는바 개인의 역량 증진과 경력 개발을 통한 자기 성장을 뜻한다.

2) 공공조직행태론의 주요 내용

공공조직 행태의 관리에 필요한 주요 활동은 개인차를 파악하고 이를 조직 현상에 비추어 통합해 나가는 활동(성격, 가치관, 지각, 학습, 스트레스와 감정관리 등), 집단 속에서 개인의 행태를 파악하고 통합을 위한 제도적 조정과 중재를 해 나가는 활동(집단규범 개발, 소통 활성화, 리더십 함양 등), 조직 수준, 그리고 조직과 조직 사이의 관계 수준에서 개인의 권력이나 갈등 요소를 파악해 변화와 혁신적 대안을 제시하려는 활동(권력, 갈등, 네트워크 행동)을 포함한다.

3) 국가 사회 이념

공공조직 행태에 영향을 미치는 요인은 정부가 추구하는 핵심 가치(core value)와 역할 정향(role orientation)이라고 볼 수 있다. 정부가 추구하는 핵심 가치가 변화하면서 정부나 공공기관 구성원들의 역할 정향과 추가 가치 체계가 바뀌어야 하고, 이들의 관리 방식이나 제도 설계도 수정된다.

4) 외부 환경

공공조직 행태의 분석을 통해 조직의 성과와 개인의 성과를 높이는 데 결정적인 요인으로 환경적 속성을 간과할 수 없다. 경제 상태, 국가 기능 분권화 수준, 협력적 사회 시스템의 작동 수준, 국민의 정부 정책 참여도, 노사 관계 파트너십 형성 여부 등은 공공조직 행태를 분석하고 대응 방안을 제시하는 데 지대한 영향을 미치게 된다.

생각해 보기

1. 우리나라 공무원들은 매일매일 무엇을 생각하고 무엇을 하는 사람들인가?
2. 그들은 변화하는 정치 · 사회 · 경제 환경에 대응해 어떠한 마음가짐과 판단을 내리고 있는가?
3. 우리나라 공무원의 역할 변화 전망 그리고 가치관 정립의 중요성과 그 효용은 어떠한가?
4. 공공조직 행태에 대해 활발하게 연구되어야 할 주제는 무엇인가?
5. 공공조직 행태를 공부하는 목적은 무엇인가?

제3장 조직행태론의 개관

제1절 조직행태론이란?

조직생활에서 완전히 자유로운 사람은 그리 흔치 않을 것이다. 대부분의 사람은 크고 작은 조직에 소속되어 조직의 영향력 아래에서 생활하고 있다. 조직은 특정한 목적을 이루기 위해 둘 이상의 사람들로 의도적으로 구성된 사회적 단위라고 정의할 수 있다(Robbins & Judge, 2011). 그러므로 조직은 그 목적을 이루기 위해 소속되어 있는 구성원들에게 직·간접적으로 영향을 미치게 된다. 이에 따라 개인의 삶의 질은 소속되어 있는 조직에 의해 크게 좌우되며, 그들의 태도나 행태는 조직의 여러 가지 특성과 운영상의 방침에 따라 영향을 받는다. 또한 이러한 개개인의 태도나 행태는 다시 조직의 성과에 영향을 미치게 된다.

결국 조직과 조직 내의 개인은 서로 영향력을 주고받으며 개인의 태도와 행동은 조직의 목표 달성, 즉 성과에 영향을 주므로 이런 맥락에서 조직 내의 개인을 이해하려는 노력이 중요하다. 조직행태론(organization behavior)은 바로 이러한 조직 내에서의 인간 행태를 이해하고자 하는 학문이다. 따라서 넓게 이해한다면 조직행태론은 조직이 그 구성원들에게 어떤 영향을 미치는지, 이러한 영향으로 말미암아 조직 내의 사람들이 어떤 태도와 행동을 하는지, 그러한 행동들이 조직의 성과에 어떤 영향을 주는지, 조직을 둘러싸고 있는 환경과 조직과의 관계는 어떠한지 등에 관한 연구를 하는 학문이다. 규범적인 측면에서 조직행태론의 주된 목적 중 하나가 좀 더 효율적인 조직의 운영이라고 할 때에, 조직행태론에서는 다양한 요인이 어떻게 개인과 조직 수준의 성과를 제고하는 데 기여하는지에 관한 연구에 그 초점을 둔다(Robbins & Judge, 2011).

조직행태론의 연구는 크게 개인, 집단, 조직의 세 가지 분석 수준에서 이루어진다. 각각의 수준에서 나타나는 행태가 모두 조직의 성과에 영향을 미치게 되므로 이들 각 수준을 연구하는 것은 중요하며, 더 나아가 서로 다른 수준에서의 결과 변수들이 어떻게 연결되어 있는지를 연구하는 것도 조직의 성과를 설명하는 종합적인 밑그림을 그릴 수 있게 해 준다는 점에서 중요한 의미를 지닌다. 개인 수준, 집단 수준, 그리고 조직 수준에서의 성과에 영향을 미치는 요인들은 다음과 같이 정리해 볼 수 있다(김호섭 외, 2011: 22).

개인적 수준: 태도, 지각, 학습, 성격, 동기, 지식, 능력, 스트레스 등
집단적 수준: 응집성, 리더십, 규범, 권력, 갈등, 집단의 발달 단계, 집단 간 역학관계 등
조직적 수준: 구조, 절차, 문화, 기술, 환경, 전략적 선택 등

즉, 개인적 수준에서는 성격과 가치, 태도 등 개인 간의 차이를 이해하는 것을 바탕으로 지각과 귀인, 학습의 과정, 그리고 개인의 동기 등을 주된 관심 분야로 연구하게 된다. 집단 수준에서는 집단의 발달 단계나 집단 간의 역학 관계, 집단 내에서의 권력 관계와 갈등 등을 이해하는 것이 주된 연구의 관심사가 된다. 조직 수준에서는 조직의 구조와 절차, 조직문화, 조직을 둘러싼 환경 등이 조직 성과와 개인의 행태에 어떤 영향을 미치는지에 대해 관심을 가지고 연구하게 된다. 마지막으로 개인, 집단, 조직 수준의 기존 논의에서 더욱 확장해 조직 간의 관계를 다루는 연구도 이루어지고 있다.

제 2 절 조직행태론의 특징

앞서 언급했듯이 조직행태론은 조직 내 개인 행태를 연구하는 학문으로 조직관리에 대한 체계적인 학문적 연구와 함께 시작되었다. 초기의 관리 분야 연구는 물리적인 작업환경이라든지 관리의 원칙 발견 등에 그 초점이 있었지만 그 관심이 1940년대에 들어서 인간적인 요인들로 옮아가게 되었고, 개인적 태도, 집단의 역동성, 관리자와 근로자와의 관계 등을 다루는 연구들이 등장하게 되었다. 이에 따라 조직 내 개인과 집단에 대한 과학적인 이해를 주로 다루는 학문 분야로서 조직행태론이 등장하게 되었다(Lorsch, 1987).

조직행태론은 학제적(interdisciplinary) 성격을 지니며 행태과학과 밀접하게 연관된다. 이에 따라 심리학, 사회학, 인류학 등의 학문 분야에서 많은 영향을 받는 가운데 정립되었다. 로빈스(S. P. Robbins)와 저지(T. A. Judge)는 관련 학문 분야로부터 영향을 받은 조직행태론의 주요한 분야들을 [그림 3-1]과 같이 정리했다(Robbins & Judge, 2011). 심리학은 학습, 성격 분야를 비롯해 여러 가지 조직구성원의 태도와 직무 스트레스 영역 등과 관련된 영역에서 도움을 주고 있으며 사회심리학은 변화와 관련된 부분과 집단 의사 결정 부분에서 조직행태론에 영향을 주고 있다. 사회학은 조직문화나 커뮤니케이션, 조직이론 등 좀 더 거시적인 단위에서 조직행동 연구에 도움을 주고 있으며, 인류학은 거시적 차원의 문화나 가치의 차이 등을 논하는 데 필요한 지식들을 제공해 준다(Robbins & Judge, 2011).

이러한 다양한 학문적 기반에 기초한 조직행태론은 조직과 조직 내의 사람들이 어떻게 성과를 올릴 수 있을지에 실질적인 도움을 줄 수 있도록 적용 부분에 관심을 기울인다(Schermerhorn, Hunt, & Osborn, 2008). 즉, 관리자의 입장에서 어떻게 조직과 조직구성원들이 바람직하게 행동하도록 할 수 있을 것인가에 대한 유용한 지식을 제공하고자 하는 것이다. 예를 들어 조직 내 신뢰를 연구할 때에 신뢰가 유용한 자원으로서 조직 내에서 어떤 긍정적인 효과성을 지니는지를 연구하는 것과 동시에, 신뢰가 중요하다면 실질적으로 어떻게 신뢰를 쌓아나갈 수 있겠는가의 질문에도 관심을 기울이는 것이다. 마찬가지로 조직시민행동(organizational citizenship behavior:

그림 3-1 조직 행태에 관한 학문들

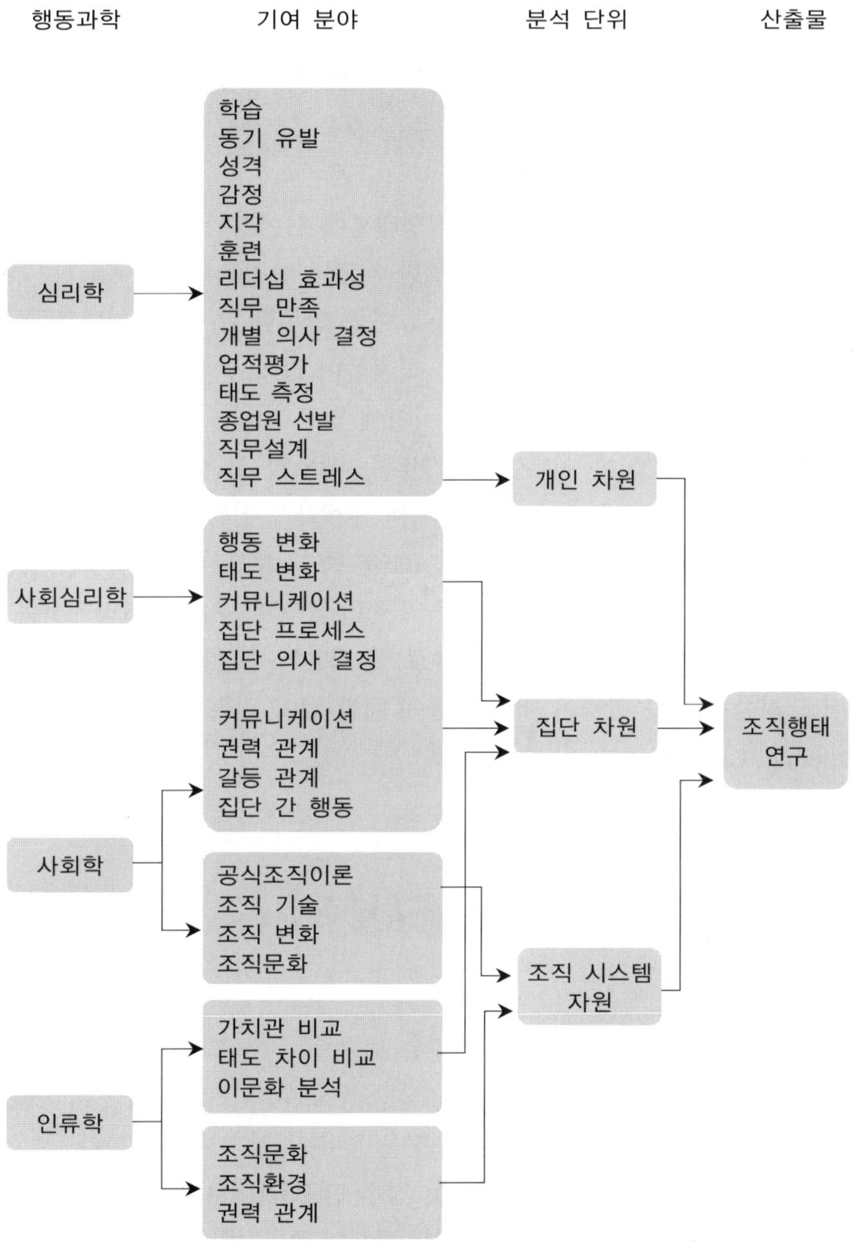

출처: Robbins & Judge(2011: 13).

OCB)에 관심을 가지고 연구할 경우에도, 조직시민행동이 조직 내에서 어떤 영향을 미칠 수 있겠는가의 문제에서부터 어떤 조건 하에서 조직시민행동이 좀 더 잘 나타날 수 있을 것인가의 문제까지 폭넓은 주제를 다루는 가운데 조직관리에서 실제적 도움을 주고자 한다. 이처럼 조직행태론은 그 학문적 지식들을 활용해 조직의 관리자에게 실질적인 가이드라인을 제공해 주는 것을 그 주요한 목표의 하나로 삼고 있다.

이렇게 실제성을 강조하는 가운데 조직행태론에서는 상황적 접근법을 중시하는 경향이 있다. 이론 정립의 초창기에는 유일한 최고의 방법(one best way)을 찾기 위한 학문적 노력이 많이 이루어졌지만, 실제 이를 만족할 수 있는 거대 이론(grand theory)을 찾기란 불가능에 가깝다는 것을 학자들이 많이 인식하게 되었다. 이에 따라 모든 상황에 적용되는 이론보다는 각 상황에 맞는 이론이 있고, 이에 따라 관리적 처방도 각 상황에 맞도록 이루어져야 한다는 상황적 접근법이 근대에 들어서는 각광받게 되었다(Pfeffer & Sutton, 2006). 이는 세계화가 점점 더 가속화되는 근래에 더욱 중요하게 다루어져야 한다(Hofstede, 1993). 즉, 서로 다른 사회문화적 환경 속에서 조직행태론의 이론들이 어떤 차이를 가지고 적용되는지, 한 나라에서는 잘 적용되는 이론이 다른 나라에서는 어떤 연유로 잘 적용되지 않는지, 어떠한 문화적 차이점들이 그러한 차이를 만들어 내는지 등에 대한 깊이 있는 이해를 시도할 필요가 있다(Schermerhorn, Hunt, & Osborn, 2008).

제 3 절 조직행태론의 주된 종속변수

종속변수는 다른 변수에 의해 영향을 받는 변수로 흔히 그 원인 등을 설명하려는 대상이 된다. 조직행태론에서도 흔히 사용되는 종속변수가 몇 가지 존재하는데, 어떤 변수가 있는지 개인 수준의 지표에 초점을 맞추어 살펴보고자 한다.

가장 우선적으로 생각할 수 있는 변수는 직무 만족(job satisfaction)이다. 직무 만족은 개인이 자신의 직무에 대해 가지고 있는 감정의 종합적인 평가라고 할 수 있는데, 개인의 태도를 나타내는 대표적인 지표로 많은 연구의 대상이 되어 왔다(Spector,

1985; Tett & Meyer, 1993; Saari & Judge, 2004). 대개 만족도가 높은 종업원들이 그렇지 못한 종업원들에 비해 더 높은 성과를 보인다는 것이 많은 학자의 기본적인 가정이었다(Judge et al., 2001; Riketta, 2008). 몇몇 연구는 이러한 가정을 실제로 입증하고 있는데, 그렇다고 해서 높은 수준의 만족도가 항상 더 높은 성과를 가져오는 것은 아니다. 일의 강도가 높지 않아 여유를 부리면서 그 일에 종사할 수 있으면서도 좋은 보수를 받을 때 만족도 자체는 높을 수 있지만, 그 일에 종사하는 사람이 항상 높은 수준의 성과를 보이지 않을 수도 있는 것이다. 그럼에도 불구하고 몇몇 학자는 인본주의적인 입장에서 만족도 자체가 조직이 추구해야 할 목표라고 주장하기도 한다(Robbins & Judge, 2011). 한편, 직무 만족은 이직이나 결근을 줄이는 선행변수로서도 연구되어 왔으며, 이는 직무 만족을 조직행태론에서 더욱 중요한 변수로 다루어지게 한다.

생산성(productivity) 역시 대표적인 성과지표로서 자주 활용되는 종속변수이다. 흔히 생산성은 효율성과 효과성을 모두 포함한 개념으로 최소의 비용으로 목표를 달성할 때 생산성이 높다고 이야기할 수 있다(Robbins & Judge, 2011). 이 때 효율성과 효과성은 구분되는 개념이다. 효율성은 투입 대비 산출을 나타내는 개념으로 같은 비용을 들였을 때 더 많은 산출물을 보이는 쪽이 더 효율적이다. 예를 들어 직업훈련을 실시했을 때 주어진 시간에 100명을 교육한 교수가 있으면 70명을 교육한 교수에 비해 더 효율적이라고 할 수 있다. 또는 산출물이 같은 상황에서라면 투입을 더 적게 들이는 쪽이 더 효율적이라고 이야기할 수 있다. 동일하게 100명을 교육시키는 경우라도 20시간에 교육할 내용을 모두 완료하는 교수가 30시간이 걸려서 교육 내용을 완료하는 교수보다 더 효율적이라고 이야기할 수 있다. 반면에 효과성은 목표달성도와 관련된 개념이다. 직업훈련의 예에서 훈련시킨 학생들 중 과연 몇 퍼센트나 실제 취업에 성공했는가는 효과성과 관련되어 있다. 따라서 효율성이 높다고 하더라도(동일한 자원으로 더 많은 학생을 교육시켰다고 하더라도) 효과성(취업률)은 낮을 수 있다. 물론 가장 바람직한 경우는 효율성과 효과성을 동시에 달성하는 경우일 것이다. 이에 따라 효율성과 효과성을 모두 갖추고 있을 때 생산성이 높다는 평가를 내릴 수 있다. 생산성은 객관적인 지표에 의해 측정되기도 하지만, 설문조사 등에서는 주관적인 판단에 근거해서 측정되기도 한다.

한편 결근(absenteeism)과 이직(turnover) 역시 조직행태론에서 자주 연구되는 변수들이다. 결근은 업무 흐름의 중단을 가져오게 되고 의사 결정의 지연을 초래하며 주위 동료들에게도 부정적인 영향을 줄 수 있으므로 조직에 막대한 비용 부담으로 작용할 수 있는데, 한 연구에 따르면 미국의 경우 일정에 없는 결근 때문에 발생하는 손실이 1인당 평균 789달러에 이른다고 한다(Britt, 2002). 물론, 상당한 집중력과 주의를 요하고 업무에서의 실수가 큰 손실로 연결될 수 있는 업무의 경우에는 무리하게 일을 하는 것보다 결근을 하는 것이 더 나은 경우도 있을 수 있지만, 대체로 결근은 조직에 부정적으로 작용한다는 입장에서 연구가 이루어지고 있다. 결근과 마찬가지로 이직 역시 조직에 부담으로 작용할 수 있다. 물론 모든 조직구성원이 자신의 적성과 기질에 맞는 직장을 찾는 것이 쉽지 않다는 것을 고려한다면 어느 정도의 이직은 필연적이다. 조직 입장에서도 조직에 제대로 적응하지 못하거나 낮은 수준의 성과를 내는 조직구성원들의 경우에는 이들이 자발적으로 이직하는 것을 반길 수도 있다(Sturman & Trevor, 2001). 하지만, 기존 조직구성원의 이직에 따라 새로운 인원을 선발하고 훈련시켜서 기존의 구성원만큼 조직에 적응해 일할 수 있는 수준으로 만드는 데는 많은 비용이 소요된다(Schlesinger & Heskett, 1991). 미국 연방정부에서도 큰 이슈 중의 하나가 어떻게 우수한 인재들이 정부 분야에서 계속 일할 수 있도록 할 것인가 하는 문제이다. 미국의 경우 연방정부 공무원들의 이직률이 일을 시작한 지 5년 미만인 신참 공무원들 가운데서 가장 높다는 점에서 우수한 인력을 확보하는 것도 중요하지만, 어렵게 확보한 인력을 계속해서 보유하는 것도 중요한 문제가 된다(Partnership for Public Service & Booz Allen Hamilton, 2010; Cho & Lewis, 2012).

마지막으로 조직시민행동(OCB)은 조직구성원의 업무 수행에서 필수적인 요건은 아니지만, 조직의 활동을 효과적으로 촉진시켜 주는 역할을 한다(Organ, 1988; LePine, Erez, & Johnson, 2002). 조직시민행동의 예로는 조직에 새로 합류한 구성원을 위해 자발적으로 업무 교육을 시켜 준다든지, 다른 동료가 바쁠 때 기꺼이 그 일을 대신 맡아서 처리해 준다든지 하는 등의 행동을 들 수 있다. 직무기술서에 규정되어 있는 자신의 의무가 아님에도 불구하고 이러한 일들을 기꺼이 맡아서 처리할 때 조직의 전반적인 기능이 향상되고 그 성과가 높아진다는 연구 결과들을 찾아볼 수 있는데, 이는 조직시민행동을 가치 있는 관리자원으로 인정받게 한다(Podsakoff et al., 2000).

그림 3-2 **조직 행태의 기본 모형**

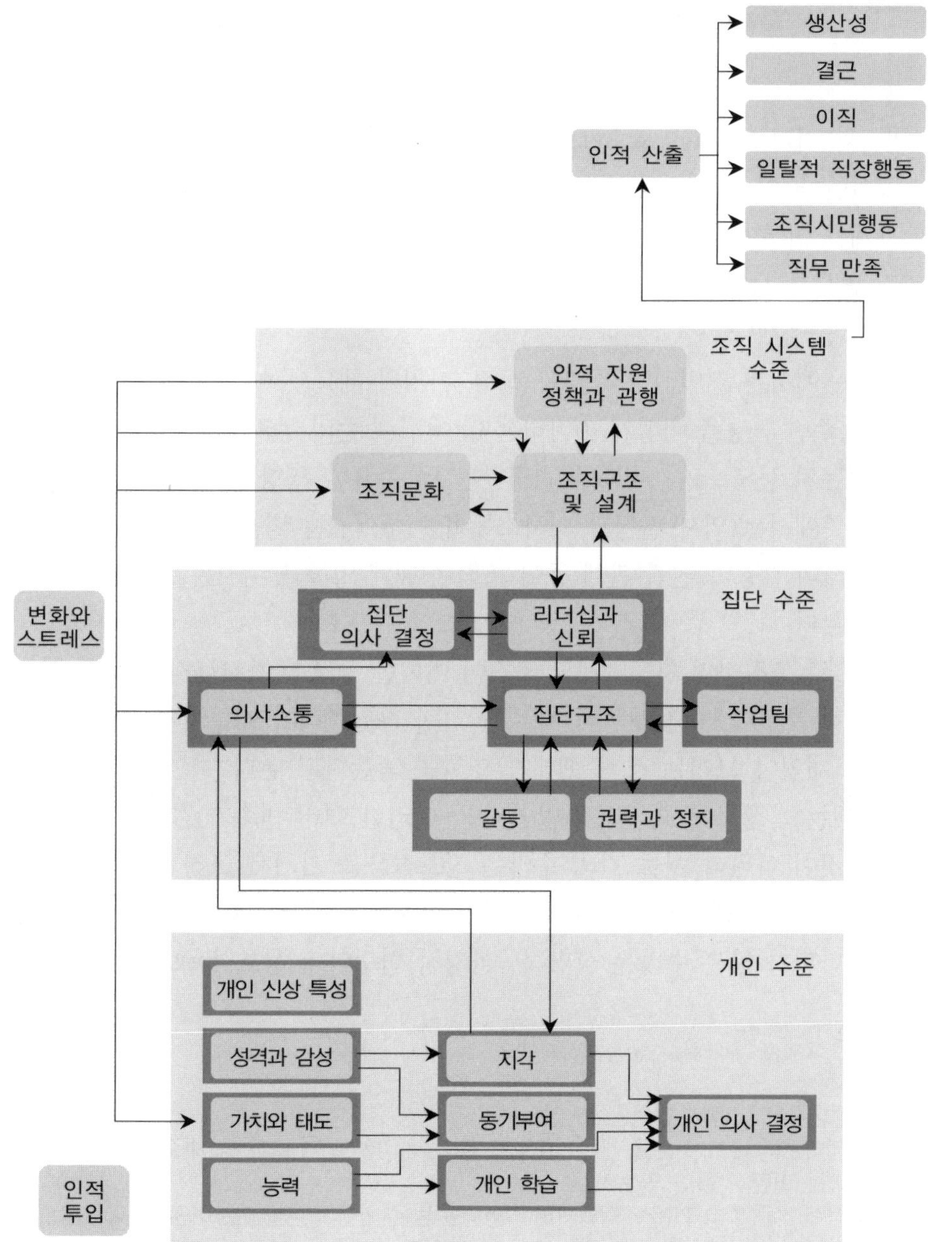

출처: Robbins & Judge(2011: 33).

제 4 절 조직 행태의 기본 모형

로빈스와 저지(Robbins & Judge, 2011)는 조직 행태의 종합 모형을 [그림 3-2]와 같이 제시한다. 이 그림을 통해 조직행태론이 다루고 있는 주요한 내용과 이들이 어떠한 체계를 이루고 있는지를 개략적으로나마 이해할 수 있다. 앞서 살펴본 바와 같이 관련 변수를 개인 수준, 집단 수준, 조직 시스템 수준으로 크게 세 차원으로 대별해 모형을 구성했다.

개인 차원에서는 개인적인 특성과 성격, 가치와 태도 등이 주요한 변수로 작용함과 동시에 주변 환경을 어떻게 지각하는지, 어느 수준의 동기를 갖는지, 학습이 어떻게 일어나는지 등도 조직 행태를 결정하는 데 주요한 영향을 미친다.

집단 수준에서는 의사 결정과 의사소통이 이루어지는 방식, 리더십, 집단의 구조, 집단 내에서의 갈등과 권력 관계 등이 조직 행태에 영향을 미치는 주요한 변수로 작용한다고 본다.

마지막으로 조직적인 차원에서도 조직이 어떠한 구조를 가지는지, 조직이 갖는 고유한 문화적 특성이 어떤 것인지, 어떠한 인적 자원관리가 이루어지는지 등의 특성에 따라서 개인이 보이는 조직 행태가 영향을 받는다고 본다.

그림에서는 복잡하게 표현되지 않았지만, 이러한 여러 변수가 각자 독립적으로만 작용하는 것이 아니라 이들 간의 수많은 상호작용을 거쳐서 조직 행태가 결정되는 것임을 이해할 필요가 있다. 또한 포괄적인 이해를 위해서는 다른 조직과의 관계 등 그림에 포함되지 않은 수많은 상황적 · 환경적 변수와의 상호작용도 고려해야 한다.

생각해 보기

1. 조직행태론은 어떻게 정의할 수 있을까?
2. 조직행태론의 분석 수준을 개인, 집단, 조직의 세 가지로 나눌 때 각 수준에 연관되는 요인들에는 어떤 것들이 있는가?
3. 학제적 성격을 띠고 있는 조직행태론이 영향을 받은 인접 학문들에는 어떤 것들이 있는가?
4. [그림 3-2]에서 제시된 일반적인 조직 행태의 기본 모형을 2장에 소개된 공공조직 행태론 모형에 대입시켜 볼 때 어떤 점이 공공조직행태론이 가지는 특징으로 나타나는가?

제 2 편

개인 수준의 공공조직행태론

제 4 장 성격과 가치관
제 5 장 지각과 학습
제 6 장 스트레스와 감정관리
제 7 장 조직몰입
제 8 장 동기부여

제 4 장

성격과 가치관

제 1 절 성격

1 성격의 정의와 결정 요인

일반적으로 통용되는 성격에 대한 정의는 없지만 성격이 행동의 일관된 형태를 낳게 되는 개인의 특성을 대표하면서 개인의 독특한 자질을 대표하는 것이라고 한다. 또한 성격은 개인의 독특한 모습을 나타내는 심리적 특성의 전체적인 윤곽 또는 조합을 나타내면서 개인의 모습, 사고, 행동, 느낌의 방식을 반영하는 일련의 육체적·정신적 특성의 결합이라고도 한다. 또한 성격은 다양한 시각과 상황에 걸쳐서 어느 정도 안정적이며 다른 사람과 구별되는 특징적인 사고, 감정 및 행동양식을 말한다. 인간의 행동을 이해하는 가장 적합한 방법 중의 하나가 개인의 성격을 이해하는 것으로, 성격은 각 개인이 가지고 있는 특유한 성질 또는 각 개인을 특정짓는 지속적이며 일관된 행동양식이다(문영규, 2009). 즉, 개인의 성격은 시간과 상황에 걸쳐 지속적이며 한 개인을 다른 인간과 구별해 주는 특징적인 사고, 감정 및 행동양식으로 정의된다(Phares, 1984). 이러한 여러 가지 내용을 고려할 때 성격(personality)이란 한 개인이 환경에 대한 적응 방식을 결정할 때 가지게 되는 특성적 자질을 의미하는 것이면서, 성격은 사람과 사람과의 관계에서 반응하고 상호작용하는 모든 방식이라고 할 수 있다. 또한 성격은 다음과 같은 특성을 가지고 있다.

첫째, 성격과 관련된 이론은 사람들이 공통으로 가지고 있는 것과 구분하는 것이 무엇인지를 설명한다. 따라서 개인의 성격을 이해한다는 것은 개인의 독특한 자질뿐만 아니라 다른 사람과의 관계를 통해 공유하는 것 모두를 이해하고 있다는 것이다. 이러한 이유에서 한 조직 내의 구성원들이 독특하고 비슷한 상황에서도 다르게 행동하거나 또는 행동하지 않는 경우가 나타나는 것이다. 또한 이러한 상황들이 사람과 함께 일하면서 관리하는 것을 어렵게 하기도 하지만 한편으로는 아주 도전적으로 만들기도 한다.

둘째, 성격은 안정성과 지속성을 가지고 있다. 즉, 사람들의 성격은 대부분 안정성을 가지고 있으면서 일정 정도의 시간이 지남에 따라 변화할 수 있다. 또한 성격의 변화와 발전은 일생 동안 일어나며, 최고의 변화는 유년기에 일어난다.

성격 연구에서 초기의 쟁점은 성격이 과연 유전적인 결과인지, 혹은 환경의 결과인지와 성격은 태어나면서 결정되는 것인지 아니면 개인을 둘러싼 환경과의 상호작용 결과인지에 있었다. 이러한 쟁점에 대해 정답을 제시하기는 어렵지만 통상적으로 성격은 유전과 환경이 상호작용한 결과로 인식되고 있고, 최근에는 상황이라고 하는 제3의 요인이 고려되고 있다. 즉, 개인의 성격은 유전과 환경에 의해 형성되고, 상황이라는 조건에 의해 조절되는 것이라고 할 수 있다(Hellriegel & Slocum, 2007).

1) 유전적 요인

실제 생활에서 '아들이 아버지와 똑같다' 또는 '자식의 성격은 가족들로부터 물려받은 것이야'라는 표현을 많이 한다. 이러한 표현은 사람들의 성격이 유전적인 영향을 많이 받는다고 믿고 있다는 것을 반영한다. 또한 어떤 사람들은 성격은 유전이라 믿기도 하고, 다른 사람들은 개인의 경험이 성격을 결정한다고 믿기도 한다. 즉, 성격은 유전과 환경(경험)이 모두 중요하다는 것으로, 어떤 성격적 특징은 강한 유전적 요인을 갖고 있는 것처럼 보이는 반면에 다른 특징은 환경에 반응하거나 경험에 기초해 학습한 것처럼 보인다.

유전(heredity)은 개인의 통제 영역 밖의 요인으로서 신체적 크기, 얼굴의 모양새, 성(性), 기질, 근력과 에너지 수준, 생리적 리듬 등 전부 혹은 일부가 부모의 생리적,

신체적, 심리적 기질에 의해 영향을 받는 것으로 알려진 특성들이다 즉, 유전이 신체적 및 심리적 특성들의 형성에 중요한 역할을 한다는 것이다. 또한 유전적 접근은 개인의 성격이 염색체상에 위치하는 유전자의 분자구조로 설명될 수 있다고 주장한다(Kaplan, 1965).

최근에 연구자들은 태어난 직후 서로 분리되어 자란 100쌍 이상의 쌍둥이를 연구했다. 만약 유전이 성격에 어떤 영향도 미치지 못한다면 그들 사이에는 유사성이 거의 없을 거라고 생각할 수 있다. 그러나 연구자들은 많은 유사점을 발견했고, 쌍둥이에게서 나타나는 많은 행동 특성은 유전적 인자들과 관련되어 있었다(Hellriegel & Slocum, 2007). 또한 서로 떨어져서 성장한 쌍둥이의 성격에 관한 최근의 연구는 많은 전문가가 믿어왔던 것보다 유전적 결정 요인들이 주된 역할을 할 수 있다는 것을 보여 주었다. 즉, 쌍둥이에 관한 어떤 연구는 성격의 50~55% 정도가 유전에 기인하고 있고, 유전된 성격적 특징은 직종 선택 차이의 50% 정도를 설명할 수 있다고 주장한다. 하지만 이러한 성격적 특성이 전적으로 유전에 의해서만 좌우된다면 성격은 태어날 때부터 결정되어 어떠한 후천적 경험에 의해서도 바뀔 수 없을 것이다.

2) 환경적 요인

사람들은 환경이 성격을 형성하는 데 주요한 역할을 한다고 믿고 있고, 실제적으로도 환경은 유전적 특징보다 더욱 중요한 역할을 한다. 즉, 성격 형성에 영향을 주는 환경에는 문화, 가족과 친구들 및 사회적 집단 간의 규범들, 삶의 경험 등이 있으며, 이러한 환경 요인들은 우리의 성격을 형성하는 데 실질적인 역할을 한다. 예를 들면, 문화는 규범, 태도, 가치를 한 세대에서 다음 세대로 전달하며, 또한 세대 간 일관성의 토대가 된다. 또한 한 문화 안에서 강조된 이데올로기는 다른 문화에서는 단지 조절적인 영향만 줄 수 있어서 차이를 만들어낼 수 있다(Hellriegel & Slocum, 2007).

성격의 결정 요인으로서 유전과 환경에 대한 논쟁은 양자가 모두 중요함을 반증하고 있는 것으로, 유전은 타고난 특성과 능력을 부여하지만 개인의 잠재력은 환경의 요구에 어떻게 잘 적응하는지에 의해 결정될 것이다.

3) 상황적 요인

상황(situation)은 성격에 영향을 주는 유전과 환경의 효과에 영향을 미친다. 또한 개인의 성격은 안정적이고 지속적이기는 하지만 상황에 따라 변화한다. 이러한 상황과의 복잡한 상호작용이 개인의 행동을 일어나게 하는 것으로 우리는 상황을 배제한 상태에서 성격의 경향을 고려해서는 안 될 것이다. 따라서 성격은 상황에 따라 크게 영향을 받게 된다.

상황이 개인의 성격에 영향을 미친다고 가정하는 것은 논리적이다. 하지만 한 가지 흥미로운 것은 상황이라는 것이 실제로 사람들이 자신의 행동에 부여하는 제한조건 안에서 개인마다 다를 수 있다는 것이다. 예를 들면, 면접이나 종교 행사에 가는 행동은 강제성이 강하지만 여행이나 소풍을 가는 행동에 대해서는 강제성이 상대적으로 약하다고 할 수 있다. 또한 성격에 관한 일반화가 가능하다고 할지라도 개인적 차이는 존재하게 마련이며, 이러한 개인적 차이에 대한 연구는 성격 연구에서 더욱 강조되고 있으면서 일반적이고 보편적인 경향을 찾으려는 노력을 지속적으로 해오고 있다.

2 성격에 관한 이론들

성격은 어느 정도 안정된 개인의 특성으로서 개인으로 하여금 환경에 적응해 나가도록 하는 동태적인 것으로, 성격이론은 인간의 행위에 대한 일반이론이라는 것과 개인의 차이를 나타내 주는 것이라는 점에서 중요성이 있다.

성격 연구는 크게 특성이론과 과정이론을 중심으로 이루어지고 있는데, 전자는 다시 유형론과 특질론으로, 후자는 정신분석, 행동주의, 인본주의로 세분된다. 이 중 성격의 측정과 관련되는 이론은 특성이론이다. 여기서 유형론은 성격을 서로 구분이 가능하고 비연속적인 범주로 파악하는 반면 특질론은 개인차의 변인을 연속적인 것으로 가정한다. 즉, 성격의 한 부분을 구성하는 어떤 특징이 개인들 속에 어느 정도 존재하고 있는가를 양적인 측면에서 구분해 보는 것이 특성론적인 접근이며, 서로 분리된 비연속적인 것으로서 성격을 범주화해 보는 것이 유형론적인 접근이다(김정택 · 심혜숙, 1991). 개개인의 특성은 나름대로의 독특성을 갖고 있음에도 불구하고, 유형론에서는 몇 개의 대표적 유형을 설정해 다양한 성격을 가진 개인을 범주화해서 이해하려고 시도한다.

다음에서는 성향이론, 정신역동이론, 학습이론, 현상학적 이론으로 알려진 대표적인 성격 연구의 네 가지 접근 방법에 대해 살펴보고자 한다.

1) 성향이론

성향이론(disposition theories)에 의한 개인은 행동을 예측할 수 있는 기본적인 내적인 경향을 갖는다고 사고에 기초하고 있으며, 특질론(trait theories)과 욕구이론(needs theories)이 있다. 특질론은 성격 연구에서도 가장 오래된 접근 방법으로, 올포트(Allport, 1936)는 성격을 특질의 기본 요소로 일반화될 수 있고 특정한 개인을 특징지을 수 있다고 하면서 세 가지 종류의 특질들을 제시했다.

첫째, 기본 특질로서 이것은 고도로 일반화된 성향이며, 개인은 기본 특질을 중심으로 자기의 생활을 체계화한다. 둘째, 중심 특질로서 이는 기본 특질보다 행동을 적게 지배한다. 셋째, 2차 특질로서 이는 아주 제한된 방식으로 개인의 행동에 영향을 미친다.[1)]

2) 정신역동이론

정신역동이론(psychodynamic theories)은 인간의 성격이 개인 내부의 상황에 갈등에 의해 발전된다는 것을 전제한다. 프로이트(Sigmund Freud)의 심리분석론은 가장 잘 알려진 예로서, 그는 인간의 행동을 지배하는 근본적인 동기는 무의식적인 요소라고 했다 .이에 따르면 성격은 세 부분으로 구성된다. 원초아(id)는 성격의 무의식적인 부분으로 기본 욕구들의 저장고이며 성격의 기초가 된다. 이것은 자기 만족만을 추구하며 성적 본능과 공격적 본능이 이에 속한다. 자아(ego)는 원초아로부터 분화된 것으로 바람직스럽지 않은 결과를 초래하지 않으면서 동시에 원초아의 충동을 만족시키는 행동을 선택하는 역할을 한다. 초자아(superego)는 도덕, 가치관 등을 포함하는데 일반적으로 양심이라고 할 수 있다. 프로이트에 의하면 초자아는 어린이가 부모의 명령이나 금지 등을 내면화함으로써 발달한다고 보았다. 그는 원초아와 초자아는 끊임없는 갈등 상태에 있으며 자아는 이것을 조정하려고 한다고 가정했다. 또

---

1) 성격 특질을 가장 광범위하게 연구한 카텔(James M. Cattel)은 요인분석법을 통해 16개의 변인을 성격의 기본 특질(source traits)이라고 하면서 지배-복종, 보수-진보, 자신-소심 등과 같은 기본 특질의 다양한 조합이 무한정한 수의 독특한 성격을 파생시킨다고 했다. 또한 아이젱크(Hans J. Eysenck)는 첫 번째 특질 차원으로 내향성-외향성을, 두 번째 특질 차원으로 정서적 안정성을 가정했다.

한 성격의 역동성이란 긴장 발산을 추구하는 원초아와 이 충동을 억제하려는 초자아 간의 계속적인 상호작용과 갈등을 포함한다고 했다. 그리고 원초아와 자아, 초자아는 조화롭게 일을 해야 한다. 원초아가 지배적일 때 개인의 정서가 난폭해지며 자신과 사회에 위험스러운 것이 되고, 초자아가 지배적일 때 개인의 행동은 지나치게 융통성이 결여되어 정상적인 생활을 즐길 수 없게 된다. 또한 원초아, 자아 그리고 초자아의 부조화는 불안을 야기해 개인으로 하여금 방어기제를 발동하도록 한다.

융(Carl G. Jung)은 유전적 본능적 요인보다 사회적・환경적 요인을 강조한다. 그는 성격 발달을 지속적인 과정으로 보았다. 융은 자아의 기본 기능을 사고, 감정, 직관으로 보고 여기에 내향성-외향성의 개념을 도입했다. 또한 프로이트의 무의식의 개념을 확장해 모든 인간이 공유하는 원초적인 집단무의식(collective unconsciousness)을 전제하고 있고, 집단무의식의 내용을 원형(archetype)이라 하고, 그 예는 신에 대한 상징이나 원시 신화 등에서 찾아볼 수 있다고 주장한다.

표 4-1 융의 내향성-외향성이론

구분	걱정이 많음	걱정이 적음
외향적	긴장되어 있고 흥분하기 쉬우며, 불안정하고 따뜻하며 사교적이고 의존적이다.	침착하고 믿음직하고 신뢰성이 있으며, 적응성이 높고 따뜻하며 사교적이고 의존적이다.
내향적	긴장되어 있고 흥분하기 쉬우며, 불안정하고 차가우며 부끄러움을 잘 탄다.	침착하고 믿음직하고 신뢰성이 있으며, 적응성이 높고 냉정하고 차가우며 부끄러움을 잘 탄다.

에릭슨(Erik H. Erikson)은 심리사회적인 측면을 강조한 성격이론을 전개했다. 그의 성격수명주기이론(life-cycle theory of personality)은 인간의 전 생애를 8단계로 나누고, 각 단계에서 인간이 직면해야 하는 심리적 위기를 양극 개념으로 설명하고 있다.

3) 학습이론

학습이론(learning theories)은 성격을 학습의 총체로 보는 접근 방법이다. 따라서 자아와 초자아, 특질들은 학습을 통해 획득된다고 본다. 고전적 학습이론은 학습 과정에서 충동(drives), 단서(cue), 강화(reinforcement)를 강조한다. 충동은 개인의 행동을 야기하는 원천으로 1차적 충동은 배고픔, 성욕, 고통의 회피와 같은 생리 현상을 포함한다. 2차적 충동은 이전의 학습을 통해 획득되고 개인에게 반영되는 사회적·문화적 영향으로 명예나 애정에 대한 욕구 등과 같은 것이다. 단서는 개인의 환경에서 발견되는 충동을 유발하는 자극으로, 상품을 구매하도록 충동하는 광고가 대표적이다. 강화는 대응이나 충동의 감소에 대한 보상으로, 배고픈 동물에게는 먹이가, 노동자에게는 보수의 증가가 보상이 될 수 있다.

사람들은 직접 경험하는 것뿐만 아니라 다른 사람들에게 일어난 일을 관찰하고 어떤 것에 대해 듣는 것으로도 학습할 수 있다. 예를 들면, 우리가 배웠던 내용 중에 대부분은 부모, 교사, 동료, 영화, 탤런트, 상사 등과 같은 모델들에 대한 관찰을 통해서 온 것이다. 관찰과 직접 경험을 통해 배울 수 있는 이런 관점을 사회적 학습이론(social learning theory)이라고 한다. 즉, 학습이론의 하나인 사회적 학습이론은 행동의 결정자로서 상황 요인을 강조하는 것으로, 환경 조건들이 학습을 통해 개인의 행동을 결정하며 개인의 행동은 다시 환경 조건을 형성하게 된다. 이러한 사회적 학습이론은 관찰에 의한 학습과 학습에서 지각활동의 중요성을 강조하고 있는 것으로, 사람들은 자신들이 지각하는 방식에 따라 반응하고 결과에 대한 정의를 내리지 객관적인 결과 그 자체에 대해 반응하지 않는다는 것이다.

4) 현상학적 이론

현상학적 이론(phenomenological theories)은 현상에 대한 지각이 성격에 미치는 영향을 분석하는 것이다. 현상학에 따르면 개인의 행동은 행위자의 시각으로 보지 않으면 이해될 수 없다. 즉, 개인이 세상을 어떻게 지각하고 해석하는지에 관심을 가진다. 로저스(Carl Rogers)의 자아이론(self theory)은 성격이론의 핵심 개념을 자아(self)와 유기체(organism)에 두고 있다. 자아란 '나'가 지니는 특징들에 대한 지각, 그리고 타인과의 측면에 대한 '나'의 관계성에 대한 지각과 가치관들로 구성된다. 그리고 유기체는 모든 경험의 소재지이며, 이러한 경험의 총화가 현상의 장(phenomenal field)을 구성하고, 현상의 장은 개인의 준거틀로서 개인의 행동 방식은 이에 따르게 된다.

3 MBTI 성격 유형

최근에 가장 일반 것으로 활용되고 있는 성격유형론으로 융의 성격론[2]을 근거로 하여 개발된 MBTI(Myers-Briggs Type Indicator)를 들 수 있다. MBTI는 힘의 근원에 대한 선호 경향으로 외향성(extroversion)과 내향성(introversion), 사물을 보는 관점에 대한 선호 경향으로 감각(sensing)과 직관(intuition), 의사 결정 근거에 대한 선호 경향으로 사고(thinking)와 감정(feeling), 생활양식에 대한 선호 경향으로 판단(judgement)과 인식(perception)을 들고 있다. 네 가지 선호지표들의 특징을 간단히 살펴보면, 첫째, 힘의 근원에 따른 분류로 외향성(E)은 외부로부터 에너지를 끌어오는 것을 선호하는 경향으로 글보다는 말로 의사소통을 하는 것을 좋아하고, 내향성(I)은 내부 세계에 존재하는 생각이나 정서, 인상 등으로부터 에너지를 끌어오는 것을 선호하는 경향으로, 과업이 조용히 이루어지는 것을 더 흥미로워하고 만족해 한다. 둘째, 사물을 보는 관점에 대한 분류로 감각(S)은 오감을 통해 직접적으로 인식되는 정보에 관심을 기울이는 것을 선호하는 반면, 직관(N)은 육감을 통해 얻은 정보에 관심을 기울인다. 셋째, 의사 결정 근거에 대한 분류로, 사고(T)는 논리적이고 객관적인 방식으로의 의사 결정을 위해 정보를 조직화하고 구조화하는 반면, 감정(F)은 개인적이고 가치 지향적인 방식으로 의사 결정을 내리기 위해 정보를 조직화하고 구조화한다. 넷째, 생활양식에 대한 분류로 판단(J)은 미리 예정되어 있고 조직화된 생활을 선호하는 경향이며, 인식(P)은 좀 더 자율적이고 융통성 있는 방식으로 생활하기를 선호하는 경향으로 외부 세계를 접할 때에 즉흥적으로 대처하기를 선호한다.

이들 네 가지 선호지표를 조합하게 되면 <표 4-2>에서처럼 16가지의 성격 유형이 도출될 수 있으며, 이 유형들을 통해 조직관리자는 조직 내 구성원이 가지고 있는 성격의 장·단점을 파악할 수 있고 조직 내 직무와 이에 맞는 성격 유형을 매칭시킴으로써 조직 내 구성원의 직무 만족과 조직효과성의 향상을 도모할 수 있다.

---

2) 분석심리학의 창시자인 융(C. G. Jung)은 인간은 선천적인 성격을 가지고 태어나며, 이러한 성격 경향성이 환경의 여러 자극과 상호작용하면서 한 인간의 독특한 성격 유형 체계가 구성된다고 주장한다. 그는 성격 유형을 태도적인 면에서는 내향적(I)-외향적(E)으로 구분하고, 정신 기능적 측면에서는 에너지의 방향에 따라 감각(S)-직관(N), 감정(F)-사고(T)의 두 가지로 분류하고 있다.

표 4-2 **개인의 16가지 성격 유형의 대표적 특징**

		S		N	
		T	F	F	T
I	J	IST*J 사실적인, 철저한, 체계적인, 확고부동한, 실제적인, 조직화된, 의무적인, 분별 있는, 성실한	ISF*J 상세한, 전통적인, 참을 수 있는, 충실한, 조직화된, 봉사적인, 보호하는, 책임질 수 있는	INF*J 헌신적인, 충실한, 자비로운, 창의적인, 열정적인, 결심이 굳은, 전체적인, 이상적인	INT*J 논리적인, 비판적인, 독창적인, 확고한, 비전이 있는, 이론적인, 객관적인, 전체적인
	P	IS*TP 객관적인, 현실적인, 사실적인, 응용적인, 자발적인, 융통성 있는, 자기 결정에 의한	IS*FP 온화한, 융통성 있는, 협동적인, 충성스러운, 신뢰하는, 자발적인, 이해하는, 조화로운	IN*FP 부드러운, 융통성 있는, 헌신적인, 모험심이 있는, 창의적인, 충성스러운, 깊이 있는, 과묵한	IN*TP 논리적인, 회의적인, 인지적인, 이론적인, 정확한, 자율적인, 독창적인, 자기 결정에 의한
E	P	EST*P 행동 지향적인, 융통성 있는, 재주가 많은, 열정적인, 민첩한, 실용적인, 설득적인	ESF*P 열성적인, 쾌활한, 우호적인, 명랑한, 사교적인, 협동적인, 관용적인, 낙천적인	ENF*P 창의적인, 호기심 있는, 열성적인, 자발적인, 표현적인, 독립적인, 열정적인, 활동적인	ENT*P 진취적인, 독립적인, 전략적인, 창의적인, 융통성 있는, 도전적인, 분석적인, 이론적인
	J	ES*TJ 논리적인, 체계적인, 효율적인, 객관적인, 실제적인, 조직화된, 성실한, 지도력이 있는	ES*FJ 충성스러운, 사교적인, 개인적인, 책임질 수 있는, 조화로운, 철저한, 전통적인, 동정적인	EN*FJ 충성스러운, 이상적인, 개인적인, 언어적인, 책임질 수 있는, 표현적인, 열정적인, 지지적인	EN*TJ 논리적인, 결정이 많은, 강인한, 전략적인, 비판적인, 직선적인, 객관적인, 공정한, 이론적인

주: -는 주기능, *는 보조 기능

MBTI 성격 유형 중 기질 유형은 관찰 가능한 외형적 행동 패턴이나 행동 특징에 의해 SJ, SP, NT, NF로 분류할 수 있다(안광일, 1994; Myers & McCaulley, 1985).[3]

---

3) 기질이론에서 말하는 기질은 개인의 가시적인 행동 속에 내재하는 패턴의 일관성을 말하고, 이에 비해 심리적 기능은 개인이 외부와 상호작용하는 데 그 개인의 고유한 반응양식을 가지게 하는 일관된 심리적 경향성을 의미한다. 또한 MBTI에 적용할 때 나타나는 네 가지 기질 유형들의 행동 특성을 간단히 살펴보면, 책임과 의무를 존중하고 전통적 가치를 따르는 SJ, 좀 더 자유스럽고 충동적이며 적응력이 뛰어난 행동가 타입의 SP, 의미와 정체감을 추구하고 성장과 미래 지향적인 이상가 타입인 NF, 그리고 사고 중심의 지적이고 이론적이며 합리적인 성향을 보여주는 NT형으로 분류할 수 있다(한국심리검사연구소 연구원과의 면담).

첫째, SJ(감각-판단)형은 '현실적 의사결정자'로서 주어진 환경 내에서 질서를 추구하며, 조직화되어 있고, 타인에 대해 신뢰감을 주고 보수적이다. 그리고, 모호한 상황을 싫어하며, 과거 경험에 의존해 문제 상황을 해결해 나가는 특징이 있다.

둘째, SP(감각-인식)형은 '현실적 적응형'으로서 현재 순간에서 새로운 경험들을 추구하고, 주변 환경에 매우 적응적이며 현재 순간에 대한 좋은 관찰자인 특징을 가지고 있다.

셋째, NF(직관-감정)형은 '열정형'으로서 새로운 프로젝트, 새로운 방법 및 사실 등과 같이 발생 가능한 변화의 가능성에 관심을 두며, 일반적으로 개인적·사회적 욕구를 충족시키고 공헌한다는 관점에서 조직의 목표와 관련된 조직 풍토 내지 인간성의 도모와 같은 광범위한 주제에 관심을 갖는다.

넷째, NT(직관-사고)형은 '이론적 독창형'으로 인간 관계보다는 업무 수행 시 기술적·과학적 측면을 강조하고, 복잡하고 새로운 문제에 대해 부담을 느끼지 않고 오히려 자신의 적극적인 도전 기회로 본다.

성격 유형들이 가지고 있는 각각의 특징을 업무 유형과의 적합도 측면에서 보면, NF, NT 유형은 거시적 안목에서 장기적 정책 목표 수립 및 기획에는 장점이 있는 반면 현실적인 세밀한 면에 둔감하기 쉽고 현실적 목표를 간과하는 단점이 있다(안광일, 1994: 165). 이러한 점에서 미래 지향적인 정책 개발 및 기획 부서에 적합한 성격 유형이라고 볼 수 있다. 그리고 SP, SJ 유형은 현실의 변화 상황을 민첩하고 효율적으로 다룰 수 있으며, 또한 질서(규칙)나 과거 경험에 의해 문제 해결을 하려는 경향이 강하다. 하지만 일을 추진할 때 지나치게 편의주의적이며 일의 추진에 일관성이 없고 장기적인 계획 수립 능력도 부족하다는 단점이 있다. 이런 점에서 볼 때, 이러한 성격 유형은 창의적이고 미래 지향적인 정책 개발 부서에서 근무하기보다는 규칙을 준수하며 능률을 중시하는 사업 집행 부서에 적합한 성격 유형이라고 볼 수 있다(박광국·주효진·고수정, 2002: 10).

4 5요인 모형(FFM)

성격을 측정하는 방법은 여러 가지가 있으나 가장 많이 사용되고 있는 방법 중의 하나가 5요인 모형(five factors model: FFM)이다. 5요인 모형은 개인을 설명하거나 분류하기 위한 다섯 가지 범주로 조직 연구에서 사용하는 대표적인 성격 모형(personality model)이며, 다양한 개인의 특질(traits)을 포함하고 있다.

5요인 모형은 개인 간의 차이뿐만 아니라 개인의 행동까지 폭넓게 설명해 줄 수 있는 중요한 도구이다(Buss, 1989). 또한 이 도구는 학업 성취나 직장에서의 직무 수행과 관련한 예언 변인으로 관심을 받고 있으며, 특히 개인의 성격에 대한 안정된 정보를 제공해 주므로 개인차와 관련된 연구에서 중요한 가치를 지닌다(Buss, 1989; Goldberg, 1992). 이러한 5요인 모형은 올포트와 오드버트(Allport & Odbert, 1961)가 웹스터(Webster)사전에서 사람의 성격을 표현하는 용어들을 선정해 어휘 접근법(lexical approach)의 관점에서 성격의 구조를 연구한 이래 여러 학자의 연구를 거쳐 5요인 모형이 확고한 성격의 설명 모형으로 자리 잡게 되었다. 특히 코스타와 맥크래(Costa & McCrae, 1992)는 결합요인분석을 통해 CPI, MBTI, MMPI 등의 인성검사에 공통적인 5요인을 발견하고, 사람들은 공통적으로 5개의 성격인 정서적 불안정성, 외향성, 개방성, 호감성, 성실성이 존재한다고 주장했다(민병모, 2001: 4).

첫째, 정서적 불안정성(neuroticism)은 '불안한, 우울한, 화난, 감정적인, 불안정한, 신경질적인, 두려워하는, 걱정하는'과 같은 특질이 포함된다. 또한 정서적 불안정성이 높은 사람은 걱정을 많이 하고 불안해 하며 자주 우울해 한다. 또한 변덕이 심하고 까다로우며 의기소침하고 화를 잘 내는 특징을 나타낸다.

둘째, 외향성(extraversion)은 사교성과 적극성 및 자기 주장의 수준을 측정하며, 대인 관계와 관련되어 있고, 기질적으로 활동 수준이 높고 낙천적이다. 그러나 외향성이 낮은 사람들은 조용하고, 수줍음을 잘 타며, 말이 없고 나서지 않으며, 사람과의 관계가 서먹서먹하고 뒤로 물러서는 경향 등이 있다(김민경 · 김재곤, 2012).

셋째, 개방성(openness to experience)은 새로운 생각과 경험에 대한 접근이나 수용성에 해당한다. 개방성이 높은 사람은 지적 자극을 좋아하고 변화 및 다양성을 추구한다. 또한 생각이 많고 자유로운 사고를 즐기며 이론을 잘 다루고, 권위나 보수에 도전하고 자신의 양심과 가치를 중시하는 성향을 가지고 있다(박미선, 2011).

넷째, 호감성(agreeableness)은 사람을 좋아하고 신뢰하며 쉽게 애정을 표현하고 순응적이고 남을 돕고자 하며, 남을 배려하고 베풀며 동정심을 지닌 정도를 의미한다. 이와 반대의 특질을 가지고 있는 경우 적대적이고 거칠고 잔인하며 대체적으로

악의적인 사람이라 할 수 있다.

다섯째, 성실성(conscientiousness)은 사려 깊은 행동과 조직의 과제에 대한 수행력을 포함해서 의무 이행, 목표 지향적이고, 강한 의지와 결단력이 있으며, 분별력이 있고 과제에 대한 조직력이 뛰어나며 시간을 엄수하고, 자신의 의무 이행에 철저하다. 성실성이 낮은 사람은 정해진 원칙을 일관성 있게, 엄격하게 적용하기 힘들거나, 주어진 목표에 대한 집착, 장시간 몰입이 부족하다(민병모, 2001: 6).

이처럼 성격 5요인 모형은 다양한 성격이론을 근거로 하여 만들어진 여러 가지 성격 검사 결과를 경험적으로 통합해서 만들었다. 따라서 5요인 모형은 가장 적은 수의 성격 차원을 가지고 효율적으로 성격의 구조를 설명할 수 있는 강력한 이론이라고 할 수 있다.

제 2 절 가치관

1 가치관의 정의

가치관(sense of values)이란 여러 가지 대안 행위 중에서 하나의 행위를 선택할 때 사용되는 판단의 기준이나 표준을 말한다. 로키치(M. Rokeach)는 “가치관이란 어떤 구체적인 행동양식이나 존재양식이 그 반대의 행동양식이나 존재양식보다 개인적으로 혹은 사회적으로 더 바람직하다는 신념”으로 정의하고 있다. 가치관은 어떤 것이 옳고 선하며, 바람직한지에 대한 판단을 내리는 개인적인 신념을 담고 있다. 따라서 가치관은 세계에 대한 개인적 관심을 위한 기초를 형성하며 생활에 대한 집착과 일관성의 감정을 제공해 준다. 그리고 가치관은 이상적인 관계나 상태의 개인적 관념을 나타내므로 이는 옳고 그름을 판단하는 수단으로 이용되고 있다. 이와 같은 가치관은 비교, 평가, 결정 및 행동의 지침이 되는 표준을 제공해 준다.

모델링(modeling)이 가치관 형성에 가장 중요한 방법이다. 모델링이란 사람이 성장하는 과정에서 자신의 주변 인물을 보고 자신도 모르게 특정 인물을 모델로 설정하고 따라하게 된다는 것이다. 이 때 모델은 가족의 구성원, 선생님, 친구 등의 주변 인물일 수 있고, 세계적으로 유명한 그 누구일 수도 있다. 이처럼 가정환경, 종교생활, 학습활동, 친구 관계 등의 모든 활동 속에서 가치관은 자리 잡고 있다. 가치관 형성에 영향을 미치는 요인으로는 가정환경, 사회환경, 성별, 종교, 철학, 문화 등이 있다.

첫째, 가정환경은 성장 과정에서 가정으로부터 성격과 가치관의 형성, 적성의 개발 등에 많은 영향을 받기 때문에 진로 결정에 큰 비중을 차지한다. 예를 들면, 집안의 내력, 가정 분위기, 부모의 직업 · 교육 수준 · 종교 · 가치관 · 직업관, 자녀에 대한 기대 등이 있다.

둘째, 사회환경은 급격한 경제 성장, 도시의 거대화, 인구의 이동 등에 의해 과학과 기술이 고도로 발달해 전문화 · 세분화되고 육체적인 힘보다는 정신적인 능력과 고도의 적응력을 갖춘 전문 직업인을 요구한다.

셋째, 성별로서 성역할에 따른 어릴 때의 사회화가 남녀 간의 직업가치관의 차이를 나타낸다는 연구들이 있다. 예를 들면, 소년들은 가장(家長)으로서 가족을 부양해야 하는 아버지의 역할로부터, 소녀들은 정서적인 관심이 주가 되는 어머니의 역할로부터 그들의 성역할을 배운다고 한다. 따라서 남자들은 경제적인 보상이나 조건을 더 중시하고, 여자들은 일 자체로부터 얻는 주관적인 보상을 더 중시한다는 것이다.

넷째, 개인의 가치관은 그가 접한 문화, 종교 및 철학적 판단에 따라 그 내용이 달라질 수 있기 때문에 그가 어떤 요인에 더 큰 비중을 두느냐에 따라 가치관의 형성 내용도 달라진다. 그러나 인간은 환경에 따라 변화하므로 어느 한 유형에 고정시키기보다 복합적으로 이해할 필요가 있다.

표 4-3 가치관 형성에 영향을 미치는 요인

가치관	주요 가치	도구	행동 스타일
종교적 가치	자비, 사랑	신앙	우호적 조력자
철학적 가치	정의, 공정성	이성	객관적 사고인
문화적 가치	관습, 경쟁, 발전	경험	강인한 투쟁인

2 가치관과 태도

가치관은 우리의 태도나 행동에 영향을 미친다. 가치관은 태도나 지각, 성격, 동기유발 등을 이해하는 데 기초가 되므로 조직행동의 연구에서 매우 중요한 위치를 차지한다. 가치관은 하나의 가치가 일련의 태도를 형성하기 위한 조직화된 주제로 역할을 할 수 있다는 의미에서 태도와 연결되어 있다. 어떤 태도는 좀 더 일반적인 가치관의 특정 표현이라고 할 수 있다.

어떤 가치가 내면화될 때에는 그 가치는 의도적 또는 비의도적이건 간에 관련되는 객체와 상황에 대한 태도를 개발하고 유지하기 위한 하나의 기준과 표준이 된다. 결론적으로 가치관은 비교적 안정적이고 지속적인 속성을 가지고 있다. 물론 가치관이 일생 동안 한 번도 바뀌지 않는 것은 아니다. 가치관은 특정 사건이나 사실을 계기로 하여 일정하고 지속적인 반복 과정을 통해 변화될 수도 있다.

카츠(Elihu Katz)는 개인에게서 태도의 기본적 기능을 적응(adjustment), 자아방어(ego defense), 가치 표현(value-expression), 지식 탐구(knowledge)의 네 가지 기능으로 분류했다.

1) 적응 기능

사람은 흔히 그들의 작업환경을 조정(적응)하려 하고 있는데 태도는 사람들의 조정을 돕는 기능을 한다. 종업원이 상사로부터 좋은 대우를 받을 경우 그들은 상사의 감독이나 조직에 대해 긍정적인 태도를 개발할 것이며, 반면에 종업원이 질책을 받거나 최저 수준의 급여를 받게 될 경우 그들은 감독이나 조직에 대해 부정적인 태도를 개발하려 할 것이다. 이러한 태도는 종업원이 그들의 환경을 조정하는 데 도움을 주게 되며 이는 미래의 행동에 대한 기초가 된다.

2) 자아방어 기능

태도는 사람들이 자아 이미지(self-image)를 방어하는 기능을 한다. 사람은 자신의 욕구가 좌절될 때 이를 극복하지 못하면 자아가 붕괴된다. 이 때 태도는 자아가 붕괴되는 것을 막고 자아를 방어하는 구실을 할 수 있다는 것이다. 예를 들면, 상위

층 경영자의 의사 결정이 항상 잘못되어 젊은 부하의 도전을 받게 될 때 경영자는 부하의 태도를 경솔하고 건방지며 경험이 없는 미성숙한 것으로 느끼게 된다. 경영자는 그 도전을 받아들이려 하기보다 그 부하를 비난함으로써 자신의 자아(ego)를 보호하려고 시도할 것이다.

3) 가치 표현 기능

태도는 사람들에게 그들의 가치 표현을 위한 기초를 제공한다. 즉, 태도는 개인이 지니고 있는 중심적인 가치에 대해 긍정적인 표현을 하는 기능을 하고 있다. 개인의 자유에 대해 강한 신념이 있는 사람은 그런 방향으로 자기의 의사를 표현하려고 하며 권한위임, 자율성, 언론 자유 등에 대해 강하게 주장한다. 인간은 자신의 신념과 가치관 등에 대해 표현을 함으로써 자아정체성(identity)을 재확인하게 되며 이것은 인간에게 항상 포만감을 부여한다. 예를 들면 경영윤리를 신봉하는 경영자는 종업원의 행동이나 작업 관행에 대해 그의 가치를 반영하는 태도를 강조할 것이다.

4) 지식 기능

태도는 사람들이 인간 세계를 설명(이해)하고 조직할 수 있도록 표준이나 준거의 틀을 제공하는 기능을 한다. 따라서 환경 상황을 적절하게 다룰 수 있고 또한 경험을 의미 있게 조직할 수 있는 태도를 유지하게 된다. 예를 들면, 노동조합 지도자는 경영층에 대해 부정적인 태도를 갖는다. 이러한 태도는 어떤 사실에 근거를 두기보다 단순히 노조의 경영층에 대한 보편적인 인식에서 오는 것이다.

3 가치관의 유형

1) 로키치의 분류

로키치(Rokeach, 1982)는 실제로 개인의 가치를 측정하기 위한 가치 척도를 개발했고, 가치관을 개인의 바람직한 존재 상태로 보는 궁극적 가치관과 개인이 선호하는 행동양식으로 보는 수단적 가치관으로 분류했다. 즉, 전자는 개인이 일생 동안 성취하고자 하는 목표이고, 후자는 궁극적 가치(전자)를 성취시키는 수단을 의미한다.

<표 4-4>와 같이 궁극적 가치관과 수단적 가치관은 각각 18개의 가치 항목으로 구성되어 있는데, 궁극적 가치관은 개인이 일상생활을 통해 선호하는 상태에 각각 관련되며, 수단적 가치관은 궁극적 가치관을 실현시킬 수 있는 개인 행동의 영향 요소라고 할 수 있다. 따라서 개인의 수단적 그리고 궁극적 가치관이 서로 일치되고 일관성이 있을수록 그의 가치관 체계는 좀 더 건전하다고 할 수 있다. 로키치의 가치관 항목은 가치관 조사 설문서에 사용되어 응답자로 하여금 가치 요소들에 대한 상대적 중요도를 표시하도록 하여 그들이 가치관을 측정·분석하는 데 많은 도움을 준다(Frederic & Weber, 1990).

① 궁극적 가치: 성취하고자 하는 '목적'에 대한 신념으로 안락한 생활, 자유, 평화, 우정, 자기 성취, 사랑, 정의 실현 등을 예로 들 수 있다.

표 4-4 로키치의 가치관

궁극적 가치관	수단적 가치관
안락한 생활(풍요한 생활)	야심적(근면, 포부)
흥미로운 생활(자극적·적극적 생활)	아량(개방적 마음)
성취감(지속적 공헌)	능력(유능한, 효율적)
평화로운 세계(전쟁, 갈등 없는 세상)	명랑(밝고 즐거움)
미의 세계(자연과 예술의 미)	청결(순박하고 단정함)
평등(모든 사람의 형제애, 기회 평등)	용기(신념에 대한 의지)
가정의 안정(사랑받는 가족 보살핌)	관용(타인의 잘못을 용서함)
자유(독립, 선택의 자유)	원조적(타인의 복지를 위한 활동)
행복(만족)	정직(성실하고 진실함)
내부 조화(내부 갈등의 제거)	상상력(대담하고 창의력)
성숙한 사랑(성적·정신적 친밀성)	독립(자주, 독립)
국가안보(외부 공격으로부터 보호)	지능(지능적·반사적)
유쾌함(즐기고 여유 있는 생활)	논리(일관성·합리성)
구원(구원과 영생)	사랑(애정적·온정적)
자존(자아존중)	순종(책임감, 존경심)
사회적 인정(존경·찬미)	예의(공손하고 바른 태도)
진정한 우정(긴밀한 동료애)	책임감(신뢰적·의존적)
지혜(삶의 성숙한 이해)	자기통제(구제·자제)

출처: Rokeach(1982: 111).

② 수단적 가치: 원하는 목표를 성취하기 위한 ‘수단’에 대한 신념으로 청렴결백, 정직, 책임성, 용기 있는 행동, 약자를 도움 등을 예로 들 수 있다.

2) 올포트, 버논 그리고 린제이의 분류

올포트, 버논과 린제이(Allport, Vernon, & Lindzey, 1960)는 가치관을 심층 분석하기 위한 설문서를 작성해 가치관과 행동 경향을 분석했다.

① 이론적 가치: 비판적이고, 합리적 접근을 통해 진실을 밝히는 데 중요성을 두는 가치 유형, 진리의 탐구

② 경제적 가치: 유용성과 실용성을 강조하는 가치 유형, 부(富)의 축적, 실용성 추구

③ 심미적 가치: 인간의 형식과 조화에 가장 높은 가치를 두는 유형, 아름다움, 형태, 균형의 추구

④ 사회적 가치: 감정에 최고의 가치를 부여, 사람에 대한 애정, 인간 관계 중시

⑤ 정치적 가치: 권력과 영향력의 획득을 강조하는 가치 유형, 권력의 획득, 영향력 행사 중시

⑥ 종교적 가치: 전체로서의 우주에 대한 이해와 경험의 통합을 중요시하는 가치 유형, 창조의 질서, 인간의 구원에 관심

올포트, 버논과 린제이는 설문지를 통해 서로 다른 여러 가지 상황을 제시한 뒤 정해진 답안들에 대한 응답자의 선호도상의 서열을 기입하도록 했다. 조사자는 응답

표 4-5 세 집단의 직업인들이 각 유형의 가치에 부여한 중요성의 순서

순위 \ 집단	성직자집단	구매 관리자집단	산업계에 종사하는 과학자집단
1	종교적 유형	경제적 유형	이론적 유형
2	사회적 유형	이론적 유형	정치적 유형
3	미적 유형	정치적 유형	경제적 유형
4	정치적 유형	종교적 유형	미적 유형
5	이론적 유형	미적 유형	종교적 유형
6	경제적 유형	사회적 유형	사회적 유형

자의 회답을 바탕으로 하여 이상의 여섯 가지 유형 각각에 대해 응답자가 부여하는 중요성의 크기 순서를 결정하게 되는데, 이러한 조사의 결과로써 특정 개인의 가치 체계를 파악할 수 있다.

이러한 방법을 사용해 조사한 결과 직업이 다른 사람들이 여섯 가지 가치관 유형의 각각에 부과하는 중요성의 정도가 서로 다르다는 사실이 밝혀졌다. <표 4-5>에서는 성직자, 구매 관리자 및 산업계에 종사하는 과학자들의 응답 내용이 나타나 있다. 기대했던 대로 성직자들은 종교적 유형의 가치가 가장 중요하고 경제적 유형의 가치들이 가장 중요하지 않다고 응답한 반면, 구매 관리자들은 경제적 유형의 가치를 중요하게 보았으며, 산업계에 종사하는 과학자집단은 이론적 유형을 가장 중요하게 여겼다.

4 갈등과 가치관

조직에서는 업무와 직원들 간에 발생하는 갈등과 함께 목표 달성을 강요하는 과정에서 개인적인 능력과 기량 부족에 의해서 발생되는 갈등이 상존하게 된다. 또한 환경에서 오는 긴장과 사회악 등도 있게 되는데, 이들은 많은 문제점을 제기하고 있다. 이렇게 많은 어려움을 안고 있는 조직이 급속하게 변화하는 환경에 적응하는 데에는 직원들의 능력도 문제가 되겠지만 가장 기본적인 요인은 조직의 시스템에 있다. 특히 조직의 의사 결정을 평가하는 가치 체계는 급격히 변하고 있음을 유의해야 한다. 만일 특정 가치관이 사회의 다른 요인보다 더 중요하게 고려될 수 있다면 가치관의 갈등 속에서 추가적인 견해를 얻을 수 있을 것이다. 그러므로 가치관은 조직과 경제적 시스템, 사회 및 개인 등의 중요성에 따라 상이한 차원의 계층을 형성하면서 개념화되고 있다.

이상과 같은 계층적 가치의 모형은 관리 결정의 지침으로 이용되고 있다. 따라서 의사 결정의 과정에는 고객, 사회의 구성원 및 직원 등의 역할에 다른 사람이 영향을 주고 있는 가치 판단을 포괄하고 있다. 그러나 만일 이러한 의사 결정이 더 높은 가치관을 저해하게 된다면 갈등은 예외가 될 수 있다.

생각해 보기

1. 사람의 성격이 형성되어 가는 과정에서 가장 큰 영향을 주는 것은 무엇인가?
2. 정부부처에 따라서 공무원들의 성격 유형에 차이가 있는가?
3. 개인들의 성격 유형을 변화시키기 위해 어떠한 노력이나 행동들을 하는 것이 가능한가?
4. 공공조직 행태에서 성격 유형이 인사 채용과 배치에서의 연관성은 어느 정도인가?
5. 공공조직에서 성격 유형과 조직 발전(직무 만족, 조직몰입, 이직 의도 등)과의 관계성이 유의미할 수 있는가?

제5장 지각과 학습

제1절 지각

1 지각의 의의

지각이란 환경에 대한 영상을 형성하는 과정에서 외부로부터 들어오는 자극을 선택·조직·해석하는 과정으로, 개인이 외부의 자극에 대해 의미를 부여하고 심리적인 영향(mental impression)을 형성하기 위해 투입된 자극들을 선별(selection), 조직화(organization), 해석(interpretation)하는 과정이다(신유근, 1982; Chung & Megginson, 1981). 지각은 개인이 처한 환경에 어떤 의미를 부여하고, 인지 과정의 중요한 부분을 차지하고 있으며, 개인의 행동 형성에 중요한 요소로 작용한다. 즉, 지각은 객관적으로 존재하는 사실을 강조하는 것이 아니라 개인의 주관적이고 심리적인 상태를 더욱 중요시한다. 따라서 인간은 모든 자극을 감각기관을 통해 받아들이게 되지만 이를 모두 받아들이는 것이 아니라 그 중에서 일부만을 선별적으로 수용한다. 또한 똑같은 자극에도 사람마다 지각이 모두 다른 것은 지각 과정에서 우리들 각자의 독특한 성격과 가치관, 그리고 인지구조(cognitive structure)와 과거의 경험이 작용하기 때문이다. 예를 들면, 개인의 성격, 욕구 수준, 사회적 배경 등에 의해 영향을 받기 때문에 지각은 각양각색일 수 있다.

2 지각 과정

지각은 자극의 특성과 지각자의 특성에 따라 달라지며, 지각은 선별적이면서 조직화되어 일정한 구조를 갖는다. 즉, 지각은 사람들이 자기 주위의 세상으로부터 오는 정보를 선택하고, 조직화하며, 해석하고, 반응하는 과정으로, 지각은 개인이 접하는 환경에 어떠한 의미를 부여하는 과정이면서 인지 과정(process of cognition)의 중요한 부분을 차지한다.

지각 과정은 크게 두 가지로 구분된다. 첫째, 수용과 선택 과정이다. 모든 사람은 선택적으로 환경의 특정 부분에 관심을 표시하며 선택적으로 다른 부분을 무시한다. 또한 사람은 선택된 자극을 의미 있는 형식으로 조직화한다. 물론 사람들은 스스로 지각한 것을 해석하는 방식에서 역시 상당한 편차를 보인다. 즉, 수용은 외부의 자극이 개인의 생리적인 조직에 의해 감지(sense)되는 것으로 개인은 이러한 자극을 선택해 감지한다. 둘째, 해석과 판단 과정이다. 사람들이 그들의 환경에 대해 해석하는 것은 그들의 반응에 영향을 미친다. 모든 사람은 사물을 다르게 선택하고 조직화하고 이것이 사람들이 같은 상황에서 다르게 행동하는 이유 중 하나이다. 다시 말해, 종종 사람들은 좋은 것을 다르게 지각하며, 이러한 지각이 부분적으로 다른 행동을 낳는다. 즉, 지각은 개인의 성격과 욕구, 경험 그리고 가치관과 자아 개념 등 자신의 준거 체계(personal frame of reference)에 의해 해석·평가하게 된다. 그리고 지각 결과를 종합해 결론과 판단을 함으로써 태도 형성 과정으로 넘어가게 된다.

3 지각의 영향 요인

1) 외부적 요인(지각 대상)

외부적 요인에는 강도, 크기, 대조, 반복, 신기함과 친숙성 등과 같은 요인이 있다.

외부적 요인의 특성은 무엇이 지각되는지에 영향을 줄 수 있다. 예를 들어 강한 힘, 높은 소리, 진한 냄새나 색깔, 밝은 빛이 더 잘 지각된다. 그리고 사무실의 규모가 클수록 권위와 지위가 높은 것으로 지각된다. 광고에서는 정지된 간판보다 여러 가지 모양으로 움직이는 네온사인이 눈에 잘 띈다.

2) 내부적 요인(지각자의 특성)

욕구와 동기, 과거의 경험, 가치관, 학력, 나이, 자아 개념 및 성격 등에 따라서 똑같은 대상이라도 다르게 지각된다. 예를 들어 배고픈 사람이 그렇지 않은 사람보다 음식 냄새에 민감하게 반응한다. 그리고 자신이 경찰은 권위적이고, 젊은이들은 게으르며, 공공기관에 근무하는 사람들은 비도덕적이라고 생각한다면, 자신은 그들의 실제 특성과 상관없이 그들을 지각할 것이다. 또한 우리가 자신을 무능력한 것으로 지각한다면 우리 주변 세계는 위협적인 것으로 지각될 공산이 크다. 반면 우리가 우리 자신을 유능하다고 지각하면 우리는 높은 목표를 설정하고 이를 달성하려고 한다.

3) 상황적 요인

주변 환경 요소가 지각에 영향을 미친다. 즉, 똑같은 자극이 똑같은 사람에게 가더라도 상황에 따라 지각이 달라지는 것이다. 예를 들어 첫 만남의 장소가 나이트클럽인지 도서관인지에 따라 똑같은 사람일지라도 그 사람에 대한 지각이 달라질 것이다.

4 지각의 메커니즘

1) 선택

개인은 일반적으로 주어진 자극을 모두 감지하기보다는 자기에게 유리한 자극만을 선택(select)해서 감지하는 경향을 가진다. 이와같이 자신이 원하거나 기대하는 것만을 지각하려는 경향을 선택적 지각 또는 지각적 선택이라고 한다. 예를 들어 운동장에서 수백 명의 어린이가 뛰어놀아도 부모는 자기 아이를 금방 찾아낼 수 있다.

2) 조직화

개인은 감지된 자극을 보호, 유지, 향상시키는 방향으로 재해석하고 평가하려는 경향이 있는데 이를 조직화(organize)라고 한다. 선택된 자극은 조각난 정보로 존재하는 것이 아니라 하나의 이미지로 종합해 조직화된 정보로 존재한다. 사람이 지각 대상을 조직화하는 데는 세 가지 방법이 있다. 첫째, 집단화로서 유사성을 근거로 사물 또는 사람을 하나로 묶는 것을 말한다. 예를 들면 같은 유니폼을 입은 사람들을 하나의 집단으로 지각하는 것을 말한다. 둘째, 폐쇄화로서 사람들은 빠뜨린 정보를 곧잘 채워넣는 경향이 있다. 셋째, 단순화로서 지각된 정보들 가운데 중요하다고 생각하는 것만을 골라 정보를 줄이려고 하는 것이다.

3) 해석

해석(interpret)이란 감지된 자극과 해석된 모든 상황을 정리하고 이에 대한 종합적인 의미를 부여하는 것이다. 개인이 어떤 정보(자극)를 선택했는지, 어떻게 조직화를 했는지에 따라서 해석이 달라지기 때문에 앞의 두 단계인 선택, 조직화와 밀접한 관계가 있다. 중요한 정보일수록 지각자의 주관이 해석 과정에 많은 영향을 준다. 해석 과정에서는 일정한 패턴이 발생되는데 바로 전형과 기대이다. 전형이란 인간이 지각된 자료를 해석하기 위해 장기 기억에 저장된 정보에 의존하는 것을 말한다. 예를 들어 처음 보는 사람의 직업이 의사라고 한다면 그 사람에 대해 잘 모르면서 성격이나 다른 상황을 쉽게 파악해 버린다. 기대는 과거의 경험이라는 것이 인간의 머릿속에 전형을 만들어 놓을 뿐 아니라 어떤 상황이 일어날 것이라고 기대하고 예측하게도 만드는 것을 말한다.

5 지각의 오류

다른 사람과의 상호작용에서 상대를 오해하거나 과오를 범하는 경우이지만 의도적인 아니라 우리들의 인지 체계가 불완전하기 때문에 빚어지는 지각상의 오류들이 있다. 즉, 지각 과정은 판단 또는 이해의 오류라는 결과를 낳게 되고, 이러한 지각의 개인 차이를 이해하기 위해서는 먼저 오류의 원천을 찾는 것이 중요하다.

1) 지각적 방어

지각적 방어(perceptual defense)는 사람들이 위협적인 아이디어, 대상물과 상황에 대해 자신들을 보호하려는 경향이다. 지각적 방어는 종종 부정적인 결과를 낳고, 지각적 오류는 관리자들이 문제 해결을 위해 창의성이 필요하다는 것을 지각하지 못하게 만드는 결과를 낳게 된다. 따라서 모든 자극을 다 감지하지 않고 자신의 준거체계(personal frame of reference)에 유리하고 일관성 있는 자극만을 수용하려는 경향을 가지게 되어 상황에 대한 객관적인 지각과 정확한 의무 부여가 어려워진다.

2) 상동적 효과

상동적(常同的) 효과(stereotyping) 또는 현혹적(眩惑的) 효과는 환경 상황에 대해 일관된 인식을 유지하려는 경향에서 나타나는 현상으로, 특정 집단의 모든 구성원이 비슷한 특징과 행동을 공유한다는 믿음이다. 따라서 상동적 효과의 이용은 관리자들이 내리는 의사 결정에 강력한 영향을 미칠 수 있다. 예를 들면, 여성이 남성보다 조직관리를 더욱 잘한다는 많은 결과물이 있음에도 아직까지 조직의 수장으로 여성이 선임되었을 때 가장 먼저 하는 얘기가 과연 여성 리더가 남성 리더들처럼 직원들과도 원활한 소통을 하면서 업무 역량도 뛰어나고 중요한 순간에 과감하게 결단을 할 수 있을까 하는 데 의문을 표시하는 것이다. 또한 옷차림이나 인물, 신체적 특징 등 표면적으로 나타나는 전체적인 단서(totalistic cue)를 통해 지각 대상에 대한 인상을 갖게 되고, 이러한 단서들은 상동적 효과를 가져오게 하는 원인으로서 지각적 오류가 된다.

3) 후광 효과

후광(後光) 효과(halo effect)는 지각 대상의 어느 한 특성을 중심으로 그 대상 전체를 평가하는 지각 경향으로, 다른 사람에 대한 평가를 우호적이든 비우호적이든 간에 오직 하나의 속성에 기초해서 평가하는 것을 의미한다. 다시 말해, 후광이 다른 사람에 대한 완전하고 정확한 인상을 형성하기 위해 평가해야만 될 다른 속성을 보지 못하도록 눈을 멀게 한다. 예를 들면, 다른 사람에 대해 높은 기대를 갖고 있는 것이 그 개인의 성과를 높이는 경향이 있는데, 이를 피그말리온 효과(Pygmalion effect)라고 한다. 즉, 리더가 높은 성과를 올릴 것으로 기대하고 있는 부하 직원들은 높은 성과를 올리는 반면에 리더가 낮은 성과를 올릴 것으로 기대하는 부하 직원은 실제로 낮은 성과를 보인다는 것이다.

6 지각과 판단의 정확성

사람들이 다른 사람들을 얼마나 정확하게 지각하는가는 조직 행태에서 아주 중요하다. 예를 들면, 평소 채용 과정에서 이루어지는 면접을 통해 사람을 정확하게 지각하는 것이 얼마나 중요한지를 알 수 있다. 즉, 일반적으로 대면 면접을 통해 획득한 정보를 기반으로 채용을 결정할 때 면접자가 가지고 있는 지각과 판단에 의해 여러 가지 오류를 만들 수 있는 경우가 많은 것이 현실이다. 이러한 오류 중에서 다음과 같은 오류가 면접 과정에서 자주 일어나는 것들이다.

1) 유사성 오류

면접관들은 그들과 비슷한 지원자들에게 긍정적인 경향을 보이는 경우가 있다. 즉, 면접관들은 인종, 지역, 성별, 학연, 연령 등에 따라 지원자에 대해 판단의 차이가 생기며, 면접자와 동일한 요소가 많을수록 긍정적인 판단을 하는 경향이 있다.

2) 대조 오류

면접관들은 지원자들을 절대적인 기준이 아니라 다른 지원자들과 비교하는 경향이 있다.

3) 부정적 정보와 첫인상에 대한 편중

면접관들은 마치 한 후보자를 탈락시키기 위한 이유를 찾는 것처럼 부정적인 정보에 더욱 영향을 많이 받는다. 또한 채용이나 선발을 위한 면접에서 지원자의 첫인상(예: 얼굴 인상과 같은 외모와 복장 등)은 면접관들의 판단에 영향을 미치는 경우가 있다.

7 지각 해석의 오류를 감소시키는 방안

조직 내에서 전개되는 모든 상황과 발생되는 사건에 대해 조직구성원들은 지각하고 반응한다. 조직구성원들은 상황과 사건, 정보를 실제와 다르게 왜곡되게 해석해 조직 목표 달성에 부정적으로 영향을 미치기도 한다. 조직구성원들은 자신의 지각 수준에 오류가 발생하지 않도록 노력을 해야 되겠지만 조직관리자는 조직구성원들의 지각 오류를 감소할 수 있는 방안을 모색해야 할 것이다, 지각 오류를 감소할 수 있는 획기적인 방안이란 있을 수 없으나 다음과 같은 방안을 시도해 볼 수 있다(민경호, 2005).

1) 자기이해

자기이해(self-understanding)는 조직구성원은 누구나 상동적 태도나 후광 효과 등에 의해 지각 오류를 범할 가능성이 있다는 것을 인정하게 하는 것이다. 지각 해석은 무의식적으로 작용하는 경향이 있으므로 지각 해석의 오류를 인식하게 하고 이에 대한 세심한 주의를 기울이게 하는 것이다.

2) 자기인정

자기인정(self-acceptance)은 조직구성원 자신이 완전한 인간이 아니라는 것과 자기자신은 바람직하지 않은 특성과 성격을 지니고 있을지도 모른다는 것을 인식하게 하는 것이다. 이러한 사실을 인정한다면 투사(投射, projection)에 의한 오류는 감소할 수 있을 것이다.

3) 의식적 정보 처리

의식적 정보 처리(conscious information processing)는 지각 과정에 '사실'을 신중히 그리고 의식적으로 검토하도록 하게 하는 것이다. 지각 선택에서는 필요한 정보를 목록화해서 체계적으로 선택하게 하고 조직화 단계에서도 선택된 정보를 검토해 분류하고, 지각 해석에서는 핵심 문제를 중심으로 처리한다. 의식적 정보 처리는 무의식적인 지각 과정을 좀 더 정확하고 명확하게 하는 데 의미가 있다.

4) 객관성 테스트

객관성 테스트(reality testing)는 자극에 대한 지각 해석을 다른 측정치와 비교함으로써 지각 해석이 정확한지를 결정하고자 하는 방법이다. 일반적인 방법으로 동일한 지각 대상에 대해 다른 관점을 지닌 사람과 자신의 지각을 비교하는 것이다. 여기서 자신의 지각과 타인의 지각이 비슷하다고 해서 지각의 오류가 없다고 보기는 어렵다. 왜냐하면 다른 사람도 자신과 같은 상동적 태도를 가질 수 있기 때문이다. 지각 테스트는 지각되는 대상을 하나 또는 그 이상의 측정치와 비교함으로써 오류를 감소시킬 수 있다.

제 2 절 학습

1 학습의 정의

인간의 모든 행동은 학습의 결과물이라고 볼 때 인간의 행동을 설명하고 예측하기 위해서는 학습하는 방법에 대한 이해가 요구된다. 학습(learning)에 대한 일반적인 정의는 "경험의 결과로 나타나는 상대적으로 영구적인 행동의 변화"를 말한다. 즉, 행동의 변화는 학습이 발생했다는 것을 의미하며, 동시에 학습은 행동의 변화라고 할 수 있다. 예를 들면, 경험의 결과 개인이 이전에 행동했던 방식과 다른 행동이나 감응 및 반응을 보인다면 학습이 일어났다고 보는 것이다. 따라서 학습이란 이론적인 개념이며 실제로 관찰 가능한 것이 아니라는 것이다.

학습에 대한 정의를 명확하게 하는 데 다음과 같은 요소들이 필요하다.

첫째, 학습은 변화를 포함한다. 변화는 조직의 관점에서 좋을 수도 나쁠 수도 있다. 사람들은 바람직한 행동뿐만 아니라 선입견을 갖거나 자신의 성과를 제약하는 바람직하지 못한 행동을 배울 수 있다.

둘째, 변화는 상대적으로 영구적이어야 한다. 즉, 일시적인 변화는 단지 반사적 행동일 수도 있으므로 학습이라 할 수 없는 경우도 있기 때문이다. 그러므로 학습이 상대적으로 영구적인 것이라면 피로감이나 일시적인 반응에 의해 발생한 행동의 변화는 학습에 포함되지 않는다.

셋째, 학습은 행동과 관련되어야 한다. 즉, 행동의 변화가 있을 때만 학습이 발생했다고 볼 수 있고, 행동의 변화가 수반되지 않은 개인의 사색 과정 또는 태도의 변화는 학습이라 할 수 없다.

넷째, 경험이 학습의 필수 조건인 경우도 있다. 경험은 관찰이나 실습을 통해 직접 얻거나 독서를 통해 간접적으로 획득된다. 그리고 경험이 상대적으로 영구적인 행동 변화를 유발시켰을 때에만 학습이 발생했다고 할 수 있다.

2 학습의 필요 요건

1) 생리적 요인

생리적 요인은 인간이 건강을 유지하고 성장, 발달을 조성하는 데 기본적인 조건으로 학습활동을 원만히 수행하고 학습 효과를 높이는 데 무엇보다 중요하다. 신체적·생리적 기능의 장애 등은 지적 교육과 신진대사 기능을 저하시켜 학습활동 및 효과의 저해를 가져오기 때문이다.

2) 심리적 요인

심리적 요인이란 학습자의 지적 요인과 정의적·성격적 요인을 의미하는데, 이는 학습자의 모든 학습 능력, 정서적 상태 및 의지력, 심적 포만(학습활동을 하다가 싫증이 나서 학습을 더 이상 지속하기 어려운 상태) 태도 등을 말한다.

3) 물리적 요인

물리적 요인에는 기후 조건 , 온도 및 습도, 조명, 소음 등을 예로 들 수 있는데, 이는 학습 능력의 발휘를 촉진 또는 저하시킬 수도 있고, 정신적·신체적 피로를 증진시킬 수도 줄일 수도 있다.

4) 사회적 요인

사회적 요인에는 직접적 요인과 간접적 요인이 있다. 직접적 요인은 상사와 동료들 간의 관계로 인한 학습활동에 직접 도움이 되는 요인을 말하고, 간접적 요인은 가족과 지역사회의 문화적 · 경제적 조건 등을 들 수 있다. 특히 중요한 것은 행동의 활성 요인으로 작용할 수 있는 동기화, 학습자 자신이 해야 할 내용과 방법을 아는 이해, 정신적 · 육체적 활동이 일정한 조건 하에서 지속적인 행동이 이루어지게 하는 연습 등이다.

3 학습이론

1) 고전적 조건화

1900년대 초 러시아의 심리학자인 파블로프(Ivan Pavlov)에 의해 행해진 고전적 조건화(classical conditioning)는 종소리에 반응해 침을 흘리도록 개를 훈련시키는 실험 결과로 나온 것이다. 파블로프는 단순 외과적 방법으로 개가 흘리는 침의 양을 정확하게 측정해 보았다. 즉, 파블로프가 개에게 고깃덩어리를 내밀었을 때 개는 눈에 띄게 많은 양의 침을 흘렸다 .다음으로 고깃덩어리를 치우고 종만 쳤을 때는 개가 침을 흘리지 않았다. 다음으로 파블로프는 고깃덩어리와 종소리를 결합시킨 시도를 했다. 고기를 주기 전에 반복해서 종을 울렸더니 개는 종이 울리자마자 침을 흘리기 시작했다. 얼마 후, 이제는 고깃덩어리를 보여 주지 않아도 종소리가 들리면 침을 흘리게 되었다. 실제로 개는 종소리에 반응하는 것, 즉 침을 흘린다는 반응 방법을 배우게 된 것이다. 고전적 조건화의 주요 개념을 파악하기 위해 이 실험을 다시 조작해 보면 다음과 같다.

고깃덩어리는 조건화되지 않은 자극(unconditioned stimulus)이다. 즉, 고기는 변함없이 개가 특정한 방식으로 반응하게 만드는데, 자극이 언제 일어나든지 간에 발생하는 반응을 조건화되지 않은 반응(unconditioned response; 이 경우에는 침을 흘리는 것이 현저히 증가하는 것)이라 한다. 반면에 종소리는 인위적인 자극, 또는 조건화된 자극(conditioned stimulus)이다. 즉, 원래는 중성적인 자극이지만 종소리가 고깃덩어리와 짝을 이루면서 이제는 종소리만으로도 결과적 반응을 일으키게 된다. 마지막 주요 개념은 조건화된 반응(conditioned response)인데, 조건적 반응은 단지 종소리만 듣고 반응하는 개의 행동으로 침을 흘리는 것을 말한다.

본질적으로 조건화된 반응을 학습하는 것은 조건화된 자극과 조건화되지 않은 자극 간의 관계를 만들어가는 것이다. 자극의 결합, 즉 강제적 자극과 중성적 자극이 서로 결합할 때 중성적 자극은 조건화된 자극이 되며, 일단 상호 결합이 이루어진 이후에는 조건화되지 않은 자극의 특성들을 띠게 된다.

고전적 조건화는 크리스마스 캐럴이 종종 어린 시절의 즐거운 추억을 연상하게 하는 이유를 설명하는 데 사용될 수 있다. 캐럴은 명절 기분의 크리스마스 정신과 연관되며 즐거운 추억과 행복감을 불러일으킨다. 조직에서도 고전적 조건화의 예를 불 수 있다. 한 제조공장에서 본사의 중역들이 방문 일정을 잡을 때마다 공장 관리자들은 사무실을 청소하고 유리창도 닦게 한다. 여러 해 동안 이런 소동을 겪다 보면 이제는 본사 중역들의 방문 없이 유리창만 평소보다 깨끗하게 청소되어 있어도 종업원들은 단정하고 깨끗한 모습으로 열심히 일하는 행동을 보이게 된다.

고전적 조건화는 수동적이다. 무슨 일이 일어나면 사람들은 특정한 방식으로 반응한다. 즉, 확인할 수 있는 특정한 사건에 대한 반응으로 표출된다는 것이다. 이것은 나름대로 단순하고 반사적인 행위를 설명할 수 있다. 그러나 대부분의 행위, 특히 조직 내 개인들의 복잡한 행위는 반사적으로 유도되는 것이 아니라 자발적으로 발산되는 것이다. 예를 들면, 종업원들은 정시에 출근하고, 문제를 해결하기 위해 상사에게 보고하거나 아무도 보지 않을 때 '농땡이'를 친다. 이러한 행동의 학습은 작동적 조건화에 의해 좀 더 잘 이해된다.

2) 작동적 조건화

작동적 조건화(operant conditioning)에서는 행동이란 행동의 결과들의 함수라고 주장한다. 사람들은 자신이 원하는 것을 얻기 위해 또는 원치 않는 것을 피하기 위해 행동하는 것을 배운다. 작동적 행위는 반사적이거나 학습되지 않는 행위와는 대조적으로 자발적이거나 학습된 행위를 의미한다. 이러한 행동을 반복하는 경향은 행동의 결과에 의해 발생하는 강화 또는 강화의 결핍에 의해 영향을 받는다. 그러므로 강화는 행동을 강화시키고 또한 반복할 가능성을 증가시킨다.

파블로프가 고전적 조건화에서 실험했던 것을 하버드대학교 심리학자인 스키너(Burrhus F. Skinner)는 작동적 조건화로 실시했다. 스키너는 특정한 행동 방식에 따라 바람직한 결과를 얻게 되고, 다음에도 그러한 행동을 보일 가능성이 높아진다고 했다. 스키너의 설명에 의하면, 만약 사람들이 긍정적으로 강화된다면 바람직한 행동을 보일 가능성이 높으며, 또한 즉각적으로 바람직한 반응을 보이면서 보상의 효과도 극대화된다는 것이다. 반면에 보상을 받지 못하거나 처벌이 따를 경우에는 그러한 행동이 반복될 가능성이 낮아지게 된다.

3) 사회적 학습

사람들은 직접 경험하는 것뿐만 아니라 다른 사람들에게 일어난 일을 관찰하고 어떤 것에 대해 듣는 것으로도 학습할 수 있다. 예를 들면, 우리가 배웠던 내용 중에 대부분은 부모, 교사, 동료, 영화, 탤런트, 상사 등과 같은 모델들에 대한 관찰을 통해서 온 것이다. 관찰과 직접 경험을 통해 배울 수 있는 이런 관점을 일컬어 사회적 학습이론(social learning theory)이라고 한다.

사회적 학습이론은 작동적 조건화(행동은 그 결과의 함수라고 가정)의 연장선상에 있는 이론이지만 관찰에 의한 학습과 학습에서 지각활동의 중요성을 강조하고 있다. 즉, 사람들은 자신들이 지각하는 방식에 따라 반응하고 결과에 대한 정의를 내리지 객관적인 결과 그 자체에 대해 반응하지 않는다는 것이다.

모델들의 영향은 사회적 학습 관점에서 특히 중시되는데, 모델이 개인에게 영향을 주는 네 가지 과정은 다음과 같다.

① 주의 과정(attentional processes): 사람들이 모델의 중요한 특징을 인식하고 주의를 기울일 때만 모델에게서 배운다. 매력적이고, 반복적으로 활용 가능하며, 우리에게 중요하거나 우리와 유사성을 보여 주는 모델들로부터 크게 영향을 받는 경향이 있다.

② 유지 과정(retention processes): 모델의 영향은 모델이 더 이상 유용하지 않은데도 모델의 행동을 얼마나 잘 기억하느냐에 따라 달라진다.

③ 재현 과정(motor reproduction processes): 개인이 모델을 관찰해 새로운 행위를 본 이후 그 관찰은 행동으로 실천되어야 한다. 이러한 과정은 개인이 모델화된 활동을 재현시킬 수 있다는 것을 입증해 준다.

④ 강화 과정(reinforcement processes): 만약 긍정적인 인센티브나 보상이 제공된다면, 개인들은 모델화된 행위를 나타내기 위해 동기를 부여할 것이다. 긍정적으로 강화된 행위는 더 많은 주의를 받고, 더 잘 배우게 되고, 더 자주 수행하게 될 것이다.

4 학습과 행동 수정

행동 수정(behavior modification)은 조직이론 등에서 아주 중요한 부분을 차지한다. 바람직한 조직구성원의 행동은 더욱 강화시키고 바람직하지 못한 행동은 좋은 방향으로 변화시키고 싶은 것이 모든 조직관리자의 바람일 것이다.

20세기에 들어와서 미국을 중심으로 하여 발전된 행동주의 심리학의 학습이론에 근거를 두고 있는 행동 수정은 스키너의 작동적 조건화의 원리를 응용하여 개인의 구체적인 행동을 의도적으로 강화 또는 소멸시킬 수 있도록 구성한 학습기법을 말한다. 즉, 스키너의 강화의 원리에서는 첫째, 강화적 자극(보상)이 따르는 반응은 어떤 것이든 반복되는 경향이 있고, 둘째, 작동적 반응이 일어나는 비율을 증가시켜 주는 것은 모두 강화적 자극이 된다고 주장하고 있다. 따라서 강화란 반응의 재현 확률을 증가시켜 주는 모든 것이라고 말할 수 있다. 여러 가지 반응 행동 중에서 긍정적 결과를 가져오는 행동은 강화되고 부정적 결과를 가져오는 행동은 소멸된다. 특정한 자극-반응의 관계가 반복되어 굳어지는 현상을 강화라고 한다. 이에 조직구성원의 행동 변화를 기대할 경우에 조직관리자는 여러 강화 전략을 활용함으로써 조직구성원의 행동을 조직 목표 지향적으로 유인할 수 있다. 강화전략은 긍정적 강화, 부정적 강화, 소거, 처벌 등 네 가지 유형으로 나누어 볼 수 있다.

1) 긍정적 강화

긍정적 강화(positive reinforcement)란 즐거움이 따르는 반응을 기대하고 바람직한 행동의 증대를 위한 것으로 이때 이용되는 강화 요인으로는 보상이 대표적이다. 직무 수행을 잘했다고 종업원을 칭찬하는 상사의 예가 그것이다. 적극적 강화의 원리는 첫째, 강화물은 바람직한 행동이 수행되었을 때에만 제공되어야 한다. 둘째, 강화물의 규모는 행동과 개인과의 관계에 따라 결정해야 한다. 셋째, 강화물의 혜택을 받지 못한 사람일수록 강화물의 효과가 크다는 것 등이다. 보상은 개인에게 만족을 주는 것이며, 그 개인이 바람직하다고 여기는 것으로 행동의 빈도를 증가시킬 수 있다. 보상이 효율적인 강화 요인이 되기 위해서는 두 가지 조건을 충족해야 하는데, 우선 보상은 성과와 결부되어야 하고 또한 직무 수행자의 욕구와 결부되어야 한다. 이러한 보상은 임금이나 승진과 같이 경제적 승격을 갖는 등의 행동반응의 만족감이 외부 환경으로부터 오는 외재적 보상과 성취감, 도전감, 책임감 등 직무 수행 자체에서 만족감이 자기자신으로부터 오는 내재적 보상으로 나뉜다.

2) 부정적 강화

부정적 강화(negative reinforcement)란 회피 학습(avoidance learning)이라고도 하는 것으로 바람직한 행동을 했을 경우 불쾌한 조건을 제거하는 강화전략이다. 예를 들면, 교수가 학생들에게 질문을 했는데 답을 모를 때 강의 노트를 되살펴보는 행동으로 교수의 눈길을 피하는 경우가 있다. 이것이 부정적 강화인데 재빨리 노트를 보는 것이 교수가 당신에게 질문하지 못하게 한다는 것을 배웠기 때문이다. 이러한 부정적 강화 방법이 효과적으로 적용되기 위해서는 두 가지 조건이 필요한데 첫째는 처벌의 제거가 강화하고자 하는 행위와 연속 관계를 가져야 한다는 것이다. 예를 들면, 한 죄수의 방면은 그의 모범적인 생활과 결부되어야만 그의 모범적인 생활을 강화시켜 준다. 둘째는 구체적인 행위가 이루어진 후 제거될 수 있는 불쾌한 사건(처벌 또는 처벌의 위협)이 있어야 한다는 것이다. 부정적 강화의 예로는 구성원이 일을 정확히 수행했을 경우 꾸지람을 삼가는 경우가 있다.

표 5-1 부적 강화와 정적, 벌과의 공통점과 차이점

	부적 강화와 정적 강화	부적 강화와 벌
공통점	행동의 빈도를 높인다.	불쾌 자극 사용, 제거
차이점	불쾌 자극 제거/ 쾌 자극 가함	행동의 빈도 높이고/낮추는 것

3) 소거

소거(消去, extinction)란 강화작용의 철회로 말미암아 조작적 행동이 유지되지 못하는 현상으로 행동을 유지하기 위해 기존의 어떤 강화를 제거하는 것을 말한다. 행동이 보상받지 못하게 되면 그 빈도가 감소되어 마침내 사라지고 만다. 스키너 상자의 예에서 쥐가 막대를 눌러도 먹이가 나오지 않으면, 쥐의 막대 누르는 행위는 점차 사라지는 예가 있다. 또한 강의실에서 학생들이 질문하는 것을 막고자 하는 교수는 질문을 하기 위해 손을 드는 학생들을 무시함으로써 학생들의 행동을 제거할 수 있다. 이처럼 연속적 강화의 부재를 접하게 될 때 손을 드는 행동을 소거된다.

4) 처벌

처벌(punishment)은 바람직하지 않은 행위를 제거하기 위해 바람직하지 않은 조건을 유발시키는 것을 말한다. 예를 들면, 술에 취해서 출근한 종업원에게 이틀 동안 급여 정지를 하는 것은 처벌의 한 예이다.

5 학습 방법의 종류와 효과

조직구성원들의 역량을 지속적으로 향상하기 위해서는 조직 내외부에서 새로운 지식을 지속적으로 습득하고, 응용할 수 있는 다양한 학습 수단이 구축되어야 한다. 그 주요한 수단으로는 강사를 초빙해 특정 주제에 대해 이론적인 내용을 전달하는 집합식 강의(lecture), 전문 기술/경영 이론에 관한 책을 통해 학습하는 독서(reading) 활동을 비롯해 구성원들 간의 집단토의(group discussion), 실습(practice by doing), 본인이 강사가 되어 직접 타인을 가르치는 교습(teaching others) 등이 있다. 제반 학습의 수단은 조직구성원들이 기본적으로 새로운 지식이나 정보를 습득하고, 체화해서 업무 활동에 응용할 수 있는 기회를 제공한다는 점에서 목적은 같으나, 학습의 효과 면에서는 차이가 있다(이춘근, 1996). <표 5-2>에서 보듯이, 토의, 실습, 남을 가르치는 교습적 방법이 상대적으로 학습 효과가 높은 편이며, 가장 효과적인 학습 수단은 구성원으로 하여금 다른 사람을 가르치게 하는 교습적인 방법이다. 즉, 다른 사람을 가르친다는 자세로 학습할 경우 그 고민의 강도와 노력이 달라지는 것이다. 예를 들어 현업 부서에서 업무 혁신 사례나 구성원 간의 토의 결과를 정리해서 다른 직원들에게 발표하거나 강의하게 하는 경우이다. 반면에 외부 강사를 초빙해

표 5-2 학습 수단 및 효과

수단	기본 개념	학습 효과
강의	내부 또는 외부 전문가가 특정 주제를 놓고, 이론적인 지식을 전달하는 일반적인 방법	5%
독서	전문서적, 간행물 등을 통해 지식을 습득하는 방법	10%
시청각 교육	비디오, 슬라이드 등 영상 매체를 통해 지식을 습득하는 방법	20%
시범/실연	현장 방문, 역할 연기 등을 통해 지식을 습득하는 방법	30%
집단토의	구성원 간 아이디어 미팅, 심층 토의 등을 통해 지식을 공유하고 습득하는 방법	50%
실습	이론적인 내용의 직접적 실험, 현장 실습을 통해 지식을 습득하는 방법	75%
교습/활용	타인을 직접 가르치거나 배운 것을 실제 업무에 활용함으로써 지식을 습득하는 방법	100%

몇 시간 동안 사원들을 모아놓고, 이론적인 내용을 전달하는 집합식 강의는 상대적으로 학습의 효과가 낮은 방법이라 할 수 있다.

일반적으로 공공조직의 경우 일정 장소에 사원들을 모아놓고 하는 외부 강사에 의한 집합식 강의는 비교적 활성화되어 있다. 하지만 구성원 간의 경험이나 정보, 아이디어를 공유할 수 있는 토의, 특정 주제를 놓고 이론적인 내용을 실제로 적용해 볼 수 있는 실습적인 학습 기회는 아직까지 상대적으로 적은 편이다. 반면에 선진적인 기업조직의 경우에는 다양한 학습 방법이 적용되고 있으며 그 중에서도 구성원 간의 심층 토의, 발표/강의, 실습 등과 같은 동적인 학습 방법이 더 많이 활용되고 있다. 특히 최근 경영 화두로 회자되고 있는 권한위임(empowerment)을 조직의 경영 원리로 삼고 있는 기업들의 경우에는 더더욱 구성원들의 학습활동을 위해 많은 투자를 하고 있으며 다양한 학습 방법을 적용하고 있다.

21세기 조직의 지속적으로 발전은 인적 자본(human capital)에 의해 이루어진다는 것을 인식한다면 조직구성원이 최고인 조직이 가장 우수한 조직이 된다. 따라서 조직의 인재는 하루아침에 키워지지 않고 외부에서 쉽게 조달하기도 어렵다는 것, 특히 공공조직이 경우에는 더더욱 힘들다는 것을 고려할 때 조직에서 필요한 인적 자본을 충분히 확보하기 위해서는 내부에서 키워야 한다. 따라서 조직이 제2의 교육기관이면서 학습의 장이 되어야 한다는 것을 조직의 리더들뿐만 아니라 구성원 모두가 인식하고 실천하는 것이 반드시 필요하다.

생각해보기

1. 사람의 지각이 형성되어 가는 과정에서 가장 큰 영향을 주는 것은 무엇인가?
2. 공무원들이 업무 수행을 하면서 지각과 판단 해석 과정에서 가장 쉽게 범하는 오류는 무엇인가?
3. 공무원들의 지각과 판단의 오류를 줄이기 위해 어떠한 실천활동을 하는 것이 필요한가?
4. 공무원들의 동기부여를 향상시키기 위해 가장 유용한 학습 방법과 도구는 무엇인가?
5. 최근의 환경 변화를 고려할 때 공공조직에서의 학습 방법 및 도구는 어떻게 변화하는 것이 바람직한가?

제6장
스트레스와 감정관리

정부가 국민 위에 군림하는 시대는 종말을 고했다. 오히려 경찰을 때리고 세무 직원을 협박하는 불량 고객이 존재한다. 구청 직원을 골탕 먹이는 악성 민원인도 존재한다. 작금의 공무원은 조직 내적으로 성과 산출과 경쟁력 강화, 그리고 고객 서비스 향상을 요구받고 있다. 공무원으로서 이들은 불량 고객에게도 '친절하게 봉사'를 해야 한다.

이러한 상황에서 공무원은 과도한 스트레스에 시달릴 수밖에 없다. 불량 고객에 대한 '친절 봉사'가 공무원의 정신적·육체적 에너지를 소진시켜 버린다면, 정작 우량 고객에게는 양질의 서비스를 제공할 여력이 사라진다.

스트레스는 현대인의 삶의 일부이다. 특히, 현대 조직구성원은 만성적인 스트레스와 감정유해성(感情有害性, emotional taxicity)으로부터 영향을 받기 쉽다. 현시대적 상황은 조직구성원의 동기부여뿐만 아니라, 심리적 안녕과 건강에 많은 영향을 미친다. 살면서 스트레스 인자들을 통제할 수는 없으나 그것에 대한 대응은 개선할 수 있다. 피할 수 없는 문제라면 어떻게 관리하느냐가 관건이다.

스트레스는 일상적으로 사용하는 보편화된 용어이지만, 감정유해성이라는 용어는 낯설다. 이 장을 공부한 후에는 두 용어 간의 유사성이 포착될 것이다. 이 장에서는 먼저 스트레스와 감정유해성에 대한 개념적 이해를 구한 후, 이들에 대한 발생 원인과 결과를 살펴본다. 마지막으로 스트레스와 감정유해성에 대한 관리 수단들을 제시한다.

제 1 절 스트레스의 본질

1 스트레스의 개념

스트레스(stress)는 인간의 내・외부로부터 발생하는 어떤 자극에 대한 반응이다. 일반인들은 스트레스의 원인(자극)과 결과(반응)를 구분하지 않은 채, '스트레스'라는 용어로 혼용하는 경향이 있다. 예컨대, "요즘 하는 일이 스트레스를 많이 준다"는 표현은 스트레스의 원인을 나타낸다. 반면, "요즘 스트레스가 심해"라는 표현은 스트레스 반응을 나타낸다.

지속적인 스트레스 상황에 직면할 때 인간은 신체적 증상을 보인다. 캐나다 내분비 의학자 셀리(Hans Selye)는 이를 일반적응증후군(general adaptation syndrome) 또는 스트레스증후군(stress syndrome)이라고 했다. 그는 공학과 물리학으로부터 stress라는 용어를 도입하여 연구를 진전시켰다. 그는 지속적인 스트레스에 노출될 경우 아드레날린 샘의 확대, 위궤양, 그리고 면역 체계의 약화 등 증상이 나타난다는 것을 발견했다.[1)]

스트레스는 인간의 정상적인 일반 적응 과정이며 지극히 자연스러운 자극-반응 현상이다. 인간은 자극에 적절하게 반응을 해야 생존할 수 있다. 인간은 스트레스를 받을 때 생존 수단으로 싸움 혹은 도주 반응(fight-or-flight response)을 보인다. 누구나 일생을 사는 동안 스트레스를 받지 않을 수 없다. 그래서 "그(녀)는 스트레스를 전혀 받지 않는다"는 표현은 사실적인 것이 아니다. 문제는 이러한 적응 과정이 과도할 경우 해롭다는 것이다. 이렇게 과도한 스트레스일 경우를 우리는 일반적으로 '스트레스'라는 용어로 통용한다. 요컨대, 스트레스란 인간의 일반적인 자극-반응 현상을 의미한다.

---

1) 이에 대해서는 http://www.medicinenet.com/stress/article.htm을 참고.

2 스트레스의 연구 관점

스트레스에 관한 선행 연구들을 검토해 보면, 스트레스를 객관적인 현상으로 파악하는 것과 주관적인 현상으로 묘사하는 것으로 양분된다. 전자는 스트레스에 대한 객관적인 특성과 환경 조건들을 밝혀내는 데 초점을 둔다. 반면, 후자는 개인의 스트레스 경험과 이에 대한 의미를 해석하는 데 주안점을 둔다.

지배적인 것은 스트레스의 객관적인 특성과 선행 요인들을 밝히는 연구들이다. 이러한 연구들은 스트레스를 바람직하지 않은 개인 수준의 조건으로서 통제되어야 할 것으로 가정한다. 이 관점은 객관적인 환경 조건과 스트레스의 경험 간의 관계를 조절하고 매개하는 변수들을 밝히는 데 초점을 맞춘다.

한편, 몇몇 연구자는 스트레스와 이에 대한 경험을 해석적 관점에서 조명한다. 이 관점은 기본적으로 사람에 따라 스트레스의 경험을 다르게 이해한다고 가정한다. 그리고 스트레스 상황에 대처하는 전략도 사회적 맥락에 따라 다르다고 가정한다. 스트레스의 의미와 범위는 사회적으로 구성된다. 스트레스에 대한 개인의 해석과 의미가 제도적 조건이나 문화에 따라 다르다. 예컨대, 어떤 문화권에서는 스트레스를 조직생활의 정상적인 부산물로 인식한다. 반면, 어떤 문화권에서는 스트레스를 단지 개인의 질병쯤으로 인식한다(Meyerson, 1994). 이에 관해서는 이 장의 뒷부분에서 자세히 언급한다.

3 스트레스에 대한 일반 인식

사람들은 통상 스트레스를 부정적으로만 인식하는 경향이 있다. 현대 조직구성원들은 스트레스 과잉에 시달리고 있다. 스트레스 과잉을 사람들은 “스트레스로 가득 차 있다”는 식으로 표현한다. 이러한 스트레스의 과잉 경험 때문에 스트레스를 부정적인 것으로 인식하는 것이다.

스트레스의 부정적 측면을 이해하는 열쇠는 항상성(恒常性, homeostasis)이라는 개념이 쥐고 있다. 프랑스 생리학자 버나드(Claude Bernard)는 신체 내부 환경(milieu interieur)에서의 동태적 평형 원칙에 대해 언급했다. 신경학자 캐넌(Walter Cannon)이 이러한 동태적 평형을 정의하기 위해 항상성이라는 용어를 만들어낸 것이다.[2] 인간이 생존하기 위해서는 신체 내부 환경의 지속적인 균형이 필요하다. 여기에서 신체 내부 환경의 지속적인 균형 상태를 항상성이라고 하는 것이다. 그런데 이러한 내부의 균형을 변화시키거나 깨뜨리는 외부 요인들이 있다. 이러한 외부 요인을 스트레스 인자(stressors)라고 부른다.

제 2 절 스트레스 요인과 결과

1 스트레스 요인

항상성을 깨뜨리는 외부 요인들로는 기온, 공기 중의 산소 농도, 소음, 에너지의 소모, 약탈자의 존재, 질병 등 물리적인 것에서 현대 조직 관련 요인들까지 다양하다.

표 6-1 스트레스 요인

스트레스 요인		구성 인자
물리적 요인		기온, 에너지 소모, 소음, 약탈자의 존재, 질병 등
개인 특성 요인		성격, 능력, 경험, 건강, 성별, 교육 수준, 연령 등
조직 외부 요인		가정 불화, 다른 조직과의 경쟁, 사회경제·기술적 변화 등
조직 내부 요인	조직구조와 분위기	과도한 집권화와 공식화, 불확실성, 의사전달 장애와 비협력적 분위기, 권위주의적 감독, 지나친 경쟁, 조직 전체에 대한 소속감과 정체성의 결여 등
	역할과 직무환경	역할갈등, 역할모호성, 과도한 업무와 책임 등
	대인 관계	상관, 동료, 부하, 고객과의 관계 등
	조직정책	불공정한 인사와 보수, 비합리적 성과평가, 자기계발 기회의 부족, 관리적 지원책의 결여 등

2) 이에 대해서는 http://www.medicinenet.com/stress/article.htm을 참고.

현대 조직생활과 연관된 스트레스 인자들은 조직 외적인 것과 조직 내적인 것으로 대별할 수 있다. 조직 외부 요인에는 가정 불화와 같은 가족 요인, 다른 조직과의 경쟁, 사회경제적・기술적 변화 등이 있다. 조직 내부 요인은 조직구조 요인, 직무와 역할 요인, 조직정책 요인, 그리고 대인 관계 요인 등으로 나눌 수 있다. 주요하게 역할의 갈등과 모호성, 집권화와 공식화 문제, 권위주의적 감독, 지나친 경쟁, 업무 과다, 보수와 인사의 불공정성, 상관의 불합리한 행태 등을 스트레스 인자로 지적할 수 있다(김병섭, 1994). <표 6-1>은 다양한 스트레스 요인을 예시한 것이다.

2 스트레스의 결과

스트레스가 많은 사건들은 싸움 혹은 도주의 반응을 촉발한다. 이 때 아드레날린과 코르티솔과 같은 호르몬이 우리 몸에서 분비된다. 이때 심장 박동의 빨라짐과 같은 생리적 결과가 나타난다. 급성 스트레스(acute stress)라고 하는 것은 우리를 기민하고 적극적으로 만들 수 있다. 그러나 만성 스트레스(chronic stress)는 건강에 해로운 영향을 미칠 수 있다.[3] 만성적인 스트레스는 일반적으로 초조감이나 불안감, 그리고 좌절감의 경험을 가져오고, 급기야는 신경쇠약과 탈진(burnout), 정신적 외상(trauma)으로까지 귀결된다. 스트레스가 만성적이거나 너무 낮은 조직에서는 결근, 이직, 태업, 생산성 감소 등과 같은 행태들이 나타날 수 있다.

한편, 스트레스는 이성적 판단 능력을 감소시키는 반면, 감정적인 기억력을 증가시킨다. 대표적인 부정적 감정인 두려움은 스트레스 관련 호르몬인 글루코코티코이드(glucocorticoids)와 에피네프린(epinephrine)을 분비시킨다. 글루코코티코이드가 뇌에 도달해 이성기억(hippocampal-dependent memory)을 억제시키는 반면, 감정기억(amygdala-dependent memory)을 촉진시킨다. 결과적으로, 극심한 스트레스는 이성기억의 형성 능력을 손상시키는 반면, 감정기억의 형성 능력을 향상시키는 것이다(Lord, Klimoski, & Kanfer, 2002: 14).

스트레스가 부정적 귀결만을 초래하는 것은 아니다. 유명한 심리학자 셀리그만

3) 이에 대해서는 http://www.psychologytoday.com/basics/stress를 참조함.

(Martin Seligman)에 의하면, 만성적인 스트레스 상황이 지속되어 이로부터 헤어나지 못하면 결국 우울증이 유발된다. 반대로, 스트레스 상황을 긍정적으로 받아들여 적절히 대처한다면 발전된 결과를 도출할 수 있다.[4] 그래서 스트레스 상황이나 요인을 부정적으로 받아들이면 질병으로 귀결되지만, 이를 긍정적으로 받아들이면 발전과 건강성으로 이어질 수 있다. 그래서 스트레스는 나쁜 스트레스(distress)와 좋은 스트레스(eustress)로 구별되기도 한다. 최적 수준의 스트레스(optimum stress) 개념을 살펴보면 이에 대해 이해할 수 있을 것이다.

3 스트레스의 최적 수준

그림 6-1 스트레스의 최적 수준

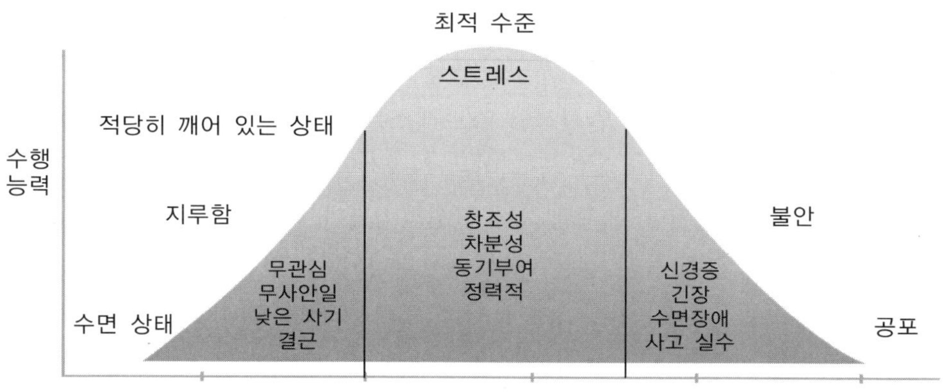

[그림 6-1]에 제시된 최적 수준의 스트레스 개념은 다음과 같은 가정을 내포하고 있다. "조직에서 스트레스가 너무 높지도 너무 낮지도 않을 때 혁신이 가장 신속하고 활발하게 일어날 것이다." 여기에서 스트레스는 열망 수준과 성취 수준 간 불일치를 나타낸다. 이 가정에 따르면, 열망 수준을 넘어 너무 쉽게 성취해 버리면 무관심이나

4) 전자의 경우는 학습된 무력감(learned helplessness), 후자의 경우는 학습된 낙관주의(learned optimism)로 개념화된다.

냉담한 태도가 초래된다. 반면, 열망 수준이 너무 높아 성취하기 어려우면 상동증[5]을 동반한 실망과 낭패감이 초래된다. 전자의 경우엔 혁신하고자 하는 동기가 부여되지 않고, 후자의 경우엔 신경질적인 반응이 효과적인 혁신을 방해한다. 열망 수준이 성취 수준보다 약간 높을 때 – 비유하자면, 당근이 당나귀 바로 약간 앞에 주어질 때 – 최적의 스트레스가 발생해 최적의 성과를 산출한다(March & Simon, 1958: 184).

제 3 절 감정유해성의 의미

1 조직생활의 감정관리

조직구성원은 실제로 열정이나 냉담, 만족이나 불만, 신뢰나 불신, 충성이나 배신 등과 같은 감정적 성질들을 적재한 채 직무를 수행한다. 조직구성원의 모든 감정은 조직생활의 부산물이다.

조직 목표 달성을 위해 감정이 관리도구로 이용되기도 한다. 조직구성원은 직무상 조직 목표 달성에 기여하는 방향으로 감정을 관리할 필요가 있다. 이와 같은 감정관리를 감정노동(emotional labor)이라 한다. 즉, 감정노동은 조직구성원이 소속 조직의 목적을 위해 특정한 감정을 표현하도록 요구받을 때 발생한다. 혹쉴드(Arlíe R. Hochschild)는 그녀의 저작 『관리된 마음: 인간 감정의 상업화(*The Managed Heart: The Commercialization of Human Feeling*』(1983)에서 감정노동의 개념을 "공(公)적으로 지켜야 할 표정과 신체적 표현을 창조하기 위한 느낌의 관리"로 정의한다. 항공승무원과 같은 서비스 종사자들이 전형적인 감정노동자로 분류된다. 이들은 내면에서 자연스럽게 발로하는 감정을 조직 목적에 적합한 감정으로 변형해서 표현해야 한다. 이러한 감정 변형에 노력이 필요하고 이러한 노력에 보상이 필요하다. 그런 점에서 노동이다. 구청의 민원실도 비행기 내 또는 은행창구처럼 미소짓는 공장(smile factory) (Van Maanen, 1991)이 되어간다. 악성 민원인이나 불량 고객에게 행정 서비

5) 상동증(常同症, stereotypy)은 동일한 행동과 말을 무의미하게 끊임없이 반복하는 증세를 말한다.

스를 제공하는 민원처리 담당 공무원은 보상 없는 감정노동을 하고 있다.

감정노동은 조직 목표 달성에 부합된 감정의 표현이라는 점에서 감정관리를 의미한다. 감정노동의 결과는 생산적이고 긍정적일 수도 있으며 파괴적이고 부정적일 수도 있다. 대부분의 선행 연구는 감정노동의 부정적 결과에 초점을 맞춘다. 이러한 연구들에 의하면, 감정노동 수행 결과로 나타나는 개인 차원의 감정 소진(emotional exhaustion)이나 탈진이 낮은 조직몰입과 직무 불만족을 가져온다. 그리고 궁극적으로는 이직으로까지 이어진다. 여기에서는 감정이 어떻게 관리되느냐에 따라 조직과 그 구성원에게 해독을 끼치기도 하고 행동과 변화에 탄력을 붙이기도 한다고 가정한다. 해독을 끼치는 경우가 감정유해성(emotional toxicity)의 개념을 나타낸다.

2 감정유해성의 개념

감정유해성은 개인의 고통과 부정적 감정이 조직 수준으로 전염되어 조직과 소속 구성원들에게 직·간접적으로 위해를 가하는 감정의 독성을 의미한다. 프로스트(Frost, 2003)의 논의가 감정유해성 개념을 이해하는 데 유용하다. 그는 조직생활에서 감정의 유해성을 화학물질의 특성에 빗대어 이해한다. 첫째, 해독을 끼칠 수 있다는 점, 둘째, 잘 발견되지 않고 서서히 확산된다는 점, 셋째, 치유 방법을 안다면 제거될 수 있다는 점이다. 이와 같은 화학물질의 특성들을 이입해 감정유해성을 개념화해 보자.

첫째, 분노·슬픔·공포 등과 같은 부정적 감정의 지속과 고통은 조직구성원의 건강에 위해를 가할 수 있다. 둘째, 공공조직의 지배적인 유형은 관료제이다. 관료제에서는 내면으로부터 생겨나는 감정을 공식적으로 드러내 놓기가 어렵다. 따라서 공식적인 직무 수행 상황에서 조직구성원의 자연스러운 감정 표현을 발견하기란 용이하지 않다. 그래서 부정적 감정과 그 위해성은 비공식적 차원에서 서서히 확산될 수 있다. 셋째, 조직 수준에서 공식적으로 구성원들의 감정을 관리한다면 감정유해성은 제거될 수 있다.

현대 조직생활에서 개별 조직구성원이 겪게 되는 유해한 감정이나 고통은 어느 정도 불가피하다. 문제는 감정적 고통을 겪고 있는 구성원에 대해 소속 조직과 동료들이 어떻게 반응하느냐에 달려 있다. 소속 조직과 동료 구성원들의 무관심과 무반응이 고착된다면 감정유해성은 조직 수준으로 확산될 소지가 크다. 이러한 상황에서는 우선, 고통을 겪고 있는 당사자는 물론 선의의 동료도 정신적으로 육체적으로 위해를 받을 수 있다.[6] 그리고 만성적인 스트레스가 미치는 조직 수준의 귀결처럼, 조직 전반적으로 이직, 보복행위, 횡령, 태업, 험담행위, 냉소적 불신행위 등 부정적 행태들이 만연할 개연성이 있다.

제 4 절 감정유해성의 발생 원인

개인 차원의 감정을 조직 수준의 유해성으로 전염시키는 요인들을 살펴보면 다음과 같이 네 가지로 대별할 수 있다(Frost, 2003; 최성욱, 2007). ① 상급 관리자의 행태적 요인(예: 고의성, 무능, 배신행위, 둔감함), ② 동료와 고객 등 조직 이해 관련자 요인(예: 비배려적 · 분파 조장적 · 비합리적 행태), ③ 구조화 맥락 요인(예: 현실과 공식 제도 간의 불일치), ④ 통제 불가능한 요인(예: 변화와 리더십 발휘 과정). 이에 대해 상술해 보기로 하자.

1) 상급관리자의 행태적 요인

상관이나 조직관리자의 행태가 감정유해성을 발생시킨다. 예컨대, 유능한 부하의 정책 제안을 고의적으로 폐기하는 상관의 행태를 보자. 여기에서 부하는 감정적 어려움이나 고통을 경험하고, 상관은 이러한 부하의 고통을 통제 수단으로써 활용하는 것이다. 이와 같은 상관의 고의적 행태 이면에는 무의식적인 두려움이 깔려 있다. 이 경우 상관은 정책을 제안한 부하를 자신의 경쟁자로 해석할 수 있다. 그래서 제안된 정책의 조직상 이점에도 불구하고 이를 폐기할 수 있다. 이러한 무의식적인 두려움으로 인해 상관이나 리더는 흔히 진정한 충고와 도움을 차단해 버리곤 한다(Morgan, 1986: 219).

6) 여기에서 선의의 동료란 타인들의 감정적 고통에 관심을 기울이며 도움을 제공하는 사람으로서, 프로스트(Frost, 2003)는 이러한 사람을 고충처리자(toxin handler)로 명명한다. 조직시민행동(organizational citizenship behavior)을 하는 사람과 유사하다.

부하의 아이디어를 가로챈다든지 승진을 약속해놓고 파기한다든지 속마음을 털어놓게 해서 나중에 누설해 버린다든지 등과 같은 배신행위도 상관 또는 관리자의 고의적 행태에 해당한다. 또한, 우유부단하거나 비일관적으로 의사 결정을 한다든지 부하의 상태에는 둔감하면서 지나치게 세세하게 간섭을 한다든지 등과 같은 상관의 무능함도 감정유해성을 발생시킨다(Frost, 2003: 35-60). 직장인들을 대상으로 한 설문조사에 의하면, 기분이 좋지 못한 상관이 이것저것 트집을 잡을 때 가장 많은 스트레스를 받는 것으로 나타났다(52.7%). 또한 믿고 말했는데 소문내고 다닐 때가 그 다음(26.7%), 친한 척하더니 무리한 업무를 요청을 할 때(24.1%)가 그 뒤를 이었다.[7]

사람이 일을 하도록 가장 확실하게 하는 전통적인 방법은 그 사람을 바짝 들볶는 것이다. 허즈버그(Herzberg, 1987)는 이러한 방법을 'KITA'(kick in the ass의 두문자어; 걷어 차!(Kick the person!)) 방식이라고 명명했다. 그런데 이런 식으로 조직구성원을 동기부여하면 구성원으로부터 심리적 고통이 유발된다. 이러한 KITA 방식의 관리에도 대부분의 조직구성원은 감정을 억누르고 근무하는 경향이 있다. 이러한 방식은 조직구성원의 자율신경 시스템을 직접적으로 자극해 부정적인 피드백을 초래한다.

2) 동료 및 고객 등 이해 관련자 요인

조직구성원들 중에는 타인을 배려하지 않고 무례하게 행동하는 자들이 있다. 조직 내에 소문을 퍼뜨려 분파를 조장하는 자들도 있다. 또한 타인의 불안감이나 선입견을 부채질하는 언어를 꾸며서 정보를 왜곡하는 자들도 있다. 이러한 행태들은 궁극적으로 조직을 유해하게 만든다.

한편, 비합리적이고 무리한 요구를 하는 고객들이 있다. 고객에 대한 봉사를 최고 관리 가치로 삼는 요즈음, 관리자들은 고객의 무리한 요구를 문제삼기보다는 불량 고객에 대해서도 친절 봉사를 강조하곤 한다. 그 결과 서비스를 제공하는 일선기관 근무자들은 스트레스 강도가 높고 감정유해성의 덫에 걸리기 쉽다. 조직 내부의 상관이나 동료들로부터 받는 스트레스보다는 불량 고객으로부터 받는 스트레스가 더 큰 것으로 보고하는 연구들이 많다. 항공 승무원은 무례하고 성적 수치심을 자극하

7) 온라인 취업포털 사람인에 의한 2013년 직장인 2,025명을 대상으로 한 설문조사(주제: "직장인으로서 가장 서러운 순간", 출처: 헤럴드경제, 2013.7.15).

는 승객에게도 미소를 지어야 한다(Hochschild, 1983). 항공 승무원처럼 일선 공무원들도 불량 고객에게 내심의 감정을 억제하면서 친절 봉사를 해야 할 상황에 직면하곤 한다. 이 상황에서 항공 승무원이나 일선 공무원들은 과도한 스트레스와 감정적 고통을 겪을 수 있다.

이러한 고통은 조직구성원들이 소속 조직에 의해 지원받지 못하고 있다고 느낄 때 더욱 악화된다. 그리고 결국 조직 수준의 유해성으로 발전될 개연성이 있다. 미국심리학협회(American Psychological Association)가 실시한 2012년 조사에 의하면, 직장에서 자신의 존재 가치를 느끼는 구성원과 그렇지 못한 구성원 간에 직무만족도는 90% 대 30%, 동기부여의 정도는 93% 대 33%, 타인에게 자신의 직장을 추천할 의향 정도는 85% 대 19%, 이직 의도는 21% 대 50% 로 큰 차이를 나타냈다. 조직구성원 개인이 조직이나 동료들로부터 가치 있는 존재로 인정받고 있다는 느낌이 매우 중요하다. 이러한 조사 결과는 이 장 뒤에서 언급되는 사회적 지원의 필요성과 관련된다.

3) 구조화 맥락 요인

공식적으로 표방된 조직정책과 실제 관행 간에 불일치하거나 또는 조직구성원들을 현혹하기 쉬운 부정직한 조직정책에 의해서도 유해성이 발생한다.[8] 이상과 현실 간의 괴리감은 개별 인간에게 불편감은 물론, 냉소주의와 형식주의적 행태를 조장한다. 외부로부터 새로운 정책이나 제도가 도입되어 실행될 때 조직 전반적으로 형식주의가 만연할 수 있다.[9] 이러한 상황에서 이상과 현실 간의 부조화와 갈등은 스트레스나 직무 불만족을 초래한다(Bignardi, 1996: 53).

우리의 공직문화는 현재 계층지향성을 띠고 있다. 하지만 공무원들이 선호하는 미래 조직문화는 대가족과 같은 관계지향성을 띠고 있다. 한편, 신공공관리(new public management: NPM)의 개혁은 공직에 시장 지향 및 혁신지향성을 강조해 오고 있다.

---

8) 아지리스(Argyris, 1980)는 표방론(espoused theory)과 실행론(theory-in-use)이라는 두 가지 다른 수준의 행동이론을 제시했다. 여기에서 표방론은 공식적으로 선언된 정책이나 제도를 말한다. 실행론은 기존의 관행과 현실이 조직에 체화되어 있는 것이다. 실행론은 조직의 기본 가정으로 작용하면서 평상시에는 논쟁의 대상이 될 수 없다. 이는 이중회로학습(double loop learning)에 의해서만 변화될 수 있다.

9) 형식주의(formalism) 개념은 리그스(Riggs, 1964)가 선진국의 제도와 발전도상국가의 관행 간의 괴리 현상을 포착한 것이다.

이러한 기존·선호·표방문화 사이에 존재하는 간극은 공직사회에 갈등과 유해한 스트레스를 초래한다.

중앙부처를 대상으로 실시한 연구(최성욱, 2005)에 의하면, 현재 문화와 미래선호 문화 간의 불일치가 나타났다. 그리고 이러한 문화적 부조화 속에서 상당수의 공무원이 심적 갈등과 만성적인 스트레스를 경험할 개연성을 예측했다. 이러한 불일치에 대해 학습이 없으면, 조직 내에 정보 왜곡과 의도하지 않은 경직성이 초래된다. 이러한 상황에서 조직구성원들은 불만을 갖게 되고 자긍심과 효능감의 상실에 이를 수 있다. 그래서 조직 전체적으로 사기 저하와 냉소주의적인 행태가 팽배해질 수 있다.

4) 통제 불가능한 요인

유해성은 조직 변화와 리더십 발휘 과정에서 불가피하게 발생할 수 있다. 특히, 해직이나 감원 등 조직 변화의 일환으로 단행되고 있는 사건은 부정적 감정 대립을 야기하며, 좌절과 분노, 그리고 공격적 행동을 유발시킬 수 있다. 최근 공공 부문의 혁신과 개혁이 진행되면서 공직사회가 많은 조직적 변화를 경험하고 있다. 정부는 조직 및 인사관리 방식에서 성과에 따른 차별적 보상, 개방형 임용제, 다면평가제, 성과계약제 등과 같은 민간 부문의 관리기법을 도입하고 있다. 이러한 공직사회의 급격한 변화는 직무 수행과 관련한 불확실성을 높이면서 공무원들에게 상당한 직무 스트레스와 감정적 고통을 유발할 수 있다(고종욱, 2006).

한편, 조직관리자와 리더는 성공적인 결과 산출을 위해 때로는 조직구성원들에게 고통이 수반되는 행동을 취할 필요도 있다. 이와같이 리더십의 발휘 과정에서 조직구성원들은 상처를 받을 수 있다. 여기에서 발생하는 감정유해성은 성과 산출과 변화 추진의 불가피한 부산물인 것이다.

제 5 절 관리 방안

조직은 스트레스와 감정유해성을 발생시키는 공간임과 동시에, 이로 인한 조직구성원의 고통을 치유하는 장소이기도 하다. 조직에서 스트레스와 감정유해성을 어떻게 관리하느냐에 따라 조직구성원들과 소속 조직의 건강 상태 및 성과가 달라진다.

스트레스와 감정유해성에 대한 대응과 관리는 조직의 개별 구성원 수준, 관리자와 리더 수준, 조직문화 수준 등 세 가지 단위별로 고려될 수 있다.

1 개별 구성원 수준

조직구성원 개인 수준에서 스트레스와 유해성을 관리할 수 있는 수단으로는 크게 행태적인 것과 인지적인 것으로 대별된다.

첫째, 공격적이거나 회피적인 반응에 의해 직접적으로 스트레스와 감정유해성 상황을 대처할 수 있다. 개인적으로 구성원은 욕설하기, 수면, 식음, 음주, 흡연, 농담과 잡담하기, 울거나 웃기, 운동, 독서, 음악 감상, TV 시청, 산책, 명상 등과 같은 일반적인 활동을 통해 상황에 대처할 수 있다. 참선, 운동, 요가, 독서 등과 같은 정기적인 과외활동을 통해 긴장 이완과 정신적 재충전의 기회를 찾기도 한다.

한편, 개별 구성원은 휴식을 취할 수 있는 물리적 · 정서적 공간을 찾는 노력을 할 수 있다. 경우에 따라, 과도한 스트레스와 감정유해성으로부터 회복될 수 있는 유일한 방법은 그 상황에서 벗어나는 것이다. 연가나 휴직의 활용, 여행을 가거나 조직 내에 휴식 장소에서 조용히 시간을 보낼 수 있다. 이와같이 일정 시간 동안 업무 책임으로부터 해방될 수 있는 공간을 찾을 필요가 있다.

둘째, 심리적 방어기제의 작동, 사고의 전환, 해석의 변경 등 인지적인 측면을 활용할 수 있다. 먼저, 조직구성원은 자신에게 유해한 자극이나 스트레스 요인에 대해 프로이트 등이 말하는 심리적 방어기제를 작동시켜 반응할 수 있다. 즉 억압, 부정, 투사, 합리화, 승화 등 다양한 방식으로 대응할 수 있다(Hampden-Turner, 1981: 40-42).[10] 생각의 전환과 해석의 변경 수단으로서는 완벽주의의 완화, 성취 기준 낮

10) 프로이트(Sigmund Freud)가 제시한 심리적 방어기제들(defense mechanisms)은 다음과 같다.
- 억압(repression): 불쾌한 경험이나 받아들여지기 어려운 욕구, 반사회적인 충동 등을 무의식 속으로 몰아넣거나 생각하지 않도록 억누르는 방법.
- 부정(denial): 외적인 상황이 감당하기 어려울 때 일단 그 상황을 거부해 심리적인 상처를 줄이고 좀 더 효율적으로 대처하도록 돕는 방법.
- 투사(projection): 자신의 감정이나 동기를 다른 사람에게 돌려서 어려움에 대처하는 방법.
- 합리화(rationalization): 상황을 그럴 듯하게 꾸미고 사실과 다르게 인식해 자아가 상처받지 않도록 정

추기, 주의 전환하기, 긍정적으로 사고하기, 불쾌함을 피하는 방향으로 상황을 해석하기, 스스로 마법걸기("pep talk") 등을 예시할 수 있다(Ben-Ze'ev, 2002: 180). 감정적 고통이나 과도한 스트레스 상황에서도 긍정적인 태도와 사고를 갖는 것이 중요하다. 동일한 사건이나 경험이라도 관점을 달리해 해석하는 것이다. 다시 말해, 상황을 문제와 위협으로 인식하기보다는 가능성과 학습 기회로 구성하는 것이다. 고통스러운 경험을 승화시킴으로써 유해성을 활력과 변화의 동력으로 전환할 수 있다.

이러한 전환 과정에서 조직의 중간관리자가 촉매 역할을 할 수 있다. 중간관리자는 상관의 독소적 지시나 메시지를 순화시켜서 부하에게 전달할 수 있다.[11] 예컨대, "저런 바보 같은 친구들! 금요일까지 그 일 끝내라고 해. 그렇지 않으면 재미없을 거야"와 같은 상관의 독소적 지시를 중간관리자는 다음과 같이 재구성해서 부하에게 전달할 수 있다. "실장님은 그 일을 마치는 데 우리가 절대적으로 필요하다고 하셨다. 금요일이 데드라인이다. 그 일을 완수하기 위해 무엇이 필요한지 알아보자." 이러한 재구성을 통해 분열과 파괴를 조장할 수 있는 메시지가 구성원들에게 동기를 부여하는 메시지로 변형된 것이다. 이처럼 상황이나 경험을 재구성할 수 있는 리프레이밍(reframing) 능력은 유해성에 대한 해독제로서 역할을 한다(Bolman & Deal, 1991: 4).

2 관리자 및 리더 수준

관리자와 리더의 수준에서는 구성원의 감정적 고통에 귀를 기울이는 동정적인 의지와 행동이 필요하다. 여기에서 동정적인 의지와 행동은 타인의 어려운 사정을 이해하고 정신적으로나 물질적으로 도움을 베푸는 것이다.[12] 이렇게 동정을 발휘하는 사람을 '고충처리인' 또는 '조직시민행동인'으로 명명할 수 있다. 그런데 이러한 고충

당화시키는 방법.

- 승화(sublimation): 반사회적 충동을 사회가 허용하는 방향으로 나타내는 방법.

11) 프로스트(Frost, 2003: 70-71)는 이러한 독소적 메시지에 대한 재구성을 고통의 완충(good buffers) 능력이라고 보았다.

12) 듀턴 외(Dutton et al., 2006)는 동정(compassion) 개념을 다음과 같이 이해한다. 첫째, 동정은 타인의 어려운 사정에 응답하려는 인간의 타고난 본능의 표현이라고 가정한다. 둘째, 동정은 ① 타인의 고통에의 주의·주목, ② 근본적으로 타인에 대해 배려하는 감정, ③ 어떤 식으로든 타인의 고통을 완화시켜 주려는 반응이나 행동 등 세 개의 부분 과정에 의해 가장 잘 묘사될 수 있다.

처리인 또는 조직시민행동인은 타인에게 동정을 발휘하는 과정에서 감정적 독성에 노출된다. 이들은 타인의 고충 상황에 대해 점점 더 많이 생각과 시간을 할애한다. 그래서 고충 상황에 빠져들어 자기 본래의 관점을 잃어버릴 수 있다. 스트레스와 감정적 고통에서 시름하고 있는 동료를 도와 주는 과정에서 정작 본인도 고통을 겪는 것이다. 감정은 이렇게 전염성이 있다.[13] 타인의 감정적 독성으로부터 전염되는 것을 막기 위해 전문적 친화력이 필요하다.[14] 전문적 친화력은 의사가 환자를 응대할 때 발휘되곤 한다. 유능한 의사는 환자의 고통에 진정으로 귀를 기울이지만 환자의 고통에 사로잡히지는 않는다.

이러한 전문적 친화력과 직접적으로 연관된 개념이 감정지능(emotional intelligence)이다.[15] 감정지능은 자기자신과 타인의 감정 상태를 자각·이해하고 관리할 수 있는 능력을 말한다. 감정지능은 감정과 이성을 효과적으로 결합시키는 능력을 말한다. 변혁적 리더십에서 요구되는 자질 중 하나가 감정지능이다. 변혁적 리더는 부하의 감정적 욕구에 민감하고 감정이입할 수 있어야 한다.[16] 변혁적 리더는 감성적 지성인으로 볼 수 있다. 감정지능을 갖춘 감성적 지성인은 감정과 이성 사이에 적절한 균형감을 갖고, 어느 하나에 의해 완전히 지배되지 않는 사람이다. 이들은 감정을 지배해야 할 때와 감정에 지배당해야 할 때를 잘 안다. 그리고 이들은 타인의 감정을 정확히 읽을 줄 안다(이대희, 2007: 157).

조직관리자는 고충처리인 또는 조직시민행동인의 가치와 그들의 역할을 인식해야 한다. 그리고 그들의 고충처리 활동이 조직의 정당한 언어가 될 수 있도록 다양한

---

13) 타인으로부터 감정이 전염된다는 의미에서 'emotional contagion'이라는 용어가 있다(Hatfield et al., 1994).

14) 전문적 친화력(professional intimacy)이란 고통에 처한 타인에게 과잉 동조하지 않음으로써 자신의 본래 판단을 흐리게 하지 않는 역량을 말한다(Frost, 2003: 169).

15) 심리학자 살로베이와 마이어(Salovey & Mayer, 1990)가 창안한 감정지능 개념은 다음과 같이 다섯 가지 영역에서의 능력으로 정의된다(참고: Goleman, 1995): ① 자기자각 능력(self-awareness; knowing one's emotions): 자기이해 능력, 자신의 느낌과 감정을 확신하는 능력; ② 감정관리 능력(managing emotions): 분위기를 규제하면서 고통으로부터 사고 능력을 보호할 수 있는 능력; ③ 동기부여 능력(motivating oneself): 절망 상태에서도 버티면서 스스로 동기를 부여할 수 있는 능력; 충동을 억제하고 만족감(희열)을 유예할 수 있는 능력; ④ 감정이입 능력(empathy; recognizing emotions in others); ⑤ 사회관계 능력(handling relationships).

16) 바스(Bass, 1998)와 골먼(Goleman, 1995)은 감정지능을 변혁적 리더십(transformational leadership)의 핵심 요소로 간주한다. 변혁적 리더십을 묘사하기 위해 '정열', '보살핌', '집중', '확신', '자신감', '존경심', '가치', '신뢰' 등 감정을 적재한(emotion-laden) 등의 용어를 사용한다.

전략을 마련해야 한다. 고통을 겪고 있는 동료를 돕는 행위가 매우 가치 있음을 조직 전체적으로 인식시키는 것이다. 조직 리더는 특히 상급 직위에 있는 자들에게 이러한 가치를 확신시킬 필요가 있다. 일반적으로 개별 조직구성원의 스트레스나 감정적 고통은 비공식적 차원에서 다루어지는 경향이 있다. 따라서 조직 내 의사 전달과 대화 과정에 이를 공론화시켜 공식적 차원으로 진입시키는 것이 필요하다. 한편, 고충처리 활동이나 조직시민행동을 성과평가와 연계시키는 것도 필요하다. 그럼으로써 지금까지 '비공식적이고 과외적인 것'으로 인식된 이러한 활동과 행동을 조직관리자나 리더의 책임 요소로 공식화하는 것이다.

조직관리 수준에서 고충처리 활동을 공식화할 수 있는 방법으로 크게 두 가지를 제시할 수 있다.

첫째, 개별 구성원 수준의 대응전략에서 제시되었던 물리적 · 정신적 공간을 마련해 주는 것이다. 예컨대, 직무와 관련이 있으면서도 휴식과 긴장 완화의 기회를 가질 수 있는 외부 회의나 출장을 보낼 수 있고, 직무 스트레스 등 감정적 어려움이 논의될 수 있도록 조직 내에 사적인 공간을 마련할 수 있으며, T그룹훈련을 실시할 수 있고, 감정노동의 수행 정도를 반영한 보직순환을 정례화할 수 있으며, 외부의 감정관리 전문가와의 정기적 만남을 기제로 후원 네트워크를 구축할 수 있다.

둘째, 감정유해성으로부터 벗어날 수 있는 상징과 언어를 만들고 유지하는 것이다. 이는 조직구성원들 사이에 고통에 관한 대화가 공식화되는 과정을 제공하는 것과 같다. 조직 리더는 상징을 창조함으로써 영향력을 행사하고 구성원들의 동기를 부여한다. 특히, 조직관리자와 리더가 공적인 무대에서 동정 · 고충처리 · 조직시민행동의 모델이 된다면 효과적일 것이다. 조직관리자의 상징적 행동들이 이야기 형식으로 개작되어 조직 전체적으로 공감대가 형성되면 더욱 효과적일 것이다. 고통스러운 일과 연관된 스토리 만들기는 사람들로 하여금 자신들의 경험과 그 가치를 인정하도록 도와 준다. 조직 리더는 상징적 행위를 창조하고 구성원들은 감정을 일깨워 그 의미를 수반하는 스토리를 만들 수 있다. 이러한 상징적 행위들은 고통에 대한 응답을 강조하는 문화적 가치를 생성시키고 강화시킨다. 그래서 조직구성원들의 고통에 대한 관심과 응답이 갖는 중요성과 정당성을 부여해 준다(Dutton et al., 2006: 86-87).

리더십의 핵심 요소 중의 하나가 바로 조직의 문화를 창출하고 관리하는 일이다(Schein, 1985). 리더로서 조직관리자는 다양한 상징적 활동과 도구들을 활용한다. 이것들을 활용해 그(녀)는 스트레스와 감정의 정당성이 수용되는 조직문화를 창조할 수 있다.

3 조직문화 수준

조직문화는 구성원의 스트레스와 감정이 어떻게 조직화되고 어떤 귀결을 낳느냐에 영향을 미친다. 어떤 유형의 조직문화는 스트레스와 감정을 부정적이고 파괴적으로 조직화해 유해한 귀결을 낳는 반면, 어떤 유형의 조직문화는 이를 긍정적이고 생산적으로 조직화해 건강한 결과를 산출한다.

예를 들면, 해리슨(Harrison, 1972)의 문화 유형 중에서 역할 정향과 권력정향문화는 조직구성원의 탈진을 강화시키는 반면, 지원 정향과 성취정향문화는 탈진을 상쇄하거나 완화시키는 것으로 조사되었다(최성욱, 2012). 특히, 지원정향문화(support orientation culture)는 탈진이나 감정유해성에 대한 완충지대로서 역할을 할 수 있다.

탈진과 같은 유해한 스트레스와 감정 결과는 사회적 지원(social support)의 결핍과 강하게 연관되어 있다. 직무상 조직 상관으로부터 지원을 받는 것이 특히 중요하다. 상관뿐만 아니라, 직장 동료, 가족, 친구 또는 종교단체 등으로부터 받는 사회적 지원도 유해성의 완충지대로 작용할 수 있다(Guy et al., 2008: 117-8). 몇몇 실증연구에 의하면(예: 김병섭, 1994; 고종욱, 2006), 사회적 지원이 스트레스를 감소시키고 직무몰입도를 제고하는 조절 또는 매개변수로서 역할을 한다. 따라서 사회적 지원을 많이 받을수록 스트레스의 부정적 결과와 감정유해성은 감소된다.

일반적으로 조직구성원의 감정적 복지에 가치를 두는 조직은 감정노동의 존재와 요구를 인정하며 정당화시킨다. 반면, 이러한 가치를 중시하지 않는 조직은 구성원들의 업무 수행 과정에서 발생하는 감정적 욕구를 경시하는 경향이 있다(Fineman, 1993).

다음에 제시된 두 가지 유형의 스트레스와 탈진에 관한 대화를 비교해 보자.[17]

17) 마이어슨(Meyerson, 1994; 1998)은 급성환자 치료 지향의 전통적인 의료문화 속에서 근무하는 사회복지사들과 만성환자 간병 지향의 사회복지적 조직문화 속에서 근무하는 사회복지사들 간에 스트레스와 탈진에 관한 언어를 대조적으로 해석한다.

#1. "탈진을 격파하는 것은 내 전문이야. 직장 동료가 나에게 '탈진했어'라고 애원한다면, 난 더 이상 그와 상대하지 않을 것이다. 그는 곧 여기를 그만두어야 할 것이다."

#2.: "우리가 이곳에서 하는 일은 항상 스트레스를 준다. 우리는 항상 어떤 것을 주어야 하는 입장에 있다. 때로는 줄 것이 남아 있지 않다. 탈진은 이런 것을 두고 하는 말이다. 그래서 우리는 휴식을 취하고 …, 그러면 오케이(OK)다."

#1에서 화자는 스트레스와 탈진에 대해 통제의 언어로 얘기하고 있다. #1의 화자가 속한 조직에서 구성원들은 스트레스와 탈진을 감정적·신체적 통제의 상실로서 규정하고 개인의 실패로서 인식하고 있다. 반면, #2의 화자는 스트레스와 탈진을 직장생활의 정상적이고 불가피한 일부라고 인식하고 있다. #2의 화자가 소속한 조직에서 구성원들은 스트레스와 탈진을 개인적 질병이나 실패로 규정하기보다는 일종의 직업 재해로 해석한다. 그리고 감정에 대한 통제는 때때로 불가능하고 바람직하지도 않다고 인식한다. 이러한 조직문화에서 고통이 수반되는 사건이 발생할 때 조직 내에 동정이 조직화되는 경향이 있다. 듀턴 외(Dutton et al., 2006)는 동정을 활성화시킬 수 있는 공유 가치로 다음 세 가지를 제시한다. 첫째, 조직구성원을 공식적 역할 수행자 이상으로 보는 전인적 인간관, 둘째, 인간애를 드러내는 박애정신, 셋째, 구성원들을 가족처럼 여기는 가족 의식 등이다. 구성원들 사이에 이와 같은 가치들을 공유하고 있는 조직은 감정유해성에 대한 주의와 고통 당사자에 대한 감정이입적 관심을 증가시킨다. 그래서 조직의 건강성을 유지시킬 수 있으며 궁극적으로 조직생산성을 증가시킬 수 있다.

조직의 유해성을 예방하고 건강을 유지한다는 것은 인간 정신에 가장 해로운 독소들을 선별해 내는 문화를 창조·유지하는 것을 의미한다. 이처럼 조직문화는 조직 내의 유해성 수준과 감정의 격조에 영향을 미치는 것이다. <표 6-2>는 지금까지 살펴본 스트레스와 감정유해성에 대한 수준별 관리 수단을 정리한 것이다.

조직생활에서 발휘되는 동정은 일종의 공공재적 성격을 지니고 있다. 동정으로부터 오는 혜택은 조직구성원 중 누구도 배제되지 않으며 그 소비에서 경쟁하지 않아도 된다. 그래서 동정을 발휘하는 고충처리인 또는 조직시민행동인의 존재는 조직을 건강하게 만든다. 그러나 바로 이러한 공공재적 성질 때문에 조직의 건강을 유지하는 데 필요한 최적의 동정은 생산되지 않는다. 합리적인 개인이라면 스스로 고충처

표 6-2 수준별 스트레스 및 감정유해성의 관리 수단

개별 조직구성원 수준	조직관리자 및 리더 수준	조직문화 수준
• 행태적 수단 – 일반적 활동 (욕설하기, 수면, 식음, 음주, 흡연, 농담과 잡담하기, 울거나 웃기, 독서, 운동, 일하기, 음악 감상, 산책, 명상 등) – 물리적 · 정서적 공간 찾기 (휴가, 연가, 휴직, 여행 등) • 인지적 수단 – 심리적 방어기제 – 주의 · 생각 전환하기 – 상황 재해석 – 경험의 재구성(리프레이밍)	• 동정 발휘/고충처리/조직시민행동의 공식화 – 물리적 · 정신적 치유 공간 마련하기(외부 회의와 출장, 사적 공간 마련, T집단훈련, 후원 네트워크 구축 등) – 상징적 행동 및 언어의 창출 · 유지 • 조직문화의 창조와 관리	• 지원 정향 문화 – 사회적 지원 • 감정의 정당성을 인식하는 문화 – 감정을 조직생활의 정상적 부산물로서 인식 – 동정의 가치 공유 (전인적 인간관, 박애정신, 가족 의식)

리인이나 조직시민행동인이 되고자 하는 유인이 약할 것이다. 고충 처리나 동정을 발휘하는 행동이 보상을 받지 못하는 조직에서 근무하는 것은 마치 방호복을 착용하지 않은 채 화학물질을 다루는 것처럼 유해한 것이다.

무능한 관리자는 무능한 의사처럼 사람들의 인생을 망치고 병들게 하며 죽음으로 몰아간다. 조직구성원이 직무를 수행할 때 발생하는 스트레스와 감정은 정상적인 조직 부산물이다. 조직의 관리자나 리더가 이 점을 주지하지 못하고 조직의 정책에 반영하지 못한다면, 그리고 이에 대한 무감각한 조직문화가 유지된다면, 조직구성원 개인 차원의 스트레스와 감정적 어려움은 조직 수준의 유해성으로 전염되어 확산될 것이다.

생각해 보기

1. 스트레스를 제거할 수 있는가? 스트레스를 제거해야 하는가?
2. 스트레스의 최적 수준이란 무엇을 말하는가?
3. 감정유해성 개념을 화학물질의 특성과 비교해 보자.
4. 과도한 스트레스와 감정유해성으로부터 탈출할 수 있는 물리적 · 정신적 공간을 어떻게 마련할 수 있는가?
5. 스트레스와 감정유해성을 조직의 건강성으로 전환시킬 수 있는 조직문화의 내용은 무엇인가?

[부록 1] 직장 스트레스 관련 설문조사 결과

1. 미국심리학협회(American Psychological Association) 의뢰, 해리스 인터액티브社(Harris Interactive)의 설문조사 (2012년 18세 이상 직장인 1,714명 대상)
   - 직장인 5명 중 2명(41%)이 일과 중 스트레스를 경험(2011년 조사에서는 36%)
   - 상위 5위 직무 스트레스 요인(Top 5 Work Stress Factors)
     #1. 낮은 봉급(46%)
     #2. 자기계발 기회의 부족(41%)
     #3. 과중한 업무 부담(41%)
     #4. 긴 업무 시간(37%)
     #5. 불확실하고 불명확한 직무(기대)(36%)

2. 잡코리아 직장인 스트레스 조사(2012년 직장인 1,807명 대상, 출처: 경향신문, 2012.9.17)
   - 사람에 의한 스트레스(68.9%)가 업무에 의한 스트레스(30.1%)보다 많음.
   - 응답자 중 89.4%가 사람에 의한 스트레스 때문에 이직을 생각해 보았고, 이로 인해 실제 이익을 경험한 응답자는 59.2%에 달함.
   - 가장 스트레스를 많이 받는 상황
     #1. 일은 똑같이 하는데 동료가 더 많은 연봉을 받을 때(33.1%)
     #2. 일은 벌여놓고 누구도 책임을 지려 하지 않을 때(26.5%)
     #3. 상사가 자신을 무시할 때(24.0%)
     #4. 업무와 별개의 일을 시킬 때(22.1%)
     #5. 끝없이 업무를 지시할 때(19.8%)
     #6. 자신보다 못한 동료가 먼저 승진(16.9%)
   - 스트레스 해소 방법
     #1. 마음 맞는 사람들과 뒷 담화(46.2%)
     #2. 수면(29.5%)
     #3. 음주(28.1%)
     #4. 흡연(20.0%)
     #5. 음식을 먹음(19.3%)

[부록 2] 틱낫한의 화와 이 장의 감정유해성

틱낫한의 화	이 장의 감정유해성
부처의 가르침에 따르면 시기, 절망, 미움, 두려움 등은 모두 우리 마음을 고통스럽게 하는 독이라 했다. 그리고 이 독들을 하나로 묶어 화(火, anger)라 했다. 마음속에서 화를 해독하지 못하면 우리는 절대로 행복해질 수 없다. 잔뜩 화가 나 있는 사람을 생각해 보자. 그의 말은 아주 신랄하며 상대방을 공격하는 말들로 이루어져 있다. 그가 쏟아내는 악담은 듣는 이를 거북하게 만든다. 마음 한가득 독이 퍼져 있기 때문이	직장 동료 중에 과도한 직무 스트레스와 상관의 들볶음으로 잔뜩 화가 나 있는 직장인을 생각해 보자. 그의 말은 아주 신랄하며 상대방을 공격하는 말들로 이루어져 있다. 그가 쏟아내는 악담은 듣는 이를 거북하게 만든다. 마음 한가득 독이 퍼져 있기 때문이다. 그의 마음에 독성이 퍼져 있다는 것을 깨닫지 못하면서 연민을 갖게 되면 그의 공격적인 말에 동요될 수밖에 없다. 이것이 감정의 전염(emotional

다. 이와 같은 사실을 이해하면 그에 대한 연민이 생기고 그의 공격적인 말에 동요되지 않을 수 있다. 우리의 마음은 밭이다. 그 안에는 기쁨, 사랑, 즐거움, 희망과 같은 긍정의 씨앗이 있는가 하면, 미움, 절망, 좌절, 시기, 두려움 등과 같은 부정의 씨앗이 있다. 어떤 씨앗에 물을 주어 꽃을 피울지는 자신의 의지에 달렸다. – 프롤로그 중에서	contagion)이다. 그러나 이와 같은 사실을 이해하면 그에 대한 동정(compassion)이 생기고 그의 공격적인 말에 동요되지 않을 수 있다. 이것이 전문적 친화력(professional intimacy)이다. 조직구성원의 마음은 밭이다. 그 안에는 기쁨, 사랑, 즐거움, 희망과 같은 긍정적 감정 씨앗이 있는가 하면, 미움, 절망, 좌절, 시기, 두려움 등과 같은 부정 감정 씨앗이 있다. 어떤 씨앗에 물을 주어 꽃을 피울지는 결국 조직관리자의 의지와 능력에 달렸다.
출처: 틱낫한(Thich Nhat Hanh). 2002. 『화(*Anger*)』. 최수민(譯). 명진출판.	필자의 개작

제7장
조직몰입

제1절 조직몰입의 개념과 관련된 정리되지 않은 논쟁들

1 조직몰입에 대한 개념과 이해

많은 조직학자가 조직몰입(organizational commitment)이 조직이론의 중요한 구성요소이며 조직의 생산성 향상을 위한 필수 조건이라는 데에 동의하고 있다(Mowday, Steers, & Porter, 1979; Porter, Steers, Mowday, & Boulian, 1974; Morrow 1983; Mowday, Porter, & Steers, 1982; Reichers, 1985; Steers, 1977; Mathieu & Zajac, 1990; 이석환 · 조경호, 2005; 조경호, 1993; 최낙범 · 엄석진, 2013). 이러한 조직몰입 강조의 배경에는 조직몰입도가 높은 구성원들이 많은 조직일수록 조직 성과나 생산성을 높이기가 수월하다는 가정이 깔려 있다.

사실상 조직몰입이 이렇게 중요한데, 조직몰입을 향상시키는 데에 어떠한 요인들(선행변수)이 있으며, 이러한 조직몰입이 결국 무엇을 구체적으로 향상시키는가(결과변수)에 관해서는 조직학자들 사이에서 많은 이견이 있어 왔다. 리우(Liou, 1995)가 지적하듯이, 많은 범주의 변수들이 분석되었음에도 불구하고 기존의 조직몰입도에 대한 선행변수(antecedents)와 결과변수(determinants)에 대한 연구들은 일관되지 못한 연구 결과를 보여 왔다. 예를 들면, 어떤 연구는 조직변수(organizational variables)들이 조직몰입도에 영향을 미친다고 발견한 반면, 다른 연구들은 개인적 요인(individual factors)과 몰입도 간의 관계를 규명했다.

리우(Liou, 1995)는 이러한 일관되지 못한 연구 결과들은 결국 조직몰입도에 대한 다양한 정의(definition)와 조작화(operationalization)에서 기인한다고 주장한다. 조직몰입도 연구의 문제점을 해결하기 위해 오라일리와 채트맨(O'Reilly & Chatman, 1986)은 하나의 대안적 접근을 제시하고 있다. 즉, 몰입도는 "조직에 대해 구성원이 느끼는 심리적 일치감(psychological attachment)"으로 정의되며, 이러한 정의는 구성원이 조직의 성격 또는 관점을 내면화하고 수용하는 개념을 내포한다는 것이다.

여기에서는 오라일리와 채트맨(O'Reilly & Chatman, 1986)의 정의를 따라 조직몰입을 이해하기로 한다.

2 조직몰입의 선행변수와 결과변수들

기본적으로 조직몰입도는 직무 만족(Bateman & Stasser, 1984; Mowday, Porter, & Steers, 1982; 방하남 · 김상욱, 2009; 조경호, 1998), 동기(Mowday, Steers, & Porter, 1979), 가외적 노력 행태(Lee & Olshfski, 2002; 이석환 · 조경호, 2005), 혁신적 행태(Lee 2004; Lee & Olshfski, 2001; 신황용 · 이희선, 2013; 박국흠, 2008) 등과 긍정적인 상관 관계가 있는 것으로 나타나고 있으며, 이직 · 결근(Porter, Steer, Mowday, & Boulian, 1974; Steers, 1977; Angels & Perry, 1981; Clegg, 1983; 정원식 · 정한식, 2013; 허만용, 2001) 등과는 부정적인 상관 관계가 나타나는 것으로 알려져 있다.

그러나 기존의 조직몰입도에 관한 연구 중 가장 취약점으로 나타났던 것은 직무성과(job performance)에 대한 설명력이 약했다는 것이다. 비록 몇몇 연구가 조직몰입도와 직무 성과 간의 관계를 규명하려 노력했고 이들 간의 상관 관계도 어느 정도 예상된 방향으로 나타나고 있으나 그 관계의 정도가 그리 강하게 나타나지는 않았다(Mowday et al., 1979; Porter, Crampon, & Smith, 1976; Steers, 1977). 또한 현실적으로 직무 성과를 어떻게 측정할 것인가에 관해 통일된 측정지표가 없고 개인의 직무 성과 점수를 조직으로부터 연구 목적으로 얻기가 현실적으로 어렵다는 점 때문에 잠재적 생산성 변수(가외적 노력, 혁신적 행태 등)를 대체적으로 사용해 왔던 것이다.

3 조직몰입의 다차원적 측면

기존의 조직몰입도가 지나치게 넓은 범위를 포괄해 이직 의사, 조직에 대한 충성심까지를 아우르는 개념으로 보다 보니 조직몰입을 측정할 때 이러한 세부적인 항목들이 항상 같은 방향으로 나타나는 것이 아니었다. 따라서 이들 세부 개념을 분리시켜 미시적으로 조직몰입을 정의하고 세부 개념을 다차원적으로 바라보는 것이 결과변수를 설명하고 이해하는 데 훨씬 더 설득력이 있다는 중론들이 학자들 간에 모아졌다.

먼저 오라일이와 채트맨(O'Reilly & Chatman, 1986)은 조직몰입도를 세 가지 종류로 나누고 있다. 즉, 순종적 몰입도(compliance commitment), 동일화된 몰입도(identification commitment), 그리고 내면화된 몰입도(internalization commitment)가 그것이다. 여기서 순종적 몰입도는 사람들이 특정한 보상을 얻거나 처벌을 피하기 위해 태도나 행동을 취하는 것을 의미하며, 동일화된 몰입도는 조직 내 구성원들 간의 원만한 관계를 유지하기 위해 취하는 태도를, 내면화된 몰입도는 구성원들의 가치 체계가 조직의 그것과 일치할 때 보이는 태도 및 행동을 의미한다(Kelman, 1958).

그러나 오라일이와 채트맨(O'Reilly & Chatman, 1986)의 노력에도 불구하고 이러한 조직몰입의 개념은 조직을 대상으로 하는 시각에만 국한되었고, 조직 단위를 넘어서 다른 대상을 보려고 하는 노력을 하지 못했다. 최근 들어 몰입도에 대한 논의가 기존의 조직에 대해서만 한정되어 왔다는 비판이 제기되면서 조직구성원들 또한 상관, 동료, 고객, 노동조합 등에 달리 몰입될 수 있다는 연구들이 나오기 시작했다(Becker, Randall, & Riegel, 1995; Reichers, 1985; 1986; Becker, 1992; Gordon, Philpot, Burt, Thompson, & Spiller, 1980; Meyer, Allen, & Smith, 1993). 예를 들면, 상관에 몰입되었다고 하는 사실이 조직에 몰입되었다는 것을 의미하는 것은 아니며, 이렇게 다차원적인 관점에서 몰입도를 파악할 때 구성원들의 동기 행태를 좀 더 구체적으로 파악하고 이해할 수 있다는 것이다.

이러한 시각에서 조직구성원들이 단순한 조직 차원을 넘어서 상관, 동료, 고객, 직업 등 다양한 대상(foci)에 대해 몰입도가 나타날 수 있다고 가정하게 되면 현상을 이해하는 데 좀 더 정확하고 풍부한 이해를 하는 것을 도울 수 있다. 이러한 다차원적 관점의 몰입도분석은 조직구성원들의 생산성 향상을 위한 다양한 사기 앙양 전략을 도출하는 데 도움을 줄 수 있다.

조직구성원의 몰입도를 다차원적으로 파악하고 이를 세 가지(조직에 대한 몰입도, 상관에 대한 몰입도, 동료 그룹에 대한 몰입도)로 분류한 또 다른 경험적 연구에 의하면, 상관에 대한 몰입도와 동료 그룹에 대한 몰입도가 가외적 역할을 담당하려는 행태[1)]와 생산성을 향상시키려는 의지에 영향을 주는 것으로 나타났다(Lee, 2000; Lee & Olshfski, 2002a).

더 나아가 리와 올시프스키(Lee & Olshfski, 2002b)는 공공 부문 조직구성원들의 몰입도에 관한 후속 연구에서 기존의 상관, 동료 그룹, 그리고 조직에 대한 몰입도 이외에 또 하나의 중요한 몰입도를 추가하고 이를 경험적으로 입증했다. 즉, 공공 부문에서 구성원들이 자신을 희생하면서까지 열심히 일하려는 진정한 이유는 그들이 가지고 있는 직업에 대한 몰입도(commitment to the job 또는 commitment to the profession)라는 것이다.

이러한 직업에 대한 몰입도는 다시 두 가지 형태로 나뉜다. 내부적으로 유발된 몰입도(internally generated commitment to the job)와 외부적으로 유발된 몰입도(externaly generated commitment to the job)가 그것이다. 여기서 내부적으로 유발된 몰입도란 구성원 본인이 수행하는 직무가 사회의 안녕과 공공의 선을 위해 중요하다고 믿는 것이며, 외부적으로 유발된 몰입도란 가족과 친구 등 사회에서 그 직종

1) 사람을 통한 조직의 생산성을 이해하고 이를 접근하는 연구들은 대부분 조직구성원의 사기와 생산성 향상의 의지(willingness to improve productivity)에 중점적인 관심을 두게 된다. 어떤 의미에서 생산성 향상을 위한 가장 빠르고 쉬운 방법은 제도를 고치고 시스템을 자동화하는 것일 것이다. 그러나 가장 어려우면서도 장기적으로 가장 확실하고 견고한 방법은 조직구성원들의 생산성을 향상시키려고 하는 의지를 극대화시키는 것이다(Guy, 1992). 이와 관련해 바스(Bass, 1985)는 생산적인 조직(productive organization)은 종종 조직구성원의 가외적 노력 행태(extra-role behavior)에 의해 영향을 받는다고 강조한다. 즉, 조직구성원은 조직의 성공과 번영을 위해 조직이 원하면 언제든지 주어진 업무 이외에 가외적 역할을 담당할 의지가 있어야 한다는 것이다. 시간을 정해놓고 주어진 일만을 완수하겠다는 행태(in-role behavior)만을 가지고 있는 조직구성원들로부터 조직은 높은 수준의 생산성 향상을 기대할 수 없다. 현상 유지는 가능할지 몰라도 성과나 생산성의 필적할 만한 향상은 기대할 수 없는 것이다. 이러한 가정이 바로 조직구성원들의 다양한 형태의 몰입도를 이러한 가외적 노력 행태와 연결시키려는 노력들이 활발하게 이루어져 왔던 이유이다(Balfour & Wechsler, 1991, 1996; Lee & Olshfski, 2002a, 2002b).

이 사회의 안녕과 공공의 선을 위해 중요하다고 생각하며 그 본인이 수행하는 직종을 믿고 지지해 준다고 본인이 믿는 것이다. 리와 올시프스키(Lee & Olshfski, 2002b)의 연구에 따르면 공공 부문에서 외부적으로 유발된 몰입도가 내부적으로 유발된 몰입도 간에 통계적으로 유의미한 차이가 있었으며 전자가 후자보다 가외적 노력 의지(extra-role behavior)에 더 강한 영향을 미치는 것으로 나타났다.

그림 7-1 다차원적 관점의 구성원 몰입도와 생산성 변수와의 관계

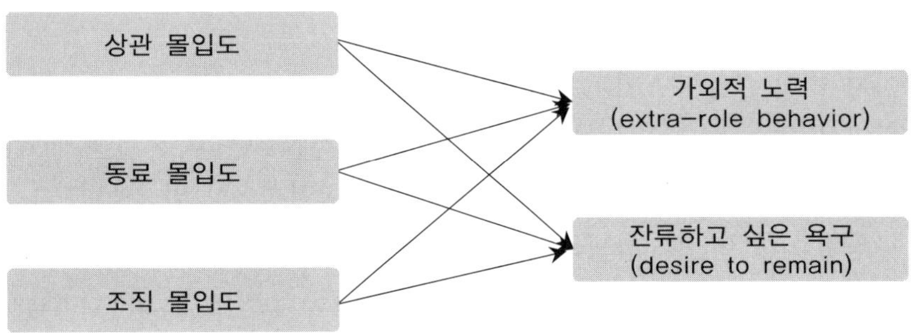

제 2 절 조직신뢰와 조직몰입의 차이

1 조직신뢰의 개념과 혁신적 행태

기존의 조직몰입도에 대한 논의와 함께 주목해야 할 변수가 더 있는데 그것이 바로 구성원들이 갖고 있는 신뢰(trust)이다. 이러한 신뢰는 "구성원들이 조직을 위해 열심히 일하다가 위기에 봉착했을 때 조직이나 상관, 동료들이 뒤에서 받쳐 주고 지지해 줄 수 있겠는가에 대한 믿음 체계"를 의미한다(Lee, 2008; Nyhan, 2000; Williams, 2001).

신뢰도 다차원적 의미를 갖기 때문에 직속 상관에 대한 신뢰, 동료 그룹에 대한 신뢰, 조직에 대한 신뢰가 다르게 나타날 수 있는데, 이러한 신뢰가 의미를 갖는 이유는

이 변수가 구성원들의 혁신적 행태를 이끌어내는 데 결정적 도움을 주기 때문이다.

따라서 조직의 문화 체계와 규모 및 업무 특성에 따라 혁신적 행태에 영향을 미치는 신뢰의 유형이 다를 것으로 판단되며, 이는 해당 조직의 특수한 맥락 속에서 살펴보아야 한다는 것이다. [그림 7-2]에서 보는 바와 같이 조직의 문화적 특수성에 따라 어떤 조직은 상관 신뢰도가 혁신적 행태에 가장 큰 영향을 미칠 수 있고 어떤 조직에서는 동료 신뢰도가 혁신적 행태에 가장 큰 영향을 미칠 수도 있는 것이다. 신뢰를 단순히 조직에 대한 신뢰로만 바라보아서는 안 되는 이유가 여기에 있다.

그림 7-2 **다차원적 관점의 구성원 신뢰도와 혁신적 행태와의 관계**

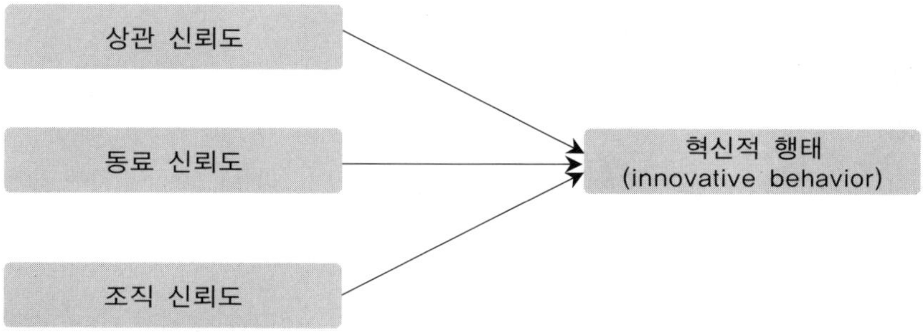

2 조직신뢰와 조직몰입 간의 관계

기존의 선행 연구들은 사실상 조직몰입과 조직신뢰 중 어떤 것이 선행 요인이고 서로 어떻게 연관되어 있는가를 밝혀내는 데 엇갈린 연구 결과들을 내놓았다. 연구자의 편의에 따라 신뢰가 몰입에 영향을 미친다고 보는 견해가 있었고, 몰입이 신뢰에 영향을 미친다고 주장하는 견해가 있었다. 그러나 리(Lee, 2008)의 연구에 의하면, 신뢰가 몰입도 형성의 선행 조건이며 이는 신뢰를 구성하고 있는 기초(bases)를 성과와 역량에서 찾을 수 있다는 논의 하에서 신뢰가 몰입도에 영향을 미치고, 이러한 몰입도가 다시 혁신적 행태에 영향을 미친다는 연구 결과를 발표했다([그림 7-3] 참조). 따라서 신뢰는 몰입의 선행 요인을 보는 것이 타당하다 할 것이다.

그림 7-3 다차원적 관점의 구성원 신뢰도와 몰입도 간의 관계

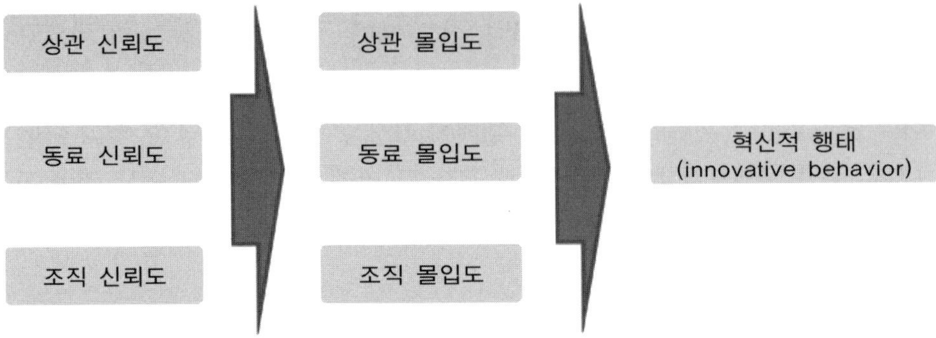

생각해 보기

1. "내가 이 조직을 위해 열심히 퇴근 시간이 지나서도 일하는 이유는 조직이 맘에 들어서가 아니라 내 상사가 맘에 들기 때문이다"라는 말의 의미를 조직몰입도의 형태로 표현해 보고 다차원적 측면에서의 조직몰입도의 이해가 관리자의 입장에서 얼마나 중요한지를 논의해 보자.
2. 상관에 대한 몰입도, 동료에 대한 몰입도, 조직에 대한 몰입도는 조직이 처한 고유한 조직문화에 의해서도 다른 강도를 보일 수 있다.
   한국의 공무원들과 미국의 공무원들을 비교할 때 이들 간의 다른 조직문화를 정의해 보고, 이에 따라 다차원적 조직몰입도가 어떻게 달리 나타날지에 대해 논의해 보자. 만일 한국의 조직문화가 그룹 중심의 똘똘 뭉치는 문화이고 미국의 조직문화가 개인주의 중심의 문화라면 어떻게 몰입도가 다르게 나타날까? 각 나라의 문화를 다양하게 정의해 보고, 이에 따라 조직몰입이 어떻게 변화하고 차이가 날지에 대해 토론해 보자.

[부록] 주요 변수 측정을 위한 설문 문항

▷ OCQ(Organizational Commitment Questionaire)

설문 문항	전혀 그렇지 않다	그렇지 않다	그저 그렇다	그렇다	매우 그렇다
Q1) 나는 조직의 성공을 위해 보통 수준 이상으로 노력할 용의가 있다.	(1)	(2)	(3)	(4)	(5)
Q2) 친구들에게 나의 직장이 일하기 좋은 곳이라 말하겠다.	(1)	(2)	(3)	(4)	(5)
Q3) 나는 이 조직에 충성할 마음이 없다.	(1)	(2)	(3)	(4)	(5)
Q4) 나는 이 조직에 남기 위해 어떤 직무라도 수행할 용의가 있다.	(1)	(2)	(3)	(4)	(5)
Q5) 내가 추구하는 가치와 조직의 가치가 비슷하다.	(1)	(2)	(3)	(4)	(5)
Q6) 나는 이 조직의 성원이 된 것을 다른 사람들에게 자랑스럽게 말할 수 있다.	(1)	(2)	(3)	(4)	(5)
Q7) 나는 현재의 직무와 비슷하기만 하면 다른 직장으로 옮길 수도 있다.	(1)	(2)	(3)	(4)	(5)
Q8) 이 조직은 직무의 수행에서 나의 진가를 알려 준다.	(1)	(2)	(3)	(4)	(5)
Q9) 나는 이 직장을 떠나도 나의 현 상황에는 별 변화가 없을 것이다.	(1)	(2)	(3)	(4)	(5)
Q10) 내가 직장을 선택할 때 이곳을 택한 것이 매우 기쁘다.	(1)	(2)	(3)	(4)	(5)
Q11) 이 직장에 오래 근무한다고 하여 얻어지는 것이 별로 없다.	(1)	(2)	(3)	(4)	(5)
Q12) 나는 성원의 중요한 일에 관련된 이 조직의 정책들에 동의하기 어렵다.	(1)	(2)	(3)	(4)	(5)
Q13) 나는 이 조직의 성패에 대해 진심으로 관심을 가지고 있다.	(1)	(2)	(3)	(4)	(5)
Q14) 많은 조직 중에서 나에게 이 조직은 가장 좋은 일자리이다.	(1)	(2)	(3)	(4)	(5)
Q15) 이 직장을 선택한 것은 치명적인 나의 실수다.	(1)	(2)	(3)	(4)	(5)

▷ 상관, 동료, 조직에 대한 몰입도

설문 문항	전혀 그렇지 않다	그렇지 않다	그저 그렇다	그렇다	매우 그렇다
Q1) 내가 속한 조직은 나 자신에게 상당한 개인적 의미를 가져다 준다.	(1)	(2)	(3)	(4)	(5)
Q2) 외부기관이나 다른 사람들이 내가 속한 조직에 관해 어떻게 생각하는지에 대해 상당한 관심이 있다.	(1)	(2)	(3)	(4)	(5)
Q3) 외부 기관이나 다른 사람들이 내가 속한 조직에 대해 이야기할 때 보통 그들이라는 말보다 우리라는 말을 쓴다.	(1)	(2)	(3)	(4)	(5)
Q4) 나의 직속 상관이 내게 차지하는 비중은 크다.	(1)	(2)	(3)	(4)	(5)
Q5) 다른 사람들이 나의 직속 상관에 대해 어떻게 생각하는지에 대해 상당한 관심이 있다.	(1)	(2)	(3)	(4)	(5)
Q6) 다른 사람들이 나의 직속 상관에 대해 이야기할 때 그와 내가 좋은 관계에 있다는 이미지를 보여 주려고 애쓰는 편이다.	(1)	(2)	(3)	(4)	(5)
Q7) 내가 속한 공무원 동료 그룹(팀)은 나 자신에게 상당한 개인적 의미를 가져다 준다.	(1)	(2)	(3)	(4)	(5)
Q8) 다른 사람들이 내가 속한 동료 그룹(팀)에 관해 어떻게 생각하는지에 대해 상당한 관심이 있다.	(1)	(2)	(3)	(4)	(5)
Q9) 다른 사람들에게 내가 속한 동료 그룹(팀)에 대해 이야기할 때 보통 그들이라는 말보다는 우리라는 말을 더 많이 쓴다.	(1)	(2)	(3)	(4)	(5)

▷ 상관, 동료, 조직에 대한 신뢰

설문 문항	전혀 그렇지 않다	그렇지 않다	그저 그렇다	그렇다	매우 그렇다
Q10) 내가 조직을 위해 일하다가 어려운 상황에 처했을 때 상관은 나를 지지해 줄 것이다.	(1)	(2)	(3)	(4)	(5)
Q11) 위험하고 불확실한 상황 하에서도 나는 상관에게 의지할 수 있다.	(1)	(2)	(3)	(4)	(5)
Q12) 필요한 경우 상관은 나와 관련된 일에 선의를 가지고 도울 것이다.	(1)	(2)	(3)	(4)	(5)
Q13) 내가 조직을 위해 일하다가 어려운 상황에 처했을 때 동료는 나를 지지해 줄 것이다.	(1)	(2)	(3)	(4)	(5)
Q14) 위험하고 불확실한 상황 하에서도 나는 동료를 의지할 수 있다.	(1)	(2)	(3)	(4)	(5)
Q15) 필요한 경우 동료들은 나와 관련된 일에 선의를 가지고 도울 것이다.	(1)	(2)	(3)	(4)	(5)
Q16) 내가 조직을 위해 일하다가 어려운 상황에 처했을 때 조직은 나를 지지해 줄 것이다.	(1)	(2)	(3)	(4)	(5)
Q17) 위험하고 불확실한 상황 하에서도 나는 조직을 의지할 수 있다.	(1)	(2)	(3)	(4)	(5)
Q18) 필요한 경우 조직은 나와 관련된 일에 선의를 가지고 도울 것이다.	(1)	(2)	(3)	(4)	(5)

▷ 가외적 노력 행태

설문 문항	전혀 그렇지 않다	그렇지 않다	그저 그렇다	그렇다	매우 그렇다
Q19) 조직의 발전을 위해서라면 내 담당이 아닌 영역에서도 자발적으로 일한다.	(1)	(2)	(3)	(4)	(5)
Q20) 조직의 발전을 위해서는 조직에서 기대하는 것 이상으로 일할 용의가 있다.	(1)	(2)	(3)	(4)	(5)
Q21) 조직이 원하면 내 업무 시간을 넘어서라도 일한 용의가 있다.	(1)	(2)	(3)	(4)	(5)

▷ 혁신적 행태

설문 문항	전혀 그렇지 않다	그렇지 않다	그저 그렇다	그렇다	매우 그렇다
Q22) 조직 발전을 위한 새로운 제안들을 자주 낸다.	(1)	(2)	(3)	(4)	(5)
Q23) 조직 발전을 위한 새로운 제안들에 대한 고민을 하는 것이 즐겁다.	(1)	(2)	(3)	(4)	(5)
Q24) 주어진 일을 할 때 새롭고 다른 방식으로 해보려고 하는 편이다.	(1)	(2)	(3)	(4)	(5)

제 8 장 동기부여

제 1 절 공직 동기

1 개념

공직 동기(public service motivation: PSM)는 많은 학자에 의해 경험적으로 증명된 동기 요인으로 공공 부문에 종사하는 사람들의 동기 요인이 기본적으로 민간 부문에 종사하는 사람들의 동기 요인과 다르다는 데서 출발하며, 이러한 공직 동기를 가지고 있는 사람들이 공직에 들어와서 더 일을 열심히 잘 한다는 내용이다(Bright, 2007; Alonso & Lewis, 2001; Moynihan & Pandey, 2007; Perry et al., 2008).

한편 이러한 공직 동기 요인은 크게 네 가지 차원으로 다시 나뉠 수 있는데, 정책 결정에 대한 매력(attraction to policy making), 공익에 대한 몰입도(commitment to public interests), 열정(compassion), 희생정신(sacrifice)으로 나누어 볼 수 있다(Perry & Wise, 1990; Perry, 1996).

2 공직 동기와 상관 관계를 보이는 변수들

공직 동기(PSM)가 공공 부문 구성원들의 직무선호도(work preference), 직무만족도(job satisfaction), 레드테이프에 대한 인식(perceptions of red tapes), 내부 고발행위(whistle blowing activities), 공공조직 내에서의 근무 기간(tenure in public organizations) 등과 상관 관계 내지는 인과 관계를 맺고 있다는 증거들이 많은 경험적 연구에 의해 밝혀진 바 있다. 특히 공직 동기와 금전적 요인에 대한 동기와 관련해서 공직 동기가 높은 사람들이 금전적 동기 요인보다는 비금전적 동기 요인에 더 관심이 많다는 사실이 경험적으로 밝혀졌다(Brewer, Selden, & Facer, 2000; Bright 2007; Moynihan & Pandey, 2007).

또한 공직 동기가 직무만족도와 이직 의사에 영향을 미친다는 사실도 경험적으로 알려져 왔다. 특히 공직 동기가 높은 사람들은 이직 의사도 낮고 직무만족도가 높게 나타난다는 것이다(Naff & Crum, 1999).

스콧과 팬디(Scott & Pandey, 2005)는 공직 동기가 구성원들의 레드테이프에 대한 인식에 영향을 미친다는 점을 발견했다. 이들은 공직 동기가 높은 사람들이 그렇지 않은 사람들보다 조직 내 레드테이프에 대한 수용도가 더 높게 나타난다는 사실을 발견했다. 브라이트(Bright, 2007)의 연구에 의하면 공직 동기와 직무 성과는 자동적으로 연결되는 것이 아니라 개인의 목표와 조직의 목표가 일치하는 경우에(즉 Person-Organization Fit이 높을 때) 비로소 직무 성과에 연결된다는 사실을 발견했다.

또한 알론소와 루이스(Alonso & Lewis, 2001)는 연방정부 공무원을 대상으로 한 연구에서 공직 동기가 높은 사람들 또한 물질적 보상을 추구한다는 점을 강조하고 이를 경험적으로 주장했다.

생각해 보기

1. 원래부터 학습되거나 훈련된 공직 동기가 높은 사람이 공직을 선택하는 것일까? 아니면 공직에 들어와서 공직 동기가 생기는 것일까?
2. 공직 동기가 높은 사람들은 정말 금전적 보상을 덜 원하는 것일까?
3. 귀하는 공무원이 왜 되려고 하는가? 안정된 직장을 위해서인가? 아니면 정책을 입안하고 사회를 이끌어 가는 인재가 되기 위해서인가?
4. 공직 동기가 높은 사람들이 과연 성과도 높고 유능할까?
5. 아래의 소방관의 활동들을 보라. 이들은 왜 이런 직업을 목숨을 걸고 평균수명이 단축되면서까지 선택했을까? 과연 이들은 처음부터 소방관이 되고 싶었을까? 아니면 들어와서 공직 동기가 생겼을까?

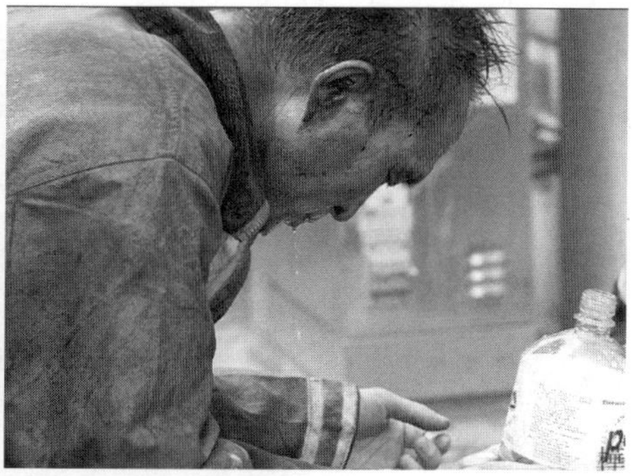

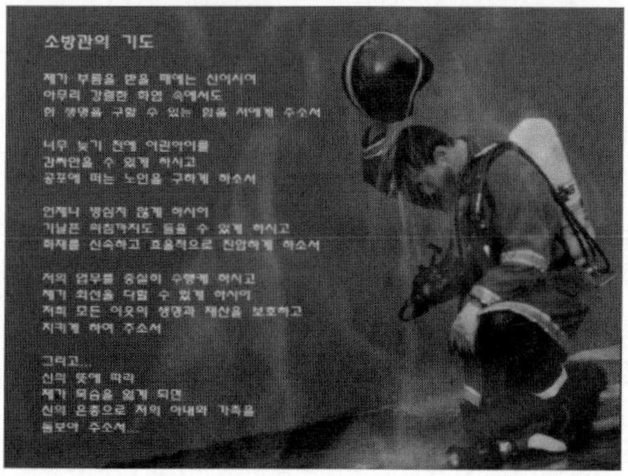

출처: http://kmc87.blog.me/200633787

제 2 절 머슬로의 욕구계층이론

1 개념

머슬로(Abraham H. Maslow)는 인간의 동기가 기본적으로 다섯 가지의 욕구로 이루어져 있다고 주장하며, 욕구계층이론은 이러한 욕구 간에는 계층적 순서가 있어서 각각의 욕구가 충족된 후에 다음 단계로 이동한다고 주장하는 이론이다(Maslow, 1954).

머슬로에 의하면, 이러한 동기는 생리적 욕구, 안전에 대한 욕구, 소속의 욕구, 존경에 대한 욕구, 자아실현의 욕구로 구성되며, 이 욕구들이 계층에 따라 순차적으로 발생된다는 것이다.

생리적 욕구는 일단 의식주에 필요한 기본적인 욕구를 발하며, 소식의 관점에서 보면 이는 먹고 사는 문제와 직결된 욕구를 의미한다.

생리적 욕구가 충족되면 이제 안전에 대한 욕구가 생기는데, 이는 조직 내에서 오랫동안 일하고 싶은 욕구를 반영한다.

그림 8-1 머슬로의 욕구 5단계론

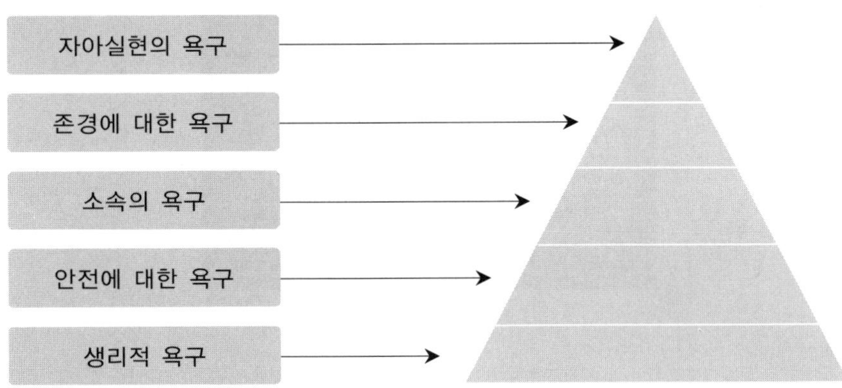

안전에 대한 욕구가 충족되면 이제 개인들은 소속의 욕구를 갖게 되는데, 이는 조직 내에서 공식적·비공식적으로 집단 내에 소속되기를 원하며 그 집단 내에서 안정감을 느낀다는 것이다. 이러한 집단에 소속되지 못하면 개인들은 불안감을 느낀다는 것이다.

소속의 욕구가 충족되면 이제 개인들은 존경에 대한 욕구가 생기는데, 이는 조직 내에서 공식적·비공식적인 지위를 확보하고 싶고 권위를 인정받고 싶어한다는 것이다.

그리고 마지막으로 존경에 대한 욕구가 충족되면 자아실현의 욕구가 나타나게 되는데, 이는 조직 내에서 구성원 간의 경쟁에 기능적으로 대처하기보다는 뭔가 의미 있는 일을 찾고, 여기서 본인의 미래를 설계하고 존재의 의미를 실현하기 위한 자발적인 자아실현의 욕구를 보이게 된다는 것이다.

2 머슬로 이론의 한계

머슬로가 주장한 바와 같이 어느 정도까지는 인간이 순서에 따라 계층적 욕구를 보이는 것도 사실이다. 그러나 머슬로의 이론은 다른 학자들에 의해 비판을 받아왔는데, 그 주된 이유는 욕구가 반드시 계층적 순서에 따라 나타나지 않으며 사람에 따라 두 개 이상의 욕구가 동시에 나타나기도 하고 처음부터 자아실현의 욕구를 가

생각해 보기

○ 머슬로의 욕구 5단계설이 현실에서 맞지 않는다는 사실을 인정한다 하더라도 다음과 같은 몇 가지 상황에서 조직의 관리자에게 좋은 정보를 제공해 줄 수 있다.

1. 여러분이 조직관리자의 입장이라면 구성원들의 동기 상태 중 어떤 요소가 가장 강한지를 알아보고 싶을 것이다. 머슬로의 다섯 가지 욕구를 보고 다섯 가지 단계 중 어느 단계에 가장 많은 구성원이 욕구를 보이고 있는지를 파악해 보라. 그렇다면 그 특정한 욕구가 채워지면 여러분은 다음 단계에 어떠한 욕구를 채워 주어야 할지를, 또는 구성원들이 무엇을 조직으로부터 가장 받고 싶어할지를 예측해 볼 수 있을 것이다.
2. 머슬로의 5단계가 꼭 계층적 질서를 갖지 않는다 할지라도 조직 전체의 입장에서 보면 조직의 성장 단계 및 성숙 정도에 따라 주류를 이루는 욕구가 변화하고 있음을 알 수 있게 되고 조직의 상태를 이해하게 될 것이다. 이러한 부분도 머슬로의 욕구 5단계설이 제시한 기여라고 할 수 있다.

지고 있는 사람도 있다는 것이다.

이러한 단점을 보완하기 위해 앨더퍼(Clayton Alderfer)는 ERG 이론을 제시해 머슬로의 이론을 보완하고자 했다.

제 3 절 앨더퍼의 ERG 이론

1 개념

ERG는 Existence, Relatedness, Growth Needs의 줄임말로 모든 사람이 일단 존재(생존)의 욕구, (대인)관계 유지의 욕구, 성장의 욕구를 가지고 있다는 것이다. 그러나 머슬로와는 달리 앨더퍼는 이러한 욕구들 사이에 순서가 있는 것이 아니며 얼마든지 동시에 나타날 수도 있고 순서가 역행할 수도 있다고 주장했다(Alderfer, 1972).

사실상 이러한 세 가지 욕구는 머슬로가 주장한 다섯 가지 욕구를 함축적으로 요약한 것이라 볼 수 있는데, 앨더퍼는 이들 간의 순서를 주장하지 않았고 그럴 수도 없다는 것을 밝힌 점이 새로운 기여로 인정된다.

2 앨더퍼 이론의 한계

앨더퍼의 이론이 머슬로의 이론을 보완하고 좀 더 현실적인 욕구에 대한 설명을 했다고는 보나 제시된 세 가지 욕구는 결국 머슬로의 다섯 가지 욕구를 압축한 것에 지나지 않을 수 있고, 이는 인간의 욕구를 세분화해서 분석하는 데 한계를 가질 수 있다는 점이 강조되어야 한다.

굳이 세 가지 욕구로 구분하지 않고 머슬로의 다섯 가지 욕구가 언제든 선행과 후행을 가리지 않고 나타나며 동시에 나타날 수 있다는 점을 강조했더라면 더 완벽한 이론이 되었을 가능성이 높다.

생각해 보기

1. 앨더퍼의 존재의 욕구(existence needs)는 사실 조직의 입장에서 보면 모든 사람이 원하는 기본 욕구인 것 같다. 모든 사람이 조직 내에서 존재감을 얻기 원하고 무언가 조직에 도움이 되는 자리에서 조직의 성과를 위해 기여를 한다는 생각을 가져야 한다는 것이다. 이러한 존재의 욕구가 충족되지 않으면 이방인으로 살기 쉬우며 조직에 대한 몰입도 또한 낮아질 수밖에 없다. 앞에서 배운 조직몰입도를 생각해 보라. 앨더퍼의 세 가지 욕구 중 어느 것이 가장 큰 영향을 미칠까?
2. 이러한 조직몰입도 또한 조직에 대한 몰입도, 상관에 대한 몰입도, 동료에 대한 몰입도 등으로 나누어 볼 수 있는데, 앨더퍼의 세 가지 욕구가 각각의 몰입도에 대해 어떤 영향들을 서로 다르게 미칠 수 있을까?

제 4 절 허즈버그의 욕구충족요인 이원론

1 개념

허즈버그(Frederick Herzberg)의 욕구충족요인 이원론은 크게 두 가지 요인으로 나뉜다. 하나는 위생 요인(hygiene factors)으로서 주로 환경적인 요인과 관련이 있으며, 직무에 불만족을 느끼게 하는 부정적 요인들을 지칭한다. 이는 또한 피해야 한다는 차원에서 예방적 요인으로 불리기도 한다. 위생 요인은 일 그 자체보다는 '직무의 맥락(job context)'과 관계되는 것으로서, 조직의 방침(정책)과 행정, 관리 감독, 상사와의 관계, 근무환경, 보수, 동료와의 관계, 개인 생활, 부하 직원과의 관계, 지위, 안전 등을 말한다(이종수 외, 2012; Herzberg, 1966).

두 번째 요인은 동기 요인(motivators)으로서 이는 긍정적으로 작동해서 조직구성원들의 직무 만족을 증가시키는 요인들을 일컫는다. 동기 요인은 직무 내재적 성격(intrinsic job condition) 및 직무 내용과 관련이 깊은 요인으로서 성취, 인정, 직무 내용, 책임, 승진, 승급, 성장 등의 요소를 들 수 있다(Herzberg, 1966; 황윤원, 2011).

허즈버그에 의하면, 위생 요인과 동기 요인은 차원이 다른 것으로서 직무에 불만족한 원인을 제거해 준다고 해서 만족이 생기는 것이 아니며 만족에 영향을 주는 요인을 제공하지 않는다 해서 불만족이 생기는 것은 아니라는 것이다. 즉, 만족의 반대는 불만족이 아니라 만족이 없는 것이라는 것이다.

2 허즈버그 이론의 한계

허즈버그의 이론은 여러 가지 조지관리이론에 기여한 점이 많지만 다음의 몇 가지 이유로 문제점 또한 있는 것으로 지적된다.

첫째, 개인차에 대한 고려나 직급, 직종에 대한 고려 없이 모든 사람이 이러한 이론의 적용을 받을 만한 일반성은 존재하지 못한다는 것이다. 초기 연구의 대상이 전문직 종사자들이었기 때문에 이러한 이론이 다른 직종에 종사하는 사람들에게도 동일하게 적용될 수 있을 것인지에 대해서는 의문이다.

둘째, 위생 요인과 동기 요인은 조직의 발전 정도나 사회의 성숙 정도에 따라 직무 만족에 언제든 영향을 줄 수 있다는 것이다. 반대로 동기 요인도 직무 불만족에 영향을 줄 수 있다는 것이다.

생각해 보기

1. 허즈버그의 이론은 이후에 고객만족도 조사의 적실성 여부를 따지는 데 중요한 근거를 제공하게 되었다. 직무에 만족과 불만족 요인이 다르다는 관점은 결국 5점 척도나 7점 척도로 측정하는 만족도 조사에서 점수가 낮은 것이 불만족이 아니라는 점을 실무자들이나 학자들이 지적하기 시작했다. 예를 들어 "당신은 OOO 서비스에 대해 얼마나 만족하십니까?"라고 물었을 때 그에 대한 응답은 5점 척도로 1점부터 위로 올라갈수록 강도를 나타내는 서열척도가 되는데 1점에 해당하는 '전혀 그렇지 않다'가 불만족을 의미하는 것은 아니라는 것이다. 따라서 고객만족도와는 별개로 불만족도를 별도로 측정해야 회사나 공공조직의 서비스의 질을 평가할 수 있다는 의견들이 나온다. 여러분은 어떻게 생각하는가?
2. 허즈버그의 이론은 위생 요인과 동기 요인으로 구분지어 놓은 것이 주된 특징이고 이러한 구분들이 직무 만족을 설명할 때 그 경계를 모호하게 하는 부분도 없지는 않으나 기본적으로 특정한 조직의 관리자의 입장에서 보면 우리 구성원들은 위생 요인에 더 직무 만족이 될까, 아니면 동기 요인에 더 직무 만족이 될까를 가늠해 보게 하는 중요한 척도를 제공한다. 더 나아가 공공조직과 민간조직 간에 이 두 가지 요인이 차이가 있을까? 예를 들어 공공조직은 직무 만족을 설명하는 데 동기 요인이 더 영향을 미치고 민간조직은 위생 요인이 더 영향을 미친다는 설명을 할 수 있을까?

제 5 절 맥그리거의 X, Y이론

1 개념

맥그리거(Douglas McGregor)는 인간으로 기본적으로 성악설과 성선설의 양쪽 입장에서 바라보는 시각과 동일한 시각을 취했다. 그에 의하면, X이론은 성악설에 기초하는 것으로서 인간은 본래 태어날 때부터 일을 하기 싫어해 외부에서 자극을 주고 동기부여를 해 주지 않으면 열심히 일을 하지 않는다는 이론이며, Y이론은 성선설에 기초하는 것으로서 인간은 스스로 일을 열심히 하려는 경향이 있으니 강제나 통제, 명령, 처벌 등을 삼가고 자율에 의한 통제와 지원을 잘 해 주면 조직의 성과가 올라갈 것이라는 시각이다. 맥그리거는 기본적으로 관리적 이론인 X이론을 비판하고, 조직구성원이 능동적으로 일할 수 있도록 지원해 주는 Y이론적 인간관을 지지했다.

2 맥그리거 이론의 한계

맥그리거의 예리한 설명에도 불구하고 오늘날까지 조직의 입장에서 X이론에 입각한 조직관리 방식이 더 좋은지, 아니면 Y이론에 입각한 조직관리 방식이 더 좋은지에 대해서는 의견이 통일되어 있지 않다.

어느 이론이 100% 맞다고 주장하기보다는 조직의 성숙 단계 및 조직구성원들의 성숙 단계에 따라 X이론을 사용하다가 Y이론으로 넘어가는 것이 적절할 수도 있으며 또 때로는 어떤 조직은 두 가지 이론을 동시에 적용해서·관리를 해나가는 것이 좀 더 효과적인 경우도 있을 수 있음을 알아야 한다. 이것은 룬드스테트(Sven Lundstedt)가 주장한 Z이론과도 관련이 있는데, 그에 의하면 맥그리거의 X, Y이론이 설명할 수 없는 중간 단계의 조직이 있다고 보고, 이른바 자유방임형 조직 또는 느슨한 조직의 경우 느슨한 조직관리가 필요하다는 점에서 X와 Y이론의 중간적 관리 스타일을 따르는 Z이론이 필요하다고 주장하기도 한다.

생각해 보기

1. 여러분은 X이론적 인간관이 맞다고 보는가, 아니면 Y이론적 인간관이 맞다고 보는가? 조직행태론에서 심리이론에 기초한 이론들의 대부분은 인간이 왜 합리적으로 행동하지 않는가를 다루고 있는 경우가 대부분이다. 이러한 인간의 비합리성이 X이론적 인간관과 Y이론적 인간관과 어느 정도 연계를 맺고 있다. 공무원들은 어떤 이론의 지배를 받는 경우가 더 많은가?
2. 위에서 배운 허즈버그의 이원론인 위생 요인과 X이론과의 관계, 그리고 동기 요인과 Y이론과의 관계에 대해 공통점을 발견할 수 있는가? 같다면 무엇이 같으며, 다르다면 어떤 점이 다른가?

제 6 절 기대이론

1 개념

기대이론(expectancy theory)은 브룸(V. H. Vroom)에 의해 발표된 이론으로서 이후 여러 해에 걸쳐 다양한 학자들에 의해 이론적 범위 및 적용이 확대되어 왔다.

기대이론을 다양하게 설명하고 항목들을 다양하게 나열할 수 있으나 가장 기본적인 핵심은 인간이 행동을 취하기 위해서는 두 가지의 기대가 존재해야 한다는 것이다.

첫 번째 기대는 노력하면 성과가 나온다는 것에 대한 가능성에 대한 기대이며(effort-performance expectancy), 두 번째 기대는 그러한 성과에 대해 바람직한 보상이 주어지는지에 대한 기대(performance-outcome expectancy)이다(Vroom, 1964). 만약 P-O에 대한 기대가 있더라도 그 보상이 개인에게 상당히 매력적이지 않으면 개인은 움직이지 않는다는 것이다. 이를 매력적인 보상 내지는 결과를 유의성(valence)이라고 하며, 이러한 보상에 대한 기대를 수단성(instrumentality)이라고 부른다.

2 적용

기대이론은 다양한 분야에 적용되고 활용 영역도 상당히 넓다. 이하에서는 성과측정과 공무원의 사기와의 관계를 중심으로 그 적용 사례를 성과측정과 공무원의 사기와의 관계를 중심으로 살펴보기로 한다.

사실상 생산적 공공 부문의 운명은 선발된 유능한 인재들이 어떻게 동기부여가 되어서 각 기관의 목표 달성을 위해 최선을 다하느냐에 달려 있다 해도 과언이 아니다. 이러한 관점에서 최근 공공 부문에서는 소위 성과급(pay-for-performance) 시스템이 광범위하게 도입되어 현재 실행되고 있다. 그러나 한편으로는 이 제도의 부정적 측면도 많아 학자들과 실무자들 간에 많은 논쟁거리가 되고 있는 것도 사실이다(Wittmer, 1991; Hyde, 2001; Lee, 2001).

기본적으로 성과급제는 다음의 몇 가지 가정에 그 근거를 둔다(Lee, 2001; Klingner & Nalbandian, 1998).

첫째, 조직구성원들은 기본적으로 금전적 보상에 높은 가치를 둔다.

둘째, 성과급제는 구성원들로 하여금 조직을 떠나려 하는 의도(turnover intent)를 줄일 것이며, 더 나아가 조직을 위해 더 열심히 일하려 하는 의지(willingness to make an extra effort)를 향상시킨다.

셋째, 공공 부문에서도 객관적이고 공평한 성과측정이 가능하다.

그러나 실제 급여의 높고 낮음에 대한 개개인의 선호도는 사람에 따라 다르며, 모든 구성원이 금전적 가치에 높은 비중을 두는 것은 아니라는 점을 지적할 필요가 있다. 기대이론에 기초한 주키비치, 매시와 브라운(Jurkiewicz, Massey, & Brown, 1998)의 경험적 연구에 의하면, 실제 공무원들이 직장에서 얻고 싶어하는 것(wants)과 실제로 그들이 직장으로부터 받고 있는 것(gets) 사이에는 상당한 차이가 있음을 보여주었다. 다시 말해, 실제 공무원들은 "안정적 직장과 미래(job security and stable future)"를 가장 원했던 반면, 실제로 그들은 "새로운 것을 배울 수 있는 기회(opportunity to learn new things)"를 가장 많이 얻고 있는 것으로 나타났다.

기대이론의 관점에서, 이는 조직과 조직구성원 사이의 기대 관계에서 심각한 불균형을 의미한다. 즉, 그들이 직장에서 가장 얻고 싶었던 것을 그들은 얻고 있지 못하는 것이다. 이러한 상황 속에서 이들이 동기부여가 되어 열심히 일을 하기를 기대하는 것은 어려울지도 모른다. 이러한 시각에서 만일 그들이 가장 원했던 것이 금전적 가치가 아니라면, 성과급제는 얼마나 사기 향상에 기여할 수 있을지 의문이다. 기대이론의 두 가지 기대 중 성과 산출(performance-outcome)에 대한 기대는 이러한 한 사실이 동기부여에 얼마나 중요한지를 알려준다.

생각해 보기

다음은 어느 조직에서 조사한 얻고 싶어하는 것(wants)과 받고 있는 것(gets) 간의 갭(gap)을 분석한 표이다. 기대이론의 관점에서 구성원들이 조직에 무엇을 가장 원하는지와 그러한 것들이 얼마나 충족되고 있는지를 측정했고, 이를 통계적 분석기법을 사용해 유의미성도 분석하고자 했다.

(N=137 | Spearman 상관계수: 0.275 유의확률: 0.413)

항목		필요도		충족도		차이 정도	
		평균	순위	평균	순위	평균	순위
A	높은 연봉	3.912	5	3.190	11	0.722	-6
B	직업 안정성	3.891	6	3.613	4	0.278	2
C	승진의 기회	3.547	9	3.555	5	-0.008	4
D	흥미있는 일	4.190	2	3.307	9	0.883	-7
E	개인 구성원에 대한 회사의 관심	3.182	10	3.628	3	-0.446	7
F	완수된 일에 대한 칭찬과 인정	4.022	4	3.555	5	0.467	-1
G	개인적 문제에 대한 회사의 적극적인 해결 노력	3.080	11	3.263	10	-0.183	1
H	의사 결정에의 참여	3.642	8	3.343	8	0.299	0
I	회사의 주인으로서 느낌	3.876	7	3.555	5	0.321	2
J	친절하고 따뜻한 동료와 상사, 부하 직원	4.146	3	3.942	1	0.204	2
K	다양한 경험을 통한 성장의 기회	4.226	1	3.650	2	0.576	-1

위의 표를 해석해 보라. 이 조직은 현재 어떤 문제점을 가지고 있으며, 어떤 부분부터 풀어나가야 할까?

제 7 절 목표설정이론

1 개념

목표설정이론은 로크(Edwin A. Locke)에 의해 주창된 이론으로 인간은 기본적으로 목표가 명확히 설정되었을 때 동기부여가 된다는 것이다. 실제로 이 이론은 지금까지 가장 설득력 있는 동기부여이론 중의 하나로 인정되어 왔으며, 목표의 난이도나 구체성이 개인의 성과와 밀접한 관련이 있는 것으로 드러났다(이종수 외, 2008; Moorhead & Griffin, 1992).

이 목표설정이론은 성과측정과 관리가 왜 중요한지를 알려 주는 주요 이론적 근거가 되었고, 현재까지도 모든 공공조직에서 생산성 향상을 위해 성과관리와 평가가 사라질 수 없는 주된 이유가 되고 있다.

2 한계 및 향후 연구 방향

그러나 목표가 구체적이고 명확한 것이 과연 얼마만큼의 성과를 유발시키는지에 대해서는 좀 더 경험적이고 구체적인 사례연구가 필요하다.

또 조직의 문화, 국가의 문화에 따라 목표의 명확성을 절실히 요구하는 문화가 있고 목표의 모호함을 그다지 불편하게 여기지 않는 문화가 있음을 고려할 때 구체화된 목표가 과연 직무 만족과 성과에 연결될 수 있는지에 대해서도 더 많은 연구가 필요한 실정이다.

양, 시에와 리(Yang, Hsieh, & Lee, 2014)에 의하면, 미국와 중국, 한국을 비교한 연구에서 홉스테드(Geert Hofstede)가 밝힌 문화의 종류를 분석의 주요 변수로 사용하면서 불확실성에 대한 회피 정도(uncertainty avoidance)가 상대적으로 높은 한국에서는 목표의 모호성이 직무 만족에 부정적 영향을 미치는 반면, 불확실성 회피지

수(Uncertainty Avoidance Index)가 높은 국가에서는 이러한 관계가 부정적 관계를 형성하지 않는 것으로 나타났다. 즉, 목표의 모호성이 어느 정도까지는 참을 수 있는 정도라는 의미이다.

이러한 연구 경향과 관련해 향후 다양한 경험적 연구들이 필요함을 알 수 있다.

생각해 보기

1. 미국 오하이오 주의 데이턴(Dayton)이라는 시에서는 직원들의 성과관리 도구로 MBO (Management by Objectives)를 사용해 오다가 도움이 안 된다 생각하여 새로운 제도를 도입했다. 이른바 MBUO(Management By Unreasonable Objectives)를 도입했는데 도전적이고 달성 가능하지 않은 목표를 주어야 구성원들이 더 혁신적이고 뛰어난 성과를 낸다는 것이다. 그러나 이 제도 또한 목표가 끊임없이 바뀌거나 목표치가 계속 올라갈 수는 없는 것이어서 한계가 있을 수밖에 없다. 이러한 상황 하에서 구성원들은 어떠한 행태를 보일까?
2. MBUO에서 진화된 개념으로 UOFO(Unreasonable Objectives focused Organization)라는 조직의 유형이 있다(이석환, 2008). MBUO에서의 UO와는 달리 UOFO에서의 UO는 조직의 상위의 목표 달성을 위해 충돌하거나 협력해야 하는 부서와 부서 간의 목표를 공유하게 하고 공동 달성을 유도하려는 것이다. 이는 자기 부서의 목표만 서로 바라보고 가는 조직은 결코 조직 전체의 목표를 달성할 수 없다는 시각에서 비롯된 것인데, 이럴 경우 매트릭스 조직의 유형이 적용되어 한 사람이 두 사람의 상관의 명령을 따라야 하는 상황이 발생한다. 즉, A부서의 구성원 a가 A부서의 부서장 명령을 따라 A부서의 목표를 달성해야 할 뿐 아니라 B부서의 목표에 협력해야 할 의무를 지녀 B부서장의 명령에도 따라야 하는 문제가 생긴다. 이 경우에 부서장 간에 긴장이 존재하고 의견이 충돌하는 경우 a는 어떤 유형 내지는 종류의 행태를 보일 수 있을까? 다양한 방식을 논의해 보자.

제 3 편

집단 수준의 공공조직행태론

제 9 장　집단역학
제10장　커뮤니케이션
제11장　리더십

제9장 집단역학

제1절 왜 집단을 공부하는가?

집단은 조직 및 조직 행태 연구의 핵심적 주제이며 대상이다. 집단의 중요성은 다음의 세 가지로 제시될 수 있다(George & Jones, 2007).

첫째, 집단은 조직을 설계·구성하는 기본적인 단위이다. 조직은 각자가 독립적으로 일하는 개인들만으로 구성되어 있다기보다는 개인별로 일해서는 성취할 수 없는 과업들을 달성하기 위한 집단의 집합체로 구성되어 있다. 개인과 집단, 조직의 관계를 [그림 9-1]과 같이 나타낼 수 있다.

둘째, 조직의 성과는 집단의 성과에 크게 좌우된다. 집단은 단순히 개개인의 합이 아니라 그 이상의 시너지 효과를 발생시킴으로써 성과에 크게 기여할 수 있다. 또한 집단은 다양한 창의성과 혁신의 원천으로 기능하여 전체 조직의 성과에 영향을 미친다.

셋째, 집단은 개인의 행태에 많은 영향을 미친다. 집단 내의 역동성은 개개인의 행동에 영향을 미친다. 일례로 호손(Hawthorne) 연구에서 드러났듯이 개인은 집단의 영향력에서 자유로울 수 없으며, 개인의 행태는 집단 내에서 형성된 각종 규범들의 영향을 받게 된다. 이는 비단 공식적인 집단에만 국한되는 것은 아니며 비공식적인 집단도 공식집단 못지않은 영향력을 행사한다.

그림 9-1 개인, 집단, 조직의 관계

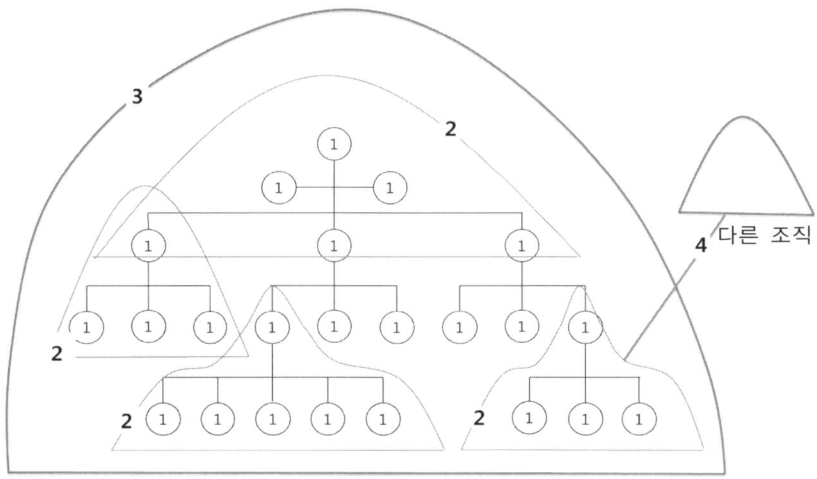

1: 개인들, 2: 집단, 3: 전체 조직, 4: 조직 간 관계

출처: Van de Ven & Ferry(1980: 8).

제 2 절 집단의 정의와 유형

그렇다면 집단을 어떻게 정의할 수 있을까? 집단은 공동의 목표를 달성하기 위해 상호작용하는 둘 또는 그 이상의 사람들로 구성된 집합체를 의미한다(Forsyth, 2013). 이와 같은 정의에 비추어볼 때, 집단은 단순한 집합체와는 달리 다음과 같은 기본적 속성을 갖는다. 첫째, 공동의 목표가 존재하며, 이의 달성과 관련해 구성원들 간에 상호 의존적 관계가 형성된다. 둘째, 목표 달성을 위한 구성원들 간의 상호작용이 일시적이지 않고 일정 기간 이상 지속되는 성질을 가진다.

조직 내에는 다양한 유형의 집단이 존재하는데, 크게 공식적 집단(formal group)과 비공식적 집단(informal group)으로 구분할 수 있다. 공식적 집단은 조직의 목표 달성을 위해 공식적으로 지정・형성되며, 조직의 필요에 따라 그 목표와 역할이 결정된다. 예를 들어, 어떤 특정한 정부부처의 조직도에 표시되어 있는 일련의 실, 국,

과 등은 모두 공식적 집단으로 분류되며, 각기 조직의 특정 목표와 관련된다. 같은 공식적 집단이라 하더라도 비교적 영속적으로 지정되는 경우도 있고, 태스크포스와 같이 일시적으로 지정되는 경우도 있다. 비공식적 집단은 조직 내에서 자생적으로 등장하는 집단으로서 특수한 이익을 충족시키는 역할을 한다. 가령 조직 내 존재하는 크고 작은 친목단체들은 일부 조직구성원을 중심으로 비공식적으로 결성되며, 정서적 교감, 취미활동 공유 등 구성원들의 이익을 충족시키는 기능을 한다.

비공식적 집단은 조직의 목표 달성과 관련해 긍정적으로 혹은 부정적으로 작용할 수 있으며, 이러한 비공식적 집단의 중요성은 1920년대 메이요(Elton Mayo)의 호손(Hawthorne) 실험을 통해 본격적으로 인식되기 시작했다. 호손 실험은 원래 물리적 환경과 공장 종업원들의 생산성과의 관계를 조사하는 것을 목적으로 했다. 그러나 연구자들이 처음에 가졌던 기대와는 다른 결과를 발견하기 시작했는데, 그 과정에서 비공식적 집단의 중요성이 대두하게 되었다. 예를 들어 임금 인센티브제도의 효과를 관찰하기 위한 실험에서 예상과 달리 종업원들이 그들의 산출량을 최대화하지 않음이 발견되었는데, 이는 이들의 산출량이 하루 업무의 적정량이 어느 정도인지를 결정하는 집단 규범에 의해 통제되었기 때문이다. 집단이 정한 규범에는 너무 많은 일을 하는 임률 파괴자(rate-buster)가 되지 말 것, 일을 너무 적게 하면서 속이는 사람(chiseler)이 되지 말 것, 동료에 대한 밀고자(squealer)가 되지 말 것 등이 포함되어 있었고, 이를 어길 때에는 집단에서 배척당하는 등의 불이익을 감수해야 했다(Robbins & Judge, 2011).

공식집단이나 비공식집단 모두 세부 유형화가 가능하며, 공식집단은 명령집단(command group), 태스크포스(taskforce), 팀(team) 등으로, 비공식집단은 친교집단(friendship group), 이익집단(interest group) 등으로 구분 가능하며, 각각은 다음과 같은 성질을 갖는다(George & Jones, 2007).

명령집단은 공식적 업무집단으로서 동일한 상관에게 보고하는 하급자들로 구성된다. 명령집단은 보고 관계(reporting relationships)를 기초로 구성되며, 조직도 상에 부서의 형태로 표시되는 것이 일반적이다. 조직 업무의 상당 부분이 명령집단을 통해 수행되기 때문에 명령집단과 그 리더의 효과성은 조직의 목표 달성에 매우 중요한 영향을 미친다. 태스크포스는 어떤 특정한 목표를 달성하기 위해 일시적으로 모인 사람들의 집합체이다. 일반적으로 목표가 달성된 이후에는 해체된다.

그림 9-2 집단의 유형

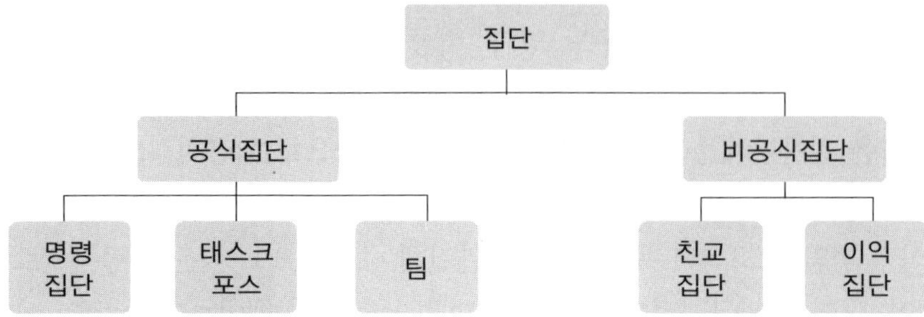

출처: George & Jones(2007: 325).

팀이란 공동의 목표를 달성하기 위해 높은 수준의 상호작용 속에서 업무를 수행하는 비교적 작은 규모의 집단을 말한다. 팀은 능력, 지식, 기술 등의 측면에서 상호보완적인 사람들로 구성하고, 구성원들이 목표 달성에 대해 공동으로 책임을 지는 것이 일반적이다(Schermerhorn et al., 2008). 팀은 서로 보완적 관계에 있는 구성원들이 상호작용을 통해 높은 수준의 시너지를 창출할 때 효과성을 발휘할 수 있다. 현대 조직들은 다양한 유형의 팀을 업무 현장에서 활용하고 있다. 대표적인 유형으로는 문제해결팀(problem-solving team), 교차기능팀(cross-functional team), 자율관리팀(self-managing team) 등이 있다(Robbins & Judge, 2011; Schermerhorn et al., 2008; George & Jones, 2007).

한편, 친교집단이란 업무 시간 또는 업무 외 시간을 통해 함께 어울리며 친교를 나누는 사람들로 구성된 비공식적 집단을 말한다. 조직에서 다양한 형태로 발견되는 친교집단은 그 예로 주말에 모여 테니스를 함께 즐기는 테니스 동호회, 점심식사를 늘 함께 하는 사람들, 특정 종교인들의 모임 등을 들 수 있다. 친교집단은 집단구성원들의 사회적 상호작용(social interaction)과 욕구 충족에 기여하며 사회적 지지(social support)의 중요한 원천이 된다(Cohen & Wills, 1985; Sarason et al., 1983). 이익집단은 자신들이 소속되어 있는 조직과 관련된 공통의 목적을 가진 사람들이 그 목적을 달성하기 위해 결성한 비공식적 집단이다(Schermerhorn, Hunt, & Osborn, 2008). 이익집단은 특정 조직구성원들이 조직에 대해 갖는 희망 사항 또는 문제 등에 대응하기 위해 형성된다. 예를 들어, 사내 여성 차별 문제를 시정하기 위해, 사내 복지시설 개선을 요구하는 이익집단이 결성된다. 이러한 이익집단은 조직구성원들이 가지고 있는 문제 의식을 표출할 수 있도록 도와 필요한 조직 변화를 이끌어 낼 수 있는 자극제로 작용할 수 있다.

제 3 절 효과적 집단

이상에서 소개된 바와 같이 집단은 여러 유형으로 분류할 수 있는데, 현대 조직행태 연구는 특히 효과적 집단(effective groups)에 많은 관심을 기울인다. 효과적 집단은 높은 수준의 업무 성과를 달성하면서 구성원들이 만족감을 느낄 수 있는 집단을 말하며, 다음과 같은 특성을 갖는다(Schermerhorn, Hunt, & Osborn, 2008).

첫째, 시너지를 창출한다. 즉, 효과적 집단은 전체가 부분의 합보다 큰 상황을 이끌어 낼 수 있는 토대를 제공한다. 이러한 토대가 갖추어진 집단 속에서 구성원들은 일에 대한 강한 열정을 갖게 되고 상호작용 속에서 창의성을 발휘함으로써 좀 더 높은 수준의 성과를 이루어 낸다.

둘째, 구성원들에게 잠재적 혜택을 제공한다. 잠재적 혜택은 크게 직무에 관한 것과 정서적인 것으로 나눌 수 있다. 먼저 효과적 집단 속에서 구성원들은 상호 학습을 통해 직무에 관한 지식과 기술을 향상시킬 수 있다. 이러한 집단 속에서 일하면서 구성원들은 필요할 때 언제든지 도움을 얻을 수 있다는 안정감을 느끼며, 위기 상황 속에서는 상호 정서적인 도움을 받을 수 있다. 효과적인 집단의 구성원 개개인은 집단에 기여하는 바가 크고 이를 통해 높은 자존감과 개인적 소속감을 느끼게 된다.

셋째, 사회적 태만(social loafing)의 여지를 최소화한다. 사회적 태만이란 사람들이 개별적으로 일할 때보다 집단으로 일할 때 더 낮은 수준의 노력을 투입하려는 경향을 말한다(Latene, Willams, & Harkins, 1979; Duncan, 1994). 사회적 태만이 발생하는 것은 집단 속에서는 개별 구성원의 기여도가 명확히 드러나지 않고, 구성원들 간에 다른 구성원들이 일을 더 많이 하기를 바라는 태도가 존재하기 때문이다(Ringlemann, 1913). 사회적 태만은 과정 손실(process loss), 즉 집단이 조정 및 동기부여의 문제로 인해 최적 수준의 성과를 달성하는 데 실패하는 상황을 일으킨다. 효과적 집단은 ① 개별 구성원들의 이익을 최대화하는 방향으로 업무와 역할을 규정하고, ② 구성원별로 성과에 대한 책임을 명확히 하며, ③ 개인에 대한 보상을 집단 성과에 대한 기여도에 연계시킴과 동시에, ④ 개별 구성원들로 하여금 집단에 중요한 기여를 하고 있다고 느낄 수 있도록 함으로써 사회적 태만의 가능성을 최소화한다.

제 4 절 집단 발전의 단계: 터크맨의 5단계 모형

집단은 일단 형성된 이후에도 일련의 변화 과정을 겪으며 발전한다. 집단이 변화·발전하는 과정은 단계별로 구분이 가능한데(Bradford, 1997), 각각의 단계를 체계적으로 이해하는 것은 매우 중요하다. 이는 각각의 단계가 집단 구성원들에게 각기 다른 도전과 과제를 제시하기 때문이다(Schermerhorn et al., 2008). 집단의 발전 단계를 논의하는 데 가장 보편적으로 활용되는 모형은 터크맨(Bruce W. Tuckman)의 5단계 모형이다. 터크맨(Tuckman, 1965)은 집단 발전의 단계를 ① 형성기(forming), ② 격동기(storming), ③ 규범화 단계(norming), ④ 성과달성기(performing), ⑤ 해체기(adjourning)의 5단계로 구분하는데, 구체적 내용은 다음과 같다.

1 형성기

형성기는 집단구성원들이 서로를 알아가면서 집단의 목표, 그리고 집단 내 바람직한 행동에 대한 공통의 이해를 형성하려고 노력하는 단계이다. 일반적으로 이 단계에서 집단구성원들은 "집단이 나에게 무엇을 제공해 줄 수 있을 것인가?", "내가 집단에 기여해야 하는 것은 무엇인가?", "내가 집단에 기여하면서 동시에 나의 욕구가 충족될 수 있을 것인가?"에 대한 궁금증을 갖는다(Schermerhorn, Hunt, & Osborn, 2008). 형성기에는 집단이 수행해야 할 과업을 명확히 하고 과업 수행 시에 준수해야 할 규칙을 설정하는 것이 필요하다. 구성원들이 자신들을 집단의 일부분이라고 생각하기 시작하면 형성기는 완성된다.

2 격동기

격동기라는 명칭이 나타내는 것처럼 이 단계에서는 구성원들 간에 상당한 긴장과 갈등이 발생한다. 많은 경우 구성원들은 집단에 대해 서로 다른 기대와 선호를 갖는다. 따라서 이들 구성원 간에 "누가 집단을 이끌 것인가?", "리더가 어느 정도의 권한을 가져야 하는가?" 등을 둘러싼 갈등과 감정 소요가 흔히 발생한다. 또한 이 단계에서는 집단의 통제에 거부감을 표시하는 구성원들도 등장할 수 있다. 집단은 이와 같은 갈등과 혼란의 과정을 거치면서 많은 변화를 겪게 되는데, 무엇보다도 구성원들의 역할과 관계에 대한 기대가 좀 더 명확해지고 구성원들 간 상호 이해가 증진된다. 또한 구성원들의 관심이 어떻게 목표를 성취할 것인가로 점차 이동하고, 집단의 목표를 달성하면서 동시에 구성원 개개인의 욕구를 충족시킬 수 있는 방법을 모색하기 시작한다(George & Jones, 2007).

3 규범화 단계

규범화 단계에서는 비로소 구성원들이 집단에 대한 소속감을 본격적으로 갖게 된다. 즉, 구성원들 간에 좀 더 밀접한 관계가 형성되면서 집단 정체감과 동지애가 강해진다(Robbins & Judge, 2011). 공통의 목적 의식과 균형 관계를 지속하려는 노력이 이루어지는 가운데, 균형 관계 유지에 해가 될 수 있는 소수 의견과 독자적 행동 등이 비판을 받는 경우가 발생하기도 하고, 이러한 경향은 '집단사고(groupthink)'로 이어질 위험도 존재한다.

4 성과달성기

성과달성기에서는 집단 구조의 전체적인 통합이 이루어지게 되고, 잘 조직된 집단이 본격적으로 과업을 수행하고 목표를 달성할 준비를 갖추게 된다. 이 때 집단은 복잡한 과업과 내부의 갈등 문제를 창조적으로 다룰 수 있는 역량을 지니고 안정된 구조를 갖는다. 이 단계에서는 지속적으로 구성원들 간 관계를 개선 · 유지하고 성과를 창출하려는 노력을 전개하는 것이 주된 도전이 된다.

5 해체기

집단이 주어진 목표를 달성한 후 해체하는 시기이다. 임시집단(temporary group)이 아닌 경우에는 이 단계가 생략된다. 셔머혼 외(Schermerhorn, Hunt, & Osborn, 2008)는 해체기가 태스크포스 등 현대 조직에서 점차 보편적으로 활용되고 있는 임시집단에게 매우 중요함을 지적하고 있다. 이러한 임시집단은 빠르게 소집 · 구성되어 빡빡한 일정 속에서 과업을 수행한 후 해산하게 되는데, 필요할 경우에는 추후 다시 모여 일하게 된다. 이렇게 과업을 완수한 후 해산하더라도 향후 책임이 주어질 경우 기꺼이 함께 일하려는 태도는 장기적인 집단의 성공을 위해 매우 중요하며, 이를 위해 해체기의 효과적 관리가 이루어져야 한다.

이상에서 살펴본 터크맨의 5단계 모형은 집단의 발달 과정을 직관적으로 이해하는 데 매우 유용하다. 하지만 모든 집단이 터크맨이 제시한 5개의 단계를 정해진 순서대로 거치면서 발달하는 것은 아니라는 점은 주지할 필요가 있다. 실제로는 여러 단계를 동시에 경험하기도 하고, 앞의 단계로 돌아가는 경우도 있다(Gersick, 1988; 1989).

제 5 절 집단의 행태적 특성

1 응집성

응집성(cohesiveness)은 구성원들이 집단에 끌리고 집단의 일부로 남아 있고자 하는 동기를 일컫는다(Festinger, 1950). 응집성의 수준은 집단에 따라 각기 달리 나타난다. 어떤 집단은 구성원들이 오랜 시간을 함께 지내는 가운데 서로 빈번한 상호작용을 통해 높은 응집성을 갖게 된다. 반면, 다른 집단은 규모가 너무 큰 상황에 있거나 집단 내의 이질성이 높은 상황에서 낮은 응집성을 가지고서 구성원들이 독립적으로 활동하기도 한다. 이처럼 응집성의 정도는 집단의 규모나 집단구성원의 동질성, 집단 간 경쟁 등에 따라서 달라지게 된다(George & Jones, 2007).

흔히 응집성과 성과 사이에 양의 상관 관계가 있을 것이라고 생각하는데, 단순히 응집성만 높다고 성과가 높게 나타나지는 않는다. 학자들의 연구는 집단의 성과 관련 규범에 따라서 응집성이 성과에 미치는 영향력이 달라진다고 지적한다. 즉, 어떻게 산출량을 높이고 품질을 향상시킬 수 있는지, 어떻게 다른 사람들과 협력해야 하는지 등을 규정하는 성과 규범이 집단 내에 존재하고 구성원들 간에 공유될 때 응집성이 성과에 긍정적인 영향을 미치지만, 이러한 성과 규범을 가지고 있지 못할 때는 응집성이 높은 성과를 보장하지 못한다는 것이다(Robbins & Judge, 2010). 이러한 성과 규범과 응집성, 그리고 성과와의 관계를 [그림 9-3]과 같이 나타낼 수 있다. 그림에서 보듯이 성과 규범이 낮은 상태에서는 높은 응집성이 오히려 성과에 방해가 될 수도 있다. 응집성이 성과에 긍정적인 영향력을 미치게 하려면 우선 집단 내에서 높은 수준의 성과 규범을 정립해야 한다.

그렇다면 집단의 응집성은 어떻게 증진시킬 수 있을까? 깁슨, 이반세비치와 도넬리(Gibson, Ivancevich, & Donnelly, 1994: 323)에 따르면 집단 목표에 대한 구성원들

그림 9-3 집단 응집성, 성과규범 및 생산성 사이의 관계

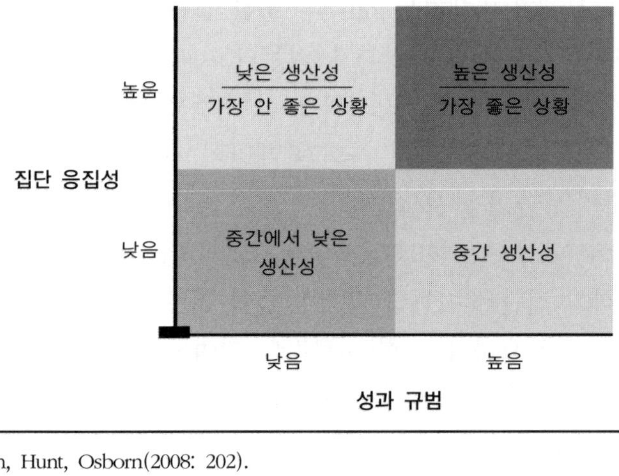

출처: Schermerhorn, Hunt, Osborn(2008: 202).

의 합의를 이끌어 내고 구성원들 간의 동질성을 증진시키며 집단 내에서의 상호작용을 촉진시키는 것이 응집성 증진에 도움이 된다. 또한 집단을 소규모로 유지하는 것, 개인보다 집단에게 보상을 하는 것 등도 집단의 응집성을 높일 수 있는 방편이 된다.

2 사회적 태만

사회적 태만(social loafing)은 집단의 규모와 깊은 관계를 가지는 개념으로 사람이 집단으로 일할 때 개인으로 일하는 경우보다 노력을 덜 들이는 경향을 가리킨다(Earley, 1989; George, 1992). 즉, 집단의 생산성은 그 집단에 속한 개개인의 생산성의 합보다 낮게 된다는 것이다. 링겔만(Maximilien Ringelmann)의 실험에 따르면, 여러 사람이 함께 로프를 잡아당기는 힘은 각각의 사람이 혼자서 로프를 잡아당겼을 때의 힘의 합보다 작은 것으로 나타났다(Kravitz & Martin, 1986). 이에 따르면, 집단 전체의 성과는 집단의 규모가 커짐에 따라서 증가하지만, 각 구성원별 생산성은 감소하게 된다.

동기적인 측면에서 사회적 태만의 원인을 파악해 보면, 집단적으로 과업을 수행하는 경우에 각 개인의 공헌도는 쉽게 확인되지 않기 때문에 개인은 그 노력을 극대화하지 않는 것으로 볼 수 있다(Jones, 1984; Latane, Williams, & Harkins, 1979). 자연스레 무임승차의 문제가 발생하는 것이다. 또한 집단적 보상을 받는 상황에서 집단 내의 다른 사람이 자신만큼 노력하지 않는다고 인식하게 되면, 형평이론(equity theory)에서 예상하는 바와 같이 자신의 노력 수준을 낮출 수도 있다. 그리고 어떤 이유로든 집단 내의 구성원에게서 사회적 태만이 관찰되었을 때 다른 구성원들도 비슷하게 행동하려는 경향을 보일 수 있어 사회적 태만으로 인한 손실은 더욱 확대될 수 있다(Robbins & Judge, 2011). 이러한 사회적 태만을 방지하기 위해 집단의 공동 목표를 설정하고 집단을 가능한 작게 만들어 서로의 행동이 쉽게 관찰 가능하도록 만들려는 노력이 필요하다. 또한 서로간의 기여도를 평가하고 개인의 성과 수준을 가시화하려는 노력이 병행될 때 사회적 태만이 줄어들 수 있을 것이다(Stark, Shaw, & Duffy, 2007).

제 6 절 집단의 성과에 영향을 미치는 요인들

집단, 특히 과업집단의 성과에 영향을 미치는 요인들은 무엇인가? [그림 9-4]에서 제시하고 있는 것처럼 집단은 일종의 개방 체계(open system)이며, 집단을 개방 체계의 관점에서 분석할 때 집단의 성과에 영향을 미치는 요인들을 좀 더 체계적으로 파악할 수 있다(Quinn & Cameron, 1983; Schermerhorn, Hunt, & Osborn, 2008). 집단은 조직과 마찬가지로 환경과의 교호작용 속에서 투입 자원을 과업 산출물로 전환하는 활동을 수행하는데(Hackman, 1987), 좀 더 구체적 내용은 다음과 같다.

그림 9-4 개방 체계로서 집단

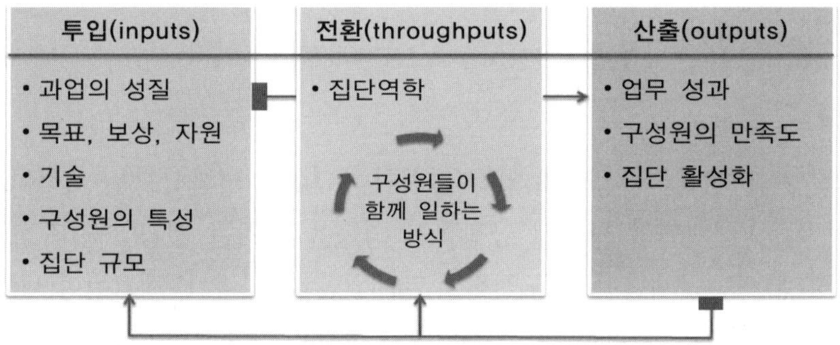

출처: Schermerhorn, Hunt, & Osborn(2008: 176).

1 투입 요소

투입 요소(inputs)는 집단에 최초 주어진 것으로서 집단의 향후 모든 활동에 영향을 미친다. 양질의 요소를 투입하는 것은 장기적인 집단 효과성을 위한 필요 조건이다. 핵심적인 투입 요소로는 과업의 성질(task nature), 목표(goals), 보상(rewards), 자원(resources), 기술(technology), 구성원의 특성(membership characteristics), 규모

(group size) 등이 있다.

1) 과업의 성질

집단이 담당하는 과업의 성질은 집단의 성과에 중요한 영향을 미친다. 과업의 성질은 크게 기술적(technical)인 측면과 사회적(social) 측면으로 구분해 볼 수 있다. 먼저 기술적 측면에서 과업의 일상성(routineness), 난이도(difficulty), 복잡성(complexity) 등을 들 수 있다. "주어진 과업은 프로그램화되어 반복적으로 수행되는 성질의 것인가?", "해결해야 할 문제가 매우 복잡하고 어려우며 많은 정보를 추가적으로 수집·분석·종합해야 하는가?" 이러한 기술적 측면의 질문들은 모두 집단의 성과와 직접적으로 관련된다. 한편 과업의 사회적 측면은 과업 수행 과정에서 형성되는 구성원들 간 관계(relationships), 구성원이 과업의 수행과 관련해 갖는 자존감인 자아관여(ego involvement), 과업의 목표(goals)와 수단(means)을 둘러싼 논란의 정도 등을 포함한다. 이러한 과업의 사회적 측면 역시 그 특성에 따라 집단의 성과에 직·간접적으로 영향을 미칠 것이다.

2) 목표

목표의 성질도 집단의 성과에 영향을 미칠 수 있다. 명확하고 구체적이고 충분히 도전적인 목표가 개인의 성과에 긍정적인 영향을 미치는 것과 마찬가지로 집단의 목표가 명확하고 구체적이고 도전적일 때 집단의 성과가 제고된다(Moynihan & Pandey, 2005; Pandey & Garnett, 2006). 반면 목표가 모호할 경우, 상호 충돌할 가능성이 있는 목표가 동시에 주어질 때에는 높은 수준의 집단 성과를 기대하기 어렵다(Chun & Rainey, 2005; Boal & Bryson, 1987; Wright, 2001).

3) 보상

보상 체계 역시 집단의 성과에 영향을 미친다. 집단의 성과를 중심으로 보상이 이루어지면서도 개인의 성과가 반영되도록 보상 체계를 설계하는 것이 중요하다. 이와 관련해 개별 구성원들의 목표를 집단 성과와 직접적으로 연계되도록 설정하는 것이 바람직하다.

4) 자원

적절한 수준의 자원 투입은 집단 성과의 필요 조건이다. 재정적 자원, 인적 자원, 시설, 원재료, 정보 등 다양한 유형의 자원이 적시에 투입될 때 집단은 더 높은 수준의 성과를 달성할 수 있다.

5) 기술

기술은 조직이론에서 다양한 의미를 가지는데(Scott, 1987), 기본적으로 과업 수행을 위한 수단(means)적 의미를 가진다. 집단 수준의 성과에 영향을 미치는 요인으로서의 기술은 과업 수행의 흐름(workflow)을 결정짓는 과업 상호의존성(task interdependence)의 유형을 중심으로 살펴볼 수 있다.

과업 상호의존성은 한 구성원이 수행한 업무가 다른 구성원들의 업무에 영향을 미치는 정도를 의미한다(Thompson, 1967). 톰슨(James D. Thompson)은 이러한 과업 상호의존성의 유형을 크게 세 가지로 분류했는데, ① 집합적 과업 상호의존성(pooled task interdependence), ② 연속적 과업 상호의존성(sequential task interdependence), ③ 상호 교환적 과업 상호의존성(reciprocal task interdependence)이다.

집합적 과업(pooled task)의 경우, 각각의 그룹 구성원들이 개별적이고 독립적으로 집단 성과에 기여하게 된다(Steiner, 2007). 이 경우 상호의존성과 커뮤니케이션의 정도, 그리고 기대되는 시너지 효과는 낮다. 주된 조정의 기제로서 표준화(standardization)와 규칙(rules)의 확립 등을 들 수 있다.

연속적 과업(sequential task)의 경우에는 미리 정해진 순서에 따라 집단구성원들이 특정한 행동을 할 것을 요구받는다. 집합적 과업에 비해 상호의존도나 커뮤니케이션에 대한 수요가 높은 편이고 어느 정도 잠재적인 시너지 효과도 있는 편이다. 주된 조정의 기제로 계획과 피드백을 들 수 있다.

마지막으로 상호 교환적 과업(reciprocal task)의 경우에는 집단구성원들의 활동이 상호의존적이라는 특징을 갖는다. 따라서 상호의존성이 높은 것은 물론이고 높은 수준의 커뮤니케이션을 요구받으며 시너지 효과도 크다. 상호 조정, 팀워크, 면대면 조정 등의 기제가 주로 활용된다(Van Der Vegt et al., 2003). 위 세 유형의 과업 상호의존성을 [그림 9-5]와 같이 표현해 볼 수 있다.

그림 9-5 과업 상호의존성의 유형

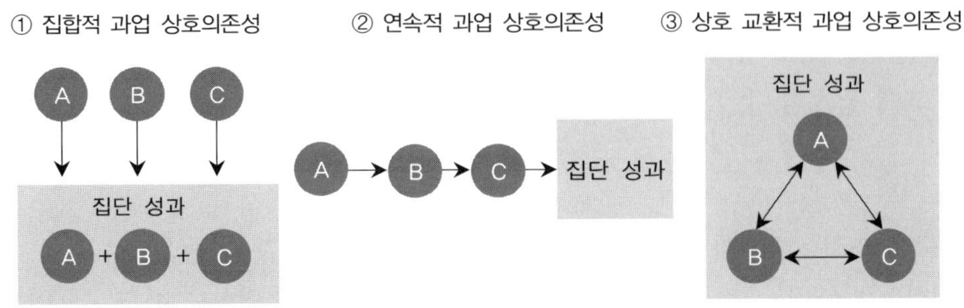

출처: George & Jones(2007: 366).

표 9-1 집합적, 연속적, 상호 교환적 상호의존성의 비교

	집합적 상호의존성	연속적 상호의존성	상호 교환적 상호의존성
상호의존성의 정도	낮음	중간	높음
의사소통의 필요성	낮음	중간	높음
과정 손실의 가능성	낮음	중간	높음
과정 이익의 가능성	낮음	중간	높음
필요한 조정 유형	표준화, 규칙, 절차	계획, 예정표, 피드백	상호 조정, 팀워크, 면대면 조정

출처: George & Jones(2007: 369-371)의 내용을 정리.

6) 구성원의 특성

집단의 성과는 구성원들에게 귀속되는 특성들, 즉 이들의 능력・기술・지식에 영향을 받는다. 과업 수행에 필요한 역량을 갖춘 사람들을 확보하는 것은 집단이 성과를 창출하기 위한 필요 조건이다. 집단구성원들이 비교적 동질적(homogeneous)인가 아니면 이질적(heterogeneous)인가도 집단의 성과에 영향을 미칠 수 있다.

동질적 집단의 경우 구성원들이 서로 함께 일하기에 크게 어려움을 겪지 않지만, 다양한 지식, 기술, 경험, 관점 등이 요구되는 복잡한 과업을 수행할 때에는 어려움을 겪을 수 있다.

이러한 복잡한 과업의 수행에는 이질적 집단이 더 적합할 수 있다. 그러나 이질적 집단은 다양한 배경을 가진 구성원들이 함께 일하기 때문에 문제 정의에 대한 합의, 정보의 공유, 개인 간 갈등 조정 등 과정(process)적 측면에서 종종 어려움을 겪는다. 이러한 상황을 보통 '다양성-합의(diversity-consensus) 딜레마'라고 부르는데, 이것은 다양성이 문제 해결의 가능성을 제고하는 데 기여하지만 위에서 언급한 과정상의 어려움을 가져오는 현상을 가리킨다(Ilgen, LePine, & Hollenbeck, 1997; Watson, Kumar, & Michaelsen, 1993).

7) 집단의 규모

통상 구성원의 수로 측정되는 집단의 규모도 집단의 성과에 영향을 미친다. 집단의 규모가 커질수록 분업을 통한 생산성 제고의 가능성이 높아져 일정 수준까지는 집단의 규모와 성과가 정(正)의 상관 관계를 가진다. 그러나 규모가 커질수록 의사소통(communication) 및 조정(coordination)이 어려워지게 되는데, 만약 이러한 어려움들을 제대로 관리하지 못할 경우 구성원들의 만족감이 저하되고 사회적 태만의 가능성이 높아지는 등 성과에 부정적인 영향을 미칠 수 있는 상황들이 발생할 수 있다.

2 전환 및 산출

집단을 개방 체계(open system)로 이해하는 관점에 의하면, 집단의 성과는 앞서 언급한 적절한 투입 요소들(inputs)과 더불어 이들이 집단 내에서 처리되는 과정, 즉 전환 과정(throughputs)에 영향을 받는다. 그리고 구성원들이 함께 일하는 방식으로서의 전환 과정은 '집단역학'에 의해 영향을 받는다. 집단역학(group dynamics)이란 구성원들이 함께 과업을 수행하는데 영향을 미치는 요인들을 말한다. 구성원 간 형성되어 있는 권력 및 영향력 관계, 규범, 갈등, 의사소통 방식, 의사 결정 양식, 신뢰 등이 집단역학을 구성하는 대표적인 요인들이다(Cummings & Worley, 2009). [그림 9-4]에 제시되어 있는 바와 같이 집단역학 요인들은 산출물에 영향을 미친다. 집단 수준에서의 산출물은 과업 성과, 구성원 만족, 집단 활성화 등을 포함한다.

제 7 절 집단 의사 결정

흔히 '백짓장도 맞들면 낫다'라는 속담에서 이야기하듯이 집단이 모여서 내리는 결정이 개인의 결정에 비해 더 우수하다고 볼 수도 있다. 하지만, 집단의 의사 결정이 항상 개인의 의사 결정보다 더 우수하다고 보기 힘든 부분도 존재한다. 아래에서는 집단 의사 결정의 장단점을 살펴보고자 한다.

집단 의사 결정이 갖는 분명한 장점들이 존재한다. 우선, 더 풍부한 정보에 기반한 결정이 이루어진다는 점이다. 여러 사람이 가지고 있는 정보를 활용해 문제를 해결하는 데 좀 더 완전한 정보에 기반해서 결정할 수 있다. 또한 여러 사람이 의사 결정에 참여함으로써 다양한 견해가 제시될 수 있고, 이는 다양한 대안의 고려를 가능케 한다. 또한 많은 이들이 의사 결정 과정에 참여함으로써 관련 문제와 해결책으로 고려되는 대안들에 대한 이해가 높아지고 더 나아가 최종 선택된 해결책의 수용 가능성을 높인다. 이러한 높은 수용 가능성에 기반해서 집단구성원들은 높은 헌신도를 보이게 되고, 이는 궁극적으로 조직의 성과를 높이는 원동력이 된다(Katz, 1982; Pincus, 1986).

이에 반해 집단 의사 결정이 가지는 약점들도 존재한다. 동조(conformity)에 대한 사회적 압력이 대표적인데, 집단 의사 결정 상황에서 개인은 다른 대다수의 집단구성원들의 바람에 동의하게끔 압력을 받게 된다. 자신 역시 집단의 구성원으로 인정받고 받아들여지기를 바라는 마음에 때때로 원치 않는 경우에도 다수의 의견을 따르게 되는 것이다. 또 다른 약점으로는 소수에 의한 지배를 들 수 있다. 집단 의사 결정 과정은 목소리가 큰 어느 한 개인이나 소수의 집단에 의해 좌우될 가능성이 늘 존재하는데, 특히 이들의 능력이 뛰어나지 못하다면 바람직하지 못한 결과로 귀결될 가능성이 크다. 관련된 문제로 집단 의사 결정은 책임성의 귀속 문제를 지니고 있다. 집단적으로 의사 결정이 이루어지다 보니 누가 최종 결과에 대한 책임이 있는지가 모호해지기 쉽고, 개인이 져야 하는 책임이 약화되어 각 개인의 책임감을 높은 수준으로 유지하기 쉽지 않다. 마지막으로 집단 의사 결정에서는 토론이나 회의를 거쳐서 결론에 도달하게 되므로 개인의 의사 결정에 비해 더 많은 시간과 자원이 소모된다(Schermerhorn, Hunt, & Osborn, 2008).

그러므로 집단 의사 결정이 항상 모든 면에서 개인의 의사 결정보다 뛰어나다고 이야기하기는 어렵다. 일반적으로 집단의 의사 결정이 집단 내 보통 개인들의 결정보다는 더 정확하지만, 가장 뛰어난 사람의 판단보다는 덜 정확하다고 한다(Gigone & Hastie, 1997). 또한 결정의 속도 면에서는 개인의 의사 결정이 집단의 의사 결정보다 더 뛰어나다. 하지만, 결정 사항의 수용성에 초점을 두어 생각한다면 집단 의사 결정이 개인의 의사 결정보다 더 뛰어나다고 할 수 있다(Robbins & Judge, 2011).

한편, 집단 의사 결정과 관련된 개념으로 집단사고를 들 수 있는데, 이는 앞서 살펴본 집단 의사 결정의 단점 중 동조에 대한 압력과 연관되는 개념이다. 집단사고란 응집성이 높은 집단의 구성원들이 만장일치를 이루어야 한다는 압력에 의해 집단에 대한 비판적인 견해를 피력하는 것을 억제하는 경향을 일컫는다(Janis, 1982). 즉, 의견 일치에 대한 압력으로 인해 집단구성원들이 다수 구성원의 견해와 다른 의견을 표현하기 힘들 때 집단사고가 일어났다고 이야기할 수 있다. 재니스(Janis, 1982)는 매우 응집력이 강한 집단에서 리더가 특정한 결정에 대해 선호를 가지고 있을 때, 그리고 집단이 외부의 의견으로부터 고립되어 있는 경우에 집단사고가 일어나기 쉽다고 보았다. 집단사고가 일어날 때 집단은 스스로의 힘과 도덕성을 과대평가하게 되고 폐쇄적인 마음가짐(closed-mindedness)으로 인해 그들이 가정하고 있는 바를 다시 고려하기를 요구하는 경고를 무시하게 된다. 또한 다수의 의견에 반하는 의견을 이야기하는 것은 집단에 대한 충성에 어긋나는 것으로 인식되도록 함과 동시에 만장일치에 대한 환상을 갖도록 하여 동조에 대한 압력을 행사한다(Janis, 1982). 이러한 집단사고의 결과로 고려되어야 할 대안들이 충분히 고려되지 못하고 기존 대안에 대한 재고려가 일어나지 않으며 전문가들의 의견이나 부정적인 정보들이 거부되게 되어 결국 흠있는 의사 결정이 일어나게 된다고 재니스(Janis, 1982)는 보았다.

제 8 절 팀의 이해

팀은 집단의 한 유형으로서 "공동의 목표를 달성하기 위해 높은 수준의 상호작용 속에서 업무를 수행하는 비교적 작은 규모의 집단"으로 정의할 수 있다(Katzenbach & Smith, 1993). 오늘날 팀에 기반을 둔 관리가 이루어지는 것은 더 이상 특별한 일이 아니다. 특히나 조직의 성과에 관한 많은 문헌은 팀의 활용을 강조하고 있다. 팀에 기반한 관리 트렌드에 영향을 미치는 요인들을 [그림 9-6]에서 살펴볼 수 있다.

복잡한 업무환경과 과업은 경쟁을 가져오고, 기술의 변화를 비롯해 이전에 경험해 보지 못한 새로운 문제들에 맞닥뜨리게 되는데, 팀은 이러한 환경에의 성공적인 적응을 돕는다고 본다. 또한 원스톱 서비스 등 고객의 편의를 극대화하거나 고객의 요구를 좀 더 적극적으로 수용하려는 움직임, 혁신을 가져오기 위한 학습조직의 필요성도 팀에 기반한 관리를 촉진하는 요인들이다. 또한 명령과 통제에 기반을 둔 관료제적인 접근에서 벗어나 참여와 커뮤니케이션이 중요시되는 상황에서 팀은 더욱 적절한 관리 체계로 인식되고 있다. 팀에서는 공동의 목표를 위해 함께 활동하므로 구성원들의 헌신, 결과에 대한 집단 전체의 책임, 그리고 참여와 권한 부여(empowerment)가 팀을 설명하는 주요한 특징이 된다.[1)]

그림 9-6 팀에 기반한 관리 트렌드에 영향을 미치는 요인

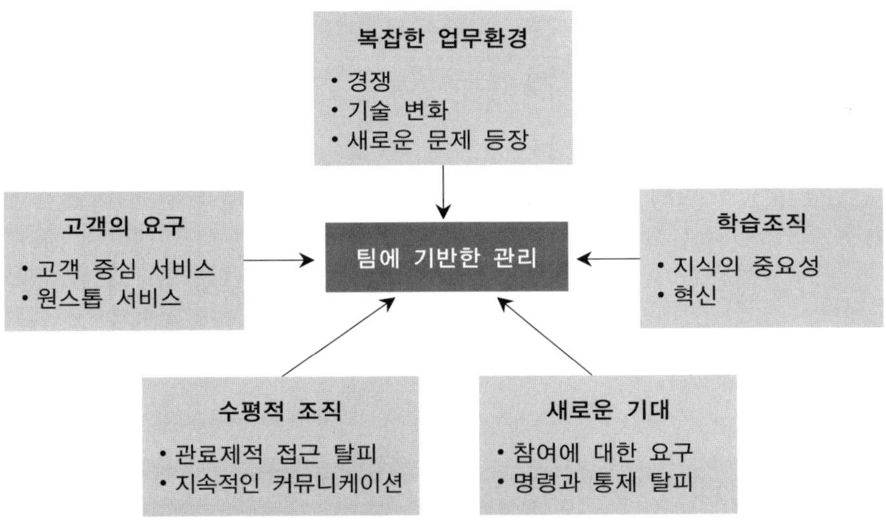

1) 한편, 작업팀(work team)을 작업집단(work group)과 비교할 때, 팀의 특징이 더욱 두드러진다. 작업집단에서는 집단 구성원이 각기 자신의 영역에서 작업을 수행하는 가운데 정보를 공유하고 의사 결정을

높은 성과를 내는 팀의 특징을 몇 가지로 정리해 볼 수 있다. 우선, 팀 구성원들이 적절한 기술을 보유하고 있어야 한다. 기술적인 측면에서나 문제 해결 능력, 의사 결정 능력, 그리고 대인 관계 능력에 이르기까지 여러 필요한 기술을 보유하고 있을 때 팀이 높은 성과를 낼 수 있다. 또한 팀 구성원들의 태도와 행동을 일관되게 팀 목표의 성공적인 달성으로 이끌어 줄 핵심 가치들과 긍정적인 규범이 필요하다. 이들 가치와 규범은 외부의 지시나 감독에 대한 대체제로 작용해 목표 달성을 위한 내부적인 통제기제로서 작용하게 된다. 구체적인 성과 목표 역시 필요하다. 이를 통해 문제 해결에 대한 명확한 초점을 갖게 되고, 이에 바탕을 두어 결과를 측정하고 피드백을 얻을 수 있기 때문이다.[2)]

제 9 절 팀의 유형

조직 내에서 흔히 관찰되는 팀의 유형은 문제해결팀(problem-solving team), 교차기능팀(cross-functional team), 자율관리팀(self-managed team), 가상팀(virtual team) 등 크게 네 가지로 나누어 볼 수 있다.

문제해결팀은 특정한 문제(예: 품질, 비용)의 해결 또는 개선을 위해 운영된다. 문제해결팀은 정기적으로 해당 문제를 조사·검토하고 이를 바탕으로 해결책을 개발하며, 일정한 범위 내에서 조치를 취할 수 있는 권한을 갖는다. 품질관리 분임조(quality circle)가 대표적인 예이다(Ohmae, 1982; Steel et al., 1985; Lawler & Mohrman, 1987).

교차기능팀은 공통의 과업을 달성하기 위해 서로 다른 기능 분야에서 일하는 사람들로 구성한다. 조직 내에 존재하는 서로 다른 기능 분야는 어떤 특정 사안에 대해 서로 다른 입장과 관점을 갖는 것이 일반적이다. 따라서 각 기능 분야는 업무 수

하게 된다. 따라서 작업집단에서는 책임이 각 개인에게 있고, 집단의 성과는 각 개인의 성과의 단순한 총합으로 계산된다. 반면, 작업팀에서는 공동의 조정된 노력을 통해 성과를 내는 것을 목표로 하므로 상호 책임을 지는 가운데 구성원들 간의 상호의존도가 높고 긍정적 시너지 효과를 기대할 수 있다 (Robbins & Judge, 2011).

행 시 조직 전체의 관점보다는 각자의 관점에 매몰되기 쉽고, 이로 인해 기능 간 정보 공유 및 공조 미흡 현상(functional silo)이 발생하게 된다. 이러한 단점을 보완하기 위해 서로 다른 입장과 관점을 가진 기능 분야들 간 상호 이해와 협조가 좀 더 용이하게 이루어질 수 있는 방식으로 팀을 구성해 공통의 과업을 좀 더 효과적으로 달성하기 위해 활용되는 것이 바로 교차기능팀이다(Galbraith, 1998). 즉, 하나의 과업을 달성하기 위해 직위는 비슷하지만 분야는 각기 다른 구성원들로 팀을 꾸리게 된다(Schermerhorn, Hunt, & Osborn, 2008). 다양한 영역의 구성원들이 서로 다른 관점과 아이디어를 결합하여 문제를 해결한다는 것이 매력적이기는 하지만, 교차기능팀이 효과적으로 작동되기 위해서는 팀 구성원들이 다양성과 복잡성을 다루는 데 익숙해져야 한다. 서로 다른 배경을 가지고 있기 때문에 팀워크를 구축하는 데 어느 정도 시간이 필요한 것이 일반적이다(Robbins & Judge, 2011).

자율관리팀은 팀의 일상적 운영과 목표 달성의 방법에 대해 스스로 의사 결정을 내릴 수 있는 권한을 가진 집단이다. 비교적 소규모로 운영되며 기획, 일정관리, 성과평가, 품질관리 등 전통적으로 별도의 관리자나 감독자가 수행하는 역할을 팀 구성원들이 스스로 담당하고 그 결과에 대해 책임을 진다(Walton, 1972). 자율관리팀의 구성원들은 자체적인 훈련을 통해 여러 다른 역할을 동시에 수행할 수 있는 능력(multiskilling)을 갖추게 된다(Schermerhorn, Hunt, & Osborn, 2008). 하지만, 이러한 자율관리팀이라고 해서 단점이 없는 것은 아니다. 일반적으로 자율관리팀은 팀 내에서의 갈등을 잘 관리하지 못한다는 점이 지적되었다(Langfred, 2007). 갈등 상황 속에서 팀 구성원들 간의 권력 투쟁이 일어나기도 하고 이로 인해 높은 이직률을 보이기도 한다.

마지막으로 가상팀은 발달된 정보통신기술을 활용해 물리적으로 흩어져 있는 구성원들을 결속시키고 컴퓨터를 이용해 상호작용을 하는 가운데 공통의 목표를 이루어가게 한다. 정보통신의 발달 이전에는 가능하지 않았던 일이 이루어지게 되었다는 점과 물리적으로 흩어져 있는 인적 자원들을 활용해 성과를 내게 한다는 점에서 가상팀은 그 효과성 유용성을 인정받을 수 있다. 하지만 가상팀의 경우 대면 토의와 같은 직접적인 상호작용을 하는 것이 힘든 상황이어서 팀원들 간에 친밀감이 형성되기 쉽지 않고 과업 지향적으로 흐르기 쉽다는 단점을 가진다. 그럼에도 불구하고 시간적·공간적 제약을 극복할 수 있다는 점은 가상팀이 가지는 큰 장점으로 앞으로도 그 활발한 활용을 예상해 볼 수 있다(Robbins & Judge, 2011).

오늘날 경쟁이 격화되고, 해결할 문제가 점차 복잡해지며, 고객 중심의 서비스가 더욱 강조되는 환경 속에서 많은 조직이 팀을 만들어 활용하고 있다(Conger, 1998). 팀이 가져올 수 있는 장점이 분명 많이 있지만, 동시에 팀 조직이 갖고 있는 한계점도 존재한다. 팀은 개별적으로 일할 때보다 때로 더 많은 시간과 자원을 요구하며 의사소통에 따른 거래 비용도 늘어나게 된다. 그러므로, 팀 활용의 장단점을 잘 이해하는 가운데 주어진 상황에 적합한 유형의 팀을 활용하는 것이 필요하다.

생각해 보기

1. 비공식적 집단이 공식적 집단보다 중요하게 작동하는 때는 언제일까?
2. 직접 경험했거나 주변에서 관찰했던 효과적인 집단의 특징에는 어떤 것들이 있었는가? 이 교재에서 이야기하는 효과적인 집단의 특징과 어떤 점들이 공통되고 어떤 점들에서 차이를 보였는가?
3. 집단사고를 직접 겪어 본 경험이나 매체를 통해 이에 대해 접한 이야기를 서로 나누어 보자. 어떻게 하면 집단사고의 가능성을 줄일 수 있겠는가?

제 10 장
커뮤니케이션

커뮤니케이션은 의미 있는 정보 전달 과정으로, 특정 개인이나 집단 조직으로 구성되는 발신자가 특정 형태의 정보인 메시지를 수신자에게 전달하는 과정이다. 인간은 다른 사람들과 끊임없이 상호작용을 하면서 살아가는데, 이러한 상호작용의 대부분이 커뮤니케이션을 통해 이루어진다. 실제로 두 사람이 함께 어떠한 일을 할 때에도 그들은 서로 무엇을 원하는지, 어떻게 그 일을 할 것인지에 대한 커뮤니케이션이 필요하다. 커뮤니케이션의 중요성에 관한 연구에 의하면, 조직 내 관리자는 75%의 시간을 커뮤니케이션을 하는 데 사용하고 있다고 한다(Mintzherg, 1980; Deutschman, 1992: 135). 비록 첨단화되고 있는 정보기술이 우리의 커뮤니케이션의 방법을 변화시키고 있지만, 우리는 여전히 절대적으로 많은 시간을 다른 사람들과의 커뮤니케이션에 사용하고 있다. 이러한 커뮤니케이션은 여러 가지 원인으로 다양한 유형의 커뮤니케이션의 장애가 발생되어 커뮤니케이션의 효과성이나 정확성을 떨어뜨리게 된다.

이 장에서는 먼저 인간의 상호작용의 기초가 되는 커뮤니케이션의 본질과 주요 이론에 대해 고찰한다. 둘째, 커뮤니케이션의 장애 요인과 극복 방안에 대해 논의하고자 한다. 셋째, 의사 결정의 기본 모형과 함께 실제로 집단이나 조직에서 이루어지는 의사 결정 모형들을 살펴본다. 마지막으로, 의사 결정의 영향 요인을 개괄적으로 살펴보고 의사 결정의 편견에 대해 살펴본다.

제 1 절 커뮤니케이션의 의의

커뮤니케이션은 다양한 주체들 간에 이루어지지만, 여기에서는 주로 집단 내 조직 구성원들 간에 정보나 의사의 전달 및 감정과 정서의 동태적 교류 과정에 초점을 맞추려 한다. 이러한 커뮤니케이션의 방식이나 수단들은 집단 내 구성원의 활동 범위와 구조는 물론 구성원들의 행태에 영향을 미쳐 결국에는 조직의 효과성을 좌우하게 된다(김호섭 외, 2011). 따라서 효과적인 커뮤니케이션 능력은 조직관리자가 갖추어야 할 핵심적인 역량 중의 하나가 된다. 정보와 기술을 관리하는 능력이 점점 중요하게 대두되고 있는 현실에서, 우리가 어떻게 명시적(explicit) 지식(예: 데이터, 코드화된 절차와 일반적 원칙 등)과 묵시적(tacit) 지식(예: 개인의 경험에 기초한 개인적 직관)을 전달하고, 어떻게 커뮤니케이션 과정을 개선할 수 있는가에 대한 이해는 점점 중요해지고 있다(Bowditch & Buono, 2005: 103).

일반적으로 조직관리 측면에서 가장 핵심적인 과정은 자원이나 가치의 배분을 결정하는 의사 결정과 정보나 의사의 전달이 이루어지는 과정을 커뮤니케이션이라 할 수 있다. 그 중에서 커뮤니케이션은 조직 단위는 물론 기능을 연계시켜 주고, 의사 결정의 내용을 조직 전체로 확산시켜 줌으로써 조직을 하나의 단일체로 기능하게 한다. 이러한 측면에서 커뮤니케이션과 의사 결정의 관계의 중요성을 파악할 수 있으며, 효과적인 커뮤니케이션과 의사 결정을 위해 어떠한 요인들이 중요하게 영향을 미치는지 살펴볼 필요가 있다고 하겠다.

1 커뮤니케이션의 개념

일반적으로 커뮤니케이션은 전달자와 피전달자 간에 사실이나 생각, 감정 등을 전달함으로써 상대방에게 생각이나 행동, 태도에 영향을 미치고 행동에 변화를 일으키는 쌍방의 과정으로 이해되고 있다.[1)] 즉, 커뮤니케이션은 단순히 의미의 전달에 그치는 것이 아니라 그 의미에 대한 이해와 이를 토대로 한 태도의 변화까지도 포함한 개념이라고 할 수 있다. 그래서 커뮤니케이션은 일방적이 아닌 상호작용적 의사 전달, 더 나아가 의사소통의 의미는 물론 행동의 변화를 일으키는 동태적인 과정으로 이해되어야 한다.

이러한 커뮤니케이션의 과정은 정보원(information source), 메시지, 전달자, 피전달자, 그리고 메시지의 해석 등의 구성 요소가 반영된 것인데, 메시지 자체는 상징(symbol: 단어, 문자, 그림)이나 행태(behavior: 제스처, 눈짓, 몸짓)의 교류로 전달된다. 많은 경우에, 커뮤니케이션 노력은 이러한 상징적·행태적 교류를 모두 포함한다. 여기에서 무엇보다도 중요한 것은 이러한 상징과 행태들의 의미를 정확하게 이해하는 것이다. 왜냐하면 커뮤니케이션의 왜곡이나 잡음은 이러한 상징과 행태들의 의미를 정확히 이해하지 못하는 경우에 발생되는 경우가 종종 발생한다.

2 커뮤니케이션의 중요성

커뮤니케이션이 조직관리나 행태를 이해하는 데 얼마나 중요한지는 조직의 목표 달성을 위해 구성원의 참여를 연결시키는 기능, 조직의 객관적 권위 수립 및 유지 기능, 그리고 조직구성원 간의 유기적 상호작용 및 신뢰를 형성하는 데 기여할 수 있다. 이러한 기능을 수행하는 커뮤니케이션이 어떠한 측면에서 중요한지 등에 대해 살펴보기로 한다.

첫째, 조직의 목표를 달성하려면 조직구성원들로부터 협력을 받아야 하고, 조직구성원들의 활동을 조직 전체의 목표와 조화시켜 나가야 한다. 커뮤니케이션은 두 사람 또는 두 기관 사이에 공통 이해를 조성해 공동 목표를 향한 상호 협조를 가능하게 해 준다.

둘째, 커뮤니케이션은 다양한 집단이나 조직 내에서 행하는 수많은 의사 결정에서

---

1) 여러 학자의 정의 또한 이러한 개념적 속성을 포함하고 있다. 예를 들면, 버나드(Bernard, 1938: 8)는 커뮤니케이션을 조직의 공통 목표, 구성원의 협력 의지와 함께 조직 구성의 3대 요소로 정의하고 있다. 카츠와 칸(Katz & Kahn, 1966: 224)은 커뮤니케이션을 특정 집단이난 조직의 기능을 연결시키는 과정으로 이해하고 있다. 피셔(Fisher, 1974: 23)와 바르마만과 할터만(Vardmaman & Halterman, 1968: 3-4)은 커뮤니케이션은 다른 사람에게 영향을 미칠 수 있는 행태들의 교환이며, 이를 바탕으로 의식과 태도 및 행동 등의 변화를 일으키는 일련의 행동이라 정의했다.

그것의 전제적 조건이 된다.

셋째, 집단이나 조직 내 구성원의 심리적 욕구를 충족시켜 주는 데 큰 역할을 한다. 원활한 커뮤니케이션은 구성원들 간의 인간 관계를 원만하게 함으로써 갈등을 예방함과 동시에 신뢰를 형성하고, 참여가 증대되는 등의 효과를 기대할 수 있다.

넷째, 커뮤니케이션은 수많은 요소가 구조적으로 얽혀 있는 집단이나 조직 단위들을 연결시키고, 그들의 권위를 수립하고 유지하는 데 기여한다.

다섯째, 구성원들이 정보의 중요성과 가치를 높게 평가하고 알고 싶은 욕구를 권리로 인식하고 있으며, 커뮤니케이션에 대한 높은 요구와 기대 수준을 가지고 있다.

더 나아가 이러한 커뮤니케이션의 중요성은 첫째, 조직구성원 상호간, 특히 상위직과 하위직 간의 의견과 감정을 서로 공유함으로써 쌍방적 커뮤니케이션이 가능하도록 하여 효과적인 정책 결정과 건전한 의사 결정을 내리도록 하여 조직의 효과성에 기여한다.

둘째, 조직구성원 상호간에 개방적으로 의사소통을 함으로써 조직의 효율성에 기여한다. 가령, 서비스 개선을 위해 효율적인 기법을 습득한 직원은 다른 직원과 공유함으로써 효율성을 높일 수 있고, 어떤 절차가 부적절하고 비효과적이라는 것을 발견한 직원은 다른 직원들로 하여금 그가 발견한 사실을 알게 함으로써 조직에 도움을 줄 수 있다.

셋째, 원활한 커뮤니케이션을 통해 조직구성원들이 서로 무엇을 생각하고 무엇을 느끼고 있으며 또 왜 그렇게 생각하고 느끼고 있는지를 함께 공유함으로써 사기를 증진시킨다.

3 커뮤니케이션의 기능

커뮤니케이션은 기본적으로 조직구성원 간의 상호작용 과정이다. 이러한 커뮤니케이션은 조직구성원들이 그들의 경험, 도래할 미래와 그들 주변의 세계 등에 대한 의미를 부여하고 기대를 높이며, 구성원들 간의 상징의 교환을 통해 그 의미와 기대를 교류하는 동태적인 상호작용 과정이다. 이러한 상징들은 언어적(verbal) 커뮤니케이션이나 비언어적(nonverbal)이 될 수 있고, 의도되거나(intended) 혹은 비의도된

(unintended) 요인들에 의해 영향을 받는다. 커뮤니케이션의 중요성과 개념에서 밝혔듯이, 커뮤니케이션이 수행하는 주요한 기능이나 기대되는 것을 스콧과 미첼(Scott & Mitchell, 1976)의 정리에 의하면 아래와 같다.

첫째, 조정과 통제를 위한 수단이다. 커뮤니케이션을 통해 조직구성원들의 의무와 규범을 전달함으로써 질서를 유지하고 권위와 책임감을 구축하는 등의 조정・통제 기능을 수행한다.

둘째, 의사 결정의 합리화 기능이다. 이를 위해 커뮤니케이션은 메시지의 내용이 정확하고 신속하고 적절하게 전달되도록 하고 정보의 수집・분석 및 보관 등의 기능을 수행함으로써 의사 결정이 합리적이면서 효율적으로 이루어지도록 한다.

셋째, 동기 부여와 참여 촉진 기능이다. 활발한 커뮤니케이션은 정책, 업무 절차, 인사 등에 관한 정보를 제공하고, 인정감, 소속감, 참여 의식을 느끼게 함으로써 사기를 올리게 되며, 행정 능률이 향상시켜 조직구성원의 심리적 욕구를 충족시키는 기능을 수행한다.

넷째, 사회적 욕구를 충족시키는 기능이다. 커뮤니케이션을 통해 자신의 느낌이나 감정을 표현하거나, 다른 사람들과의 교류를 확대해 나감으로써 사회적 욕구를 충족시키고 있다.

다섯째, 효과적인 리더십 발휘 기능이다. 효과적 리더십은 적절한 권위의 보유와 행사가 전제될 때 가능하다. 리더십의 수준은 부하들의 수용 여부와 수준에 달려 있는데, 이는 커뮤니케이션의 내용이나 수단, 기법 등에 따라 달라진다.

제 2 절 커뮤니케이션의 원칙과 과정

1 커뮤니케이션의 원칙

효율적인 커뮤니케이션이 되려면 어떤 원칙이 필요할까? 커뮤니케이션 과정에 나타나게 되는 왜곡이나 장애를 사전에 예방할 수 있도록 최소한의 커뮤니케이션의 기본 요건을 충족시켜 주는 것이 필요하다. 첫째, 전달할 메시지 내용과 커뮤니케이션의 목적을 명확히 하는 것이 필요하다. 둘째, 메시지 전달 대상이 누구인가를 파악해야 한다. 셋째, 전달하고자 하는 메시지의 분량, 전달 방식이나 채널 등에 대한 선택이 이루어져야 한다.

이와 더불어 레드필드(C. E. Redfield, 1958)는 커뮤니케이션의 주요 7 원칙을 제시했다. <표 10-1>은 레드필드의 커뮤니케이션의 일반 원칙을 정리한 것이다.

표 10-1 커뮤니케이션의 일반 원칙

커뮤니케이션의 일반 원칙	
① 명료성(clarity) ② 일관성(consistency) ③ 적시성(timeliness) ④ 배포성(distribution)	⑤ 적정성(adequacy) ⑥ 적응성과 통일성(adaptability & uniformity) ⑦ 관심과 수용(interest & acceptance)

1) 명료성

원활한 커뮤니케이션이 이루어지기 위해서는 그 의미가 명확해야 한다. 정확하고 신속한 메시지의 전달이 필요하므로 가능한 어려운 단어나 복잡한 배경 설명, 어색한 문장 구조, 진부성, 불필요한 전문용어 등은 사용하지 않는다. 지나친 미사여구는 커뮤니케이션의 명료성을 해친다.

2) 일관성

최초의 커뮤니케이션이 전달되는 과정에 메시지의 수정이 반복되거나 가감이 될 경우 일관성을 잃을 수 있다. 어떤 커뮤니케이션이든 당초의 커뮤니케이션의 전달자의 목표와 부합되어야 한다.

3) 적시성

아무리 좋은 커뮤니케이션의 내용이라 할지라도 적절한 시기와 시간을 맞추지 못하면 불필요한 것이 되고 만다.

4) 배포성

전달하고자 하는 메시지가 어떠한 커뮤니케이션 수단과 기법을 통하든 명확하게 피전달자에게 전달되어야 한다.

5) 적정성

과대한 양과 지나친 횟수로 커뮤니케이션을 하려는 것은 오히려 역효과를 낼 수 있다.

6) 적응성과 통일성

적응성이란 커뮤니케이션의 융통성, 개별성, 현실성 등을 말하며, 통일성이란 각 커뮤니케이션이 전체로써 일관된 정책이나 목표로 표현되게 하는 것을 말한다.

7) 관심과 수용

커뮤니케이션은 그것의 관심과 그것을 받아들일 수 있는 가능성이 있는 때에 비로소 그 가치가 있고 능률이 있는 것이며, 수용에는 어떠한 권위가 배제되어야 한다.

2 커뮤니케이션의 과정

1) 기본 과정

커뮤니케이션 과정은 크게 전달자(sender)-내용(message)-매체(channel)-수신자(receiver)-효과(effect)라고 하는 다섯 가지 과정을 통해 이루어지므로, 이 중 하나라도 없으면 완전한 커뮤니케이션이라 할 수 없다. 구체적으로 보면, 커뮤니케이션의 기본 과정은 크게 메시지 내용의 명확화, 커뮤니케이션 참여, 메시지 전달, 메시지 수용을 위한 동기부여, 그리고 평가 및 환류 등의 과정으로 구성되어 있다.

먼저, 전달자는 수신자에게 전달하고자 하는 메시지의 내용과 목적을 명확히 이해해야 한다. 이어서 수신자에게 그 메시지 내용을 전달하며, 전달된 메시지가 적극적으로 이해되고 수용됨과 동시에 의도된 행태 변화를 유도하기 위한 동기부여가 필요하며, 마지막으로 이러한 커뮤니케이션 전 과정에 대한 평가와 그 결과를 환류시킨다. 여기서 커뮤니케이션의 과정은 단순히 정보의 전달이나 수신이라는 정태적 관점에서 이해하는 대신, 그 과정을 구성하고 있는 요소들 간에 상호작용을 하면서 영향을 주고받는다는 동태적 관점으로 이해해야 된다. 이러한 내용을 도식화하면 [그림 10-1]과 같다.

그림 10-1 **커뮤니케이션 과정 모형**

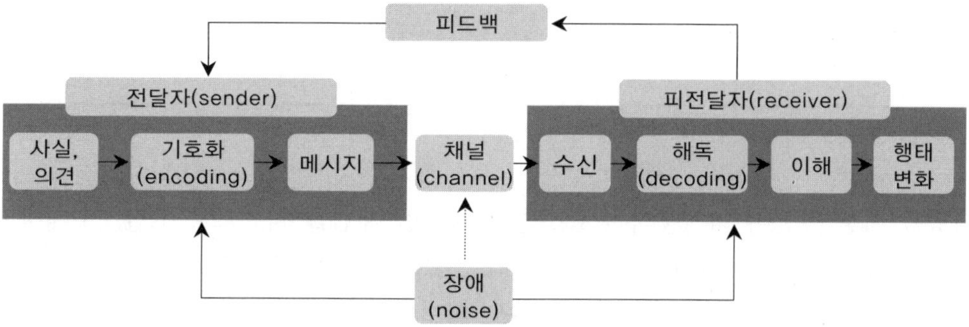

3 커뮤니케이션 이론 모형

커뮤니케이션 과정을 이론적 모형으로 제시한 대표적인 학자는 샤논과 위버(Shannon & Weaver, 1949)로서 커뮤니케이션 과정을 정보원(information source), 송신기(transmitter), 잡음(noise), 수신기(receiver), 목적지(destination) 등의 다섯 가지 요소로 나누어 설명하고 있다. 여기서 정보원은 전달될 메시지가 생성된 곳을 의미하며, 송신기는 생성된 메시지를 전달 통로인 채널에 적합한 신호로 전환시키는 곳을 말한다. 그리고 잡음이란 전달된 메시지를 올바르게 수용하지 못하도록 방해하는 것을 가리킨다. 수신기는 전달받은 신호를 메시지로 다시 환원시키는 역할을 하는 것을 말하며, 마지막으로 목적지는 수신된 메시지를 최종적으로 도달되는 곳을 의미한다. [그림 10-2]는 샤논과 위버의 커뮤니케이션 과정 모형을 나타낸 것이다.

샤논과 위버의 커뮤니케이션 모형은 최초로 개발된 모형으로 후속 연구에 지대한

그림 10-2 섀논과 위버의 커뮤니케이션 과정 모형

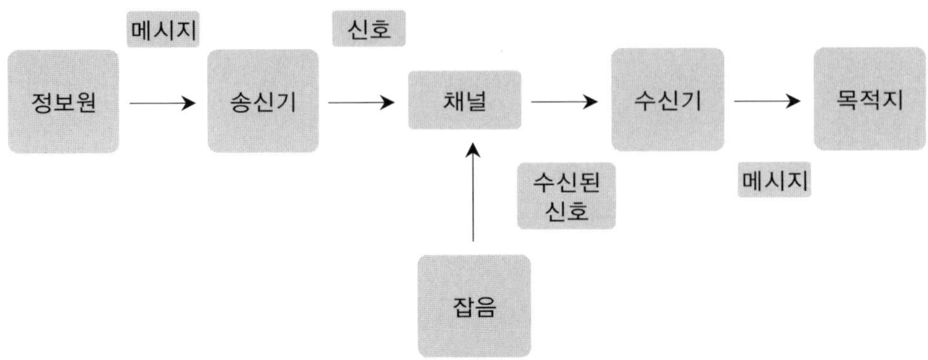

출처: Shannon & Weaver(1949: 5, 98).

영향을 미쳐 왔으며 역기능적인 요소인 잡음이란 개념을 처음으로 고안·소개하고 있다는 점에서 긍정적인 평가를 받고 있다. 그러나 커뮤니케이션을 선형적이며 일방향적인 과정으로 이해하고 있다는 비판을 받고 있다.

오스굿(E. Osgood)과 쉬람(W. Schramm)의 커뮤니케이션 순환모형은 커뮤니케이션 행위자들의 송수신 행동을 설명하는 데 초점을 맞추고 있다. 즉, 양측의 약호자와 해독자는 송신자와 수진자의 역할을 동시에 수행할 수 있으며, 이들은 동등한 수준에서 기호화(encoding), 해독화(decoding), 해석이라는 동일 기능을 수행한다고 설명한다. 이 모델에 따르면 수신자는 기호를 약호에 따라 해석하여 의미를 만들고 이를

그림 10-3 오스굿과 쉬람의 커뮤니케이션 순환 모형

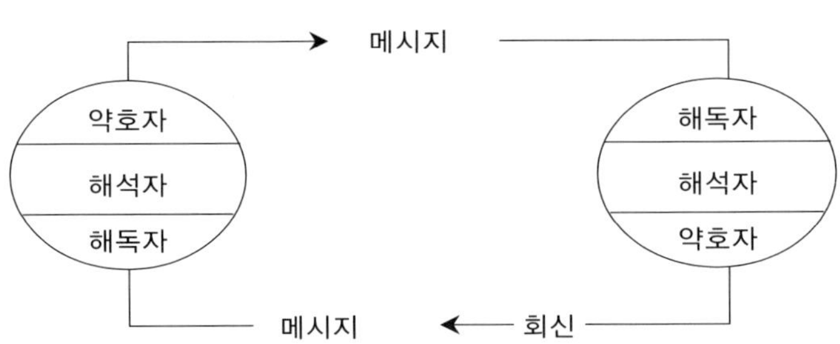

출처: McQuail & Windahl(1981).

다시 약호를 사용해 기호를 배열함으로써 의미를 구성하는 송신자로 바뀌며, 이것을 다시 수신자에게로 전달되어 같은 과정을 반복하는 것으로 되어 있다.

라스웰(H. D. Lasswell)은 커뮤니케이션의 주요 요소를 '누가(who), 무엇을(say about what), 어떤 채널을 통해(in which channel), 누구에게(say to whom), 어떤 효과를 가져왔는가?(with what effect)'라는 질문 형식으로 제시한 뒤, 커뮤니케이션 요소들을 단계별로 기술한 모형과 함께 각 단계별 요소에 대한 분석 방법을 제시한 바 있다.

그림 10-4 라스웰의 커뮤니케이션 행위 모형

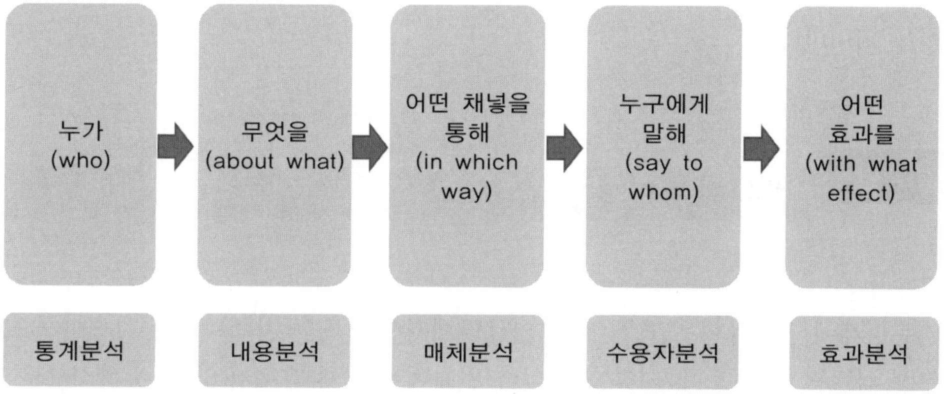

출처: Lasswell(1956).

한편, 벌로(D. K. Berlo)는 커뮤니케이션 과정은 송신자(source: 기술, 태도, 지식, 사회 체계, 문화), 전달 내용(message: 내용, 요소, 처리, 구조, 코드), 통신 수단(channel: 시각, 청각, 촉각, 후각, 미각), 수신자(receive: 기술, 태도, 지식, 사회 체계, 문화)라는 네 가지 요소로 구성되어 있는 S-M-R-C 모형을 제시한 바 있다. 송신자로부터 수신자에게로의 일방향적 방식이 아니라 송신자와 수진자 간의 쌍방향적인 방식을 취한다고 주장했다(Berlo, 1960). 그리고 웨슬리-맥린(Westley-MacLean)의 커뮤니케이션 모형은 발신자와 수신자 사이에 정보를 중개하는 중재자(gatekeeper)의 역할과 피드백 기능을 강조했으며, 대상의 지향성, 메시지, 정보원, 수신자 그리고 피드백을 다섯 가지 요소를 커뮤니케이션의 구성 요소로 보았다(Westley & MacLean,

1957). 개인 커뮤니케이션과 매스 커뮤니케이션을 취급할 수 있는 모형이며, 중재자의 역할과 중요성을 강조했다.

종합해 보면, 커뮤니케이션의 과정은 크게 세 가지 과정으로 이해될 수 있다고 본다. 첫째, 메시지를 보내고 받는 과정(sharing)으로 수직적 또는 수평적 통로를 통해 언어적·비언어적으로 또는 문서 등의 방법으로 메시지를 주고받는 과정이다. 둘째는 메시지를 이해하는 과정(understanding)으로 보내는 메시지 내용과 받는 메시지의 내용이 기본적으로 일치하도록 하는 과정이다. 이 과정에 적극적으로 메시지의 내용을 수용할 수 있도록 동기를 부여한다. 셋째는 메시지를 명확히 하는 과정(clarifying)으로 메시지의 내용이 옳고 그름의 증명이 아닌 말해지는 것을 이해하도록 하며, 전달하고자 하는 메시지의 내용이 다른 사람에게 명확히 전달되도록 하는 과정을 의미한다.

제 3 절 커뮤니케이션의 유형

커뮤니케이션의 유형은 크게 조직 커뮤니케이션과 개인 차원의 커뮤니케이션으로 구분해 검토될 수 있으나, 기본 과정이나 원칙에는 크게 다르지 않다. 통상적으로 경로를 기준으로 공식적 및 비공식적 커뮤니케이션, 그리고 방향성을 기준으로 하향식, 상향식 그리고 수평적 커뮤니케이션으로 세분한다. 그리고 언어적 또는 비언어적 커뮤니케이션을 구분해 기술한다.

1 공식적 커뮤니케이션

공식적 커뮤니케이션은 공식적인 권한과 계층제를 통해 공식적으로 조직마다 제도적으로 마련되어 있는 특정한 요건이나 양식을 갖추고 있는 수단에 의존해 정보가 유통되는 것을 의미한다. 공식적 커뮤니케이션에는 크게 하향식, 상향식, 그리고 수평식 커뮤니케이션이 있다.

1) 하향식 커뮤니케이션

조직의 계층구조에 따라 상급자가 하급자에게 명령이나 지시, 각종 방침이나 기준 등을 전달하는 것을 의미하며, 다른 커뮤니케이션 유형보다 가장 빈번하게 사용되고 있다. 문서명령과 구두명령을 포함한다. 하향식 커뮤니케이션은 명령 외에 조직의 각종 규정이나 절차 등을 담은 편람이나 핸드북을 제작·배포하거나, 일시적 또는 긴급한 정보를 제공하기 위해 게시판, 구내 방송 또는 사내 기관지 등을 활용하기도 한다.

2) 상향식 커뮤니케이션

상향식 커뮤니케이션은 하급자가 상급자에게 의사를 전달하는 방식으로, 보고를 비롯해 결재(또는 품의) 제도, 면접, 의견조사, 제안제도 등이 포함된다. 보고는 가장 공식적인 것이며 조직책임자는 보고에 의해 필요한 의사 결정이나 명령을 내릴 수 있다. 면접은 구성원들이 관리층에 대해 품고 있는 감정을 파악해 행정에 반영하려는 방법이나 비용, 시간이 많이 들고 익명성의 보장이 어렵다. 의견조사는 질문서 등을 구성원에게 배포·수집해서 성원들의 사기 측정이나 태도 조사 등에 유용하게 사용된다. 그리고 제안제도(품의제도)는 구성원들의 업무 개선에 관한 의견이나 아이디어를 접수해 유익한 것은 채택해서 실시하고 이를 보상하는 제도이다.

이 같은 상향식 커뮤니케이션은 조직에서 상하급자 간에 쌍방적 커뮤니케이션을 가능하게 하고, 상의하달의 오류를 시정하는 장점이 있는 반면, 상급자로부터의 질책을 우려하거나 그들의 감정을 과도하게 의식해 일부 긍적적인 정보들은 확대되고, 부정적 정보들의 상당량은 걸려지는 여과 효과(filtering effect)에 의해 그 객관성이 훼손될 가능성이 크다는 단점이 있다(Thompson, 1967: 125). 그래서 상향식 커뮤니케이션이 원활하게 작동되기 위해서는 제안제도 및 상담제도가 제대로 기능되어야 함은 물론 고충처리제도, 옴부즈만제도 등도 운영되어야 하며, 구성원들에게 각종 의사 결정에의 참여 기회가 허용되어 있어야 한다.

3) 수평식 커뮤니케이션

수평식 커뮤니케이션은 동일 계층의 사람들 또는 상하 관계에 있지 않은 사람들 사이에 이루어지는 상호작용적 의사 전달 방식이다. 이에는 사전심사제도(어떤 결정을 내리기 전에 전문가들의 의견을 구하거나 조직의 목표와 합치성 등을 검증), 각서

(사전·사후에 관계없이 이용), 회람 또는 통지(사후에 통지 또는 주지시키는 것을 목적), 회의 또는 위원회제도(관계자들이 한 곳에 모여 의견을 직접 구두로 전달 또는 교환하는 것) 등이 있다.

권위적 성향을 띠고 있을 가능성이 높은 하향식 커뮤니케이션에서의 메시지에 비해, 수평적 커뮤니케이션에서 주로 사용되는 메시지는 협력적인 성향을 띠는 동시에 왜곡 가능성은 크게 낮다는 특성을 지닌다. 이 같은 수평적 커뮤니케이션의 중요성이 최근 강조되고 있는데, 그 이유는 개인 또는 집단 간의 갈등을 완화하고 과업의 수행이나 문제 해결에 협력을 해야만 조직 목표 달성은 물론 사회적 지지도 확보할 수 있다는 인식이 높아졌기 때문이다. 그럼에도 불구하고, 대규모 조직일수록 구성원 개인 간에 경쟁 의식이 높게 형성되어 있고, 부서이기주의 또는 할거주의가 팽배해 있을 가능성이 크므로, 수평적 커뮤니케이션이 원활하게 이루어지기 위한 다각적인 노력이 필요하다.

2 비공식적 커뮤니케이션

비공식적 커뮤니케이션은 조직의 자생집단 내에서 비공식적 방법으로 이루어지는 의사 전달 방식을 의미한다. 모든 커뮤니케이션이 공식적으로 정해진 통로나 방법만으로 이루어지지 않는다. 다시 말해, 조직에서 공식적으로 제도화된 의사 전달 방법이나 채널을 통하지 않고 지연·혈연·학연을 비롯한 각종 인연이나 신뢰 수준 등에 따라 형성된 자생적 통로에 의해 커뮤니케이션이 이루어지는 것을 말한다. 이 같은 비공식적 커뮤니케이션은 메시지 전달 과정에서 왜곡될 가능성이 높고, 메시지 내용의 정확성을 통제하기도 곤란하며, 공식적인 권위 관계의 조정을 더 곤란하게 하는 만드는 단점이 있는 반면, 조직구성원들의 감정을 잘 나타낼 수 있어서 심리적인 만족감과 조직에의 적응력을 높여 주는 긍정적인 측면도 있다. 따라서 조직관리자는 비공식적 커뮤니케이션의 역기능을 최대한 억제하는 반면, 비공식적 커뮤니케이션이 지니고 있는 장점들을 살려 나갈 수 있는 효과적 관리 방안을 마련해야 한다. <표 10-2>에서는 공식적 커뮤니케이션과 비공식적 커뮤니케이션의 상대적 장·단점을 간략히 정리했다.

표 10-2 공식적 · 비공식적 커뮤니케이션의 상대적 장단점

커뮤니케이션 유형	장단점	주요 내용
공식적 커뮤니케이션	장점	의사 전달 권한과 책임 관계 명확 확실하고 편리한 커뮤니케이션 사전 정보 확보로 의사 결정 용이
	단점	융통성이 없고 느린 의사 전달로 환경 변화에 즉각적 대응 곤란 복잡하고 다양한 인간의 의사를 단순하게 표현하는 경향
비공식적 커뮤니케이션	장점	부하 직원의 동태 파악 용이와 정서적 긴장 해소 딱딱한 명령이나 지시를 인간적이고 부드럽게 전환 가능 공식적 의사 전달 체계가 제공하지 못한 유익한 정보 전달
	단점	왜곡된 사실 유포로 구성원들의 불만 또는 불안 자극 의사 전달 책임 소재 불분명

3 언어적 · 비언어적 커뮤니케이션

언어적 의사소통(verbal communication)은 구두(口頭) 혹은 서면으로 메시지를 전달하는 것이며, 비언어적 커뮤니케이션은 언어 이외의 비언어적 수단(몸짓, 표정, 동작, 태도, 제스처 등)을 사용해 메시지를 전달하는 것이다.

언어적 커뮤니케이션은 언어(음성언어와 문자언어 포함)를 활용해 메시지를 전달하기 때문에 고려되어야 할 몇 가지 제약점이 있음을 주지할 필요가 있다. 첫째, 주로 생각과 사실에 강조를 두는 것이지 감정의 정확한 표현에 중점을 두는 것은 아니다. 둘째, 말하려고 선택한 것이 상황의 근사치에 불과하기 때문에 듣는 사람을 잘못된 방향으로 인도할 우려가 있다. 셋째, 전달할 필요가 있는 내용들을 논의하기 위해 사람들을 함께 모이게 하는 것이 가끔 어려울 수 있다.

비언어적 커뮤니케이션에는 신체적 언어(눈짓, 몸짓, 웃음, 말의 속도, 목소리의 높고 낮음, 입술의 경련, 얼굴의 붉어짐, 그리고 눈물), 공간(사무실, 건물 배치), 시간, 신체적 외향(옷, 장식, 화장) 등이 포함되는데, 커뮤니케이션 과정에 전달자를 조심스럽게 관찰하는 것은 생각과 의미와 감정을 주고받는 데에 큰 도움을 얻을 수 있다. 왜냐하면, 비언어적 커뮤니케이션은 인간의 보편적이고 자연적이며 학습되지 않은 행위들을 포함하며, 의사 전달의 기능을 가진다. 잠재적 의식이나 억제된 욕망, 두려움의 요인들을 파악할 수 있는 표현의 의미와 강도에 따라 커뮤니케이션 정도를 전달할 수 있다. 즉, 같은 행위일지라도 상황에 따른 의미 해석이 전적으로 다르다. 비언어적 커뮤니케이션에도 일정 규칙이 적용된다. 그럼에도 불구하고 비언어적 커뮤니케이션으로 의사 전달을 하고자 하는 경우에는 몇 가지 제약점을 고려해야 한다(Condon, Hinde 등).

첫째, 비언어적 행위들은 체계화되기 어렵거나 체계화시킬 수 없다.

둘째, 비언어적 커뮤니케이션은 수화(手話)에 관한 것을 제외하고는 사전이 없다.

셋째, 잘 알아듣지 못했거나 이해하지 못한 내용을 상대방에게 반복해서 물어볼 수 없다.

넷째, 비언어적 커뮤니케이션은 통제하기가 어렵다.

다섯째, 비언어적 커뮤니케이션 행위는 언어와 일치하지 않는 경우가 많다.

제 4 절 커뮤니케이션의 장애과 극복

커뮤니케이션의 과정에 여러 가지 원인으로 다양한 유형의 장애(noise)가 발생될 수 있다. 커뮤니케이션 메시지가 전달되는 과정을 거치면서 메시지의 내용은 물론 전달자의 의도 등이 제대로 전달되지 않은 경우에는 커뮤니케이션의 정확성(accuracy)이나 효과성(effectiveness)을 떨어뜨린다. 이러한 커뮤니케이션의 장애 원인은 구조적 측면에서는 계층제, 전문화, 집권화를 들 수 있으며(조석준, 1993: 398-402), 과정적 측면에서는 왜곡, 누락, 정보의 과부하, 수용의 거부 등을 들 수 있다.

1 장애의 원인

1) 구조적 장애 원인

조직은 계층제적 구조를 통해 조직 목표를 통합하고 조직 단위 간의 커뮤니케이션을 조정하고 통합한다. 개인의 목표와 조직의 목표 간의 불일치가 정보의 왜곡을 유발하고, 이러한 과정의 반복을 통해 정보의 왜곡과 커뮤니케이션의 왜곡이 더욱 심해질 수 있다. 특히, 조직 내에 많은 계층이나 계급이 존재하는 경우, 이를 통제하거나 관리하기 위해 정보의 왜곡과 단절 현상이 심해지는 경우가 있는데, 이에 조직은 조직 상층부에서는 더욱 충성심과 세뇌 등을 강조하게 되고, 따라서 조직구성원들은 창의적이지 못하고 정보의 질은 더욱 낮아질 수 있다.

둘째, 조직의 분업과 분야별 전문화가 오히려 부서 간 경쟁을 심화시키고 정보를 왜곡시키거나 단절시킬 수 있다. 기본적으로 조직은 그 내부 구조의 분업과 소관 부서의 전문화를 통해 조직의 효율화를 도모하는데, 이로 인해 각 부서가 경쟁 관계에 놓이게 되어 원활한 커뮤니케이션을 방해하거나 왜곡시켜 정보의 내용과 질을 왜곡시키는 원인으로 작용한다.

셋째, 소수의 전문가집단이나 조직의 최고위층에 제한된 정보가 집중되는 경우에 커뮤니케이션의 왜곡과 장애가 발생한다. 이러한 집권화 현상은 정보활동이 조직의 상층부에 집중되어 있으면 소수의 인원이 너무 적은 양의 정보를 갖게 되어 실정에 어둡게 되며, 너무 많은 양의 업무 때문에 제대로 기능을 수행할 수 없게 된다. 또 커뮤니케이션 전달 체계가 집권화되면 단순 문제에 대해서는 신속하고 능률적으로 처리하는 데 유리하지만, 복잡한 문제에 대해서는 분권화된 커뮤니케이션 구조가 더욱 효과가 크며 직원의 사기도 높일 수 있다.

2) 과정적 측면의 원인

메시지의 의미나 내용을 변화시켜 정보를 제대로 전달하지 않는 현상을 왜곡(distortion)이라 말한다. 이러한 왜곡이 발생하는 원인은 다음과 같다.

첫째, 개인들은 상이한 경험과 준거 체제를 가지고 있기 때문에 동일한 의사 전달을 다르게 해석할 수 있고, 어의상의 문제로서 전달자가 모호한 말을 사용하거나 수신자에게 생소한 전문적 용어를 사용할 경우 언어의 부적절한 사용으로 해석의 오류를 낳으며, 감각적 정보를 지각하는 과정에서의 오류가 메시지의 잘못된 이해나 해석을 낳는다. 또한 시간에 쫒기거나 의사 전달 경로에서 수신자를 제외시키는 등의 시간 압박(time pressure)이 커뮤니케이션을 왜곡하는 원인이 될 수 있다.

둘째, 전달자가 의도한 메시지의 일부만이 전달된 경우 누락(omission) 현상이 커뮤니케이션의 장애를 유발한다. 누락 현상은 전달자가 고의로 커뮤니케이션의 내용을 여과(filtering)할 때라든가 전달자가 모든 메시지를 파악하지 못함으로써 불충분한 정보를 수신자에게 전달할 때 발생한다. 또는 전달자의 고의는 없었더라도 조직의 계층구조가 심한 경우 커뮤니케이션의 단계가 길어지게 되면 이러한 누락 현상이 발생할 수 있다.

셋째, 정보의 과부하(information overload)는 메시지의 흐름을 제대로 처리하지 못하거나 중요한 정보를 가려내지 못해 커뮤니케이션의 장애를 유발할 수 있다. 과부하는 메시지의 흐름이 그 체제의 처리 용량을 초과해 유입되는 상황이다. 과도한 정보의 유입은 어떠한 정보가 중요한지 어떻게 조치를 취해야 하는데 적절한 판단을 내리지 못하는 경우가 있으며, 이에 따른 의사 결정 또한 적절치 못한 경우가 있다.

넷째, 메시지 수신자가 전달자의 말이나 행동을 신뢰하지 않거나 메시지에 대한 선입견을 갖는 경우 수용 거부 현상이 나타나게 되는데, 이러한 경우 원래 의도된 커뮤니케이션은 제대로 전달되지 않거나 장애가 발생한다. 선입견을 가지고 다른 사람의 주장이나 의견을 평가해서는 안 된다는 의미이며, 자기의 주장과 선입견을 내려놓고 주의 깊은 청취가 원활한 커뮤니케이션을 이루는 데 중요한 요소이다.

2 커뮤니케이션 장애의 극복

커뮤니케이션의 장애를 극복하기 위해서는 구조적 측면에서의 극복 방안과 과정적 측면에서의 극복 방안을 검토해 볼 수 있는데, 이하에서는 과정적 측면에서의 커뮤니케이션 장애를 극복할 수 있는 방안을 중심으로 살펴보기로 한다. 물론 구조적 측면에서도 계층제, 전문화, 집권화 현상을 궁극적으로 커뮤니케이션의 효과성과 정확성을 달성할 수 있도록 수정하거나 보완해야 할 것이다.

1) 왜곡과 누락 방지

커뮤니케이션의 대표적인 장애 원인인 왜곡과 누락을 방지하기 위해서는 다음과 같은 대처 방법이 제안되어 왔다.

첫째, 반복 또는 중복의 방법을 통해 메시지를 다른 채널을 통해 반복적으로 전달하는 것이다. 이러한 방법은 반복적으로 메시지를 수신하도록 하여 학습 효과를 기대하거나 복수의 채널을 통해 동일한 메시지를 수신하도록 하여 커뮤니케이션 내용의 정확성을 기하도록 하는 방법이다.

둘째, 다양한 커뮤니케이션 수단을 효과적으로 조합해 커뮤니케이션의 정확성과 효과성을 높이는 방법이다. 하나의 커뮤니케이션 수단만을 의존하여 메시지를 전달할 경우에는 한정된 의미만을 표현할 수밖에 없고 종종 오해를 불러일으킬 수 있기 때문에 다양한 커뮤니케이션의 조합을 통한 효과적인 커뮤니케이션을 유도하는 방법이다.

셋째, 메시지 전달 경로를 단순화해 의사 전달의 흐름에서 중개자를 제거하는 방법이다. 여러 전달 경로를 거치는 동안, 메시지의 일부 내용이 누락되거나 새로운 내용이 부가될 수도 있다. 또한 전달 경로가 길면 길수록 의사 전달의 속도 또한 늦어진다. 이러한 경우 커뮤니케이션의 전달 경로를 명확하게 확립하고 제도화해 모든 구성원이 그 전달 경로를 사전에 숙지하고 있어야 한다.

넷째, 커뮤니케이션 전 과정에 대한 평가를 통해 전달된 메시지를 정확히 이해하고 제대로 이행되고 있는지 여부를 주기적으로 점검해야 한다. 이러한 평가 및 점검 결과를 피드백해 현재의 행동을 강화하거나 새로운 변화를 지향하게 만드는 기능을 작동되도록 해야 한다. 단순히 사후 평가 자체에 그쳐서는 소기의 목적을 달성할 수 없기 때문이다.

2) 정보 과부하 방지

정보 과부하란 수신자의 정보처리 능력을 넘어선 정보의 투입을 받았을 때, 정보의 일부를 누락하거나 정보를 선별적으로 처리하거나 지연 처리하기도 하며, 메시지 전달 과정에서 실수를 범하기도 한다. 이에 대처 방안으로는 회의의 설치 및 정기적 운영을 통해 전달되는 메시지 양의 표준화, 정보 처리 우선순위를 매겨 낮은 순위의 정보는 타인에게 위임 처리, 권한의 위임이나 분권화를 통한 정보 분산 처리, 비서나 참모와 같은 문지기를 확충하는 방법 등이 주로 활용된다.

사례 밀양 송전탑 공사: 사례와 교훈

밀양 송전탑 건설 공사가 주민들과의 충돌 속에 어제 재개됐다. 지난 5월 공사 시작과 함께 중단된 이후 넉달여 만이다. 한전이 2007년 정부로부터 건설 공사 승인을 받은 후 6년 동안 11차례나 중단과 재개를 반복하면서 밀양 송전탑 문제는 이미 전국적 이슈가 됐다. 마침내 대규모 경찰 병력까지 투입해 공사를 강행해야 하는 절박한 상황에까지 이르렀다. 무엇보다 염려되는 것은 주민의 안전이다. 일부 주민은 쇠사슬로 목을 감고 농성을 벌이고, 공사 현장에 대형 구덩이까지 파놓고 결사 저지에 나서고 있다. 극단적인 대치로 말미암아 불상사라도 생긴다면 사태는 급속히 악화될 것이 뻔하다. 공사 현장 관리에 한층 신중을 기해야 할 것이다.

공권력까지 동원하면서 공사를 강행해야 하느냐에 대해서는 의견이 갈린다. 반대 세력은 여전히 송전탑 쟁점을 해소하기 위해 TV토론회를 개최하고 사회적 공론화 기구를 구성할 것을 요구한다. 국가적 사업을 둘러싼 갈등을 '위력'이 아니라 '공론'으로 풀어야 하는 것은 맞다. 그러나 같은 국책사업이라고 해도 건강권 · 재산권 등 직접적인 이해가 걸려 있는 해당 지역 주민과 '제3자로서의 국민'의 시각은 현격한 차이가 있다. 주목하지 않을 수 없는 대목이다. 밀양 송전탑 반대대책위는 주민의 절대 다수가 송전탑 건설에 반대한다고 주장하지만 많은 국민은 송전선로 공사는 국가전력 인프라 확보 차원에서 불가피한 국가기반사업이라고 여긴다. 전력 사정의 긴박함은 올여름 블랙아웃 공포의 터널을 지나며 우리 국민 모두 확인한 바다. 어렵게 생산한 전력을 제대로 송 · 배전하지 못해 버리는 일이 있어선 안 된다. 밀양 주민으로서는 삶의 터전이 훼손되는 현실이 야속할 수밖에 없을 것이다. 그렇다고 송전탑 건설을 무작정 막아선다면 지역이기주의로 비치기 십상이다.

한전은 내년 여름 전력 수요 피크기에 신고리 원전 3 · 4호기에서 생산된 전력을 안정적으로 공급하기 위해선 더 이상 공사를 늦출 수 없다고 말한다. 정부는 '신고리 3호기 내년 3월 상업운전'을 강조한다. 지금 공사를 시작해도 최소 8개월 이상 공기가 소요돼 내년 5월에나 완공할 수 있다니 이미 늦은 셈이다. 늦은 만큼 차질 없이 진행돼야 한다. 밀양 송전탑 문제가 이처럼 극단으로 내몰린 데는 정부의 초기 대응 미숙과 한전의 안이한 대처도 한몫했다고 본다. 지금이라도 주민이 진정성을 느낄 수 있도록 계속 설득 노력을 다하기 바란다.

(서울신문, 2013.10.3. 신문 사설 중에서)

주민 반발로 지난 5월 말 중단됐던 경남 밀양시 초고압 송전탑 공사가 이르면 오늘 재개될 전망이다. 정부 관계자는 "밀양 주민을 포함한 전 국민을 대상으로 공사의 불가피성을 밝히는 호소문을 곧 발표하고 바로 공사를 재개할 예정"이라고 밝혔다. 경찰은 농성 주민 격리 등을 위해 3,000명의 병력을 투입할 방침이라고 한다. 한국전력 측도 수백 명의 직원을 동원할 계획이다.

현지의 주민들은 송전탑이 들어설 예정지 6곳에 움막을 치고 10여 일 이상 농성을 이어오고 있다. 고령자가 대부분인 농성 주민들은 쇠사슬, 인화성 물질을 소지하고 죽음으로라도 공사를 막겠다며 물러서지 않고 있다. 자칫 불행한 사태가 발생할지도 모르는 긴박한 상황이다. 이런 가운데 송전탑 반대 대책위원회는 어제 "대규모 공권력이 투입되면 고령자인 주민들이 크게 다칠 우려가 있다"며 국가인권위원회에 긴급구제를 요청했다. 정부가 공권력을 동원해 공사를 재개함에 있어 끝까지 신중을 기해야 하는 이유다.

밀양 송전탑 공사는 정부와 주민들 간의 이해가 첨예하게 맞서 해결이 쉽지 않은 사안이다. 정부로서도 그 동안 주민들을 설득하기 위해 나름대로 노력을 기울였다. 보상금을 당초보다 20억 원 늘린 185억 원으로 책정했고 이 중 40%는 주민들에게 직접 나눠주기로 했다. 또 밀양 주민이 참여하는 태양광발전사업도 추진될 예정이다. 주민들이 요구해 온 송전선 지중화는 12년의 시간이 걸리고, 2조 7,000억 원이 더 들어가 현실성이 없는 것으로 지난 7월의 전문가협의회에서 이미 결론이 내려져 있다.

하지만 정부가 공사를 강행할 명분을 쌓았다고 해서 밀어붙여도 되겠거니 하고 생각한다면 이는 오산이다. 수천 명의 경찰력을 동원해서 움막을 철거하고 주민들을 격리한다고 사태가 해결되지는 않는다. 이 과정에서 혹시라도 불상사가 발생했을 경우 누가 책임을 질 수 있을 것인가. 공사 재개도 중요하지만 주민들의 생명은 훨씬 더 소중하다. 정부 당국은 마지막 순간까지 주민들과 진지한 대화를 갖도록 노력해야 한다.

(한국일보, 2013.10.1. 신문 사설 중에서)

사례 문제

1. 밀양 송전탑 사례에서 커뮤니케이션의 중요성을 구체적으로 제시하시오.
2. 공식적 커뮤니케이션과 비공식적 커뮤니케이션의 장점과 단점을 밀양 송전탑 사례를 들어 설명하시오.

3) 수용 거부 방지

커뮤니케이션의 개선을 위해서는 조직 내 구성원들 간의 신뢰 형성이 무엇보다도 중요하다. 이를 위해 전달자는 행동으로 메시지를 뒷받침하는 신뢰를 보여야 하며,

수신자는 자신의 편견이나 선입견을 버리고 객관적으로 메시지를 판단하고 전제적 의미를 신뢰하는 태도를 갖추어야 한다. 감정이입적 청취(listening with empathy) 태도를 가지고 수용자는 사전적 비판이나 단정과 같은 심리적 경향을 의식적으로 자제한 채, 전달자를 신중히 들으며, 그의 의도와 입장 및 특성을 이해하려고 노력한 후 평가하려는 이성적 태도를 지녀야 한다.

생각해 보기

1. 조직관리 측면에서 커뮤니케이션의 중요성은 무엇인가?
2. 효과적인 커뮤니케이션을 위한 원칙은 무엇인지 사례를 들어 설명해 보자.
3. 커뮤니케이션의 유형과 장단점을 논의해 보자.
4. 커뮤니케이션의 장애와 그 원인은 무엇인가?
5. 커뮤니케이션과 조직 내 의사 결정의 관계를 논의해 보자.

제 11 장 리더십

제 1 절 리더십이란?

좋은 리더의 필요성은 늘 존재해 왔다. 어떤 리더를 갖게 되느냐에 따라 조직 혹은 나라의 흥망성쇠가 좌우되는 경우를 우리는 많이 목도해 왔고, 이에 따라 효과적인 리더십을 찾기 위한 노력들은 예전부터 꾸준히 있었다. 오늘날 역시도 좋은 리더에 대한 갈증은 계속 존재하고 있고, 사회 곳곳에서 특히 공공 영역에서 좋은 리더의 필요성은 더욱 커지고 있다. 하지만, 리더십처럼 많이 연구되었으면서도 여전히 풀리지 않는 의문들을 많이 가지고 있는 영역도 그리 많지 않을 것이다. 이 장에서는 리더십의 정의에 대해 알아보고, 지금까지 논의되어 온 리더십의 주요 이론들을 살펴보고자 한다.

1 리더십의 정의

리더십에 대한 많은 연구만큼이나 지금까지 많은 학자들이 리더십에 대해 다양한 정의를 내렸다. 과연 리더십은 어떻게 정의될 수 있을 것인가? 유클(Yukl, 1989: 5)은 리더십을 폭넓게 정의해 "집단이나 조직의 목표를 결정하고 이 목표를 추구하는 과업행동을 유발하며 집단을 유지하고 그 문화에 영향력을 행사하는 과정"이라고 정의했다. 레이니(Rainey, 2003)는 리더십의 목표 달성 기능에 초점을 두어 리더십을 "조직의 목표를 달성하도록 사람들을 지시하고 움직이게 하는 능력"이라고 정의했다. 로빈스와 저지(Robbins & Judge, 2011) 역시 리더십을 "비전이나 목표를 달성하도록 집단에 영향을 주는 능력"이라고 정의했다. 한편, 셔머혼, 헌트와 오스본(Schermerhorn, Hunt, & Osborn, 2008)은 리더십의 과정적 측면을 중시하여 "리더십은 이루어져야 할 것들과 그것을 달성하는 방법에 대한 이해와 동의를 구하고, 공유된 목표들을 달성하도록 개인적 · 집단적 노력들을 촉진시키는 과정이다"라고 정의했다. 각각의 정의마다 조금씩 다른 초점을 가지고 있기는 하지만, 이들 정의가 모두 리더십을 목표를 달성하기 위해 영향력을 행사하는 과정이라고 바라보는 데에서는 공통점을 가진다. 따라서 리더십을 "조직의 목표를 설정하고 이의 달성을 위해 조직 구성원들에게 영향력을 행사하는 과정"이라고 요약해서 정의해 볼 수 있다.

2 리더십과 관리의 차이

리더십 개념에 대한 이해는 관리(management) 개념과의 비교를 통해 더욱 용이해진다. 하버드 경영대학원의 코터(John P. Kotter)는 관리는 안정성을 증진시키거나 조직이 원만하게 운영되도록 하는 능력과 주로 관련이 있다고 본 반면, 리더십은 적응적 변화 또는 유용한 변화들을 촉진시키는 것이라고 보았다(Kotter, 1990). 다시 말해서, 관리는 계획을 수립해 질서와 일관성을 가져오고 조직의 구조를 디자인하며 수립된 계획과 대비해 목표를 얼마나 달성하고 있는지 확인하는 활동이 주가 되는 반면에 리더십의 주된 역할 중 하나는 비전을 수립하고 그러한 비전을 달성하기 위해 필요한 변화를 가져오는 것이다. 이러한 점에서 관리자는 주어진 일을 올바로 처리하는 사람(do things right)이고, 리더는 가치 창조의 관점에서 옳은 일을 하는 사람(do right things)이라고 하여 리더(leader)와 관리자(manager)를 구별해서 보기도 한다(Bennis & Nanus, 2003). 리더십과 관리의 차이점을 <표 11-1>을 통해 체계적으로 정리해 볼 수 있다.

표 11-1 리더십과 관리의 차이

	관리	리더십
의제의 설정	계획과 예산관리: 목표 달성을 위한 구체화된 실행 단계와 시간 스케줄을 수립하고 필요한 자원들을 체계적으로 배분한다.	방향의 설정: 미래에 대한 비전을 제시하고 비전을 성취하는 데 필요한 일련의 변화를 이끌어 내기 위한 전략을 수립한다.
의제를 달성하기 위한 네트워크의 개발	조직과 인사: 계획을 달성하기 위한 구조를 만들고 알맞은 인사를 임명하며 계획을 실행하기 위한 책임과 권한을 위임한다. 또한 사람들을 가이드할 정책과 과정들을 제시하고 실행을 감독할 방법과 시스템을 만든다.	사람들과의 조정 및 제휴: 말과 행동으로 사람들과 소통함으로써 협력을 얻고 더 나아가 비전과 전략을 이해하며 그 유효성을 받아들일 팀을 만든다.
실행	통제와 문제 해결: 결과를 모니터링하면서 계획과 벗어난 부분이 있는지 밝히고 그러한 문제들을 해결한다.	동기 부여와 영감의 고취: 사람들이 각종 정치적, 관료적, 자원적 장애물들을 극복할 수 있도록 힘을 불어넣는다.
결과	예측가능성과 질서의 생성: 다양한 이해관계자들로부터 기대되는 핵심 결과들을 일관되게 만들어 낼 수 있도록 한다.	변화: 새로운 생산품을 고안하거나 새로운 방식을 도입해 유용한 변화를 만들어 낸다.

출처: Kotter(1990: 6).

이와같이 개념적으로는 리더십과 관리를 구분해 볼 수 있지만, 실제로는 두 개념을 명확히 구별하기 힘들 것이다. 즉, 많은 리더는 관리자의 역할을 수행하고 있고, 많은 관리자는 리더로서 기능한다. 공무원 역시 예외가 아니어서, 조직 내에서 어느 정도 지위에 오른 관리자라면 자신의 위치에서 리더십을 발휘하는 것이 기대된다. 따라서 개념적으로는 리더십과 관리를 이와같이 구분할 수 있지만, 실제 조직활동에서는 두 가지 활동을 함께 수행해야 할 것이다. 결국, 조직의 성공적인 관리를 위해 관리와 리더십 두 요소가 함께 발휘되어야 한다.

제 2 절 리더십의 주요 접근법: 특성이론과 행위이론

지금까지 논의되어 오고 있는 주요 리더십 접근법들을 <표 11-2>와 같이 크게 세 가지로 나누어 정리해 볼 수 있다. 아래에서는 이 중 특성이론과 행위이론에 대

표 11-2 주요 리더십 접근법

접근법	가정	예
특성이론	리더 개인이 가지는 특성들이 리더와 그렇지 않은 사람들을 구별하고 리더의 성과를 가름하는 주된 역할을 한다.	위인들의 특성에 관한 연구 (초기 리더십 연구들)
행위이론	리더의 특정한 행동들이 성과와 다른 결과들의 주된 원인이 된다.	미시간대학 연구 오하이오 주립대학 연구 관리 그리드 연구
상황이론	리더십의 성공을 예측하는 것은 몇몇 특성이나 행동들보다 훨씬 복잡하다. 리더의 특성이나 행동들은 상황적인 요인들과 함께 연계될 때 적실성 있게 결과들을 예측할 수 있다	피들러(F. E. Fiedler)의 상황이론 하우스(R. J. House)의 경로-목표 이론 허시(P. Hersey)와 블랜차드(K. H. Blanchard)의 상황적 리더십 이론

해 먼저 살펴보고자 한다.

1 특성이론

특성이론(trait theories)은 효과적인 리더는 어떤 개인적인 특질과 성격을 갖는지에 관심을 갖는 이론이다(Robbins & Judge, 2011). 즉, 개인적 특성이 리더와 그렇지 않은 사람들을 구별하고 리더십의 성공을 설명하는 중심 역할을 한다고 가정한다. 성공적인 리더가 되기 위해서는 올바른 특성을 지녀야 한다는 것이다. 셔머혼, 헌트와 오스본(Schermerhorn, Hunt, & Osborn, 2008)은 종종 논의되는 성공적인 리더십의 특성들을 활력과 적응 혹은 스트레스 인내의 정도, 타인의 이익을 위한 권력에의 동기, 성취 중심성, 감성적 성숙, 자아 확신, 성실, 인내, 지적 능력, 업무 관련 지식, 유연성 등으로 정리하고 있다. 이러한 특성이론은 성공적인 리더가 되기 위한 요건들을 잘 정리해 주고 있으며, 오늘날에도 훌륭한 리더가 되기 위한 자질들을 논의하는 데 도움을 주고 있다.

하지만, 특성이론이 갖는 한계도 뚜렷하다. 가장 문제가 되는 부분은 뛰어난 리더들을 설명하는 특성들을 연구하는 과정에서 관련된 특성의 수가 무수히 많아지면서 몇 개의 공통적인 요인을 요약해 내는 것이 거의 불가능해진다는 것이다. 실제 1960

년대 말에 20개의 서로 다른 리더십 연구들을 검토한 결과 80여개 가까운 리더십 특성들이 밝혀졌는데, 그 중 단지 다섯 개의 특성 정도만 네 개 정도의 연구에서 공통된 것으로 드러났고 나머지 특성들은 중첩되지 않는 것으로 나타났다(Robbins & Judge, 2011). 즉, 특성이론을 통해 '리더는 다른 사람들과는 다르다'라는 것은 이야기할 수 있지만, 구체적으로 어떻게 다른지에 대해서는 관련된 연구들마다 그 편차가 큰 관계로 공통된 특성을 뽑아내기 힘들다(Kirkpatrick & Locke, 1991). 또한 특성이론은 상황론적 변수를 고려하지 못하는 한계를 갖는다. 즉, 특성이론에서는 암암리에 어떠한 특성을 갖추고 있으면 모든 상황에서 성공할 것이라는 가정을 하고 있는데, 실제로 같은 특성을 지닌 리더라도 다른 상황에 처할 때에 그 리더가 가져오는 효과성이 다르게 나타날 수 있다. 어느 한 조직에서 성공한 리더의 행동을 그대로 따라한다고 해서 다른 조직에서 반드시 성공을 거두지 못할 수 있다는 것이다.

리더십 특성에 주목한 초기 리더십 연구에서는 리더십 특성은 타고난 것이라는 견해가 지배적이었는데, 이를 수용한다면 오늘날의 수많은 리더십 교육은 모두 필요없는 것이라고 결론짓게 될지도 모른다. 리더는 타고나는 것이라고 보게 되면 훌륭한 리더가 되기 위한 후천적인 노력이 별 다른 쓸모가 없을 수 있기 때문이다. 반면, 타고난 리더라면 굳이 특별한 리더십 훈련을 받지 않아도 자연스레 훌륭한 리더가 될 것이므로 리더십 훈련의 필요성을 느끼지 못할 수 있다. 하지만, 오늘날의 수많은 리더십 세미나와 훈련 프로그램이 증명하듯 리더십은 개발되고 길러질 수 있다고 보는 것이 일반적인 견해이다.

2 행위이론

행위이론(behavioral theories)은 효과적인 리더들이 행하는 특정한 행동(behaviors)에 초점을 둔다. 즉, 리더의 행동이 리더와 조직의 성과 및 다른 결과들에 주요한 영향을 미친다고 보고, 효과적인 리더는 어떤 행동을 하는지에 관심을 두어 연구하는 접근법이다. 이 접근법을 취하는 대표적인 연구로 미시간대학에서 행해진 리더십 연구가 있다(Robbins & Judge, 2011). 이 연구에서는 리더의 행동을 기본적인 두 가지 형태로 분류했는데, '근로자 중심(인간 중심)의 행동'과 '생산 중심(과업 중심)의 행동'이 그것이다. 근로자 중심의 행동은 부하 직원들의 인격을 존중하는 가운데 그들의 복지와 생활에 초점을 두는 행동들을 뜻하고, 생산 중심의 행동은 공식적 권한에 국한하여 구성원을 관리하며 업무를 수행하는 데 주된 관심을 두는 것을 뜻한다. 이 두 유형의 행동은 연속선상의 반대편에 자리하고 있는 것으로 개념화되기도 한다. 연구 결과 생산 중심의 상급자보다 근로자 중심의 행위를 하는 상급자들이 더 생산적인 과업 집단을 만드는 것으로 밝혀졌다(Likert, 1961).

이와 관련된 다른 연구로 오하이오 주립대학에서 실시된 리더십 연구가 있는데, 리더의 행동 유형과 성과, 그리고 구성원 만족도 간의 관계를 밝혀 효과적인 리더십 행태를 발견하려고 했다(Fleishman, Harris, & Burt, 1955). 연구 결과 연구팀은 리더십 행위의 두 가지 주요한 차원을 '배려(consideration)'와 '구조 주도(initiating structure)'라고 규정했다. 배려는 리더가 사람들에 대해 관심을 가지고 우호적인 자세로 부하 직원들의 필요에 대응하고 원활한 의사소통에 기반해 신뢰를 쌓는 자세를 의미하고, 구조 주도는 리더가 업무에서 요구하는 바를 정의하고 일을 수행하는 것과 관련해 역할을 규정하고 업무를 지시하여 목표를 효과적으로 달성하도록 돕는 행위를 포함한다. 부하 직원들의 높은 만족도와 성취도를 이끌어 내기 위해서는 리더는 배려와 구조 주도의 두 가지 차원의 행동들을 모두 고양해야 할 필요가 있다고 보았다. 중심 개념에 차이는 있지만, 오하이오 주립대학의 연구와 미시간대학의 연구는 서로 유사성을 가진다(Judge, Piccolo, & Ilies, 2004). 두 가지의 큰 개념을 제시한 점이 그렇고, 배려와 인간 중심의 행동, 구조 주도와 과업 중심의 행동이 서로 비슷한 특성을 갖는다는 점이 그렇다. 한편, 미시간대학 연구는 근로자 중심의 행동과 생산자 중심의 행동은 서로 대립되는 것으로서 양자를 동시에 성취하는 것은 불가능한 것으로 파악했다. 이와는 달리 오하이오 주립대학의 연구는 배려와 구조 주도를 동시에 달성할 수 있는 성질의 것으로 보았다.

이후 블레이크(Robert R. Blake)와 모튼(Jane S. Mouton)은 리더십의 관리 그리드 모형(management grid model)을 제시했는데, 이는 오하이오 주립대학의 연구에 바탕을 두고 개발된 것으로, 리더십 유형을 두 가지의 차원으로 구분했다(Blake & Mouton, 1991). 즉, '사람에 대한 관심'의 정도와 '생산에 대한 관심'의 정도를 각각 9점 척도로 나타내고 각각에 대한 리더의 관심이 어느 정도인지를 판단해 총 다섯 가지의 리더십 유형을 도출해 냈다. 첫 번째 유형은 '무관심형(impoverished management)'으로, 사람에 대한 관심과 생산에 대한 관심이 모두 낮은 유형이다. 둘째로 사람에 대한 관심은 높으나 생산에 대한 관심이 낮은 유형은 '친목형(country club management)'으로 불린다. 이에 반해 사람에 대한 관심은 낮지만, 생산에 대한 관심은 높은 유형은 '과업형(authoritarian management)'으로 분류되고, 사람과 생산에 대해 절반씩의 관심을 두는 경우는 '중도형(organization man management(middle of the road))'으로 불린다. 마지막으로 사람과 생산에 대한 관심이 모두 높은 경우에는 '단합형(team management)'으로 불리는데 이 유형이 가장 이상적인 유형이라고 간주된다.

그림 11-1 관리 그리드 모형

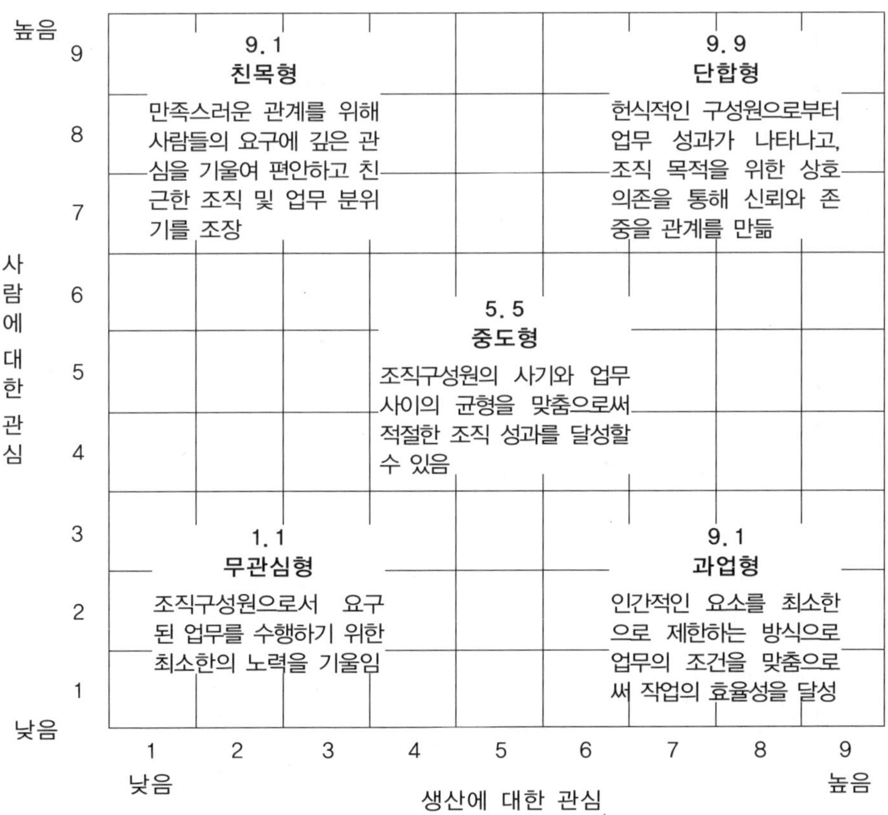

출처: Van Wart(2008: 54).

이상과 같은 행위이론들은 리더가 타고났다고 보는 특성이론과 대비되어 리더는 특정한 행위들을 행사함으로써 만들어질 수 있다고 보았고, 이에 따라 리더십 연구의 지평을 넓혔다는 평가를 받는다. 하지만, 리더의 행위와 부하 직원들의 성과와의 관계가 행위이론에서 제시하는 것처럼 직접적으로 명확하지 못하다는 한계점도 드러난다. 이와 관련해 오하이오 주립대학의 연구나 미시간대학의 연구에서 제시된 리더의 주요한 행동들은 너무 넓은 개념으로 정의되어 실제적인 구체성과 유용성을 갖지 못했다. 예를 들어 '배려(consideration)'라는 개념 안에 너무도 많은 리더의 행동이 집합적으로 포함되어 있어 경험적인 연구에서 이 개념을 명료하게 측정하기가 어려운 한계가 있었다. 이에 따라 현실 행정에서 실제적 가이드라인을 제시하기가 쉽지 않아 그 유용성이 떨어졌다. 또한 특성이론과 마찬가지로 이들 접근법이 상황적인 중요성을 제대로 고려하고 있지 못하다는 한계도 갖는다. 리더가 일하는 상황의 특성에 따라서 동일한 리더의 행위라도 전혀 다른 결과를 가져올 수 있는데, 행위이론에서는 이러한 상황적 특성들을 고려하지 못했다.

제 3 절 리더십의 주요 접근법: 상황이론

앞서 살펴본 바와 같이 특성이론과 행위이론의 경우 상황적 요인을 고려하지 않고 리더십 자체의 특성 혹은 행위가 모든 결과를 결정한다고 보았다는 데에 한계가 있다. 리더십의 효과성을 예측하는 일은 단순히 몇 가지 특성 혹은 몇몇 주요 행동을 밝히는 것으로만 이루어지지 않는다.

이하에서 살펴볼 상황이론(situational contingency theories)의 모형들은 서로 다른 리더의 특성과 행위가 가장 효과적일 수 있는 환경이 어떤 것인지를 밝히는 데에 관심을 갖는다. 상황이론의 기본 가정은 리더십의 특성 혹은 행위는 상황적인 요인들과 결합해 작용하게 되고, 그 효과성은 리더들이 처한 상황과의 적합성에 따라 달라질 수 있다는 것이다. 아래에서는 몇 가지 대표적인 상황이론의 주요 내용을 살펴보고자 한다.

1 피들러의 리더십 상황이론

피들러(Fred F. Fielder)의 리더십 상황이론은 두 가지 중요한 리더십 이슈를 설명할 수 있는 단서를 제공한다. 첫째는 왜 어떤 리더들은 다른 리더들과 비교해서 동일한 능력을 갖고 있음에도 불구하고 더 효과적인가 하는 것이고, 둘째는 어째서 동일한 리더가 다른 상황들보다 어떤 특정한 상황 가운데에서 더 효과적인가 하는 것이다(Fiedler, 1967). 즉, 리더가 처한 환경에 따라 동일한 리더십의 효과성이 달라질 수 있다는 것이다.

피들러는 LPC(least preferred co-worker) 척도를 사용해 리더십 스타일을 과업 지향적인지 관계 지향적인지 분류했다. 자신이 가장 싫어하는 동료를 생각하면서 질문에 답한 결과, 그럼에도 불구하고 그 동료를 긍정적으로 평가하면 '관계 지향적'인 리더십 스타일로, 그렇지 않으면 '과업 지향적'인 리더십 스타일로 분류하게 된다. 이와 관련해서 리더십 스타일은 고정된 개인적인 특성으로 쉽게 변하지 않는다고 가정했다. 피들러는 리더의 스타일 이외에 중요한 세 가지 상황 변수를 파악했는데, 이들은 리더와 부하 직원과의 관계, 과업 구조, 직위 권력을 포함한다. 부하 직원과의 관계와 관련해서는 부하 직원들이 리더에 대한 확신과 신뢰, 존경을 가지고 있는가를 측정해서 부하 직원들의 지지와 충성을 받는 리더는 그 리더십의 행사가 용이할 것이라고 보았다. 둘째로 과업의 구조화 정도는 수행될 과업이 명료하게 정의되고 규정되어 있는지, 과업을 달성하는 데 필요한 표준화된 절차가 마련되어 있는지 등과 관련되어 있는 요소이다. 마지막으로 직위 권력은 리더가 채용, 승진, 임금 인상, 해고 등의 인사와 관련된 문제들에 관해 공식적인 권한을 가지고 있는가와 관련된 상황 변수이다. 직위 권력이 높을 때 리더십 행사가 더욱 용이할 것이라고 예상해 볼 수 있다. 피들러는 위에서 논의한 세 가지 상황 요소가 어떻게 결합하느냐에 따라 유효한 리더십 스타일이 달라진다고 주장한다. [그림 11-2]에서 보듯이 리더가 직면하게 되는 상황이 매우 유리하거나 매우 불리한 경우에는 과업 지향적 리더십이 효과적이라고 보는 반면에 중간 정도의 상황적 유리성을 가지는 경우에는 관계 지향적 리더십이 효과적이라는 것이다.

앞서 기술한 바와 같이 피들러는 리더십 스타일을 상대적으로 고정되고 영속적인

그림 11-2 **피들러 모형의 결과**

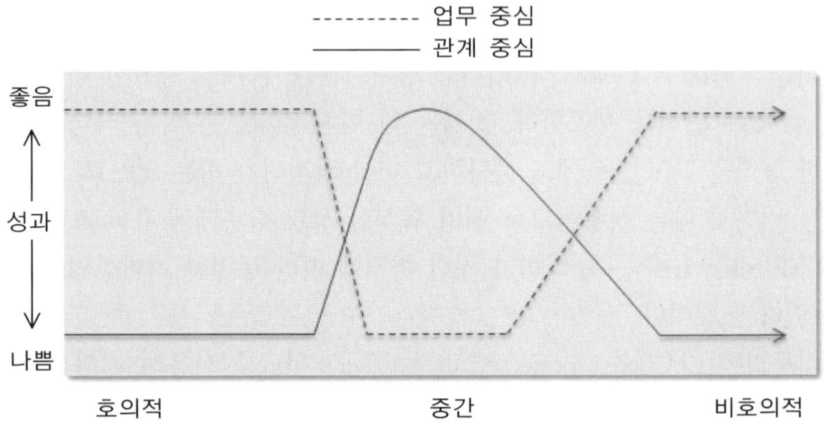

카테고리(범주)	I	II	III	IV	V	VI	VII	VIII
리더-부하 직원 관계	좋음	좋음	좋음	좋음	나쁨	나쁨	나쁨	나쁨
과업 구조	높음	높음	낮음	낮음	높음	높음	낮음	낮음
직위 권력	강함	약함	강함	약함	강함	약함	강함	약함

출처: Robbins & Judge(2011: 411).

것으로 보았기 때문에 리더들이 과업 지향적 또는 관계 지향적으로 되도록 가르치거나 상황의 변화에 따라 스타일을 바꿀 수 없다고 보았다. 그 대신 각 리더들은 자신들의 효과성을 극대화하기 위해서는 자신의 리더십 스타일에 적합한 상황에 배치되어야 한다고 주장한다(George & Jones, 2007). 만일 그것이 여의치 않을 때는 상황적 요인들을 변화시키는 일이 필요하게 된다. 예를 들어 과업구조나 직위 권력을 변화시켜 그 리더의 스타일에 적합한 환경으로 변화되도록 돕는 일이 필요하다는 것이다. 이에 따라 리더들은 주어진 상황을 진단하고 자신의 LPC 점수와 매칭시킬 수 있도록 훈련을 받을 필요가 있다.

피들러의 이론은 리더십의 효과성을 설명하는 데 상황적 요인들의 중요성을 명백하게 고려하기 시작했다는 데서 그 의의를 찾을 수 있다. 몇몇 관련 연구가 이 이론을 지지하는 연구 결과들을 제공하고 있다는 것도 이론의 유효성을 높인다. 하지만,

리더십을 측정할 때 사용하는 LPC 척도 및 점수가 쉽게 이해되고 받아들여지지 않는다는 점과 세 가지 상황 요인들인 리더와 부하 직원들 간의 관계, 과업 구조, 직위 권력을 실제로 변화시키는 것이 쉽지 않다는 한계점을 가진다(Rice, 1978; Schriesheim, Bannister, & Money, 1979; Schein, 1980; Kabanoff, 1981).

2 하우스의 경로-목표이론

하우스(R. J. House)의 경로-목표이론(path-goal theory)은 리더가 조직의 목표를 달성하게 하기 위해 어떻게 부하 직원들에게 동기를 부여하는지에 대해 설명한다. 효과적인 리더는 다음의 특징들을 가진다고 보았다(George & Jones, 2007).

첫째, 효과적인 리더는 부하 직원들이 집단과 조직의 목표를 달성하도록 동기를 부여한다.

둘째, 효과적인 리더는 부하 직원들이 바라는 결과들을 통제할 수 있다.

셋째, 효과적인 리더는 부하 직원들이 높은 성과를 올렸을 때 그들이 바라는 보상을 제공한다.

넷째, 효과적인 리더는 부하 직원들에게 주어진 목표를 성공적으로 달성할 능력이 있다는 믿음을 고양시킨다.

다섯째, 효과적인 리더는 부하 직원들의 성격과 그들이 하는 업무를 고려해 그들을 어떻게 다루어야 할지를 결정한다.

여기서 리더의 핵심 기능 중의 하나는 업무의 성격이나 근무환경, 부하 직원의 특성과 같은 상황적 요인들에 적합하도록 자신의 행동을 조정한다는 것이다. 만일 리더가 주어진 상황에서 부족한 것을 보충해 줄 수 있다면 부하 직원들은 리더에 대해 더욱 만족하게 될 것이기 때문이다. 이러한 경로-목표이론은 기대이론에 바탕을 두고 있다(George & Jones, 2007). 즉, 부하 직원이 업무상 목표와 개인적 목표를 어떻게 인지하고 있는지, 이들 목표가 어떻게 연관되어 있는지에 대한 인식에 리더가 어떻게 영향을 미치는지에 이론의 초점이 있다. 다시 말해, 리더는 목표를 달성하는 데 걸림돌이 되는 장애물들을 제거하고 부하 직원들의 능력에 대한 확신을 보여 줌으로써 부하 직원들에게 분명한 목표 성취로의 방향을 제시하며, 궁극적으로 부하 직원들에게 그들이 주어진 목표를 성공적으로 달성할 수 있다고 믿고 실행하도록 만드는 것이 중요하다. 이를 통해 리더는 부하 직원들의 기대와 동기를 높일 수 있다. 기대이론에서 이야기하는 바와 같이 노력이 좋은 성과를 가져올 것이라는 기대(expectancy)와 좋은 성과가 가치 있는 보상(valuable rewards)을 가져다 줄 것이라는 수단성(instrumentality)이 명료해질 때 성과가 더욱 개선될 것이다.

위의 논의를 바탕으로 경로-목표이론을 [그림 11-3]과 같이 정리할 수 있다. 우선, 리더의 행동 유형을 지시적, 지원적, 성취 지향적, 참여적 리더십의 네 가지 유형으로 나누어 논의한다(Schermerhorn, Hunt, & Osborn, 2008).

지시적 리더십은 부하 직원들이 시행해야 할 업무가 무엇이고 이들이 어떻게 이루어져야 하는지를 구체적으로 알려 주는 리더십으로 앞서 오하이오 주립대학의 리더십 연구에서 논의했던 구조 주도의 리더십과 비슷한 개념이다.

지원적 리더십은 배려와 비슷한 개념으로 부하 직원들의 필요와 복지에 관심을 기울이고 친근한 업무환경을 조성하는 것이다.

그림 11-3 경로-목표이론

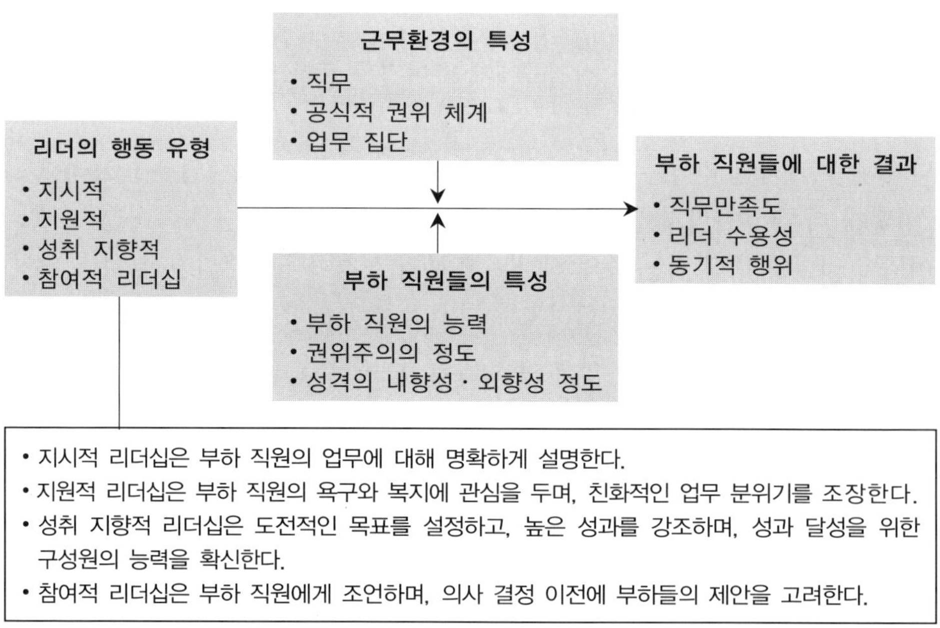

출처: Schermerhorn, Hunt, & Osborn(2008: 250)을 참조해 변형.

성취 지향적 리더십은 도전적인 목표를 설정하고 성과에서의 수월성을 강조하며 높은 수준의 성과를 달성하기 위한 그룹 구성원들의 능력에 신뢰를 보여 주는 것 등을 포함한다.

참여적 리더십은 부하 직원들을 의사 결정에 참여시킴으로써 그들의 아이디어와 의견을 수렴하고 이를 고려하는 가운데 결정을 내리는 리더십이다.

이러한 서로 다른 리더십 유형이 직무 만족, 리더 수용성, 동기적 행위 등의 부하 직원들에 대한 결과들에 영향을 미친다고 가정하는데, 여기에 근무환경의 특성과 부하 직원들의 특성이 상황적 요소로 작용한다. 근무환경의 특성으로는 부하 직원들이 수행하는 과업의 성격, 공식적인 권위의 체계, 작업집단의 특성 등이 있고, 부하 직원의 특성으로는 부하의 능력과 권위주의의 정도(authoritarianism), 성격의 내향성 혹은 외향성의 정도(locus of control) 등이 포함된다.

위에서 살펴본 목표-경로이론으로부터 다음과 같은 예측을 해 볼 수 있다.

첫째, 지시적 리더십은 업무가 모호하고 복잡하거나 어려울 경우 부하 직원들에게 긍정적인 효과를 미칠 수 있는 반면, 업무가 명확할 때에는 부정적인 효과를 미칠 것이다. 특히 모호한 업무가 매우 권위적이거나 폐쇄적인 성격의 부하 직원에 의해 수행될 경우에는 지시적 리더십이 더욱 요구된다고 하겠다. 이에 반해 지원적 리더십은 업무가 매우 반복적이거나 많은 스트레스를 주는 경우에 효과적일 것이다. 리더의 지원적인 행동들이 부정적인 여건들을 상쇄시키는 데 도움이 될 것이기 때문이다.

둘째, 성취 지향적 리더십의 경우 부하 직원들이 더 높은 성과 수준을 추구하고 도전적인 목표들을 성취하는 그들의 능력에 더 높은 확신을 갖도록 도울 것이다. 비반복적이고 모호한(non-repetitive and ambiguous) 업무를 맡은 경우에도 성취 지향적 리더십은 부하 직원들의 성과에 대한 기대 수준, 즉 노력하면 기대하는 성과를 가져올 수 있다는 기대를 높일 수 있다.

셋째, 부하 직원들이 리더가 내리는 결정을 받아들이는 것이 중요한 경우에는 참여적 리더십이 효과적이다(George & Jones, 2007). 예를 들어 도전적 과제에서 참여는 부하 직원들이 그들 스스로 도전적 과업을 다루는 것에 대해 긍정적으로 느끼게 한다. 반복적인 과제를 수행하는 경우에도 부하 직원들을 참여시킴으로써 작업의 단조로움을 덜어 준다는 측면에서 참여적 리더십은 효과적이다.

그러나 이상과 같은 목표-경로이론의 주장들은 실증적 연구의 충분한 뒷받침을 받고 있지는 못한 형편이다. 아울러 이론의 상당 부분은 아직까지 경험적 검증을 받지 못했다(Schriesheim & Neider, 1996; Evans, 1996). 그럼에도 불구하고 훈련을 통해 리더십 행동들을 상황적인 요인들에 적합하게 변화시킬 수 있고, 더 나아가 주어진 상황을 진단하고 상황적 요인들을 어떻게 변화시킬지를 리더가 배울 수 있다는 점은 이 이론이 가지고 있는 중요한 함의라고 할 수 있다.

3 허시와 블랜차드의 상황적 리더십 모형

상황적 리더십 이론에서는 조직을 이끌어가는 하나의 최선이 방법이 있다고 가정하지 않는다(Hersey & Blanchard, 1988). 즉, 주어진 상황적 요인에 따라서 조직을 성공적으로 이끌 수 있는 방법들이 다양하다는 것이다. 허시(P. Hersey)와 블랜차드(K. H. Blanchard)의 이론에서는 추종자들의 준비 정도(readiness) 혹은 성숙도에 초점을 맞춘다. 준비 정도는 사람들이 어떤 특정한 과업을 달성하고자 하는 능력과 의지를 가지고 있는 정도로 정의된다. 할 수 있고 하려는 의지가 있을 때 가장 높은 성숙도를 가진다고 보았고, 할 수는 있으나 의지가 없는 경우가 그 다음, 할 수 없지만 하려는 의지가 있는 경우가 세 번째의 성숙도, 할 수도 없고 하려고도 하지 않는 경우가 가장 낮은 성숙도를 의미한다고 보았다. 리더는 이러한 추종자들의 준비 정도에 근거해 리더십 스타일을 조정해야 한다는 것이 핵심 주장이다. 허시와 블랜차드는 '상황적' 리더십은 그들의 과업을 수행하는 추종자들의 준비 정도에 따라서 과업 행동들(task behaviors)과 관계 행동들(relationship behaviors)에 대한 리더의 강조점을 조정하는 것이 필요하다고 주장하면서 크게 네 가지 리더십 스타일을 지시형(telling), 판매형(selling), 참여형(participarting), 위임형(delegating)으로 규정한다. 각각은 리더에 의한 과업 행동과 관계 행동들의 서로 다른 결합을 강조하고 있다.

지시형 스타일(과업 행동을 강조하고 관계 행동을 덜 강조하는 유형)은 추종자들의 준비도가 낮을 때 가장 적합하다. 이 리더십 스타일은 책임을 받아들일 수 없고, 또 받아들이려 하지 않는 가장 낮은 성숙도를 가진 사람들에게 그 역할을 정의해 줌으로써 수행되어야 하는 과업에 대한 불안정성을 제거한다(Schermerhorn, Hunt, &

그림 11-4 **허시와 블랜차드의 리더십 상황이 제시하는 처방**

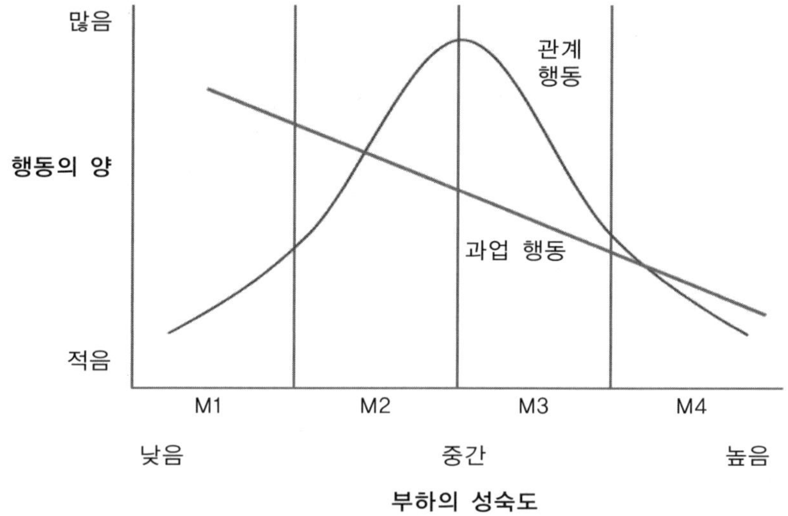

출처: Schermerhorn, Hunt, & Osborn(2008: 252).

Osborn, 2008). 과업 행동과 관계 행동을 모두 강조하는 판매형은 책임을 받아들일 능력은 없지만 받아들이려고 하는 사람들에게 과업의 방향을 알려 주고 이들을 지지하는 역할을 한다. 추종자들의 열정을 유지시키기 위해 단순히 지시하는 스타일에서 더 나아가 상황을 자세히 설명하고 긍정적인 행동들은 강화하고자 한다(George & Jones, 2008). 한편, 참여형은 과업 행동에 대한 강조는 낮은 반면 관계 행동에 대한 강조는 높은 경우에 활용되며 부하 직원들이 할 능력은 있으나 의지가 약한 중간 정도의 성숙도를 보일 때 가장 적합하다. 이 경우에는 추종자들의 동기 수준을 높이기 위해 지지적 행동이 요구되며 추종자들에게 의사 결정을 공유하도록 허락함으로써 과업을 수행할 의지를 높인다. 마지막으로 위임 스타일은 과업 행동과 관계 행동 모두가 낮게 강조되는 유형으로 가장 높은 성숙도를 갖춘 부하 직원들에게 효과적이다. 이 유형은 과업의 추진 방향이나 지지를 제공하기보다는 이미 능력과 의지를 갖춘 추종자들이 해야 할 일에 대해 책임을 갖도록 돕는다(Schermerhorn, Hunt, & Osborn, 2008).

앞서 살펴본 목표-경로이론과 마찬가지로 상황적 리더십 모형에서도 상황적 수요들을 진단하고 적절한 반응을 선택하고 실행할 수 있는 리더의 능력이 강조된다. 이 모형은 추종자들과 주어진 업무에 대해 그들이 갖는 감정에 특별한 주의를 기울이는 가운데, 효과적인 리더는 과업과 관련된 사람들의 성숙도에 초점을 맞출 것이라고 제시한다(Robbins & Judge, 2011). 이 이론은 주어진 상황에 적합한 리더십 스타일에 대한 통찰력을 제시해 주고는 있지만, 아직 충분한 실증적 타당성을 확보하지는 못했다. 위에서 설명한 세 가지의 리더십 상황이론을 <표 11-3>과 같이 비교해 정리할 수 있다.

표 11-3 세 가지 리더십 상황이론의 비교

	피들러의 접근법	하우스의 접근법	허시와 블랜차드의 접근법
주된 관심	상황적 통제	상황적 특성	상황적 특성
진단의 초점	리더와 부하 직원의 관계 과업 구조 직위 권력	부하 직원의 특성 근무환경의 특성	추종자들의 준비도 (성숙도)
리더십 유형	과업 지향적(task-motivated) 관계 지향적 (relationship-motivated)	지시적(directive) 지원적(supportive) 성취 지향적 (achievement-oriented) 참여적(participative)	지시형(telling) 판매형(selling) 참여형(participating) 위임형(delegating)
관리적 함의	리더는 그가 효과적일 수 있는 상황에 배치되어야 한다(그렇지 않다면 상황이 리더에 맞게 변화되어야 한다).	효과적인 리더는 상황적 특성들을 보완하는 유형의 리더십을 선택해야 한다.	효과적인 리더는 상황적 특성들을 보완하는 유형의 리더십을 선택해야 한다.

제 4 절 그래언의 리더-멤버 교환이론

그래언(George B. Graen)의 리더-멤버 교환이론(Leader-Member Exchange Theory)은 특성 이론이나 행위이론, 상황적 접근 등 기존의 일반적 접근법들과는 구별되는 이론이다. 전통적인 리더십의 접근 방법에서는 위에서 살펴본 바와 같이 주로 관리자의 특성이나 행위 등과 같은 특징에 초점을 맞추고 서로 다른 상황에서 어떻게 이러한 특징들이 효과적인 리더를 만드는가를 연구했다면, 리더-멤버 교환이론에서는 리더와 추종자 간의 관계에 초점을 맞추어 연구한다(Graen & Uhl-Bien, 1995; Yukl, 1989). 이 이론의 기본적인 물음은 과연 리더가 모든 부하 직원을 동일한 방식으로 대하는가 하는 것이다. 즉, 실제로는 그렇지 않을 가능성이 높고 리더는 각각의 부하 직원들에 대해 다른 유형의 관계을 발전시킬 수 있다고 본다(George & Jones, 2007). 즉, 조직 내에서 리더와 각각의 부하 직원들 간의 이원적 관계(dyad)들을 생각해 볼 때, 리더와 추종자 간의 관계의 질은 다양하다는 것이다. 리더-멤버 교환이론은 이렇게 리더와 추종자 사이의 다른 종류의 관계들을 기술하고 그러한 관계로부터 어떤 결과가 나타날 수 있는지 설명한다.

리더와 부하 간의 관계는 다양하게 존재하지만, 리더-멤버 교환이론은 그 관계를 크게 두 가지로 대별한다(George & Jones, 2007).

첫째, 리더는 상호 신뢰와 헌신으로 특징지어지는 특별한 관계를 부하 직원과 발전시킨다. 이러한 관계에서는 리더와 부하 직원이 서로 돕고 상호간에 상당한 영향력을 미치게 되며, 리더는 부하 직원에게 많은 재량을 부여하여 업무를 수행하게 한다. 이러한 리더의 배려에 부응하여 부하 직원은 직무에 만족하게 되고 더 높은 성과를 보이게 된다. 이렇게 리더와 특별한 관계를 발전시키는 부하 직원들을 내집단(in-group)이라고 명명한다.

그림 11-5 리더-멤버 교환이론

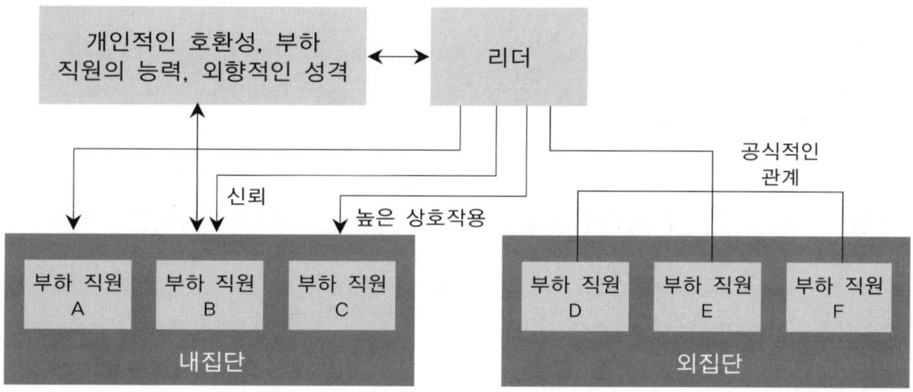

출처: Robbins & Judge(2011: 415).

둘째, 한편, 다른 관계에서는 리더는 조직 내의 형식적인 권위와 지위에 근거해서 일하고 부하 직원은 단지 규칙과 리더의 명령에 따라 일하는 모습을 보인다. 이 경우 부하 직원은 리더에 대해 훨씬 적은 영향력을 미치고 리더는 부하 직원에게 적은 재량을 부여한다. 이러한 이원적 관계는 비개인적이고 거리가 있는 관계로 규정되고, 이러한 관계를 발전시키는 부하 직원들을 외집단(out-group)이라고 부른다. 이들 외집단은 내집단에 비해 낮은 수준의 만족도와 성과를 보이는 것이 일반적이다. 즉, 내집단이 외집단에 비해 더 높은 수준의 만족도와 헌신도, 리더와의 신뢰도, 충성도, 성과 등을 보인다는 것이다.

관련 연구들은 이러한 연구 결과에 근거해서 리더는 가능한 많은 부하 직원과 내집단과 같은 특별한 관계를 발전시켜 나가는 것이 바람직하다고 이야기한다(Klein & Kim, 1998). 또한 내집단과 외집단을 명확하게 가르는 것은 바람직하지 않다고 하는데, 이는 외집단에 속해 있는 부하 직원들의 경우 그들의 상대적으로 열등한 지위를 못마땅하게 여길 수 있기 때문이다(Mofflet, 1992). 하지만, 리더가 원하건 원치 않건 간에 리더가 가지고 있는 시간과 자원이 부족한 탓에 내집단이 생성되는 것은 어느 정도 불가피하다고 하겠다. 리더는 조직 내에서 능력을 십분 발휘하는 구성원들에게 자신의 자원을 우선적으로 투자해 조직과 이들 구성원의 성공을 도울 것이며, 구성원들은 리더의 지지를 등에 업고 더욱 뛰어난 업무 수행 능력을 보이는 가운데 더 큰 만족감을 갖게 될 가능성이 높다.

제 5 절 리더십에 대한 영감적 접근법

리더십에 대한 영감적 접근법(inspirational approach)에서는 리더를 그들의 말과 생각과 행동을 통해 추종자들에게 영감을 주는 사람으로 파악한다(Robbins & Judge, 2011). 대표적으로 카리스마적 리더십과 변혁적 리더십을 들 수 있으며, 이들은 현재 가장 활발히 논의되고 있는 리더십이론에 속한다.

1 카리스마적 리더십

1980년 이전에는 카리스마는 정치, 사회, 또는 종교 분야의 리더십을 연구하는 학자들의 영역이었고, 조직의 리더십에 대한 연구에서는 잘 다루어지지 않았다. 하지만, 오늘날 학자들은 조직을 새로이 만드는 기업가들이나 기존 조직을 새롭게 변화시키는 최고관리자의 카리스마적 리더십에 큰 관심을 가지고 연구하고 있다(Yukl, 1989).

카리스마적 리더십은 어떻게 리더들이 추종자들로부터 강한 신념과 충성, 헌신을 이끌어 내는지에 관심을 두고 연구한다(Rainey, 2003). 즉, 카리스마적 리더는 개인적 능력에 바탕을 두고서 추종자들에게 근본적이고도 특별하게 영향을 미칠 수 있는 사람을 의미한다. 이들은 권력에 대한 욕구가 강하고 자기 효용성(self-efficacy)이 높으며 자신의 도덕적 정당성에 확신을 가지고 있다.

카리스마적 리더의 특징은 비전, 그 비전을 성취하기 위한 개인적 위험의 감수, 추종자들의 필요에 대한 민감함, 비범한 행동들 등을 포함한다(Conger & Kanungo, 1999).

첫째, 비전(vision)과 그 명확화를 들 수 있다. 카리스마적 리더는 이상적인 목표로서 표현되는 분명한 비전을 가지고 있으며 그 비전은 현재보다 나은 미래를 제시한다. 이러한 비전은 조직의 현재와 더 나은 미래를 연결함으로써 추종자들로 하여금 조직활동의 연속성(sense of continuity)을 갖게 해 준다. 그는 그 비전의 중요성을 다른 이들이 쉽게 이해할 수 있도록 명료하게 설명할 수 있다.

둘째, 카리스마적 리더는 개인적 위험을 감수한다. 비전의 성취를 위해서라면 높은 위험이나 비용, 자기희생을 기꺼이 감수하고자 하는 특징을 보인다.

셋째, 카리스마적 리더는 추종자들의 필요에 민감하다. 그는 다른 이들의 능력을 잘 인지하고 그들의 필요와 감정에 높은 반응성을 보인다. 또한 그 말과 행동을 통해 새로운 체계의 가치와 따를 수 있는 본보기를 추종자들에게 제시한다(Den Hartog, De Hoogh, & Keegan, 2007). 즉, 따를 수 있는 모범이 되는 롤 모델로서 기능하게 된다.

넷째, 카리스마적 리더는 비범한 행동들을 보인다. 때로는 새롭고 기존 규범에 반하는, 관습에 얽매이지 않는 행동들도 취하게 된다(Shamir, House, & Arthur, 1993).

카리스마적 리더십의 효과성에 대한 많은 연구를 찾아볼 수 있다. 관련 연구들은 카리스마적 리더십은 부하들의 성과를 높이고 직무만족감을 고양시킴을 입증하고 있다(Waldman, Bass, & Yammarino, 1990; Kirkpatrick & Locke, 1996). 최고경영자가 카리스마적 리더십을 발휘할 때 기업의 이윤이 더 높아진다는 연구 결과도 있다(Harvey, Royal, & Stout, 2003; Waldman, Javidan, & Varella, 2004).

한편, 카리스마적 리더십이 항상 긍정적인 효과만 가져오는 것은 아니다. 리더 개인의 관심사를 충족시키기 위해 개인화된 권력을 사용하는 부정적인 면이 나타날 가능성을 배제하지 못한다. 또한 그 효과성은 상황에 따라서도 달라진다고 볼 수 있다. 환경적으로 불확실성이 높은 상황에서 카리스마적 리더는 더 높은 효과성을 가질 수 있는 반면에 낮은 지위에 있는 관리자들에게는 카리스마가 미치는 영향력이 그리 크지 않을 수 있다(House & Aditya, 1997; Robbins & Judge, 2011).

2 변혁적 리더십

바스(B. M. Bass)에 의하면, 변혁적 리더십은 리더가 추종자들을 세 가지 중요한 방법으로 변화시켜서 그들로 하여금 리더를 더 신뢰하게 하고, 조직의 목표 달성을 위해 기여하도록 하며 더 높은 수준에서 성과를 올리도록 동기를 부여한다(George & Jones, 2007). 첫째로 변혁적 리더는 부하들의 업무의 중요성과 그것을 잘 수행하는 것의 중요성에 대한 주의를 환기시킨다. 둘째로 변혁적 리더는 부하들이 개인적 성장과 발전, 성취의 필요성을 잘 깨닫도록 돕는다. 마지막으로 변혁적 리더는 부하들로 하여금 개인적인 이익이나 편익을 넘어 공동의 이익을 위해 일하도록 동기를 부여한다(Bono & Judge, 2003; Bass, 1990; Yukl & Fleet, 1992). 이러한 변혁적 리더십의 특징은 기존에 많이 논의되었던 거래적 리더십과의 비교를 통해 더 잘 이해될 수 있다.

거래적 리더십에서는 리더와 추종자 간에 합의된 일상화된 업무를 성취하기 위해 필요한 거래가 주를 이룬다. 거래적 리더십은 주로 성과에 따라 보상을 제공하는 방식으로 추종자들의 동기를 높인다. 즉, 당근과 채찍을 사용하면서 정해진 목표를 달성하도록 유도하게 된다(Schermerhorn, Hunt, & Osborn, 2008). 이러한 거래적 리더십의 특징은 다음의 몇 가지로 요약될 수 있다.

첫째, 상황적인 보상(contingent reward)이다. 앞서 언급한 바와 같이 거래적 리더십은 목표 달성에 대해 다양한 보상을 제공한다. 리더는 목표의 달성과 보상을 연결시키고, 그에 대한 기대를 명확히 하며 상호 만족할 만한 사안들을 마련하고 성공적인 성과에 대해서는 보상을 제공한다(George & Jones, 2007).

둘째, 예외에 의한 적극적 관리를 들 수 있다. 즉, 규칙이나 기준에서 벗어나는 행위를 목격하게 되면 정정하는 식으로 조직을 운영하는 것이다. 리더는 실수를 방지하기 위해 기준에서 벗어나는 행동에 대해 엄격히 규칙을 적용하고 잘못된 행동을 수정함으로써 부하들의 성과를 감시하게 된다(Robbins & Judge, 2011).

셋째, 예외에 의한 소극적 관리가 있는데, 이는 기준에 미치지 못했을 때에 한해서 개입하는 것이다. 즉, 리더는 문제가 심각해질 때 개입하지만 실수가 주의를 끌기 전까지는 기다렸다가 행동할 수 있다(Schermerhorn, Hunt, & Osborn, 2008).

거래적 리더십은 리더십의 잠재력을 최대한 끌어올리는 데는 불충분하지만, 거래적인 기반이 없이는 기대와 방향성이 불명확할 수 있고 목표도 모호할 수 있다. 그런 점에서 거래적 리더십은 더 성숙한 단계의 상호작용을 위한 기본적인 바탕을 마련해 주고 있다고 하겠다(Avolio, 1999).

변혁적 리더십의 경우 위에서 살펴본 거래적 리더십을 더 발전시킨다. 추종자들로 하여금 새로운 비전을 이해하고 포용하도록 하고, 다른 이들을 리더가 되도록 도우며, 조직이나 집단을 학습의 장으로 발전시키는 역할을 한다는 것이다. 즉, 변혁적 리더는 추종자들을 이상화된 영향력(카리스마)과 영감, 지적인 자극, 또는 개인화된 배려를 통해 즉각적인 자기 이익 이상의 것을 바라도록 하고, 추종자들의 성숙도를 높이며 자아 성취, 다른 이들과 조직에 대한 관심을 높인다. 변혁적 리더십은 리더가 추종자들의 관심을 확장하고 고양시킬 때, 리더가 집단의 목적과 미션을 깨닫고 받아들이게 할 때, 리더가 추종자들이 자신의 이익 그 이상의 것을 찾도록 만들 때 발생한다. 이러한 리더십은 조직의 모든 수준에서 발견될 수 있으며, 거래적 리더십과 카리스마적 리더십의 모습들이 더 확장되어 나타날 수 있다(Schermerhorn, Hunt, & Osborn, 2008).

변혁적 리더십의 네 가지 차원을 카리스마(이상화된 영향력: idealized influence),

영감(inspiration), 지적인 자극(intellectual stimulation), 개인화된 배려(individualized consideration)로 나누어 볼 수 있다. 카리스마 혹은 이상화된 영향력은 추종자들의 존경과 신뢰를 가져옴과 동시에 비전과 미션을 제시하고 자부심을 고취한다. 추종자들은 비전을 제시하는 리더들을 닮고 싶어하고 존경하고 신뢰하게 된다. 추종자들의 목표는 자아실현과 관련된 것이므로 더 많은 금전적 혹은 외부적인 보상 때문이 아니라 내부적인 보상 때문에 기꺼이 더 많은 노력을 하고자 한다. 그러한 이상화된 영향력을 행사하기 위해 변혁적 리더는 그들 자신의 필요보다 추종자들의 필요와 관심을 더 우선해서 고려해야 한다. 자신의 개인적 이득을 남을 위해 기꺼이 희생하는 것을 통해 변혁적 리더는 높은 수준의 윤리적 도덕적 행위를 보이게 되고 이로 인해 부하들에게 더 신뢰받게 되는 것이다(Schermerhorn, Hunt, & Osborn, 2008).

한편, 변혁적 리더는 영감을 통해 높은 수준의 기대를 부하 직원들에게 전달하고 이들의 동기부여를 위해 상징을 사용한다. 즉, 영감적 동기를 통해 추종자들에게 의미를 부여하고 도전을 제시한다. 변혁적 리더는 커다란 열정과 긍정성을 보임으로써 팀워크를 고양하는 가운데 추종자들을 참여시켜 궁극적으로 미래의 비전에 헌신하게 한다. 변혁적인 리더는 가치를 형성해 조직의 목적을 창조하고 해석할 뿐 아니라, 본보기를 보이고 의미를 만들며 조직의 문화를 만들어 가는 사람이다. 또한 그들은 늘 일관되게 행동하며, 그들의 비전은 매우 설득력이 있어서 모든 상황에서 원하는 것을 명확히 알게 한다고 한다. 영감적 호소는 어떠한 요구를 개인의 필요, 가치, 희망, 이상과 연결시키고 강한 감성을 일으킴으로써 열정과 헌신을 일으키려는 시도이다(Yukl, 1989).

지적인 자극은 지성, 합리성, 주의 깊은 문제 해결을 장려하는 것이다. 이는 추종자들에게 혁신적이고 창조적이 되라고 격려하는 것으로, 변혁적 리더는 당연하게 받아들여지는 가정에 의문을 제시하면서 새로운 생각과 방법들을 탐구해 보고 해묵은 상황들에 새로운 시각으로 접근해 보라고 주장한다. 따라서 추종자들의 생각이 리더의 생각과 다르다는 이유로 비판받지 않으며, 리더는 추종자들의 실수에 대해서도 높은 수준의 인내를 가지고서 이를 공개적으로 비판하지 않는다. 이러한 환경에서 변혁적 리더는 추종자들의 시각을 재평가하는 한편, 더 이상 유용하지 않은 기존의 시스템과 관행들을 기꺼이 포기하기도 한다(Schermerhorn, Hunt, & Osborn, 2008).

마지막으로 개인화된 배려는 각각의 부하들을 개인적으로 대하고 주의를 기울이며 코치와 조언을 아끼지 않는 것이다. 변혁적 리더는 각각의 추종자들의 성취와 성장을 위한 필요에 특별한 관심을 기울이는 가운데 코치나 멘토, 카운슬러 등의 역할을 감당한다. 추종자들은 그들의 잠재력을 발전시키도록 격려받으며 개인적인 차이는 창의성과 혁신을 높이기 위해 포용된다. 추종자들과의 열린 대화가 장려되고 계속적인 참여에 의한 관리가 표준적인 관행이 된다. 변혁적 리더는 추종자들이 실질적인 결정권을 가지도록 권한을 이양하는 동시에 그들이 추가적인 지지 혹은 지시가 필요하지는 않은지 모니터한다(George & Jones, 2007).

위에서 살펴본 바와 같이 거래적 리더십과 변혁적 리더십은 차이를 보인다. 하지만, 바스는 두 리더십은 대립적인 관계에 있는 것이라기보다는 양립할 수 있고 효과적인 리더는 거래적 리더십과 변혁적 리더십을 동시에 추구한다고 주장한다. 즉, 변

그림 11-6 리더십 모델의 전체적인 범위

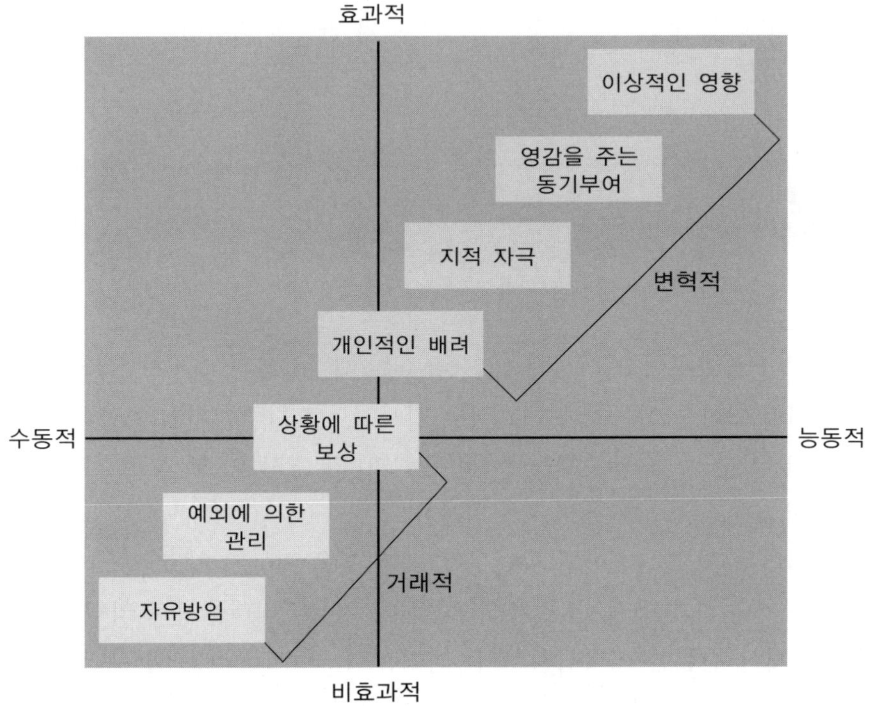

출처: Robbins & Judge(2011: 438).

혁적 리더 역시 부하들과 다양한 수준의 거래적 교환을 하고 있다는 것이다. 다만, 변혁적 리더십의 경우 거기에서 더 나아가 추종자들이 개인적 이익을 우선시하기보다는 조직을 위해 그 비전을 지지하고 문제 해결을 위한 책임을 지도록 한다는 데서 차이가 나타난다. 이를 통해 추종자들은 거래적 리더십에만 의존했을 때보다 더 성장할 수 있게 된다(Robbins & Judge, 2011).

연구 결과들은 변혁적 리더십의 효과성에 대해 강한 지지를 제공하고 있다. 바스가 제시하는 변혁적 리더십의 차원은 다양한 성과와 추종자들의 만족도, 낮은 수준의 탈진과 스트레스, 낮은 수준의 이직, 추종자들이 혁신의 주도자로 행동할 경향과 밀접히 연관되어 있음이 밝혀졌다. 다른 차원들도 중요하게 다루어지고 있으나 특히 카리스마와 영감적 리더십이 이들 결과와 강한 관계성을 보이고 있다.

그렇다면 카리스마적 리더십과 변혁적 리더십은 어떻게 구분될 수 있을까? 콩거와 카눙고(Conger & Kanungo, 1998)와 같은 학자는 두 개념 사이에 주요한 차이는 없다고 주장하지만 바스와 아볼리오(Bass & Avolio, 1994)의 경우에는 카리스마적 리더십은 변혁적 리더십의 한 요소라고 주장함으로써 변혁적 리더십을 더 넓은 개념으로 파악하기도 한다.

제 6 절 진실한 리더십

많은 이론이 효과적인 리더십에 대한 통찰을 제시하고는 있지만, 아직 신뢰가 리더십에서 어떤 역할을 하는지에 대해서는 명시적으로 다루어지지 않았다. 이에 로빈스와 저지(Robbins & Judge, 2011)는 신뢰를 리더십 완성의 핵심 요소로 고려한 진실한 리더십(authentic leadership)을 제시한다.

진실한 리더들은 그들이 어떤 사람인지, 어떤 것을 믿는지 알고 있으며, 이들 가치들에 근거해 솔직하게 행동한다. 부하 직원들은 이들 리더들이 윤리적이라고 믿으며, 이런 점에서 진실한 리더십의 핵심 가치는 신뢰(trust)라고 할 수 있다. 신뢰는 앞으로 일어날 일에 대한 긍정적인 기대감에 근거하여 자신 스스로를 기꺼이 취약한 상태에 놓으려는 것에 동의하는 심리 상태를 의미한다(Rousseau et al., 1998). 즉,

상황을 완전히 제어할 수 없는 상태에서도 상대방이 기회주의적으로 행동하지 않을 것이라는 기대로 위험(risk)을 기꺼이 감수하는 것이다. 이러한 신뢰 관계가 존재할 때 리더는 부하 직원을 일일이 감시하지 않을 것이며 더 많은 재량을 주어 능력껏 일할 수 있도록 배려할 것이다. 부하 직원 역시 리더를 신뢰함으로써 리더가 제시하는 목표를 위해 더 열심히 헌신적으로 일하는 가운데 높은 개인적 성과를 보일 것이고 높은 만족감을 지니게 될 것이다. 또한 높은 신뢰의 상황에서는 서로에 대한 배려도 높아져서 조직 내 기회주의적인 행동들이 줄어들고 정해진 규칙과 규율을 기꺼이 따르려고 하며 조직시민행동(organizational citizenship behavior)과 같은 남을 배려하는 긍정적인 행동이 증가할 것이다(Kramer, 1999). 리더에 대한 신뢰가 높을 때에 기대할 수 있는 이러한 효과들에 힘입어 무엇보다 조직의 성과가 더욱 향상될 것이다.

그렇다면 과연 어떻게 신뢰받는 리더가 될 수 있을 것인가? 신뢰를 가져올 수 있는 요인들이 무엇인가에 관해 많은 연구가 이루어졌는데, 마이어, 데이비스, 스쿠르만(Mayer, Davis, & Schoorman, 1995)은 신뢰의 선행 변수로서의 믿음직스러움(trustworthiness)을 구성하는 세 가지 요소를 능력(ability), 선의(benevolence), 도덕성(integrity)으로 정리했다. 능력은 맡은 바 업무를 성공적으로 잘 수행할 수 있는 자질을 갖추고 있는지에 관한 것이고, 선의는 리더로서 얼마나 부하 직원 개개인에게 인간적인 관심을 가지고 신경을 쏟는지를 나타낸다. 마지막으로 도덕성은 상당히 넓은 개념으로 파악할 수 있는데, 일을 얼마나 공명정대하게 처리하는지, 언행이 얼마나 일치하는지, 약속을 얼마나 잘 지키는지, 얼마나 정직한지 등의 자질들이 포함된다. 이들 세 가지 요소를 두루 갖출 때 부하 직원들의 신뢰를 얻을 수 있고, 이는 기꺼이 위험을 감수하는 행동으로 이어져서 궁극적으로는 조직에 긍정적인 결과들을 가져올 수 있다고 보았다. 이를 도식화하면 [그림 11-7]과 같다. 그림에서 신뢰성향(propensity to trust)은 특정 개인이 어느 정도로 사람을 신뢰하는지의 개인적 성향을 나타내는 변수이다. 즉, 동일한 특성을 지닌 리더 아래에서도 사람마다 자신의 성향에 따라 신뢰하는 정도는 차이를 보일 수 있음을 나타내는 것이다(Mayer, Davis, & Schoorman, 1995).

신뢰를 강조하는 진실한 리더십은 그 범위를 더욱 확대시켜 갈 수 있다. 오늘날 사회 전반적으로 신뢰의 위기를 맞고 있다는 이야기를 종종 들을 수 있다. 이명박

그림 11-7 **신뢰의 모형**

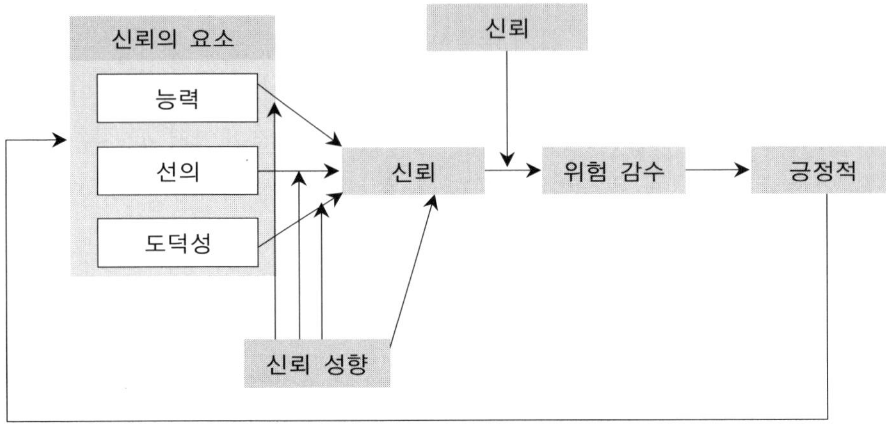

출처: Mayer, Davis, & Schoorman(1995: 709-734).

정부 초기 쇠고기 광우병 파동이 일어났던 이유 중의 하나도 결국 정부의 정책을 국민들이 온전히 신뢰하지 못했기 때문으로 풀이될 수 있는데, 이럴 때일수록 진실한 리더십은 더욱 큰 가치를 갖는다고 하겠다. 결국, 진실한 리더십은 비단 하나의 부서나 정부조직 내에만 국한되어 다루어질 것이 아니라 신뢰가 가져올 수 있는 긍정적인 선순환을 계속적으로 확대시켜 나가면서 궁극적으로는 정부 전체가 국민의 신뢰를 얻는 단계까지 이르러야 할 것이다. 진실한 리더십을 고양시키는 일은 그 비전을 성취하기 위한 첫 단추를 끼우는 일이 될 수 있을 것이다.

생각해 보기

1. 당신이 생각하기에 공공조직의 리더로서 가장 중요한 자질은 무엇인가? 그렇게 생각하는 이유는?
2. 리더는 타고나는 것인가, 아니면 만들어지는 것인가?
3. 하우스의 경로-목표 이론을 유효한 것으로 받아들인다면, 이 이론이 공공조직의 운영에 가지는 함의는 어떤 것들이 있겠는가?
4. 공공조직의 실제적 운용을 가장 잘 설명하고 있는 리더십 이론은 어떤 것인가? 한편, 공공조직의 성과 향상을 위해 가장 도움을 줄 수 있는 리더십 이론은 무엇인가? 그 이유는?

제 4 편

조직 수준의 공공조직행태론

제12장 권력
제13장 갈등
제14장 조직문화의 상징

제 12 장
권 력

제 1 절 권력의 기본 이해

> 외부인으로서는 도저히 이해하기 어려하기 어려운 권력구조. 누가 실질적인 정권을 가지고 있는지 알 수 없는, 가족도, 친척도 안전하지 않은 반복된 숙청. 어제 최고의 권력자가 하루아침에 모든 걸 잃고 감옥살이를 할 수 있는. 아들이 아버지를, 삼촌이 조카를, 남편이 아내를 의심하는 사회….
>
> (조선일보, 2013.12.24. 김대식의 브레인 스토리에서)

2013년 북한의 장성택 처형만을 이야기하는 것이 아니다. 권력이란 도대체 무엇이길래 이토록 많은 사람을 힘들게 하기도 하면서 한편으로는 행복하도록 만드는 것일까? 여기서 우리는 권력이란 행태를 조직의 영역에서 살펴보기로 하자(김병섭 외, 2008 참조).

조직 현상을 권력으로 이해하는 관점은 조직을 다원적 정치 체계의 한 단위로 인식한다. 다원적 정치 체계로서의 조직은 조직 내 개인과 집단이 각기의 이익, 신념, 그리고 선호 가치를 강화하고 보호하기 위해 서로 경합하고 혹은 연합하는 복잡한 체계이다. 따라서 조직구조는 권력을 차지하기 위해 서로 다른 이익과 가치가 경합, 협상, 연합하는 행위를 통해 나타난 결과물이 된다(Morgan, 1986). 주지하다시피 관료주의 조직이론가들은 공식적이고 정당화된 계층적 권위(hierarchical authority)에 의해 조직과 개인의 행동이 형성되고 강화된다고 주장한다. 이러한 전통적 견해는 체제이론(system theory)과 엘리트이론(elite theory)에서도 승계되어 조직과 개인을 합리적 체계로 보는 기능주의적 시각이 강성하게 되었다. 전통 조직이론과 체제이론은 '권력'보다는 '권위' 개념을 중시하며, 이는 갈등과 투쟁보다 균형과 합의를 존중하는 기능주의의 이론적 지향을 지지하며, 조직 내에서 행사되는 힘의 기초를 공식적이고 합법적인 측면에서 이해하면서 비공식적인 힘의 행사를 병리적 현상으로만 간주한다. 굴드너(Alvin Gouldner)의 주장대로 권위와 권력은 끊임없이 상호작용하면서 동시에 존재하는 이중 구조이다(Gouldner, 1971: 294). 체제이론에 입각해 조직을 이해하게 되더라도 마찬가지이다. 체제이론은 조직의 구성 요소 간 상호의존성을 지나치게 도식화해 강조함으로써 이들 간의 상호 의존 방식의 변화 가능성을 무시하고 있다고 한다. 아울러 체제로서 조직을 이해하면 조직의 전략적 하위 체제(strategic subsystem)의 '기능적 자율성(functional autonomy)'(Gouldner, 1971: 409)을 무시하게 되어 조직의 성공을 위해 취해지는 조직관리자의 전략적 하위 체계의 선택의지를 간과하게 된다.

권력(power)은 정치학이나 사회학을 공부하는 사람들 간에 가장 중요한 개념 중 하나로 인식되고 있음에도 불구하고 체계적으로 개념적 정립이 이루어지지 못하고 있다. 이는 권력을 얘기하는 사람만큼이나 권력을 이해하는 관점이 다양하다는 의미이기도 하다. 일반적으로 권력은 상대방의 반대에도 불구하고 자신의 의지와 요구를 관철시킬 수 있는 힘으로 이해된다. 가령, 달(Dahl, 1957: 202-203)은 사회적 관계에 있는 A가 B로 하여금 어떤 것을 하도록 만들 수 있을 때 두 사람 사이에서 권력 관계가 형성된다고 한다(물론 이 경우 B로 하여금 어떤 것을 하도록 만들 수 있는 다른 주체가 없을 경우에 한한다). 칸터(Kanter, 1977: 166)에 따르면 "권력은 특정 개인이나 조직이 그들의 목적을 달성하기 위해 확보되어야 할 자원을 자율적으로 동원할 수 있는 능력"이라 한다. 이렇듯 권력은 개인의 조직행동을 설명하는 중요한 변수가 됨에도 불구하고 매우 불명확한 개념으로 남아 있다(Bachrach & Baratz, 1963: 632). 개념적 다양성(conceptual variety) 외에도 권력적 현상을 이해하기 어렵게 만드는 또 다른 이유는 권력의 개념적 상대성(conceptual relativity) 때문이다.

권력은 상대적이다. 권력 행사의 주체가 변하지 않아도 상황에 따라 그 권력이 효과적일 수도 있고 그렇지 못할 수도 있다. 예컨대 한 조직의 예산 담당 부서는 최고 관리자를 잘 설득해 새로운 예산 관리 시스템을 도입하게 할 수 있는 권력은 가졌어도, 예산을 직접 사용하는 계선 부서에게 새로운 예산 관리 시스템의 사용을 강요할 권력은 갖지 못한다(Heffron, 1989: 193).

따라서 우리는 여러 학자가 주장하는 권력의 개념과 그 접근 방식을 이해할 필요가 있으면서도 권력의 개념을 확장해 종합적으로 이해할 수 있는 틀의 필요성을 더 크게 느낀다. 권력의 개념을 살펴보기 전에 조직이론에서 권력은 어떤 관점에서 이해되고 있는가를 정리해 보는 것이 좋다. 이것은 권력의 개념을 종합적으로 이해하는 데 도움이 되기 때문이다. 권력에 대한 정의는 권력을 말하는 사람의 수만큼 많고 다양하다. 권력은 그것을 행사했을 때 나타나는 의존 관계와 지배 관계를 관찰함으로써 알 수 있으며, 또한 그것을 행사하고자 하는 잠재적인 능력을 미루어 짐작해 봄으로써도 권력의 실재를 파악할 수 있다. 물론 후자(권력을 행사하고자 하는 잠재적인 능력)의 실체를 파악하기란 쉽지 않은 것이 사실이다. 아울러 조직생활에서 권력이 어느 정도로 영향력이 있는가에 관해서도 의견이 분분하다(이창원 · 최창현, 1996: 285에서 재인용). 어떤 학자는 조직생활의 모든 부분에서 권력이 중요한 역할을 한다고 주장하는가 하면, 쟁점별로 상황에 따라 중요하게 부각되기도 하는 상대적인 현상으로 이해하는 이도 있다. 실제로 권력의 행사가 조직에 기여하기도 하지만 권력의 행사가 조직에 부정적인 영향을 미치기도 하기 때문에, 권력에 대한 서로 다른 관점은 통일된 권력에 대한 정(正)의 작업을 더욱 어렵게 할지도 모른다.

제 2 절 권력의 과정

권력을 조직활동의 중요한 과정(process)으로 이해하면 다음의 세 가지 과정을 통해 권력 관계가 형성된다. 첫째, 권력의 원천이 되는 자원을 가지고 영향력을 행사해서, 둘째, 의도적으로 상대방으로 하여금 어떤 것을 하도록 통제할 수 있게 되고, 셋째, 기대했던 결과로서 상대방이 순응하게 될 때 우리는 권력이 형성되어 행사되었다고 본다. 학자에 따라 권력의 원천이 되는 자원이나 서비스를 제공할 수 있는 잠재력을 권력으로 보는 경우도 있고, 그러한 잠재력이 행사되어 실제로 효과가 발휘될 때를 권력으로 보는 경우가 있다. 따라서 이 두 가지 관점에서 권력에 대한 정의를 통합적으로 이해하는 것이 옳다. 즉, 권력은 개인이나 조직이 가지고 있는 중요한 자원이나 권위적 지위를 사용해 그 개인과 조직의 목적을 달성하게 되는 행위로 이해하면 된다.

제 3 절 권력의 하위 개념들

권력을 권위(authority), 설득(persuasion), 영향력(influence), 힘(force), 조작(manipulation) 등의 개념들과 비교해 보면 기능적으로 그리고 본질적으로 별 차이가 없게 된다(Arendt, 1986). 즉, 이들은 권력의 하위 개념들로 이해될 수 있으며, 모두 특정한 권력을 이용해 특정한 목적을 달성하기 위해 사용되고 원했던 결과를 가져올 수 있다는 점에서 서로 다른 개념으로 이해해서는 안 된다는 것이다. 하지만 권력은 그 행사되는 방법에서 여타 개념들과 차별적으로 이해되어야 하기 때문에 이들 사이에 미묘한 차이는 있다고 보아야 한다. 다만 우리가 권력으로 이해하기 위해서는 권력이 권력으로서 인정되기 위한 네 가지 전제 조건을 기억해야 한다. 첫째, 권력은 그것을 가진 자의 의도성이 동반되어야 하고, 둘째, 권력은 상대적인 개념이며, 셋째, 권력은 그 영향력에서 다양하게 나타나며, 그리고 넷째, 권력은 상황적인 개념이라는 것이다. 이 네 가지 권력의 전제 조건은 권력을 이해하는 데 필요한 중요한 특성이다.

제 4 절 권력의 여러 가지 관점들

조직 현상을 설명하는 중요한 변수로 권력을 취급하고 있는 이론은 크게 네 가지로 정리된다.

첫째, 교환이론이 있다. 교환이론에 따르면, 두 사람 사이의 교환 관계에서 상대방이 원하는 상품이나 서비스를 제공하는 사람이 권력을 갖게 된다는 것이다. 이 논리는 그럴싸하게 보이지만, 권력을 분석하는 데 그 교환 관계를 둘러싸고 있는 외적 요인을 거의 고려하지 않고 있다는 지적을 받을 수 있다.

둘째, 연결망 분석이론이다. 연결망 분석이론은 많은 사람이 어울려 관계하는 네트워크에서 사람들의 전략적인 위치에 관심을 두고 권력 현상을 설명한다. 즉, 중요한 정보나 자원의 유통을 마음먹은 대로 통솔할 수 있는 지위에 있는 사람이 권력을 갖게 된다는 것이다.

셋째, 베버(Max Weber)의 이상적 권력모형이 있다. 베버의 이상적 권력모형은 일방이 상대방의 의사나 복종의 여부와는 상관없이 일방의 의지나 명령이 수용될 때 권력 관계가 발생한다는 점을 중시한다.

넷째, 권력은 사회나 조직에서 이미 구축된 사전적 규범이나 지배구조(계급)에 따라 주어지는 개념으로 이해되기도 한다.

이들 네 가지 관점을 구체적으로 다시 살펴보면 다음과 같다.

1 교환이론

교환이론은 두 사람 간의 1 대 1 교환 관계(dyadic exchange relationship)에서 다른 외부적 조건을 고려하지 않은 채 상대방이 원하는 자원이나 서비스를 제공할 수 있는 사람이 권력을 갖게 되는 과정을 설명한다. 교환이론에 따르면, 어느 한쪽에서 계속적으로 균등한 교환 관계를 성립시키지 못하면 권력의 격차가 벌어지게 되며, 쌍방 간 교환 관계가 계속적으로 유지되기 위해서는 관계하는 쌍방 간에 보상과 보상의 연결고리가 계속되어야 한다. 예컨대, 조직에서 상관과 부하 간에는 권력의 불균형적 배분이 이루어질 수밖에 없는데, 이는 상관은 부하들이 원하는 자원이나 서비스를 제공해 줄 수 있는 위치를 차지하고 있기 때문이다(Blau, 1971).

아울러 쌍방 간 권력 관계는 A가 B에 의존하는 관계(B가 A보다 권력을 더 많이 가지고 있는 경우)는 B에 의해 설정되고 조정되는 목표에 A가 심리적으로 투자할 수밖에 없는 상태를 이끌어 내는 동시에, A가 A–B 관계 바깥에 있는 다른 목적을 추구할 기회를 가지지 못하게 될 때에도 발생한다(Emerson, 1981). 즉, B에 의해 제공되는 자원이나 서비스가 A에 절실하면 할수록, 그리고 A-B 관계 바깥으로부터 A가 필요로 하는 자원이나 서비스를 얻지 못할 경우 A는 B에 더욱 의존하게 된다는 논리이다.

교환이론에서 한 가지 과제는 쌍방의 교환 관계에서 서로 교환되는 자원이나 서비스의 가치를 각기 주관적으로 판단하여 생기는 권력 거리의 주관성 문제이다. 호만스(Homans, 1974: 73)는 일방이 받은 자원과 서비스의 가치를 과대평가하는 경우보다 과소평가할 경우 상대방에 대한 보상에 그리 적극적이지 않게 된다고 했다. 개인 간의 교환 관계에서 균등한 교환에 대한 판단 기준은 배분적 정의의 규칙에 따른다. 사람은 주로 자신이 준 만큼의 공평한 보상을 받기를 기대하며, 그 기대가 무너질 경우 쌍방 간의 균등한 교환 관계가 파괴되어 권력 거리가 나타나는 것처럼 보인다. 공평한 교환이나 배분적 정의는 대체로 개인의 인식 문제이기 때문에 객관적이지 못하다. 이 경우에 권력 거리는 객관적이지 못하며, 이러한 이유들로 해서 개인 간 관계에서 권력을 가진 자를 객관적으로 식별할 수 없는 경우가 많이 생기게 된다.

2 연결망 분석이론

연결망 분석을 통해서도 교환이론의 권력 관계를 이해할 수 있다. 연결만 분석에서 권력 거리는 상대방에 대한 의존도에 따라 결정된다. 교환이론과 연결망 분석의 차이는 참여하는 행위 주체가 두 개가 아닌 두 개 이상이 된다는 점이다. 교환이론에서 관계망은 쌍방적 모양을 취하고 있으며, 쌍방은 직접적으로 연결되어 서로 영향을 미친다. 연결망 분석에서는 두 개 이상의 행위 주체가 서로 복잡하게 연결되어 권력의 배분이 이루어진다. 예컨대 [그림 12-1]에서와 같이, A, B, D-C라는 연결망에서 A, B, D는 주변적 지위(peripheral position)에 있으며, C는 중심적 지위(central position)를 점하고 있다. A, B, D는 서로 자율적으로 관계하지 못하며 반드시 C라는 중심 행위 주체를 통해 간접적으로만 다른 주변적 지위에 있는 행위 주체에 영향을 미치는 경우를 말한다. 이러한 지위적 차이와 위치적 제한 때문에 A, B, D의 관계를 조정하고 통제하는 C의 권력은 증가되는 반면에 주변적 행위 주체의 권력은 상대적으로 C의 역할에 의존하게 되어 약화된다.

이러한 권력 관계가 성립되는 이유는 두 가지 때문이다. 첫째, C가 없는 상태에서 A에 의존하고 있는 B가 필요로 하는 자원과 서비스를 A가 제공할 수 없다는 것이다. 즉, C 없이는 A가 B에게 권력을 행사할 수 없게 되어 있다. 따라서 A가 B에게 권력을 행사하고자 한다면 A는 C의 협조를 얻어야 한다. 둘째, 주변 행위 주체 A가 B로부터 자원과 서비스를 받기 위해서는 C가 필요하게 된다. 결국 A는 B, C에 의존하는 연결망을 형성하게 된다. 유럽공동체연합(EC)의 상황과 종속이론에서 설명되는 중심국과 주변국과의 관계는 바로 연결망 분석을 통해 분석할 수 있는 좋은 예가 된다.

그림 12-1 연결망 분석에서 권력 관계

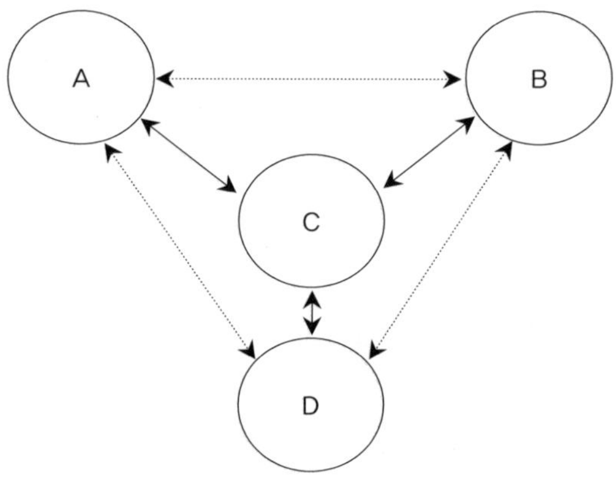

마스덴(Marsden, 1982: 207)은 2개 이상의 행위 주체가 작동하는 네트워크 관계를 브로커(brokerage)의 개념을 기초로 설명하고 있다. 브로커는 쌍방적 관계에 있는 두 개의 행위 주체가 서로 접근하기 곤란하거나 신뢰하기 어려운 관계에 있는 경우에 개입해 거래와 관계를 조장하고 강화시키는 역할을 한다. 여기서 실제 관계하는 행위 주체 간의 접근성(accessability)과 신뢰성(trustfulness)의 정도는 브로커의 권력 수준을 결정하는 중요한 조건이 된다. 결국 특정 연결망 속에서 행위 주체의 권력 수준은 그 행위 주체가 직접적으로 관계하는 네트워크의 수와 비례하며, 행위 주체 간의 접근성과 신뢰성에 따라 결정된다는 것이 지배적이다.

버트(Burt, 1980)에 따르면, 행위 주체의 권력 수준은 그 행위 주체의 '구조적 자율성(structural autonomy)'의 정도에 달려 있다고 한다. 여기서 구조적 자율성은 특정 행위 주체가 다른 행위 주체(개인, 집단, 조직)의 제약을 받지 않고 자신의 목적과 이익을 추구할 수 있는 능력을 의미한다. 구조적 자율성의 수준은 크게 두 가지 기준에 의해 결정된다.

첫째, 필요 자원을 투입하는 행위 주체와 산출 자원을 소비하는 행위 주체의 집중도(centrality)가 높으면 높을수록 해당 조직의 자율성은 낮아진다. 즉, 자원의 입력이나 산출 역할을 하는 대체물이 적으면 적을수록 해당 조직의 자율성은 낮아지게 되어 있다.

둘째, 특정 조직이 규범적으로 다른 어떤 조직을 준거집단으로 설정할 때 준거집단의 수가 많으면 많을수록 그 조직의 자율성은 낮아진다.[1)]

구조적 자율성을 향상시키기 위해 조직 간 연합(coalition)을 형성한다거나, 의존의 근본적인 원인을 제거해 다른 행위 주체에 대한 의존 욕구를 억제하는 등의 전략을 추구하게 된다. 페퍼(Jeffery Pfeffer)와 살란식(G. R. Salancik)은 행위 주체가 필요로 하는 자원에 대한 통제 능력이 구조적 자율성을 결정짓는다고 하면서 조직이 필요로 하는 중요 자원(critical resource)을 조직 내부로 통합하는 것(예: 흡수, 합병)도 때에 따라서는 효과적인 전략이 될 수 있다고 한다. 예를 들어, 자동차 회사의 중요 자원은 철강이기 때문에 자동차 회사를 소유한 그룹사는 철강 회사의 주식 지분을 늘인다든지, 아예 철강 회사를 인수하는 전략을 강구하게 된다. 다른 예로 합성섬유 회사를 들 수 있다. 섬유 회사는 섬유의 원자재에 대한 통제력을 증가시킴으로써 섬유 회사의 성패를 위협하는 불확실성과 구조적 의존을 제거시키고자 노력한다.

3 베버의 권위 권력론

권위(authority)는 권력의 일종으로 다루어지는 경우가 많지만, 베버(Max Weber)

1) 준거집단에는 두 가지가 있는데, 하나는 대상 조직이 자신의 업적을 평가하가 위해 비교 기준으로 사용하는 '비교적 준거집단'이 있으며, 다른 하나는 대상 조직이 한 개 이상의 요소의 목표나 가치를 받아들일 때 그 요소를 말하는 '규범적 준거집단'이 있다.

는 이들을 구분한다. 베버의 관점에서 권력은 “일방이 상대방의 저항에도 불구하고 상대방의 의사와는 관계없이 그의 의지를 관철시킬 수 있는 지위를 확보할 수 있는 확률”이라 정의된다(Weber, 1948: 321).

이와 대조적으로 권위는 합법적인 경로 때문에 일방의 지시나 명령에 따라 상대방이 복종할 확률이라 정의된다. 즉, 권력은 상대방의 의사나 복종의 확률과는 상관없이 일방의 의지나 목적이 실현되게 하는 능력을 말하는 반면에, 권위는 참여하는 모든 행위 주체와의 협상과 타협을 통해 행사되는 지시적 능력을 의미한다.

베버는 어떤 방식으로 일방이 상대방에게 권력을 행사하게 되는가에 대한 설명보다는, 사람들이 권력을 행사하는 목적을 경제적인 이유, 심리적 이유, 그리고 사회적 근거에서 설명하고 있다. 즉, 사람들은 경제적인 혜택이나 사회적 명예, 그리고 법적 우위성(advantages)을 얻기 위해 권력을 추구하며, 권력을 얻게 되면 이러한 혜택들이 돌아오게 된다는 점을 믿게 된다. 권력 행사의 대상은 순응(順應, compliance)이다.

순응의 목적은 권력 추구의 목적과 유사하다. 권력에 대한 순응은 크게 두 가지 이유 때문에 일어난다(Weber, 1948: 326). 하나는 순응을 통해 어떤 혜택이 돌아올 것이라는 기대감 때문이고, 다른 하나는 순응 이외에는 다른 대안이 없을 경우이다. 권력과 달리, 권위에 대한 순응은 일종의 가치판단적 의지와 책임이 개입된다. 즉, 권위에 대한 순응은 순응의 행위가 적절한가에 대한 신념과 가치를 동반하게 된다. 신념은 사실에 대한 믿음을 의미하며, 가치는 개인의 선호에 바탕을 두고 선택된 규범적 기준이다(신유근, 1993: 179). 신념과 가치는 어우러져 태도를 형성하는데, 권위에 대한 의무적 태도는 순응의 결정 요인이 된다. 정리하면, 권력에 대한 순응은 비자발적인 특성을 지니는 반면, 권위에 대한 순응은 명령이 합법적이라는 등의 신념을 동반한 최소한의 자발성이 요구된다.

권력과 권위 개념을 ‘순응의 자발성(voluntary submission)’ 기준과 ‘정당성(legitimacy)’ 기준에 따라 구분하려는 베버의 의도는 몇 가지 점에서 혼동을 일으킨다. 먼저 ‘순응의 자발성’ 기준은 권위에 대해 사람들은 진실로 자발적인 의도에 따라 순응하기도 하지만, 순응하지 않음으로써 발생된 바람직하지 못한 결과가 두려워서 순응하지 않을 수밖에 없는 경우가 생기기 때문에 명확하지 못하다는 것이다(Wrong, 1979: 38). 즉, 순응하느냐 또는 순응을 거부하느냐 하는 두 가지 대안 중 하나를 선택하지 않을 수 없는 딜레마적 상황이 자발적 순응의 순수성을 퇴색시킬 수도 있으며, 어느 한쪽을 선택하지 않음으로써 발생하는 기회 손실이 매우 커서 선택을 하기가 어려운 경우가 발생하게 된다는 것이다. 따라서 순응은 순응함으로써 발생하는 혜택의 증가가 순응하지 않았을 때의 발생하는 처벌이나 혜택의 감소 정도보다 클 때 나타난다고 봐야 할 것이다.

베버(Weber, 1948: 130)에 따르면, 권위의 정당성은 다음의 네 가지 방법으로 확보된다고 한다.

① 전통: 예전의 관행이나 규범에 대한 신념
② 정의적 태도: 대상에 대한 감정, 즉 그것에 대한 좋고 나쁜 감정
③ 합리적 신념: 비용과 편익을 비교하고 분석해 나온 사실에 대한 믿음
④ 합법성: 사회적으로 제정된 합법적인 규범

주어진 명령이나 지시가 사람들에게 정당하게 보일 때 순응을 동반한다. 하지만 사람에 따라 그 명령이나 지시가 정당하게 보일 수도 그렇게 보이지 않을 수도 있다는 점에서 정당성에 기초한 권위와 순응을 분석하는 데 혼란을 일으킨다. 어떤 사람은 정당하지 않다고 생각하면서도 주위 동료의 반대나 사회적으로 제정된 규범적 강요 때문에 결국 순응할 수밖에 없는 경우도 있다는 것이다. 이 경우 순응은 집단이나 사회의 압박 때문에 나타나는 현상이지 개인이 그 명령이나 지시를 정당하다고 생각하는 신념과는 아무런 관계가 없게 된다. 이에 관해 아렌트(Arendt, 1986: 64)는 "한 사람이 권력을 가지고 있다는 것은 다른 사람들이나 집단이 그들의 이름으로 그가 권력을 부여받았다는 것을 의미한다"고 말한다.

교환이론이나 자원의존이론에서 주장하는 "중요하고 절실한 자원이나 서비스"는 베버적 관점에서 본다면 그리 중요한 권력의 결정 요인이 되지 못한다. 베버에 의하면, 아무리 중요하고 절실한 자원이라 할지라도 그것들이 합법적이고 경제적 자원으로서의 정당성을 잃게 되면 그것은 이미 권력적 작용을 하지 못한다고 한다. 이러한 점에서 기존의 교환이론이나 자원의존이론에서 설명하지 못했던 사회적·법적·경제적 질서에 따른 권력의 형성을 베버는 효과적으로 설명하고 있는 것이다.

4 클레그의 계급이론

클레그와 던컬리(Clegg & Dunkerley, 1980: 453-460)에 따르면, 사회적 행동의 특수한 유형으로서 개인이나 집단의 권력은 사회의 경제구조에 내재된 지배구조에 의해 형성된다고 한다. 따라서 개인이나 집단이 권력을 행사하기 위해서는 '사전적 규범(priori rules)'이나 '지배구조(domination structure)'가 필요하다는 것이다. 클레그(S. Clegg)의 이 같은 주장은 앞서 본 권력 이론들과는 사뭇 차별되는 것으로 이론적 급진성을 내포하고 있다. 교환론적 입장에서 권력은 중요한 자원이나 정보를 필요로 하는 개인이나 조직에 그들을 제공할 수 있는 입장에 있는 자에게 주어지는 개념이며, 이 같은 교환이 계속적으로 이루어지지 못할 경우 기존의 권력 관계는 다른 형태로 대체되거나 파괴된다. 교환론적 권력 관점은 교환에 참여하는 행위 주체들이 공정한 교환(fair exchange) 게임을 할 수 있어야 된다는 중요한 전제를 간과하고 있다. 즉, 교환에 참여하는 행위 주체들 각자가 주고받는 자원과 정보의 질과 비용에 대해 초연하게 평가할 수 있는 능력을 가져야 하나 실제로 그런 경우는 매우 드물기 때문에 공정한 교환 전제는 대체로 충족되지 못한다.

계급론에 입각한 권력 관점은 마르크스(Karl Marx)의 자본론과 정치경제론에 대한 비판에서 정당화된다. 마르크스는 자본주의 사회에서 기업주의 자본과 근로자들의 노동이 공정한 교환의 규칙에 따라 교환된다면 이미 모든 기업주는 파산해 버렸을 것이라면서, 기업주 측면에서 '이윤(profit)'이라는 중간 매개물이 존재하는 한 근로자와 기업주 간의 공정한 교환 규칙은 이미 없는 것이나 다름없다고 주장한다. 여기서 기업주가 가진 '자본(capital)' 세력과 그 힘은 권력 관계 형성에 중요한 '사전적 능력(priori capacity) 또는 상황(structure)'이 된다(Clegg & Dunkerley, 1980: 457). 즉, 권력은 이미 형성되어 있는 '사전적 능력'이란 계급에 따라 배열되며, 계급구조에 잠재하고 있는 권력만이 진정한 권력이라고 여기서 주장된다.

계급적 권력 관점은 앞서의 교환이론이나 자원의존이론에 입각한 권력 관점을 정면으로 반박한다. 즉, 권력이란 권력의 원천을 가진 자가 권력 의존 관계에서 대체로 자유로운 상태에서 실제로 행사하고자 하는 의도를 가지고 행사되었을 때 판별할 수 있는 개념이라기보다는, 권력을 가진 자나 집단, 또는 국가를 발견해서 그 개인,

집단, 국가가 가지고 있는 권력의 원천이나 권력 의존 관계를 살펴봄으로써 파악되는 개념이라는 것이다. 이 때 권력을 가진 주체는 이미 권력을 보유할 수 있는 자연적이고 구조적인 계급적 지위에 있는 경우가 많다. 하지만 계급적 관점에서 본 권력 관계가 언제 어디서나 정당성을 가지는 것으로 믿는 것은 무리일 것이다 클레그가 얘기하는 '사전적 능력'을 획득하기 위해 많은 사람은 노력하며 그 노력의 대가로서 주어지는 것이 바로 '사전적 능력'이 되며, 이것은 그 사람이 사회에서 권력을 얻을 수 있는 기회를 보장해 주기 때문에 실제 공정한 교환 관계는 존재한다는 반론이다. 계급적 관점에서 권력을 보면 노력을 통해 보상받으려는 사회적 규범은 아무 쓸모가 없게 된다는 한계를 지닌다.

제 5 절 권력의 원천

권력의 행사가 가능하도록 만드는 원천은 어디에서 오는 것일까? 실제로 관찰 가능한 원천도 있겠지만 잠재적으로 존재하는 원천도 있을 것이다. 프렌치와 레이븐(French & Raven, 1959), 마이어(Meier, 1987) 등은 다음의 두 가지 관점에서 권력의 원천을 설명하고 있다. 하나는 조직 내부로부터 나오는 권력의 원천이며, 다른 하나는 조직 외부로부터 발생되는 권력의 원천에 관한 것이다.

1 조직 내부

1) 지식

행위 주체가 소유하면서 활용할 수 있는 정보의 질과 양은 권력의 결정적인 원천이 된다. 정보는 곧 지식이며, 중요하고 획득하기 어려운 지식을 소유하고 있으면서 직접 그것을 활용할 수 있을 때 막강한 힘을 발휘하는 것이 보통이다. 국방부, 청와대, 국세청, 국가정보원 등은 국가의 안보와 관련된 중요한 정보를 축적해 관리하고 있다. 이들 기관을 세칭 '권부(權府)'라 부르는 이유도 바로 이 때문이다.

지식과 관련이 깊은 것은 전문성이다. 중앙정부에서 수행하던 쓰레기 처리와 환경 오염 방지 기능들이 갑작스럽게 지방자치단체에 위임되거나 완전히 민영화되기 시작하면서 일부 지방자치단체들은 그 처리와 기능 수행에 어려움을 겪고 있다 한다. 환경이나 국제무역 등 차원 높은 전문성을 요구하는 정책의 문제는 기술적으로 고도의 전문성을 소유한 전문가의 도움 없이 해결되기 힘들 것이다. 광역시도마다 '○○○발전연구원'이나 '○○○개발연구원'을 세워 전문 인력을 영입하고 지역의 문제를 효과적으로 해결할 수 있는 방안을 수립해 정책에 입안하는 경우는 바로 지방정부의 권력 향상을 위한 전략과 무관하지 않다.

2) 응집력

마이어(Meier, 1987: 67-70)는 정부부처의 권력 수준을 결정하는 중요한 원천 중 하나로 조직응집력을 꼽고 있다. 응집력은 고용조직의 목표와 가치에 직원들이 몰입해 형성되는 힘이라 정의된다. 만약 A조직의 구성원들이 강한 응집력을 가지고 있다면 그 조직의 성과는 그렇지 못한 조직에 비해 상대적으로 높을 것임에 틀림없다. 이러한 조직에서는 이직(離職)으로 인한 신입사원 재훈련과 업무 추진 지연 등의 비용은 발생하지 않는다. 1960년대 미국의 평화봉사단(Peace Corps)이나 연방무역위원회(Federal Trade Commission)는 조직구성원의 높은 응집력 때문에 유능한 미국 젊은이들을 많이 유인할 수 있었다. 유능한 인력이 유인되면 그 조직의 생산성과 사회적 위신(social prestige)은 당연히 올라갈 것이다.

3) 리더십

조직의 권력을 결정짓는 중요한 요소로 리더십이 있다. 조직의 리더는 목표를 효과적으로 달성하기 위해 조직을 통합하고 고객 만족을 이끌어 내며, 조직의 사회적 위신을 높이는 데 주력한다. 마이어(Meier, 1987: 70-71)는 미연방조사국(FBI)의 권력 수준을 후버(Edgar Hoover) 시대와 그레이(Patrick Gray) 시대를 비교해 설명하고 있다. 후버 시대의 FBI는 그레이 국장 때보다 미 행정부 내에서 존경과 애착을 한몸에 받았으며, 그런 만큼 그레이 국장 하의 FBI는 당시 미국의 연방정부 내에서 막강한 영향력을 행사할 수 있었다.

4) 공식적 지위

조직 내 지위는 당연히 특정 행위 주체의 권력 수준을 결정하는 중요한 요인이 된다. 지위 그 자체가 권력이 될 수 있으며, 조직 내에서 중요한 결정을 수행할 수 있으며, 중요하고 절박한 자원을 동원할 수 있는 자는 그 조직에서 막강한 권력을 행사한다. 위기에 처한 중소기업에서 '마당발' 자금 담당 이사는 그 회사 사장에 못지않은 권력을 행사할 수 있다. 기업조직에서 인사팀이나 기획팀은 그 기업 직원들의 현재 신상과 조직의 장래와 관련된 중요한 결정을 내릴 수 있는 권한을 가지고 있기 때문에 상대적으로 많은 권력을 가지고 있다. 권력을 가질 수 있는 조직구조상 공식적 지위는 반드시 조직의 상층부에 위치한다고 볼 수는 없으며, 상황적 맥락의 변화에 따라 다르게 이해되어야 한다.

5) 경력

한 조직의 '터줏대감'은 보이지 않는 권력을 가지고 있다. 다른 모든 조건이 똑같다면 한 조직에서 오래 근무한 사람이 그 조직의 중요한 정보에 대한 접근도가 높을 것이다. 5급 공채로 공직에 투신한 공무원은 한 조직에서 20년 이상 뼈가 굵은 고참 주사(6급)에게 일정 기간 크게 의존하기 마련이다. 우리나라 지방행정이 '주사행정'이란 말도 이런 점에서 타당하다. 경력직 공무원이 비경력직 공무원[2]에 비해 조직을 장악할 수 있는 힘을 더 갖게 되는 것도 같은 맥락에서 설명된다. 물론 조직 내에서 개인의 경력이 항상 권력의 결정 요인으로 중요한 것은 아니지만 경륜과 연공을 중시하는 우리나라와 같은 동양권 문화에서 경력은 권력의 중요한 결정 요인이 된다.

6) 준거

준거에 기초한 권력은 권력 대상자가 권력을 가진 자에 대해 동일화하기 때문에 발생한다. 전자가 후자에 대해 호감을 가지고 있으면 그는 후자와 돈독한 관계를 유지하기 위해 노력한다. 권력을 가진 자가 주장하는 가치 규범이나 목적 등이 다른 사람들에게 동일하게 수용되어, 결국 내재화되면 권력 행사에 대해 정당성이 부여

---

2) 실적과 자격에 의해 임용되고 직업공무원제의 적용을 받는 공무원을 경력직 공무원이라 하고, 그렇지 못한 공무원을 특수경력직(비경력직) 공무원이라 한다.

되고, 권력 행사의 효과성은 높아지게 된다.

7) 개인적 연계

이종범(1986: 120)은 한 개인이 가지고 있는 '개인적 연계(personal tie)'의 강도가 높으면 높을수록 상대방이 그 개인의 요구나 지시를 받아들일 확률이 더 높아진다고 했다. 가령, 개인적 연계에 의한 반응은 전혀 모르는 사이에서보다 그 속도가 빨라지며 바라는 목적의 방향으로 문제를 효율적으로 해결할 수 있게 된다. 오세홍(1992)의 글을 보면, 일선 공무원은 고객을 자신의 권력 범위에 종속시키기 위해 어려운 용어를 사용한다거나 위압적 분위기를 조성하고, 기다리게 하는 등의 행위를 한다. 만약 그 고객이 일선 공무원 중 한 명과 개인적 연계를 가지고 있다면 그는 아마도 그리 어렵지 않게 원하는 서비스를 즉각적으로 받을 수 있는 권력을 가지게 된다는 것이다.

2 조직 외부

1) 조직에 대한 환경의 지지

조직에 대한 환경의 지지는 조직의 인지도와 관련이 깊다. 국민들 사이에서 잘 알려진 기관은 그렇지 못한 기관에 비해 국민들의 관심과 지지(혹은 반대)를 받을 확률이 높다. 감사원이 창설 이후 요즘처럼 사회적 인지도가 높았던 적은 아마 없을 것이다. 국가의 최고 사정기관의 하나로서 많은 역할을 해 왔던 감사원은 그 노력만큼이나 국민들로부터 지지와 관심을 한몸에 받게 된 것이다. 국민의 관심을 받는다고 해서 반드시 지지를 받는 것은 아니지만 관심을 받는 조직은 그만큼 국민의 일상생활과 깊이 관련된 업무를 담당하고 있다는 증거일 것이고, 그러한 업무의 중대성 때문에 그 조직의 권력은 계속 증강될 것이다.

정부부처 권력의 수준은 부처 정책에 대한 국민의 지지에 따라 달라진다. 치안 문제가 심각하면 국민들은 치안 문제를 해결하기 위해 투입되는 예산에 대해 긍정적인 인식을 가지게 될 것이고, 치안 해결과 직·간접적으로 관련성이 높은 부처의 권력 수준은 높아질 것이다. 이 경우 예산과 권력은 같이 움직이는 것이 된다. 반대로 우주 탐사 등의 분야는 국민들에게 당장 피부에 와닿는 것이 아니기 때문에 이 분야에 투여될 예산에 대한 국민들의 평가는 그리 긍정적이지 않을 것이다.

2) 고객집단의 규모와 범위

조직의 고객집단의 수와 범위는 그 조직의 권력을 결정하는 중요한 요인이 된다. 미국의 환경보호청(Environmental Protection Agency: EPA)은 미국야생동물연합회(National Wildlife Federation: NEF)나 시에나클럽(Siena Club) 등 환경이익단체는 물론, EPA의 규정을 따르고 평가받아야 하는 기업들, 그리고 환경 학자들을 고객집단으로 거느리고 있다. EPA와 같이 응집적인 수많은 고객집단을 거느리고 있는 기관은 대(對)의회 관계와 다른 행정기관과의 관계에서 상대적으로 강한 영향력을 행사할 수 있으며, 고객집단의 지지를 이끌어 낼 수 있는 정책적 대안이 제기되었을 경우 정부 내에서 예산이나 인사상 우호적인 대우를 받을 수 있게 된다(Meier, 1987: 58). 고객집단의 규모는 관계 기관의 정치적 입지나 생존 필요성을 높여 주어 웬만한 조직 개편에서 그 기관이 살아남을 수 있는 확률을 높여 주는 결정적인 역할을 한다. 우리나라에서도 올림픽을 치르면서 '스포츠 선진국 입성'이라는 목표 아래 다양하게 형성된 스포츠 이익집단들은 체육부의 폐지를 반대하면서 결국 문화체육부의 형태로 존속하게 되었다.[3] 결국 조직의 생존 정당성은 그 기관이 관계하고 있는 고객집단의 규모와 깊은 관련이 있다는 것이다.

특정 조직의 고객집단의 규모가 아무리 크다 해도 고객집단의 응집력이 약하면 그 조직의 권력은 그리 강하게 표출될 수 없을 것이다. 응집력 있는 집단은 집단의 목표와 역할에 대한 정립이 확고하며 체계적으로 조직화되어 있는 것이 보통이다. 특정 조직의 고객집단 전문성과 사회적 지위도 그 조직의 권력을 결정하는 중요한 요인이 된다. 의료인 집단과 약제인 집단은 보건복지부와 밀접한 관계를 맺으면서 그 부서의 행정부 내 영향력의 정도를 높이는 역할을 한다.

3) 기관에 대한 국회의 지지

입법부가 아무리 통법부(通法府)라고 놀림을 받아도 행정기관이 국회의 지지를 받

3) 물론 1998년 정부조직 개편에서 문화체육부는 문화관광부로 개편되면서 체육 진흥 업무는 체육국 소관으로 남아 있지만 체육에 대한 우리 정부의 관심은 서울 올림픽 개최 이후 계속 유지되고 있다고 보아야 할 것이다.

지 못하면 아무 일도 못하게 된다. 지방행정기관도 마찬가지이다. 국회의원이나 지방의회 의원과의 개인적 연계를 가지고 있는 공무원이나 단체장은 그만큼 조직 내에서 권력을 가지게 된다. 최근에 와서 그 영향력은 예전에 비해 약해졌지만 국회나 지방의회의 예산 결산 관련 위원회의 역할이 행정기관 내 권력 배분에 미치는 영향력은 전통적으로 강력하다. 행정기관에서 제안하는 각종 프로그램이나 정책의 성공적인 집행을 위해서는 입법부의 지지와 지원을 받지 않을 수 없기 때문이다.

제 6 절 권력의 분포

조직 내에서 누가 많은 권력을 가지고 있는가? 권력은 조직의 상층부에 있는가, 아니면 하층부에 있는가 등은 조직에서 권력의 분포를 실증적으로 살펴보아야 알 수 있는 질문이다.

1 수직적 분포

조직 내 권력 원천의 하나는 조직의 공식적인 구조인 계층제이다. 따라서 높은 지위에 있는 사람들이 더 많은 권력을 가질 것이라는 것이 일반적인 인식이다. 기업조직의 집단별 권력 배분을 분석한 정홍익(1989)의 연구에 의하면, 최고경영진이 가장 권력을 많이 가지고 있기는 하지만 중간관리자들의 권력도 비슷한 수준에 있는 것으로 나타났다. 그러나 현장 감독의 권력은 이보다 한 단계 낮은 수준에 있으며, 일반 노동자의 권력은 여기에서 다시 한 단계 낮은 최저 수준에 머물고 있는 것으로 조사되었다.

조직 내 수직적 권력 분포와 공식적 권위구조가 반드시 일치하는 것은 아니라는 지적도 또한 제기되고 있다. 이러한 불일치를 잘 설명하고 있는 학자는 메카닉(Mechanic, 1987: 335-345)이다. 그는 조직 내의 권력이 계층에 의해 결정되는 측면도 있지만 정보나 사람 또는 시설이나 재화 등에 대한 접근을 얼마나 용이하게 하고 있는가에 따라서 결정된다고 보았다. 하위직에 있는 사람들이라도 오랫동안 같은 기관이나 일에 종사함으로써 전문성이 있거나, 비서와 같이 공식적 권한은 적지만 최고관리자에 가까운 전략적 위치에 있기 때문에 상급자보다 실제로 조직 내에서 큰 영향력을 행사할 수 있게 된다. 또한 관료조직의 많은 규칙도 하위자들이 이용할 수 있는 권력 수단이 된다. 규칙이라는 것은 상급자가 하급자를 통제하는 데 사용하는 장치이지만, 규칙에 정통한 하급자들은 필요한 때에 자신의 입장을 정당화시키는 데 이들 규칙을 이용한다는 것이다. 그리고 또 조직활동 중에는 상급자들이 될 수 있으면 개입하지 않고자 하는 영역이 있어서 하급자들이 대신 일을 떠맡게 되는데 이것도 하급자들이 영향력을 행사할 수 있는 기회가 된다는 것이다.

정홍익(1989)은 평균적으로 보면 계층 간 권력의 크기가 달라지지만, 그러나 모든 분야에서 권력의 크기가 계층을 이루고 있는 것이 아니라 의사 결정 분야별로 권력의 크기가 다름을 밝혀냈다. 즉, 경영진의 권한이 특히 결정적인 분야는 부장, 과장의 신규임용, 주요 투자에 대한 결정, 신제품의 생산 여부, 새로운 기술의 개발, 부 또는 과 단위를 포함한 조직의 개편 그리고 임금 체계의 변경 등의 영역이었다. 중간관리층이 가장 권한을 많이 행사하는 분야는 일반 종업원의 업무 할당, 작업 일정 결정, 업무명세서의 작성, 교육훈련 상황에 대한 감독 등의 영역이었다. 현장감독의 영향력이 가장 크게 미치는 분야는 개인 작업 장비의 관리, 초과 근무 시간의 결정, 그리고 작업환경의 개선 문제였다. 노조가 영향력을 가장 많이 행사하는 영역은 직장의 작업환경 개선, 임금 체계의 변경, 초과 근무 시간의 결정, 복지후생비 계획 결정의 네 가지 분야로 나타났다. 이러한 결과를 정홍익(1989)은 일본 기업과 비교했는데 일본 기업에서는 중간관리자의 권력이 경영진 또는 최고관리층보다 오히려 더 높다는 점이다. 그리고 근로자의 경우에는 한국 기업의 근로자들이 일본 기업의 근로자들보다 더 큰 총괄적 권력을 가지고 있는 것으로 나타났다.

김태룡(1994)도 지방정부의 권한 분배구조에 대한 분석에서 계층별 권한 배분구조가 획일적으로 집권화되어 있는 것은 아니라는 결과를 제시하고 있다. 즉, 기능이나 업무의 목적별로 계층 간 집중도가 다르다는 것이다. 기획과 인허가 업무 등 통제나 경제적 이권이 있는 업무는 상층부에 권한이 집중되어 있고, 하층부에는 단순관리나 법규의 집행과 같은 업무에 권한이 집중되어 있다는 것이다.

이와같이 수직적 계층 간 권력 분포가 분야에 따라서 다르기도 하지만, 또 중요한 것은 상황에 따라서도 달라진다. 기업 사장들의 권력 분포를 연구한 앨런(R. F. Allen)에 의하면, 대주주들이 없고, 군소 주주들만이 있는 기업에서는 사장이 실제로 가장 큰 권력을 행사하고 있기 때문에 그렇지 않은 경우보다 훨씬 더 많은 보수를 받고 있었다. 반대로 대주주가 이사진에 있을 경우에는 그렇지 않은 기업에서보다 상대적으로 보수 수준이 현저하게 낮았다(Allen & Kraft, 1982).

2 수평적 분포

수직적 권력 분포는 위계적 조직구조에서 당연한 것이며, 정도의 차이는 있지만 공식적인 권위구조를 내포하고 있다. 그러나 수평적인 권력 분포는 공식적으로는 대등한 지위에 있는 것으로 되어 있는 역할이나 부서 간에 있는 권력의 차등을 다루는 것이기 때문에 그만큼 더 흥미 있는 연구 대상이라고 하겠다. 수평적 권력 관계에 대한 연구는 원래 계선조직과 참모조직 간의 갈등에 대한 연구에서 시작되었다. 계선조직과 참모조직은 역할이 다를 뿐만 아니라, 조직 내의 권력 기반도 대조적이고, 연령이나 교육 수준, 취미도 다른 사람들로 구성되어 있다. 따라서 기능적으로 상호 보완적인 관계에 있으면서도 경쟁·대립 관계에 서게 되고, 이들 사이에 갈등은 쉽게 해결되지 않는다는 것이다.

그러나 조직에서 수평적 권력 분포에 대한 연구에 가장 영향을 많이 준 연구는 프랑스의 연초 제조공장에 대한 크로지어(Michel Crozier)의 연구이다(Crozier, 1964). 그는 사례분석을 통해, 관료조직 내에서 비공식적인 권력이 발생하는 계기는 조직과정에서 일어나는 예상하지 못했던 상황이라고 말하고, 이러한 불확실한 상황을 해결할 수 있는 능력을 가진 부서가 우월한 권력을 행사하게 된다고 주장했다. 연초공장에는 주요한 네 부서가 있었고, 그 중에서 생산부서는 다른 부서들보다 압도적으로 큰 규모였으나, 생산목표량은 중앙부처에서 결정되어 내려오고, 생산 과정은 기계적인 대량생산 체제였기 때문에 절차에 따라서 또는 지시에 따라서 움직이기만 하는 처지, 즉 자기들이 무엇을 임의대로 결정할 수 없는 극히 확정적인 상황에 있었다. 또 판매도 전매제도이기 때문에 전혀 문제가 될 수 없었다. 다만 유일하게 이 공장에서 문제가 되는 것은 기계의 고장으로서, 기계를 고치는 것은 표준화된 절차에 따라서 될 수 없으므로 기계 고장은 예측할 수 없는 불확실한 상황이었다. 따라서 불확실성 하에서 이것을 해결할 수 있는, 즉 기계 고장을 수리할 수 있는 능력을 가진 보수공들이 조직 내에서 가장 큰 영향력을 행사하는 입장에 있었다.

조직에서의 분업은 그 조직의 하위 단위 체제 간의 기능적 상호 의존 관계를 제공해 준다고 간주된다. 권력 관계가 형성되는 원인은 이러한 상호의존성에서의 불균형에 놓여 있다. 각 부분 사이에서 상호 의존 정도는 일정하지 않은데 어떤 부분은 다른 부분보다 더 많이 혹은 적게 의존적이다. 최근 구조조정을 하면서 조직마다 구조조정을 총괄하는 본부를 두고 있으며, 행정기관들도 구조조정을 위해 혁신팀을 운영하고 있다. 권력 의존의 관점에서 본다면 구조조정본부와 다른 부서 간에는 상호의존성 면에서 불균형 관계가 형성된다. 그것은 모든 구성원 혹은 부문들이 지니고 있는 자율성의 한계이다. 왜냐하면 모든 것은 다른 것들의 권력에 종속되어 있기 때문이다.

한 체제 내에서의 의존(또는 종속 관계)은 어떤 단위가 향유하는 기능적 자율성과 상호 호혜성의 정도, 즉 그 단위가 중심적인가 아니면 대체 가능한 것인가 하는 정도이다. 그러나 동시에 권력을 의존의 반대 측면으로 생각할 때, 권력은 유사하게 기능적 자율성과 상호 호혜성의 함수인 것이다 부서의 상대적인 권력을 결정하는 요인은 기능적 대체성인데, 기능적 대체성이 낮은 부서일수록 상대적으로 유리한 입장에 있을 가능성이 크다. 예를 들면, 전에 원자재를 공급해 주던 공급원이 공급을 중단했는데도(투입의 불확정성) 자재부에서 계속 원자재를 확보하고 있다면 자재부의 상대적 영향력은 커진다. 그러나 새로 원자재를 정기적으로 공급하겠다는 곳이 생겨나면(대체성) 그만큼 자재부의 영향력은 감소된다는 것이다. 다음에 조직의 기능에서 얼마나 중심적인 위치를 차지하고 있는가 하는 것도 권력 결정에 영향을 미친다. 여기서 중심적 위치란 부서의 기능에 장애가 생기면 즉각적으로 조직의 산출이 중단되거나, 기능적으로 관련되는 부서가 많을수록 이에 비례해서 높아진다. 결론적으로, 전략적 상황결정이론은 부서의 상대적 권력은 조직이 직면하는 불확정 상황을 해소시키는 능력이 클수록, 그 기능의 대체성이 낮을수록, 조직 기능상 중심적인 위치에 있을수록 크다고 주장하고 있다. 이상에서 우리는 권력이 단순히 공식적 직위에 의해 결정되는 것이 아니라 여러 가지 다른 상황 변수에 의해 결정되는 것을 보았다. 이것은 권력의 원친이 있다고 해서 자동적으로 권력이 생기는 것이 아니라 어떻게 이 원천을 사용하는가 또는 만드는가에 따라 달라진다는 것을 알 수 있다. 이러한 권력을 측정하고 확대하기 위한 전략을 다음에서 살펴보고자 한다.

제 7 절 권력의 확보 전략

현대 조직에서 누가(또는 어떤 부서가) 권력을 쥐고 있으며, 그 권력을 유지하고 증강하기 위해 어떤 전략이 동원될 수 있는가 하는 것은 조직에서의 성공적인 삶을 보장하는 확고한 기준이 된다. 기구표에서의 지위나 지위가 가진 권한의 수준만으로는 식별할 수 없는 것이 조직 내 권력의 분포이기에 권력을 확보하기 위한 전략도 상당히 부분적일 수밖에 없다.

우선 조직 내 권력을 개발하고 그것을 행사하기 위해 필요한 일반적 원칙들은 다음과 같이 요약할 수 있다.

첫째, 권력은 가능한 한 두드러지지 않게 사용될 때 가장 효과적으로 작용할 것이다. 둘째, 권력의 행사는 의사 결정의 과정, 결정의 결과, 그리고 권력 그 자체를 정당화함으로써 촉진된다. 셋째, 권력의 확보 전략의 가장 우수한 형태는 현재 지위에 대해 우호적인 세력을 증가시킬 때 나타난다.

구체적으로 페퍼(Pfeffer, 1984)는 권력의 확보 전략으로 다음 여섯 가지를 들고 있다.

1 객관적 기준의 선택적 사용

현대 조직에서 효과성의 기준은 복잡하고 상호 갈등적이다. 조직 안에서 인정받기 위해서는 조직이 요구하는 옳고 그름에 대한 복잡한 기준을 선택적으로 사용하는 법을 배워야 한다. 가령, 조직 내 어떤 개인은 자신의 지위에 유리한 기준을 선택함으로써 권력을 순탄하게 행사할 수 있게 된다. 이 경우 바람직한 전략은 그 개인이 주창하는 입장에 유리하게 작용하는 기준을 강조해서 선택하는 것이다.

조직 내 정보와 선택의 정치와 관련된 사례를 들어 보자. 대학을 갓 졸업한 신입 사원이 한 기업의 최고관리자의 참모로 고용되었다. 그는 대학에서 고도의 경제 분석 기법을 습득했기 때문에 입사하자마자 상관의 지시로 각종 경제동향 분석 자료를 보고서로 제출하도록 지시받았다. 그는 배운 대로 복잡한 분석 기법을 동원해 그 기업의 시장 확대 방안을 만들어 상관에게 제출했으나, 그 상관은 또다시 추가적인 사항을 고려할 것을 요청했다. 그는 다시 복잡한 분석 기법으로 관련 보고서를 수정해 다시 제출했으나 그의 상관은 보고서를 다시 돌려보내면서 또 다른 추가 고려 사항을 요청했다. 안절부절못한 이 젊은 참모는 결국 그의 상관이 원하는 결과가 무엇인지를 알아내어 그러한 입장을 지지하는 보고서를 제출하게 되었다 그의 상관은 보고서에 대해 높은 점수를 주었고 보고서의 정책대로 바로 집행하기를 시달했다.

이처럼 조직 내의 복잡하고 다양한 기준의 선택적 사용은 한 개인의 권력 행사를 순탄하게 만드는 중요한 요인이 될 뿐만 아니라, 그러한 선택을 한 개인에 대한 주위의 인정이 주어진다는 점에서 매우 중요하게 작용한다.

2 외부 전문가의 영입

간혹 조직 내 권력은 균형을 유지하고 여러 관점의 이해가 갈등을 일으키는 경우가 많아 조직 내 어떤 특정의 개인이 자신의 입장을 관철시키려고 할 때 어려움에 봉착하는 경우가 많다. 이 때 외부의 전문가를 조직 의사 결정 과정에 영입하여 참여하게 함으로써 조직 내 어떤 결정 사안에 대한 합의를 이끌어 내기도 한다. 외부 전문가들은 대개 고객조직과의 긴밀한 관계를 계속 유지하고자 하기 때문에 조직의 부름을 받은 전문가는 조직 내 큰 세력의 편을 드는 것이 독립적으로 행동하는 것보다 자신의 지위 유지에 유리하다는 사실을 곧 알게 된다. 이러한 외부 전문가의 활용 전략은 사회정책의 평가 연구에서 상당히 자주 목격된다. 최근 기업의 민주적 운영을 위해 제도화하고 있는 사외이사제도는 기업의 의사 결정의 질적 향상에 활용되기보다는 이미 마련된 기업의 결정을 정당화하고 옹호하기 위해 활용되는 경우가 있다는 것은 바로 이러한 경우를 대표적으로 보여 주는 사례가 된다.

3 무의사 결정

권력 확보 전략의 원칙에서 가장 중요한 것은 권력을 두드러지지 않게 사용되는 데 있다고 했다. 가장 두드러지지 않게 권력을 행사하는 방법 중의 하나는 결정될 사안이 우선 표면에 나타나지 못하게 사전에 방지하는 것이다.

이렇게 무의사 결정(또는 의제의 통제) 전략은 도시재개발, 지하철 노선의 결정 등 지역 주민의 이해가 첨예하게 대립되는 결정에 잘 작동된다. 즉, 첨예한 이익이 대립되는 사안의 정면에서 결정 상황이 전면에 나서기 전에 각 이익을 대표하는 정치적 세력들이 막후의 교섭을 통해 일단 커다란 결정을 하여 실체 결정에서 위험 부담을 줄이고자 한다. 따라서 어떤 중요한 사안이 결정된 사안으로서 정면에 나타나지 않도록 통제함에 따라 이익을 보는 기득권층이 있는가 하면 이러한 사안이 공공의제(public agenda)로 정면에 나타남으로써 이익을 보는 대립집단이 있다. 명백하게 공공 의제로 나타나기 전에 그 사안의 중요한 세부 결정들은 이미 이루어진 경우가 많으며, 이렇게 공공 의제를 통제하는 것은 조직 내 권력의 원천이 될 뿐만 아니라 권력이 두드러지지 않게 행사될 수 있게 하는 중요한 기제가 된다. 뉴질랜드 행정개혁이 성공한 것은 행정개혁 사안들이 지방공무원들이나 지역 주민들에게 전면으로 나타나기 전에 활동했던 전문가, 즉 주민 설득집단(Review Group)의 역할이 컸다는 데 있다는 것은 바로 이러한 무의사 결정의 강력한 권능을 말해 주는 단적인 사례가 된다. 이 설득집단은 행정개혁의 내용을 가지고 전국을 순회하면서 해당 지역의 공무원이나 주민들에게 개혁의 필요성과 개혁으로 얻게 되는 효과를 설명하고 이해를 구하는 역할을 충실히 수행했으며, 이들의 노력은 행정 개혁이 전국적으로 수용되도록 하는 데 큰 역할을 했다.

4 연합 형성

조직은 상호의존 체계이므로, 어떤 조직이든 상호의존 체계에서 독립하기를 고대한다. 조직 내 또는 조직과 조직 간 관계에서 일방의 조직이 상대방 조직으로부터 자원 획득과 생산・판매 활동에서 자율성을 구가하면 할수록 그 조직은 상대적으로 큰 권력을 확보할 수 있게 될 것이다. 이는 자원의존이론에서도 설명했는데, 한 조직이 상호의존 체계 하에서 구조적 자율성을 확보하기 위해 자원 획득과 생산 및 판매 활동에서 대체조직이나 시장을 확보하는 것은 매우 중요하다. 대체조직이나 시장을 확보하기 위해 상호의존성이 높은 조직끼리 연합을 형성하는 것은 그 조직의 구조적 자율성 확보에 지대한 영향을 미치는 전략이 된다.

여기서는 조직 내 권력을 확보하기 위해 동원되는 조직의 하위 단위 부서 간 연합 형성의 사례만을 선별해 설명하고자 한다.

1) 외부 지지집단의 형성

연합 형성 활동은 크게 두 가지로 나뉜다. 하나는 조직과 접촉하는 외부집단이고, 다른 하나는 조직 내 지지 획득을 위한 다른 개인이나 부서이다. 많은 조직에서 조직 내 권력의 증진이나 결정 과정의 통제를 위해 외부집단과의 연대를 모색하려고 한다. 보통 외부 지지 세력을 구축하기 위해서는 조직과 상호의존적 관계에 있으며, 연대를 하고 있는 조직과 접촉할 필요가 있다. 하지만 이 전략이 성공하기 위해서는 하위 부서의 목표가 분명하고, 안정적인 외부 지지집단이 존재하고, 하위 부서의 조직 업무가 덜 전문화되어야 한다는 조건들이 제시되기도 한다(Mintzberg, 1983: 26). 가령, 환경부의 어떤 고위공무원이 국회나 시민단체와 우호적인 연대 연결망을 가지고 있다면 그 공무원은 환경부라는 조직 안에서 환경과 관련된 정책의 입안과 집행 과정에 상당한 권력을 확보할 수 있게 된다.

2) 내부동맹

외부 지지집단의 형성과 함께 권력의 확보를 위해서는 내부집단 간 동맹이 자주 동원된다. 내부동맹은 조직 안에서 입장을 같이하는 동료들 또는 집단 간 동맹을 통해 공통의 이해 관계를 찾아내어 집약된 세력을 형성하는 것을 말한다. 외부 지지집단의 형성과 같이 내부 동맹의 본질적 특성은 상호 교환에 있다. 가령, A는 B가 관련된 어떤 사안에 대해 B를 지지해 주고, 반대로 B는 A가 관련된 어떤 사안에 대해 A를 지지해서 상호 공통의 영역을 확장해 나가게 된다.

3) 인력 재배치

조직 내 개인들의 가장 중요한 관심사 중 하나는 승진에 있다. 조직의 최고관리자는 승진을 통해 자기 사람으로 하여금 중요한 자리를 차지하도록 하고, 결국 최고관리자를 중심으로 강력한 권력 연합이 형성되도록 한다. 이러한 인력 재배치를 통한 조직 최고관리자의 권력 장악은 정당하지 못하게 보일지언정 그의 입장에서 보면 신뢰할 만한 동맹자를 승진을 통해 확보할 수 있는 전략이 된다.

4) 만인의 승리

조직 내 연합 형성에서 긍정적인 측면은 보상이 종종 비(非)제로섬적(non zero-sum)이라는 점이다. 조직 내 대규모 연합과 합의를 이끌어 내기 위해 사용되는 전략 중 하나는 참여자 모두를 승리할 수 있도록 하는 것이다. 즉, 결정을 통해 관련되는 모든 개인이 혜택을 받을 수 있도록 할 수 있을 때 권력은 확보될 수 있다.

5 흡수

흡수(co-optation)는 조직의 생존에 위협을 가하는 외부의 세력을 내부로 받아들이는 과정을 의미한다. 가령, 자동차 회사의 생존과 발전은 철강산업의 향방에 따라 지대한 영향을 받게 되므로, 자동차 회사로서는 철강산업의 불확실한 시장 상황을 자동차 회사 내부로 흡수해 안정적인 철강 자원의 확보를 추구하게 된다. 또 다른 예를 들면, 정부정책에 반대하는 집단의 대표자나 개인으로 하여금 정부정책 과정에 참여할 수 있도록 배려함으로써 정부정책에 대한 그들의 동조를 이끌어 내는 경우가 있다. 이 경우 그 정부정책은 사회적으로 정당한 것으로 인식될 가능성이 높아짐과 동시에 그 정책이 성공적으로 집행될 가능성을 높여 준다.

셀즈닉(Phillip Selznick)은 그의 저서 『TVA와 풀뿌리(*TVA and the Crass Roots*)』(1949)에서 흡수의 개념을 정교화시킨 바 있다. 그에 따르면, 공식적 흡수는 기관에 의해 잠재적 반대자의 새로운 의견들을 공개적으로 승인하고 조직 내 위계질서로 공식적으로 흡수하는 활동을 말하며, 비공식적 흡수란 지역사회에서 구체적인 권력 중심의 압력에 대한 반응을 의미한다고 한다. 흡수는 잠재적인 정책에 대한 도전을 감소시키며 상대적으로 비용이 적게 든다는 이점이 있지만, 흡수를 수행하는 기관은 어떤 정책을 수행할 때 이용 가능한 대안의 범위를 좁힐 수밖에 없게 만들어 정책의 효과성을 떨어뜨리는 요인이 되기도 한다.

6 위원회

조직이 관련하는 다양한 이익을 흡수하거나 결정의 정당성을 제고하기 위해 흔히 사용하는 전략은 위원회제도이다. 위원회제도의 특성은 한 사람이 결정하는 것이 아니라 여러 사람이 법적으로 대등한 입장에서 토론을 거쳐 결정을 하도록 한다는 점이다. 위원회제도는 결정에서 한 개인의 경솔함을 지양하고 신중한 결정을 내릴 수 있다는 장점이 있으나, 타협적인 결정에 내재하는 약점 때문에 소신을 가지고 전략적 결정을 내리지 못하는 경우가 많아 안정 지향적 결정들이 드러날 확률이 높아지는 단점이 있다.

생각해 보기

1. 술이나 담배보다 권력욕이 중독성이 있다. 여러분은 어떻게 생각하는가?
2. 여러분이 속한 조직(학교, 직장)에서 권력은 어디에 있는가?
3. 여러분이 속한 조직(학교, 직장)에서 권력을 얻기 위해 어떤 활동과 능력이 필요한가?
4. 권력을 순하게 또는 긍정적으로 발휘하려면 어떻게 해야 할까?
5. 권력을 지속적으로 유지하려면 어떻게 해야 할까?

제13장
갈 등

제1절 갈등의 정의와 기능

1 갈등의 정의

갈등에 대해서는 다양한 정의가 존재한다. 프뤼트와 루빈(Pruitt & Rubin, 1986)은 둘 이상의 사람이나 집단이 특정한 사항에 대해 다른 이해 관계를 가지고 있고 그 상이함이 부정적으로 평가될 때 갈등이 발생한다고 보았다. 한편 백완기(1995)는 갈등을 양립할 수 없는 목표의 추구로 인해 발생하는 현상으로 보았다. 이러한 갈등의 정의에 공통적으로 존재하는 것은 대립과 상충이다. 또한 갈등이 있음을 인식할 때 비로소 갈등이 존재하게 된다. 아무도 갈등이 존재하는지 모른다면, 일반적으로 갈등은 없다고 볼 수 있는 것이다. 이에 따라 로빈스와 저지(Robbins & Judge, 2011)는 갈등을 한 사람이 소중히 여기는 어떤 것에 대해 다른 사람이 부정적인 영향을 미쳤거나 미칠 것이라는 것을 인식할 때 시작되는 과정으로 정의한다. 즉, 이 정의에 따르면 실질적인 이익의 충돌이 이미 일어난 경우뿐 아니라 가까운 미래에 잠재적으로 그러한 충돌이 일어날 경우까지 포함해 갈등을 정의하게 된다.

2 갈등의 순기능과 역기능

흔히 갈등에는 역기능만 있다고 생각하기 쉽지만 반드시 그런 것은 아니다. 개인, 집단, 조직에 갈등이 가져올 수 있는 긍정적인 기능이 존재한다(Schermerhorn, Hunt, & Osborn, 2008). 무엇보다 갈등은 중요한 문제를 수면 위로 떠오르게 해서 그 문제가 처리될 수 있도록 한다. 때로는 오래 방치되어 있는 문제가 후에 더 큰 부정적인 결과를 야기하기도 한다. 갈등은 이러한 잠재적 문제들을 다룰 수 있는 계기를 마련해 주어 조기에 문제가 해결되도록 도울 수 있다. 의사 결정을 하기 위해 사용되는 정보의 양을 증가시키는 것도 갈등이 가져오는 순기능이다. 갈등이 있는 상황에서는 찬반 양쪽에서 여러 가지 다양한 정보를 가져와서 더 풍부한 정보를 가지고 의사 결정을 하게 되는 것이다. 마지막으로 갈등은 개인이나 팀, 조직의 성과를 제고할 수 있는 좀 더 혁신적이고 창의적인 해결책을 제시하는 계기를 마련하기도 한다(Jehn, 1994; Priem, Harris, & Muir, 1995; Jehn & Mannix, 2001).

하지만, 갈등이 가져오는 역기능 또한 무시할 수 없다. 우선 갈등은 생산적인 일에 쓰일 수 있는 에너지를 다른 쪽으로 돌려 낭비를 가져오고 집단의 응집성을 해치게 된다. 개인 간 적대감을 높이고 근로자들에게 부정적인 환경을 만드는 것 역시도 갈등이 필연적으로 수반하는 역기능이다. 이에 따라 업무 생산성이나 직무만족도도 줄어들 가능성이 커지게 되고 결석률이나 이직률도 부정적인 방향으로 영향을 받게 된다(Wall & Callister, 1995; Hinds & Bailey, 2003).

3 갈등에 대한 견해

갈등의 순기능 및 역기능과 관련해 갈등에 대한 관점은 변화를 겪어 왔다. 기존의 관점은 갈등의 역기능적 측면에만 초점을 두어 논의한 반면 비교적 근래의 논의는 점점 갈등의 순기능적 측면에도 관심을 기울이고 있다(George & Jones, 2007). 로빈스와 저지(Robbins & Judge, 2011)는 이를 크게 전통적 견해와 상호작용적 견해(interactionist view)로 나누어 설명한다. 전통적 견해에서는 갈등은 집단에서의 역기능을 나타내는 징표가 되므로 모든 갈등은 나쁜 것이라고 본다. 즉, 갈등은 조직 내의 원만하지 못한 의사소통이나 경영자와 종업원 간의 신뢰 부족, 비효율적인 관리 등에서 발생하는 것으로 조직 건강에 악영향을 끼치는 요소로서 가능한 제거되어야 한다는 견해이다. 이러한 견해에 따르면 조직의 성과 제고를 위해 갈등 상황은 피하거나 가능한 빨리 해결해야 하는 것으로 간주된다(Robbins & Judge, 2011).

이에 반해 상호작용적 견해에서는 약간 다른 접근법을 취한다. 갈등은 분명 역기능적 성격을 가지고 조직에 위해(危害)를 끼치기도 하지만 언제나 그런 것은 아니며, 관리하기에 따라서 순기능적 성격을 띠기도 한다는 것이다. 오히려 집단이 너무 협동적인 경우에 그 조직은 정적(靜的)이 되어 변화와 혁신의 필요성에 대해 무뎌지기 쉬우므로 최소한의 갈등 상황은 조직에 활력을 불어넣으며 변화와 혁신을 촉진하는 요인이 된다고 상호작용적 견해에서는 주장한다(Dreu & Vliert, 1997). 여기서는 갈등을 기능적(functional) 갈등과 역기능적(dysfunctional) 갈등으로 나누어 기능적 갈등을 장려하고 촉진시킨다면 갈등은 오히려 조직의 성과 향상을 가져올 수 있다고 본다(Coser, 1956; Robbins & Judge, 2011).

하지만, 상호작용적 견해의 경우에 갈등을 격려하는 것에 대한 몇몇 문제점도 지적되었다. 특별한 경우 갈등이 이로운 경우도 있지만, 갈등으로 인해 발생한 스트레스는 인간 관계에 부정적인 영향을 주어 장기적으로 조직에 부정적인 영향을 미칠 수 있다는 것이다(Penny & Spector, 2005). 이를 종합해 볼 때, 현재는 갈등의 관리에 초점을 둔 견해가 전통적 견해와 상호작용적 견해의 절충안으로 제시되고 있다. 여기서는 모든 조직에서 갈등의 발생이 불가피한 것으로 인정하되, 갈등을 완전히 없애거나 인위적으로 조장하기보다는 발생한 갈등을 잘 관리해 나가는 가운데 그 부정적 영향을 최소화하고 생산적으로 갈등을 해결해 나가도록 하는 데 초점을 두고 있다(Robbins & Judge, 2011).

4 갈등과 조직의 성과

흔히 갈등이 조직의 성과를 낮춘다고 가정하기 쉬운데, 반드시 그렇지 않을 수도 있다. 특히 건설적인 성격의 갈등이 적정 수준 존재하는 경우는 조직의 성과에 긍정적인 영향을 미칠 수도 있다(George & Jones, 2007). 갈등이 아예 없거나 낮은 상태에서는 외부의 변화에도 반응하지 않고 조직 내 창조성이나 혁신성도 떨어져 새로운 아이디어가 채택되지 않을 수도 있다. 반면 다소 간의 갈등이 조직을 자기비판적이고 혁신적으로 만들어 더 나은 성과를 가져올 수도 있는 것이다. 하지만 너무 높은 수준의 갈등이 있는 경우에는 부서 내부가 혼란스럽고 비협조적이 될 것이다. 이에 따라 갈등의 수준이 증가함에 따라 조직의 성과가 함께 증가하다가 일정 수준의 갈등이 지나면 다시 감소하는 역U자 형의 모양을 띌 것이라고 가정해 볼 수 있다(Thomas, 1977).

그림 13-1 **갈등과 부서의 성과**

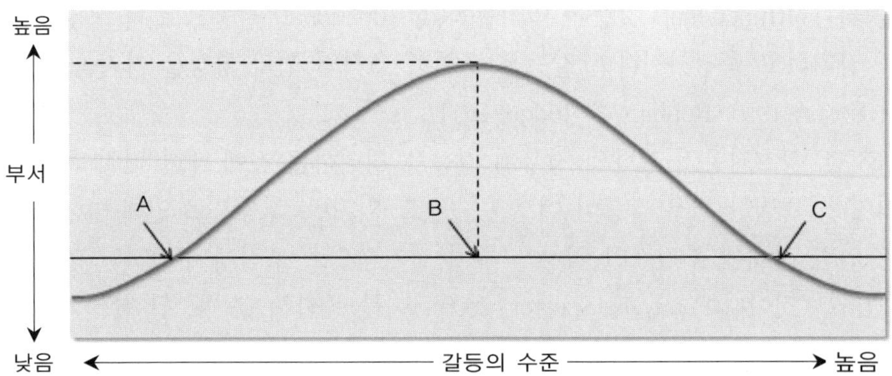

상황	갈등의 수준	갈등의 종류	부서의 내부 특성	부서의 성과
A	낮거나 없음	역기능적	냉담 진전이 없음 변화에 무반응 새로운 아이디어의 부재	낮음
B	적정	기능적	생기있음 자기비판적 혁신적	높음
C	높음	역기능적	파괴적 혼란 비협조적	낮음

출처: Robbins & Judge(2011: 527).

제 2 절 갈등의 유형

다양한 기준에 의해 갈등의 유형을 구분지어 볼 수 있다. 우선, 갈등을 실제적 갈등(substantive conflict)과 감정적 갈등(emotional conflict)으로 나눌 수 있다. 전자는 추구해야 할 목표나 그것을 달성하기 위한 수단에 대한 근본적인 불일치가 존재하는 경우에 생겨난다. 구체적인 전략이나 행동계획에 대한 불일치를 비롯해 자원의 배분, 조직 내의 정책 등 여러 영역에 걸쳐 실제적인 불일치가 나타난다면 이를 실제적 갈등으로 볼 수 있다. 반면, 후자는 분노나 불신, 두려움, 원망과 같은 감정에서 생기는 개인 간의 어려움을 가리킨다. 이러한 갈등은 실제적인 문제들에서 발생하지는 않지만, 실제적 갈등 이상으로 조직구성원들에게 어려움을 가져온다. 사람들의 활력을 빼앗고 일의 우선순위를 흐트러뜨리기도 한다(Schermerhorn, Hunt, & Osborn, 2008).

갈등이 일어나는 수준에 따라서도 갈등을 네 가지로 나누어 볼 수 있다(Schermerhorn, Hunt, & Osborn, 2008).

첫째, 개인 내 갈등(intrapersonal conflict)으로, 이는 양립할 수 없는 목표나 기대로부터 생기는 실제적 혹은 인식된 압력 때문에 한 개인의 내면에서 일어나는 갈등을 가리킨다. 개인 내 갈등도 몇 가지 유형으로 분류가 가능한데, 접근-접근 갈등은 두 가지 긍정적인 대안 중에서 하나를 선택해야 할 경우에 발생하는 갈등으로 서로 다른 좋은 조건을 가진 두 가지의 직장 중에서 어느 것을 선택할 것인지의 갈등이 그 예가 된다. 반면, 회피-회피 갈등은 두 가지 부정적인 대안 사이에서 어느 것을 선택할 것인지에 대한 갈등이다. 원치 않는 한직으로 옮겨갈지, 급여를 삭감당할지 선택해야 한다면 이 상황이 회피-회피 갈등의 예가 된다. 마지막으로 접근-회피 갈등은 긍정적인 면과 부정적인 면을 모두 가지고 있는 특정한 대안을 선택하는 상황에서 발생한다. 보수는 많지만 위험 부담이 높은 일을 선택할 것인가의 문제가 그 예가 된다.

둘째, 개인 간 갈등(interpersonal conflict)이 있는데, 이는 서로 대립하는 둘 혹은 그 이상의 개인들 간에 발생하는 갈등이다. 이 때의 갈등은 앞에서 살펴본 실제적 갈등일 수도 있고 감정적 갈등일 수도, 둘 다를 포함하는 것일 수도 있다.

셋째, 집단 간 갈등(intergroup conflict)은 서로 다른 팀들 혹은 집단들 사이에서 일어나는 갈등이다. 한 예로 전통적으로 조직 내의 마케팅 부서와 생산 부서 간에는 갈등 상황이 많다고 알려져 있다. 집단 간 갈등이 일어나게 되면 업무의 통합이나 조정이 매우 어렵게 되므로 이를 극복하기 위해 태스크포스나 기능교차팀이 운영되기도 한다(Walton & Dutton, 1969).

넷째, 조직 간 갈등(interorganizational conflict)이 있는데, 이는 같은 영역에서 일하는 조직들 간의 경쟁 혹은 라이벌 의식으로도 나타날 수 있다. 예를 들어 미국의 국가정보기관인 CIA(Central Intelligence Agency)와 FBI(Federal Bureau of Investigation) 사이에도 서로 정보를 공유하지 않고 경쟁하는 상황이 되어 업무의 효과적인 추진이 방해를 받는 경우가 있는데, 이는 부분적으로 조직 간 갈등에서 기인하는 것으로 볼 수 있다.

갈등의 원인을 기준으로도 그 유형을 나누어 볼 수 있다(Schermerhorn, Hunt, & Osborn, 2008). 여기서는 갈등이 일어나는 여러 원인을 주로 구조적인 측면과 관련해 살펴보도록 하겠다.

첫째, 계층적인 측면에서 수직적 갈등(vertical conflict)과 수평적 갈등(horizontal conflict)을 생각해 볼 수 있다. 수직적 갈등은 서로 다른 계층 수준에서 발생하며 주로 자원이나 목표, 데드라인, 성과 결과 등에 대한 상사와 부하 직원 간의 대립을 포함한다. 수평적 갈등은 같은 계층 수준에 있는 개인 간 혹은 조직 간에 발생하는 갈등으로, 목표의 양립 불가능성이나 자원의 부족을 놓고 갈등이 생기기도 하고 개인적인 문제들 때문에 갈등이 발생하기도 한다.

둘째, 갈등의 또 다른 유형으로 역할 갈등(role conflict)이 있는데, 이는 개인이 업무를 수행하는 가운데 업무에 대한 상충되는 기대가 존재할 때 발생한다. 업무적인 특성 측면에서 업무 흐름의 상호의존성에 의해서도 갈등이 발생할 수 있다. 즉, 주어진 목표의 달성을 위해 집단이 서로 의지하고 협력해야 하는 경우에도 이들 간에 분쟁이나 공공연한 불일치가 생겨날 수 있다(Brown & Lee, 2004). 누가 무엇에 대해 책임을 져야 할지가 모호한 상황이거나 필요한 자원이 부족한 경우, 이러한 분쟁이 더 격화될 수 있다. 또한 업무 관계에서 권력의 비대칭성이 심할 때에도 갈등 상황이 발생하기가 쉽다(Walton & Dutton, 1969; McCann & Galbraith, 1981).

제 3 절 갈등의 관리

그렇다면 어떻게 갈등이 성공적으로 관리될 수 있는가? 갈등관리의 방법을 크게 간접적인 방법과 직접적인 방법으로 나누어 설명해 볼 수 있다(Schermerhorn, Hunt, & Osborn, 2008).

간접적인 갈등관리의 접근법으로는 우선 상호의존성의 감소를 들 수 있다(Walton & Dutton, 1969). 업무 흐름상의 갈등이 존재할 때에 유닛들(units)이나 개인들 간의 상호의존성의 수준을 조절함으로써 자연스럽게 갈등을 해소하고자 하는 것이다. 공동의 목표를 강조하는 것도 하나의 방법이다. 잠정적으로 충돌할 수 있는 당사자들의 주의를 서로 바람직한 하나의 결론에 집중시키는 것이다. 수직적인 위탁(hierarchical referral)을 통해서도 해결될 수 있는데, 이는 갈등 해결을 위해 명령 계통을 이용한다. 즉, 문제 해결을 위해 계층제 상으로 상위 단계의 관리자에게 문제를 이관시키게 된다. 또한 나름의 의식(儀式, ritual)을 사용함으로써 피상적인 수준에서 갈등을 관리하기도 하는데, 갈등의 실제적인 해결을 하기보다는 의식처럼 여겨지는 정기적인 회의나 미팅을 통해 마치 문제가 해결된 것처럼 행동하는 것이다(Schermerhorn, Hunt, & Osborn, 2008).

직접적인 갈등관리의 접근법으로는 갈등을 관리하는 다섯 가지 접근법이 주로 논의된다. [그림 13-2]는 협력성과 자기 주장의 정도에 따라 다섯 가지 접근법을 나눈 것이다(Thomas, 1992; Robbins & Judge, 2011).

회피(avoidance)는 실제 갈등이 있다는 것을 알면서도 갈등이 존재하지 않는 것처럼 행동하는 것으로, 아무도 원하는 것을 얻지 못하며 갈등의 원인은 영향을 받지 않게 된다. 관련된 문제가 사소한 것이거나 더 중요한 문제가 있는 경우이거나 잠시 동안 감정을 가라앉힐 필요가 있는 경우에 이 방법이 사용될 수 있다. 협력성과 자기 주장이 모두 낮은 경우에 취하는 방식이다.

수용(accommodation)은 관계를 유지하기 위해 상대방의 관심사를 우선시하는 것으로 협력적이고 자기 주장은 약한 경우에 채택된다. 관련된 문제가 자신보다 상대방에게 더 중요한 경우나 후에 대립하는 문제가 생길 경우를 대비해 상대방에게 신

그림 13-2 갈등 처리 의도의 측면

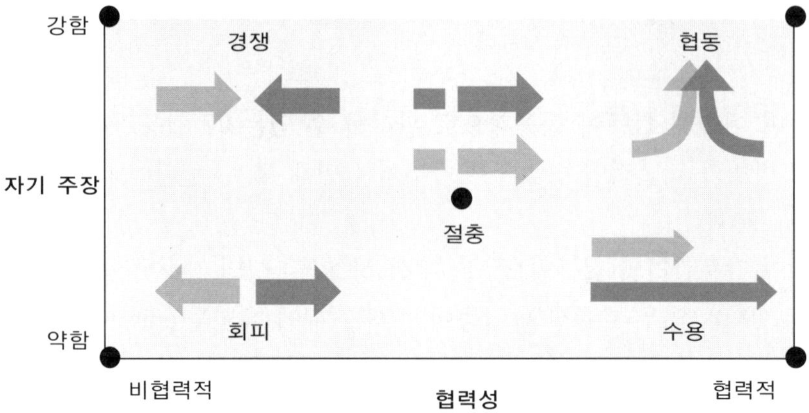

출처: Robbins & Judge(2011: 510).

뢰를 쌓으려고 하는 경우, 조화와 안정이 중요한 경우에 사용할 수 있다.

경쟁(competition)은 협력성이 낮고 자기 주장은 높은 경우에 나타나는 방법으로 자신의 이익을 극대화하려 한다. 이 경우에는 상대방이 원하는 것을 배제함으로써 자신이 원하는 것을 얻는 승패(win-lose) 상황의 갈등이 발생하게 된다. 갈등의 근본적인 원인을 다루기보다는 갈등의 당사자가 바라는 것을 억누르려는 경향을 보인다. 빠르고 결단력 있는 행동이 중요한 경우나 인기 없는 행동이 취해져야 하는 경우에 사용된다(George & Jones, 2007).

협동(collaboration)은 자기 주장도 강하지만 협력성 역시 강한 경우에 나타나게 된다. 상호 이익을 추구하는 가운데 정보를 모으고 평가하는 것을 강조하게 된다. 그 결과 상생(win-win)의 해결책을 찾아 서로의 목표를 달성하고 양 당사자에게 모두 수용 가능한 해결책을 찾게 되기도 한다. 시간과 비용이 허락하는 한 진정한 갈등의 해결을 얻기 위해 사용될 수 있다.

절충(compromise)은 분명한 승자나 패자가 없는 접근법으로 각각의 당사자가 무언가를 포기하게 된다. 복잡한 문제에 대해 일시적인 해결책을 얻고자 할 때, 시간이 한정되어 있는 상황에서 적당한 해결책을 얻고자 할 때, 협동이나 경쟁이 성공하지 못했을 때 사용될 수 있다(Robbins & Judge, 2011).

제 4 절 갈등관리를 위한 협력적 네트워크 구축

오늘날 단일 조직에 의한 공공문제의 해결이나 공공 서비스 공급은 점점 줄어들고 있으며, 점점 많은 문제가 다루기 힘든 까다로운 문제(wicked problem)로서 여러 조직의 협력적 해결을 요하고 있다. 이렇게 하나의 정책문제를 놓고 관련 조직들이 이를 해결하기 위해 공동의 노력을 경주하게 될 때에는 무엇보다 이들 참여 주체들 간의 협력을 확보하는 것이 중요하다. 왜냐하면 정책의 공동 실행 과정에서 불가피하게 참여자들 간의 갈등이 발생하기 때문이다. 일반적으로 협력적 네트워크는 아래와 같은 특징을 가진다(O'Leary & Bingham, 2007).

- 다수의 구성원이 존재함.
- 이러한 다수의 구성원은 공동의 임무(mission)와 개인별 서로 다른 임무를 가지고 네트워크에 참여함.
- 네트워크 조직들은 상이한 조직문화(organizational cultures)를 가지고 있음.
- 네트워크 조직들은 상이한 운영 방식(methods of operation)을 가지고 있음.
- 네트워크 구성원들은 다양한 이해관계자들(stakeholder groups)의 영향을 받음.
- 네트워크 구성원 간 권력(power)의 수준이 다름.
- 대부분의 경우 한 가지 이슈가 아닌 여러 이슈가 복합적으로 존재함.
- 다양한 곳에서 의사 결정이 일어남.
- 네트워크는 조직 간(inter-organizational) 관계이자 대인적(interpersonal) 관계의 특성을 가짐.
- 네트워크의 지배구조(governance structure)가 다양하게 나타남.

이러한 복잡한 네트워크 속에서 일하는 관리자들에게 협상(negotiation), 교섭(bargaining), 협력적 문제 해결(collaborative problem solving), 갈등관리(conflict management), 갈등 해소(conflict resolution) 등의 능력이 중요하다(O'Leary & Bingham, 2007; O'Toole, 1997). 따라서 여러 부처가 함께 모여 단일의 사업을 진행하는 경우 이를 네트워크

관리의 관점에서 파악할 수 있고, 좀 더 성공적인 사업 운영을 위해서는 갈등을 사전적, 사후적으로 관리하는 것이 매우 중요한 과제가 된다.

네트워크에서 발생하는 크고 작은 갈등을 관리하는 방법은 크게 행태적인(behavioral) 측면과 제도적인(institutional) 측면으로 구분할 수 있다. 행태적인 측면은 효과적 갈등관리를 위한 관리자들의 태도, 행동, 전략에 관한 것인 반면, 제도적인 측면은 갈등의 방지 및 해소를 위한 다양한 제도적 장치에 관한 것이다. 행태적인 측면과 관련해 오리어리와 빙햄(O'Leary & Bingham, 2007)은 상호이익 협상을 입장 중심 협상과 대비하면서 전자가 협력적 네트워크의 구축을 위해 중요함을 강조하고 있다. 즉, 네트워크에 참여하고 있는 개별 조직은 자신의 입장만을 우선시하는 것이 아니라 전체를 생각하는 태도로 협상에 임하는 것이 중요하다. 입장 중심과

표 13-1 입장 중심과 상호이익 중심 협상 태도

입장 중심	상호이익 중심
상대방을 적대적 관계로 인식함.	상대방을 협상 파트너로 인식함.
협상을 투쟁(struggle)으로 인식해 승리해야 할 대상으로 접근함.	협상을 도전(challenge)로 인식해 극복해야 할 대상으로 접근함.
가치 요구(claiming value)를 강조하며 경쟁을 통해 자신의 몫을 챙길 것을 요구함.	가치 창출(creating value)을 강조하며 가치를 함께 키워가는 것을 요구함.
이전에 스스로 설정한 해결책을 달성해 승리를 거두는 것을 목표로 함.	모든 당사자의 이익에 부합하는 해결책을 제시하는 것을 목표로 함.
자신의 입장을 강요하거나 설득하는 것으로 협상 과정을 진행함.	선의를 가진 창조적 사람들이 공동의 이익을 충족시키기 위한 대안을 만드는 방법으로 협상 과정을 진행함.
판매술(salesmanship), 조작(manipulation) 혹은 거짓말(lying)에 의존함.	자신에게 중요한 목표를 솔직하게 공개하는 것이 요구됨.
관계(relationship)와 실제적 목표(substantive goals) 사이의 선택을 강요함.	협상 당사자들이 관계와 실제적 내용에 모두 집중 가능함.
상대방으로부터의 압력과 강요에 의해 마지못해 양보하게 됨.	좋은 대안이 나타나면 흔쾌히 자신의 입장을 수정함.
일반적으로 일방이 패하거나(win-lose, lose-win) 모두 패하거나(lose-lose) 중간적 절충(compromise)으로 마무리됨.	협상 당사자 모두가 승리하는(win-win) 결과를 도출할 수 있음.

출처: Katz(2007).

상호이익 중심의 협상 태도를 비교해서 정리하면 <표 13-1>과 같다.

상호이익 협상을 풀어나가는 실질적인 단계는 아래와 같이 정리할 수 있다 (O'Leary & Bingham, 2007).

- 1단계: 주어진 이슈를 정의해 협상 당사자의 요구를 만족시켜 줄 수 있는 공동 과업(joint task)으로 구조화해 제시한다.
- 2단계: 자신의 이해를 공개하는 것과 상대방의 이해를 경청함으로써 각자의 이해 관계를 이해하도록 함께 노력한다.
- 3단계: 자신의 몫을 챙기기(claim value)보다 가치를 함께 키우는 가치 창출(value creation)을 지향해 협상의 파이(pie)를 키울 수 있는 방법을 모색한다.
- 4단계: 협상이 타결되도록 다양한 대안을 제시하고, 만약 대안을 마련하는 것이 어려우면 당사자들의 이해 관계를 다시 점검한다.
- 5단계: 제시한 대안이 협상 당사자들의 요구를 충족하는지에 중점을 두어 대안을 평가한다.
- 6단계: 협상 당사자들의 필요를 가장 잘 충족시키기 위한 대안을 분석해 이를 선택하거나 수정한다.
- 7단계: 협상이 어려움을 겪을 때에는 객관적 기준을 활용한다. 해당 분야의 법적 기준, 윤리적 · 도덕적 기준 등에 입각해 원칙 중심적 주장을 전개한다(Fisher et al., 1991).
- 8단계: 합의한 내용을 집행하기 위한 계획을 세운다. 이 때 집행의 감독에 관한 사항도 포함해 계획을 수립한다.

갈등관리의 제도적인 측면과 관련해 오리어리와 빙햄(O'Leary & Bingham, 2007: 27-29)은 지배구조의 설계(designing governance structure)에 관한 논의를 전개하고 있다. 이들은 지속 가능한 네트워크를 구축하기 위해 무엇보다 향후 불가피하게 등장할 갈등을 어떻게 관리할 것인가에 관해 구성원들 사이에 사전 합의가 있어야 하고, 이러한 합의를 지배구조에 반영해야 한다고 주장한다. 실효성 있는 갈등관리 제도를 지배구조 내에 정착시키기 위해서는 다음과 같은 절차가 필요하다.

- 1단계: 네트워크 내 합의가 필요한 구성원들을 파악한다.
- 2단계: 네트워크의 관할 범위와 영역에 대한 사항을 파악한다.
- 3단계: 네트워크 구성원들 간 논의의 진행을 위한 기본 원칙에 대해 협상한다(예: 의제 설정의 원칙, 회의 주기에 관한 원칙, 합의 절차 등).
- 4단계: 네트워크 내부에서 의견 교환을 위한 절차를 논의한다.
- 5단계: 네트워크 관리와 책임의 배분(allocation of responsibility)에 대해 협상한다.
- 6단계: 특정 사안에 대한 논의를 마치기 위해 필요한 의사 결정 절차를 논의한다.
- 7단계: 난관에 봉착할 경우 이를 해결하기 위한 시스템을 마련한다.
- 8단계: 경우에 따라 네트워크 활동을 종료하기 위한 의사 결정 과정(decision process)을 합의한다.

이러한 논의는 지배구조가 어떻게 설계되는가에 따라서 갈등이 사전에 예방되는 정도가 달라질 수 있음을 시사한다. 행태적인 측면뿐 아니라 제도적인 측면에서 정비가 함께 이루어질 때 네트워크 상황 하에서의 갈등관리가 더 효과적으로 이루어질 수 있을 것이다.

제 5 절 협상

협상이란 당사자들이 서로 다른 선호를 가지고 있는 경우에 함께 결정을 내리는 과정이다(Schermerhorn, Hunt, & Osborn, 2008). 협상은 둘 혹은 그 이상의 당사자가 상품이나 서비스를 교환하면서 그에 대한 교환 비율을 결정하는 과정이라고도 정의할 수 있다(Bazerman et al., 2000).

협상(negotiation)은 교섭(bargaining)과 동일한 의미로 사용되기도 한다(Robbins & Judge, 2001). 협상에서는 협상에서 파생되는 직접적이고 즉각적인 결과도 중요하지만, 협상에 참여한 당사자들이 협상 과정에서 서로 어떻게 상호작용하고 협상이 이루어진 후 어떤 사회적 관계를 유지하는가도 중요한 의미를 지닌다. 이렇게 볼 때 협상의 목표를 실질 목표와 관계 목표로 나누어 볼 수 있는데, 실질 목표는 협상에서 직접적으로 다루어지는 내용과 관련된 결과를 다루는 반면, 관계 목표는 협상의 과정이 종결되었을 때 그와 관련된 사람들과 그들이 대표하는 집단들이 얼마나 서로 원만히 일할 수 있는지와 관련되어 있다. 효과적인 협상은 실제적 이슈들이 해결되고 서로 간의 업무 관계가 잘 유지되고 더 발전될 때 일어난다(Schermerhorn, Hunt, & Osborn, 2008).

협상의 유형을 크게 분배적 협상(distributive negotiation)과 통합적 협상(integrative negotiation)으로 나눌 수 있다(Walton & McKersie, 1965). 각 접근법은 그 동기와 초점, 정보 공유의 정도 등에서 차이점을 보인다. 흔히 물건을 구매할 때에 흥정을 벌이는 상황이 분배적 협상이 일어나는 대표적인 예라고 할 수 있다. 여기서는 구매자가 이익을 보는 만큼 판매자는 손해를 보아야 하는 제로섬 게임이 일어난다. 즉, 파이는 고정되어 있는 상황에서 누가 더 많이 자원을 차지할 것인가가 주된 초점이 된다(Robbins & Judge, 2011).

강경한 분배적 협상은 각각의 참여자가 자신의 이익을 극대화하고자 하는 경쟁을 가져오며 협상을 교착 상태에 빠지게 할 위험이 있다. 부드러운 분배적 협상은 문제 해결을 위해 한 당사자가 양보하려고 할 때에 발생하며 수용이나 타협을 가져오게 된다. 하지만 어느 경우라도 각 당사자가 원래 원했던 것을 일정 부분 박탈당하게 되므로 잠재적 불만족이 발생할 가능성이 있다(Schermerhorn, Hunt, & Osborn, 2008). [그림 13-3]은 분배적 협상의 상황을 잘 나타내 준다. A와 B가 협상을 할 때

그림 13-3 교섭의 영역

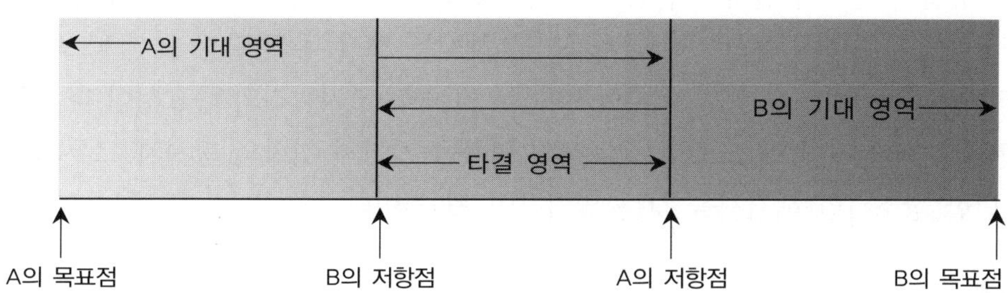

출처: Robbins & Judge(2011: 518).

에 각자는 지향하는 목표점을 가지고 있고, 또한 자신이 받아들일 수 있는 최소한의 결과라고 할 수 있는 저항점을 가지고 있다. 만일 협상의 결과가 저항점에 미치지 못하게 되면 협상이 결렬될 것이다. 이에 따라 저항점과 목표점 사이의 영역이 각자의 기대 영역이 될 것이고, A와 B의 기대 영역이 겹치는 부분에서 협상이 이루어지게 될 것이다. 이를 타결 영역이라고 한다. 이에 따라 두 당사자 간의 협상은 각 당사자의 저항점을 발견하고 수용 가능한 협상 영역, 즉 타결 영역 안에서 합의를 이루기 위해 노력하게 된다(Robbins & Judge, 2011).

한편, 통합적 협상에서는 상생(win-win)의 해결책을 찾을 수 있음을 전제하고 있다. 즉, 참가자들은 어떻게 하면 자원을 더 효율적으로 사용하여 양쪽 모두에게 이익이 되도록 협상을 이끌어 갈 수 있을 것인가에 관심을 갖는다. 이에 따라 분배적 협상보다는 덜 대립적인 분위기에서 협상이 진행되며, 양질의 정보, 신뢰, 그리고 지원적 태도 등이 통합적 협상의 핵심을 이루게 된다. 분배적 협상이 대립과 충돌을 가져오고 한쪽을 필연적으로 패배자로 만드는 반면에 통합적 협상에서는 서로 유대감을 주고 각자가 협상에서 승리했다는 느낌을 주어 장기적으로 계속 협력하는 관계를 만든다(Curhan, Elfenbein, & Xu, 2006). 따라서 이러한 조직 행태적인 측면에서는 다른 조건이 동일하다면 통합적 협상이 분배적 협상보다 더 바람직하다고 평가될 수 있다(Robbins & Judge, 2011).

그렇다면 통합적 협상이 잘 일어나지 않는 이유는 무엇인가? 통합적 협상이 성공적으로 이루어지기 위해서는 서로에게 솔직하게 정보를 공개해야 하고, 상호 신뢰하는 분위기가 형성되어 있어야 하며, 상대방의 필요에 민감해져야 한다(Thomas, 1992). 하지만, 협상을 할 때 이러한 조건이 갖추어지기가 현실적으로 쉽지 않기 때문에 통합적 협상이 일어나기 힘든 것이다(Robbins & Judge, 2011). 결국 분배적 협상 상황에서 통합적 협상으로 나아가기 위해서는 조직 내 투명성과 신뢰도의 제고, 배려하는 문화의 조성 등이 이루어져야 할 것이고, 조직관리의 중요성이 다시금 강조된다. 이러한 관리적 노력이 장기적인 안목을 갖고서 협상의 당사자 모두가 만족할 만한 창조적인 해결책을 찾는 밑거름이 될 것이다.

생각해 보기

1. 갈등의 순기능을 알 수 있었던 경험이 있다면 함께 나누어 보자.
2. 현재 경험하고 있는 개인 내 갈등이 어떤 것들이 있는지 나누고, 개인 내 갈등 유형들(접근-접근 갈등, 접근-회피 갈등, 회피-회피 갈등) 중에서 어느 유형에 속하는지 논의해 보자.
3. 공공조직 내 다른 부서들 간의 효과적인 갈등 관리를 위해 가장 유용하게 사용될 수 있는 관리 방법은 어떤 것인가? 그 관리 방법이 효과적이기 위해 갖추어야 할 조건에는 어떤 것들이 있는가?
4. 협력적 네트워크를 운용하면서 겪을 수 있는 실제적인 어려움에는 어떤 것들이 있는가? 조직 내에서의 갈등 해결과 비교해서 네트워크 상에서의 갈등 해결을 위해 특별히 더 요구되는 능력에는 어떤 것들이 있는가?

제 14 장 조직문화와 상징

개인에게 성격이 있듯이 조직에는 문화가 있다. 개인의 성격 유형이 있듯이 조직문화의 유형도 있다. 조직에서 문화는 생물에게 DNA와 같은 것이다. 조직문화는 조직의 DNA이다. 조직문화는 소속 구성원이 평상시 그 존재를 의식하지 못하고 "당연시하는 어떤 것"이다. 마치 물고기가 물의 존재를 보지 못한 것처럼, 조직구성원은 소속 조직의 문화를 인식하기 어렵다. 조직문화는 구성원의 행동을 암묵적으로 통제한다. 조직문화는 조직의 내부인과 외부인을 구분하는 경계선의 역할을 한다.

조직을 묘사하고 이해하는 데 가장 널리 알려진 은유(metaphor)가 '기계(machine)'와 '유기체(organism)'이다. 기계 은유에서는 조직을 목표 달성을 위한 합리적 도구처럼 이해한다. 유기체 은유에서는 조직을 생존하기 위해 기능하는 자연 체계처럼 이해한다. 문화의 개념은 이처럼 조직에 대한 합리적이고 기계적이며 기능적인 관점으로부터 선을 긋고 나타났다. '문화(culture)' 은유에서는 조직을 공유된 의미 해석과 가치 체계처럼 이해한다. 어떤 사건이나 상징에 대해 동일한 의미 해석과 가치를 갖는 범위가 조직이다.

이 장에서는 먼저 조직문화 개념의 발달 배경에 대해 고찰한다. 둘째, 조직문화의 개념적 이해를 위해 다양한 학자의 정의와 문화적 항목으로서 상징, 그리고 조직문화의 수준에 대해 소개한다. 셋째, 조직문화의 유형들을 주요 학자와 모형들을 중심으로 살펴본다. 넷째, 조직문화 연구를 위한 주요 관점 또는 접근법들을 소개한다. 학부생의 경우 이 절은 건너뛰고 다음 절로 가도 좋다. 마지막으로, 조직 리더의 상징관리 전략을 중심으로 조직문화의 관리를 위한 주요 메커니즘에 대해 살펴본다.

제 1 절 조직문화의 발달 배경

조직문화(organizational culture)라는 용어는 일찍이 1930년대 호손연구(Hawthorne studies)의 공식보고서에 등장한다(Trice, 1985). 하지만 크게 관심을 끈 것은 1980년대 초반이다. 그 시절 일본의 경제 기적이 기업문화 덕분이라고 지목된 것이다(Morgan, 1986). 조직문화에 대한 또 다른 관심의 출발점은 탁월성과 능률을 실현하기 위한 새로운 경로의 탐색이었다. 이러한 노력의 가장 유명한 자극제가 피터스와 워터맨(Peters & Waterman, 1982)의 『탁월성의 추구(*In Search of Excellence*)』라는 저작이다(Schultz, 1995: 6). 1980년대 약 10년 동안 조직문화에 관한 논쟁의 결과, 많은 저작과 이론적 관점들이 쏟아져 나왔다. 예컨대, 딜과 케네디(Deal & Kennedy, 1982)의 『기업문화(*Corporate Culture*)』는 베스트셀러가 되었다. 동시에 조직과 경영학의 주요한 전문학술지에서 문화를 특별 주제로 다루었다.[1)]

이러한 대중적 저작들을 포함한 많은 연구가 조직문화의 유형(예: 강한 문화나 약한 문화냐)과 결과변수(예: 직무 만족, 생산성, 내부 통합 등) 간의 관련성을 주장했다. 특히, 강한 문화(strong culture)를 구성하는 선행 변수들에 관심을 집중했다. 이 밖의 바람직한 결과를 낳을 수 있는 문화적 특성들을 탐색하기 시작했다.

1990년대에 들어서면 기업의 인수합병(M&A)이 활발하게 이루어진다. 인수합병의 성공을 좌우할 수 있는 요인으로 조직문화가 지목된다. 합병에 실패하거나 문제가 있었던 100개 조직을 연구한 결과, 그러한 조직들의 집행부 85%가 이질적인 조직문화 요소를 통합의 실패와 방해 요인으로 지적했다. 인수합병이 전략과 재정 측면에서 아무리 탁월할지라도, 합병 대상의 두 조직문화를 결합시키기 위한 효과적인 통합 노력이 없으면 성공은 환상에 불과했던 것이다(Tetenbaum, 1999: 26). 이처럼 1990년대에는 인수합병이나 조직 통합의 성공 요인으로 조직문화가 지적되면서 관심을 받았다.

---

1) 이에 해당하는 학술지는 *Administrative Science Quarterly*(1983), *Journal of Management Studies* (1982), *Journal of Management*(1985), *Organizational Dynamics*(1983) 등이다(이종범, 1994: 707).

제 2 절 조직문화의 이해

1 개념 정의의 다양성

조직문화에 대한 개념 정의는 다양하다. 조직문화의 개념에서 '문화'라는 용어는 인류학에서 도입되었다. 인류학에서 문화 개념에 대한 통일된 정의는 없다(Smircich, 1983: 341). 크로버와 클럭혼(Kroeber & Kluckhohn, 1952)에 의하면, 문화 개념에 대한 정의는 156개에 달한다. 따라서 조직문화 개념 역시 그 다양성에 대해 새삼스러울 것도 없다.

그러나 연구자마다 상이한 개념 정의를 사용한다면 동일 조직에 대해서도 상이한 조직문화를 발견할 것이다. 일단 녹색을 구성하고 있는 것에 대한 동의가 있다면 개구리가 녹색이라는 것을 동의하기란 쉬워진다. 그러나 녹색에 대한 동의가 없다면, 개구리의 색깔에 대한 합의를 보장할 수 있는 길은 요원하다. 그러므로 어떤 개념이 보편적으로 성립하려면, 관련 공동체 구성원들 사이에 반드시 어떤 동의된 사항들이 있어야 한다.

오트(Ott, 1989: 50)는 조직문화 개념에 대한 동의 사항들을 다음과 같이 정리했다.

첫째, 조직문화는 조직에 존재하는 문화이며 사회문화와 유사한 것이다.

둘째, 조직문화는 가치, 신념, 가정, 지각, 행동 규범, 인공물, 그리고 행동 패턴 등과 같은 것들로 구성되어 있으며, 각각의 조직문화는 상대적으로 독특하다.

셋째, 조직문화는 사회적으로 구성된다.

넷째, 조직문화는 조직구성원들의 행동을 이끄는 사회적 에너지이다.

다섯째, 조직문화는 조직구성원에게 사건과 상징에 대한 의미 해석의 길을 제공한다.

여섯째, 조직문화는 비공식적으로 행동을 금지하거나 승인하는 통제기제로서 기능한다.

그러나 이와 같은 몇 가지 일반적인 합의 사항들이 “조직문화가 무엇인가?”라는 물음에 궁극적인 답을 주지는 못한다. 합의 영역이 일반적인 수준에서의 몇 가지 특징과 그것이 수행하는 약간의 기능에 한정되어 있을 뿐이다. <표 14-1>은 주요한 학자들이 정의한 조직문화 개념을 정리한 것이다.

표 14-1 조직문화에 대한 주요 학자들의 개념 정의

주요 학자들	조직문화의 의미
Goffman(1959, 1967); Van Maanen(1979)	언어, 의식 등과 같이 사람들이 상호작용할 경우 나타나는 행위의 규칙성
Pettigrew(1979); Smircich(1983)	상징, 언어, 이념, 의식과 행사, 신화
Geertz(1973); Smircich(1985)	의미의 거미줄
Weick(1979)	인지 과정의 패턴
Martin & Siehl(1983)	익숙한 관리 과업 또는 관행
Pondy(1978)	언어 또는 직업 전문용어(jargon)
Martin(1982); Wilkins(1978; 1983)	조직을 통제 이야기(stories)와 스크립트(script)
Martin(1992)	문화적 표상에 대한 해석 유형과 설정(way of enactment)
Sackmann(1992)	조직 지식
Hofstede(1980)	집단적 정신 프로그래밍(collective programming of the human mind)
Kilmann(1982)	집단적 의지(collective will)
Harrison(1972); Meyer(1984)	이념, 해야 할 것과 하지 말아야 할 것의 근거
Schein(1968; 1978); Van Maanen(1976; 1979); Ritti & Funkhouser(1982)	신입원이 조직구성원으로 인정되기 위해 알아야 할 조직 내의 규칙들
Deal & Kennedy(1982); Peters & Waterman(1982)	조직에서 신봉하는 공유된 핵심 가치들
Ouchi(1981); Pascale & Athos(1981)	조직의 정책방침을 이끄는 철학
Schein(1985); Phillips(1984); Wilkins(1983)	기본 가정(basic assumptions)

*출처: Schein(1985), Sackmann(1992), Ott(1989)가 소개한 것들 중 공통적인 것을 선별함.

<표 14-1>에 제시된 개념 정의들을 두 가지 범주로 정리할 수 있다. 하나는 직접 관찰될 수 있는 가시적인 차원에서 문화를 정의하고, 다른 하나는 직접적으로 관찰될 수 없는 관념적 차원에서 문화를 정의한다.[2] 전자에서 조직문화 개념은 직접적으로 관찰될 수 있는 행태나 행동 패턴, 실체적인 문화적 항목들 또는 상징, 그리고 통용되는 언어 등에 토대를 둔다. 반면, 후자의 조직문화 개념은 조직구성원들의 마음속에 공유되어 있는 신념과 가치, 지식, 의미, 그리고 관념 등을 내포하고 있다. 이 장에서는 조직문화 개념을 다음 문장처럼 공식화해서 간략히 정의한다.

조직문화는 "조직구성원들이 공유하는 '학자들이 정의(선택)한 핵심 용어'이다."

여기에서 학자들이 정의(선택)한 핵심 용어란 <표 14-1>에 나타나 있는 용어들이다. 상징, 철학, 기본 가정, 관행, 이야기, 언어, 이념, 신화, 의식과 의례, 의미, 지식 등이 포함될 수 있다. 그래서 만약 연구자가 상징을 활용해 조직문화를 연구한다면, 여기에서 조직문화란 "조직구성원들이 공유하는 상징 체계"로 정의될 수 있다. 물론 이러한 정의는 뒤의 제4절에서 살펴볼 통합적·합리주의 관점에 기초한 것이다.

한편, 조직문화 개념이 한때는 조직분위기(organizational climate)와 동일한 의미로 사용되기도 했다. 1960년대부터 본격적으로 시작된 조직분위기에 관한 연구는 조직문화의 이론적 토대를 쌓는 데 도움을 주었다. 학자들에 따라 양 개념을 구분하기도 하고 동일하게 사용하기도 한다. 조직분위기도 조직문화처럼 조직의 가치 체계에 기초해 조직환경을 묘사한다는 점에서는 양 개념이 동일하다. 하지만 조직분위기는 상대적으로 정태적인 용어이고 분석 수준이 피상적인 표상에 맞춰진다. 반면, 조직문화는 좀 더 동태적인 의미를 포함하고 있다. 조직문화는 조직구성원들의 가치·신념·기본 가정 속에 정착되어 있는 심층적인 구조에 더 주목한다. 그래서 분석도 기본적인 가치 또는 가정의 수준에서 이루어지는 경향이 있다. 그러나 두 가지 개념이 현상의 차이라기보다는 연구 해석상의 차이라고 보는 것이 적절하다. 조직문화와 조직분위기에 관한 많은 문헌이 실제로 공통적인 현상을 다룬다(Denison, 1996).

---

2) 이러한 분류는 문화인류학에 존재하는 두 학파의 전통을 이어받은 결과라고 볼 수 있다. 키싱(Keesing, 1974)은 문화인류학의 두 학파를 적응학파(adaptationist)와 관념학파(ideationalist)로 소개한다(Ott, 1989: 54).

2 문화적 항목으로서 상징

조직의 핵심 가치와 의미는 의식이나 행사, 이야기, 영웅, 신화 등과 같은 상징(symbol)을 통해 전수된다. 조직문화는 이러한 상징을 통해 분명하게 드러나고 전달된다(Bolman & Deal, 1991). 그래서 조직문화의 개념을 "조직구성원들이 공유하는 상징 체계"로 정의할 수 있다.

상징은 의미 전달 및 이해를 위한 주요 수단이다. 하나의 기호가 조직상 중요한 의미로 해석된다면 그 기호는 상징이 된다(Morgan, Frost, & Pondy, 1983). 정부부처에 대한 엄격한 성과평가의 상황을 가정해 보자. 부처들 사이에 순위가 매겨지고, 평가 순위에 따라 인사와 예산에서 큰 폭의 차등을 두는 상황이다. 정부부처들 간의 성과 경쟁이 극심하다. 이 상황을 "정부부처들 간에 전쟁이 일어났다"는 문장으로 표현할 수 있다. 여기에서 정부부처들이 전쟁을 하고 있다는 표현은 문자 그대로의 사실은 결코 아니다. 그러나 정부부처의 사활이 걸린 일을 전쟁처럼 표현해 이해한 것이다. 이해 과정의 근본적인 수준에서 어떤 것을 그 밖의 어떤 것'처럼(like)' 이해하는 것이 본질적으로 상징 과정이다.

조직생활에는 많은 상징이 있다. 이들 중 소위 문화적 항목이라고 할 수 있는 것들로 크게 세 가지로 분류할 수 있다. 첫째는 언어의 형태를 지닌 것으로서 특정 개념(용어), 범주화(categorization), 명명(labeling, naming), 신화(myth), 은유(metaphor), 이야기(stories), 상황 도식(scripts), 전설(sagas, legends, falk-tales) 등을 들 수 있으며, 둘째로는 의식 절차와 같이 구성원의 활동을 통해 표현되는 의식(의례: rite, ritual), 행사(ceremonials) 등이 있고, 셋째는 상징물 자체로서 공간적 구성, 동작, 상징물(예: 배지, 휘장, 깃발, 훈장 등) 등이 있다(Trice, 1985; Gioia, 1986; 이종범, 1991). 조직문화는 이러한 상징들에 투영되어 있으며, 이들을 통해 창조되고 보존되며 전수되는 것이다. 이러한 상징 중에서 몇 가지 주요한 문화적 항목에 대해 살펴보자.

1) 은유

은유는 주제 현상(원관념)을 다른 매개체(보조 관념)로 치환함으로써 그 현상의 설명이나 파악을 용이하게 만드는 방법이다. 은유는 주제 현상과 매개체 간의 공통점에 입각해 매개체가 갖고 있는 압축된 상이나 이미지에 의해 주제 현상을 파악하게 한다. 즉, 은유는 복잡한 이슈를 이해 가능한 형상으로 집약함으로써 이해를 용이하게 만든다(Lakoff & Johnson, 1980). 은유는 어떤 대상에 대해 압축적 표현을 한다. 예컨대, 재무부는 야전사령부와 같은 반면 경제기획원은 대학원 세미나실과 같다(최성욱, 2001). 우리가 야전사령부와 대학원 세미나실에서 풍기는 분위기와 이미지, 그리고 스며 있는 가치를 인식하고 있는 한, 야전사령부와 대학원 세미나실 은유로 재무부와 경제기획원의 조직문화에 대한 이해가 용이해진다. 보조 관념으로서 이러한 용어들을 단순히 화려한 문구라고 볼 수는 없다. 이것들은 이해의 방식이면서 실재를 정의하는 수단이다.

2) 이야기

이야기 형식도 효과적인 문화 이념의 전달체이다. 이야기는 특정 기관이나 리더 또는 이상형의 인물에 대한 의미 있는 에피소드를 말한다(Martin, 1982). 조직에서 많은 이야기는 영웅에 관한 것이다. 이야기는 영웅의 가치를 영속화시키고 그(녀)의 역사적 공적을 새롭게 한다. 이야기는 조직의 신화를 전달하는 매개체로서, 청자가 쉽게 기억할 수 있는 방식으로 사건을 기술한다. 이러한 이야기는 기존의 관행을 정당화시키기도 한다. 정평 있는 조직의 이야기나 신화를 반복함으로써 조직구성원에게 기대하거나 바람직한 행동을 이끌어 낼 수 있다. 그래서 상징은 조직의 문화를 표현하는 역할을 할 뿐만 아니라, 기대한 바 행동을 하도록 한다(Gioia, 1986). 일반 사기업체에서 신입사원들에게 창업주의 신화나 그 조직에서 주도적 역할을 한 사람의 영웅적 행위를 전달해 주는 것은 이야기가 조직이 바라는 실재를 만들어 내는 데 큰 역할을 하고 있다는 반증이 된다(윤견수, 1991). 이러한 의미에서 조직의 이야기를 분석한다는 것은 해당 조직의 문화를 밝혀내는 좋은 방법 중 하나가 된다.

3) 의식 절차

의식(례)이나 행사와 같은 의식 절차도 조직문화에서 의미 해석의 항목으로서 중요한 위치를 차지한다. 행사는 어떤 문화에서의 수많은 이념적 표현 항목을 하나로 통합시키는 역할을 한다. 그래서 행사는 개별적인 문화적 항목들의 총합체로 정의된다(Trice, 1985). 행사의 유형으로 통과의례, 좌천 의식, 승진 의식, 부활 의식, 통합의식 등을 예시할 수 있다. 흔히 의식과 행사는 신화처럼 부정적 의미를 내포하기도 하지만,[3] 역사적으로 모든 인간의 문화는 의식과 행사를 사용해 왔다. 이러한 의식(의례)과 행사는 조직의 문화를 반영하고 표현한다.

4) 상징물

상징물 그 자체로서 공간적 구성(예: 건물구조나 사무실 배치도), 복장, 또는 외면적으로 드러난 행태(예: 의사 전달의 행태, 회의 과정 등) 등도 조직의 문화적 의미(코드)를 담고 있다. 특히, 이들은 문화적 항목 중에서 가장 가시적이기 때문에 관찰이 용이하다.

해석주의자 또는 조직상징주의자는 이렇게 다양한 상징을 읽고 해독함으로써 문화의 본질인 가치나 기본 가정을 이해하려 한다.

3 조직문화의 수준과 층

많은 학자가 조직문화에 층(layers)이 있음을 가정한다. 이들은 문화의 표면 수준(levels)과 본질 수준을 구분한다. 조직문화의 표면층에는 문화를 드러내 주는 표상이나 표현물이 있다. 앞에서 살펴본 문화적 항목으로서 상징이 이러한 표상이나 표현물에 속한다. 마틴(Joanne Martin)에 의하면, 의례, 이야기, 유머, 전문 용어, 물리적 공간 배열, 공식 구조, 정책, 그리고 비공식적인 규범과 관행까지가 문화의 표현물에 해당한다. 이러한 표현물들에 대한 의미를 해석하는 데 사용되는 내용 테마가 가치 또는 기본 가정이다(Martin, 2002). 여기에서는 셰인(Schein, 1985)과 홉스테드 외(Hofstede et al., 1990)가 구분한 것을 소개한다.

---

3) 신화라는 용어는 흔히 경멸적으로 사용되곤 한다. "이것은 단지 신화일 뿐이다" 또는 "그것은 사실이 아니라 신화이다"와 같은 표현에는 신화에는 어떤 진실도 없다는 의미가 내포되어 있다. 의식이나 행사라는 용어도 마찬가지로 부정적 의미를 가지고 있다. "시민 참여는 단지 의식에 불과하다" "이번에도 행사로 끝나는 것 아닌가?" 등과 같은 표현에는 의식과 행사가 공허하고, 반복적이며, 쓸모없다는 메시지가 담겨져 있다(Bolman & Deal, 1991).

1) 셰인의 구분

셰인은 조직문화의 층을 인공·창조물, 가치, 기본 가정 등 세 가지 수준으로 구분한다(Schein, 1985: 13-21).

(1) 인공·창조물 수준

인공·창조물은 가시적이며 만질 수 있고 들을 수 있는 물리적·사회적 환경이다. 이 수준에는 조직에서 사용하는 언어와 전문 용어, 사무실 배치와 같은 물리적 공간, 복장, 조직 구조와 기술, 행동의 패턴과 규범 등을 포함한다. 이러한 인공·창조물은 누구나 쉽게 찾아서 관찰할 수 있다. 그러나 이러한 인공·창조물들이 무엇을 의미하며, 어떻게 서로 관련되어 있으며, 이것들에 투영되어 있는 좀 더 깊은 패턴이 무엇인지를 이해하기란 쉽지 않다. 인공·창조물이 문화의 층에서 가장 가시적이지만, 나머지 두 가지 수준인 가치와 기본 가정에 대한 이해가 없이는 해석하기 어려운 것이다.

(2) 가치 수준

가치는 실재(what is)와는 구별되는 '…이어야 한다.'(what "ought" to be)는 평가적 신념이다(Schein, 1985: 15). 사람들이 어떤 관계를 가져야 하며 어떻게 권력을 행사해야 하는지, 무엇이 아름다운지 등을 정의하는 것이 가치이다. 많은 가치는 의식세계에서 명백하게 표현된다. 이러한 가치 체계는 특정 상황에서 조직구성원들을 이끄는 규범적 또는 도덕적 기능을 발휘한다. 그러나 만일 가치가 문화적 학습의 결과에 기초하지 않는다면, 그것은 단지 신봉된 가치(espoused values)에 그칠 수도 있다(Argyris & Schön, 1974). 신봉된 가치는 해당 조직의 진짜 문화를 담고 있지 않다.

(3) 기본 가정 수준

기본 가정은 한 문화권 내에서 당연하게 받아들여지는 근본적인 신념과 가치를 말한다. 어떤 솔루션(solution: 해결책)이 지속적으로 유효하게 작동하면 이것은 당연한 것으로 여겨져서 수용된다. 조직 내에 어떤 기본 가정이 강하게 자리 잡고 있다면, 소속 구성원들은 이외의 가정에 입각해 행동하기란 상상조차 하지 못할 것이다. 기본 가정은 아지리스(Chris Argyris)와 숀(D. A. Schön)이 언급한 '실용이론(theories-in-use)' 개념과 일치한다. 이것은 조직구성원에게 어떤 현상이나 사물에 대해 어떻게 지각하고 사고하며 느껴야 하는지에 대해 지시하는 암묵적인 가정이다(Argyris & Schön, 1978). 기본 가정을 문제 삼아 변화시키기란 매우 어렵다.[4]

그림 14-1 **조직문화의 수준과 상호 관계**

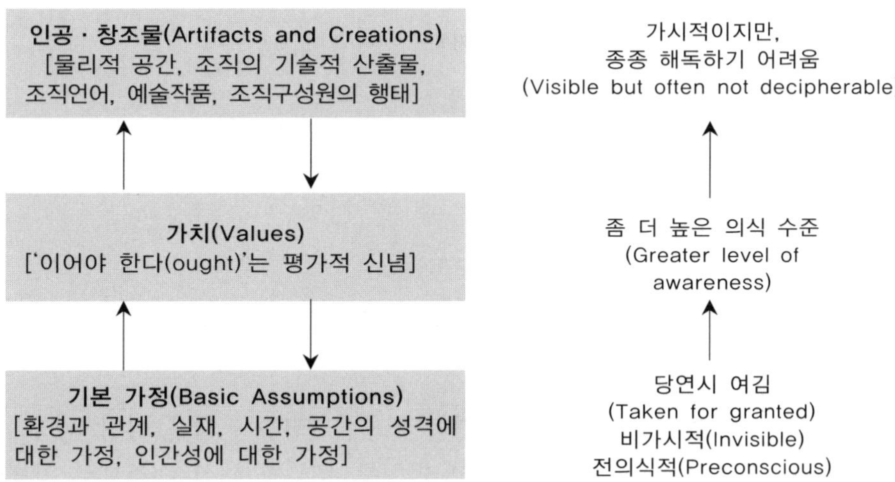

*출처: Schein(1985: 14) 그림 1을 참고.

기본 가정의 패턴을 밝혀내는 것이 가치와 인공 · 창조물의 내용을 해독하거나 또는 문화적 항목인 상징들에 대한 의미 해석이 가능할 수 있다. 그러므로 조직문화는 인공 · 창조물, 가치, 기본 가정 간에 연속적이고 질서 있는 상호 관계로 파악할 수 있다. 그래서 조직문화를 정확하게 이해하기 위해서는 문화의 심층 수준인 기본 가정을 파악할 것이 요구된다.

2) 홉스테드 등의 구분

홉스테드(Geert Hofstede) 등도 문화의 층을 표면적인 관행(practices) 수준과 핵심

4) 왜냐하면 기본 가정이란 실용이론처럼 성질상 이에 대해 대립하거나 논쟁할 수 있는 것이 아니기 때문이다. 기본 가정을 변화시키기 위해서는 이중회로 학습(double-loop learning)이 필요하다(Argyris & Schön, 1978).

그림 14-2 조직문화의 양파구조

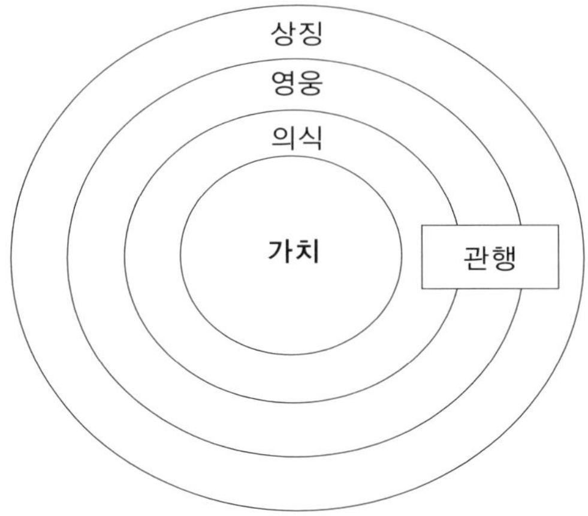

*출처: Hofstede et al.(1990: 291) 그림 1.

적인 가치(values) 수준으로 대별해서 경험 연구를 했다. 이들은 상징, 영웅, 의식(rituals) 등을 관행 수준으로 범주화하고 가치를 문화의 핵심 수준으로 상정했다(Hofstede et al., 1990).

[그림 14-2]에서 보는 바와 같이, 조직문화는 양파의 구조처럼 층을 지어 구성되어 있다. 여기에서 상징은 조직에 고유한 의미를 담고 있는 언어와 사물이다. 영웅은 살아 있건 죽었건, 사실적이건 상상이건 간에 해당 조직에서 높이 평가받는 사람으로서 행동 모델의 역할을 한다. 의식은 조직에서 사회적으로 필수적인 집단활동이다. 이러한 상징, 영웅, 그리고 의식이 '관행'이라는 용어에 포함된다. 이러한 것들은 조직 외부인에게도 관찰이 가능한 가시적인 수준이다.

한편, 조직문화의 핵심은 가치로 구성되어 있다. 넓은 의미에서 볼 때, 가치는 선과 악, 아름다움과 추함, 정상과 비정상, 합리와 비합리에 대한 감정이다. 가치는 종종 무의식적이며 논쟁의 여지가 없다. 가치는 관찰될 수 없는 감정이다. 상징, 영웅, 의식 등과 같은 관행 수준의 문화적 표현물에 대한 의미 구성과 해석을 가능케 하는 것이 가치이다. 연구자의 입장에서 보면, 가시적인 관행 수준의 문화적 표현물들을 잘 읽음으로써 핵심 수준인 가치 체계를 파악할 수 있는 것이다.

제 3 절 조직문화의 유형

그 동안 많은 학자가 조직문화의 유형과 분류 차원을 제시해 왔다. 유형 분류는 이론 개발과 가설 검증의 토대를 마련해 줌으로써, 조직문화의 개념적 발전에 중요한 역할을 해왔다. 여기에서는 보편적으로 인용되고 있는 세 가지 유형론을 소개한다.

1 경쟁가치모형에 의한 분류 유형

경쟁가치모형에 기초한 유형은 다음과 같은 두 가지 차원에 따라 분류된다.[5] 첫 번째 차원은 조직구조에 대한 선호 가치를 나타낸 것으로써, 신축성 및 재량의 가치에 강조점을 두는 것으로부터 안정성 및 통제의 가치를 강조하는 기준으로 양극화된다. 두 번째 차원은 조직 내부 지향성과 통합의 가치를 강조하는 것으로부터 조직 외부 지향성과 분화의 가치를 강조하는 기준으로 양극화된다. 이러한 두 가지 차원에 따라 네 가지 조직문화가 유형화된다(Cameron & Quinn, 1999).

1) 위계지향문화

위계지향문화(hierarchy culture)는 안정성과 통제에 대한 필요성과 함께 내부적 유지를 강조하는 조직의 성격이다. 베버(M. Weber)의 관료제가 이 유형의 이상형이다. 정부기관과 대규모 기업조직이 일반적으로 위계지향문화에 의해 지배되는 경향이 있다.

2) 시장지향문화

시장지향문화(market culture)는 안정성과 통제에 대한 필요성과 함께 외부 포지

5) 경쟁가치모형(competing values framework)은 처음엔 조직효과성에 대한 연구에서 개발되었다. 경쟁적 가치 접근법으로 알려진 이 모형은 퀸과 로르보(Quinn & Rohrbaugh, 1981)가 캠벨(Campbell, 1977)이 제시한 효과성 평가 기준들을 이용해 개발했다.

셔닝에 초점을 두는 조직의 성격이다. 여기에서 '시장'이라는 용어는 조직 내부적 관심보다는 외부 환경적 지향성을 내포하고 있다. 이것은 공급자, 고객, 계약자, 허가·규제자 등 조직 외부의 이해관계자와의 거래에 초점을 둔다. 강조되는 핵심 가치는 경쟁과 생산성, 그리고 결과이다.

3) 관계지향문화

관계지향문화(clan culture)가 지배하는 조직은 신축성과 재량, 그리고 사람에 대한 관심과 함께 내부적 유지에 초점을 둔다. 이 유형은 가족조직과 유사하기 때문에 씨족(clan)이라고 불린다. 가치와 목표의 공유, 응집력, 참여, 그리고 우리에 대한 의식이 조직에 스며들어 있다. 이와 같은 속성들은 인간관계론에서 강조하는 내용이다. 이것들은 제2차 세계대전 이후 일본 기업조직들에서 볼 수 있는 내용이다.

4) 혁신지향문화

혁신지향문화(adhocracy culture)가 지배하는 조직은 고도의 신축성과 개성(individuality), 그리고 외부적 포지셔닝에 초점을 둔다. 이러한 조직은 격동하는 환경에 가장 적절히 반응할 것으로 가정된다. 애드호크라시(adhocracy)라는 단어의 뿌리는 '임시적'이고 '전문화'되고 '역동적'인 단위를 의미하는 ad hoc이다. 이것은 과업이 완성되면 곧바로 해체되는 단위이다. 거주공간에 비유한다면, 이것은 저택이라기보다는 텐트라고 볼 수 있다.

<표 14-2>는 위에서 살펴본 네 가지 유형의 조직문화가 내포하고 있는 속성들을 보여 주고 있다.

2 해리슨의 분류 유형

해리슨(Harrison, 1972; 1987; Harrison & Stokes, 1992)은 가치, 동기 부여, 권력 관계 및 리더십 등을 기준으로 네 가지 조직문화를 유형화했다. 여기에서는 해리슨(R. Harrison)과 스톡스(H. Stokes)가 사용한 분류 유형을 소개한다.

표 14-2 경쟁가치모형에 의한 조직문화 유형과 속성들

신축성 · 재량

관계지향문화	혁신지향문화
이 조직은 매우 인간미가 풍기는 곳이다. 마치 하나의 대가족처럼 느껴진다. 우리들은 각자 서로에 대해 많은 것을 공유하고 있는 것 같다./리더십은 일반적으로 조언을 하고 구성원을 돌봐 주거나 북돋아 주는 것이라고 예시할 수 있다./관리 스타일은 팀워크와 합의 그리고 참여로 특징된다./조직의 응집력을 유지시켜 주는 것은 충성과 상호 신뢰이다. 조직에 대한 몰입이 높다./조직은 전략적으로 인간의 발전을 강조한다. 높은 신뢰감과 개방성 그리고 참여가 지속되고 있다./ 성공은 인적 자원의 개발과 팀워크, 그리고 구성원의 헌신과 사람에 대한 관심에 의거해 정의된다.	이 조직은 매우 역동적이며 진취적인 곳이다. 조직구성원들은 기꺼이 위험을 감수하려고 한다./리더십은 일반적으로 진취적 기상과 혁신을 조장하고 기꺼이 위험을 감수하는 것이라고 예시할 수 있다./관리 스타일은 개별적인 위험 감수와 혁신 그리고 자유와 독특함으로 특징된다./조직의 응집력을 유지시켜 주는 것은 혁신과 발전에 대한 몰입이다. 한 발 앞장서서 나아가는 것이 강조된다./조직은 전략적으로 새로운 자원과 도전을 획득·창조하는 것을 강조한다. 새로운 일에 도전해 기회를 포착하는 것이 가치 있게 여겨진다./조직에서 성공자라 함은 혁신자와 실적의 선도자를 지칭한다.

내부지향성 · 통합 ←→ 외부지향성 · 분화

위계지향문화	시장지향문화
이 조직은 매우 통제적이고 구조화된 곳이다. 조직구성원의 업무는 공식 절차에 의해 관리되는 것이 일반적이다./리더십은 일반적으로 조정하고 조직화하며 효율성을 원만하게 추구하는 것이라고 예시할 수 있다./관리 스타일은 고용 보장과 규칙 준수 그리고 모든 관계상 예측가능성과 안정성으로 특징된다./조직의 응집력을 유지시켜 주는 것은 공식적인 규칙과 정책이라고 생각한다. 원만하게 조직을 운영하는 것이 중요하다./조직은 전략적으로 영속성과 안정성을 강조한다. 능률과 통제 그리고 원만한 운영이 중요하다./성공이란 능률에 기초해 정의된다. 신뢰할 만하고 저렴한 서비스 전달 및 생산, 그리고 순조로운 스케줄이 매우 중요하다.	이 조직은 결과를 매우 강조한다. 주요 관심사는 일이 성사되는 데 있다. 조직구성원들은 매우 경쟁적이고 성취적이다./리더십은 일반적으로 상식을 초월하고 공격적이며 결과에 초점을 맞추는 것이라고 예시할 수 있을 것 같다./관리 스타일은 치열한 경쟁과 높은 수준의 요구 그리고 업적에 대한 강조로 특징된다./조직의 응집력을 유지시켜 주는 것은 업적과 목표 달성에 대한 강조이다. 공격 정신과 승리가 조직 내의 공통적인 테마이다./조직은 전략적으로 경쟁적 행동과 업적을 강조한다. 목표 달성과 경쟁에서의 승리를 가치 있게 여긴다./성공은 경쟁에서의 승리에 기초해 정의된다. 경쟁에서 승리하는 것이 핵심이다.

안정성 · 통제

출처: Cameron & Quinn(1999: 32, 96)의 그림 3.1과 그림 5.8을 결합함.

1) 권력정향문화

권력정향문화(power orientation 또는 power culture)는 권력의 원천이 되는 자원 접근성의 불평등에 바탕을 둔다. 조직구성원의 동기는 힘 있는 지도자와의 연대 희망과 외재적 상벌에 의해 유발된다. 리더십은 힘과 정의 그리고 온정주의적 인덕(자비)에 기초한다. 조직 탄생기에 부합한 문화이다. 사업의 크기와 복잡성이 증가함에 따라 권력 정향의 리더십에 대한 요구는 급증한다고 가정한다. 산업화가 덜 된 전통사회에서 볼 수 있는 유형으로서 아시아와 남미 국가에 속한 조직에 전형적인 문화로 여겨진다.

2) 역할정향문화

역할정향문화(role orientation 또는 role culture)는 질서, 합리성, 일관성 등의 가치를 강조한다. 구조와 시스템에 의해 부하는 상관의 자의적인 권력 행사로부터 보호를 받는다. 그리고 이러한 구조와 시스템에 의해 조직은 안정성을 누린다. 비사인성(非私人性, impersonality)이 역할 정향 조직의 장점이자 약점으로 작용한다. 조직의 각 단위는 한정된 권한 영역을 갖고, 업무는 상부로부터의 직접적인 감독 없이도 수행될 수 있다. 급변하는 환경에 적응하여 변화를 도모하는 데는 한계를 드러낸다. 조직구성원의 동기는 외재적 상벌에 의해 유발된다. 관료제가 가장 잘 설계된 역할 정향 체계이다.

3) 성취정향문화

성취정향문화(achievement orientation 또는 task culture)에서는 조직구성원이 자신의 직무 수행을 즐긴다고 가정한다. 많은 경우, 조직구성원의 동기는 내적인 성취감에 의해 유발된다. 그리고 조직구성원들은 공동 비전(vision)과 목적을 통해 조직에 공헌한다. 조직의 임무(미션)와 욕구를 구성원 개인적 욕구보다 우선시한다. 그러나 성취정향문화에서 조직구성원들은 환멸감과 탈진(burnout)에 빠져들 개연성이 있다. 구성원들은 소속 조직을 불신하고 높은 수준의 스트레스를 겪을 수 있다. 일반적으로 연구개발조직과 첨단기술조직에서 이러한 현상을 발견할 수 있다.

4) 지원정향문화

지원정향문화(support orientation 또는 person culture)는 개별 구성원과 조직 간의 상호 신뢰에 기초해 유지된다. 지원 정향의 조직은 구성원을 단순히 기계의 톱니바퀴 또는 과업 수행자로서보다는 인간으로서 취급한다. 성선설에 입각해 인간을 가정한다. 조직구성원들은 공식적인 직무 수행선상을 초월해 상부상조한다. 사적인 사항에 대해서도 의사소통이 활발하다. 구성원들 사이에 상호 대치는 피하고 조화를 중요시한다. 지원정향문화에서는 관계로부터 비롯되는 만족감을 통해 동기가 유발된다. 일반적으로 구성원들 사이에 대면 관계로 상호작용하는 소규모 조직에서 볼 수 있는 유형이다.

3 핸디의 분류 유형

핸디(Handy, 1978)는 제우스(Zeus), 아폴로(Apollo), 아테나(Athena), 디오니소스(Dionysos) 등과 같은 고대 그리스 신들에 대한 은유를 이용해서 네 가지 조직문화

그림 14-3 핸디의 분류 유형

유형을 개념화했다. 핸디의 분류 유형은 앞서 본 해리슨(Harrison, 1972)의 것을 발전시킨 것이다.[6] 따라서 핸디의 분류 유형을 해리슨의 분류 유형과 통합해 사용해도 괜찮다([그림 14-3] 참조).

1) 클럽문화

클럽문화(club culture 또는 power culture)는 제우스를 은유로 사용한다. 제우스는 그리스 신화에서 권력의 중심이다. 그는 신들 중 왕이며 후견자이다. 클럽문화에서는 권력자와의 관계 구축이 중요하다. 공식적인 직책이나 직위보다는 권력자와의 관계가 더 중요하다. 조직구성원은 적극적인 정치적 유대 관계 형성을 통해 자신의 영향력을 높이는 데 집중한다. 그리고 개인적 카리스마를 개발하는 데 초점을 둔다. 클럽문화는 친밀성과 신뢰에 바탕을 둔다. 조직구성원들은 공식적인 의사 전달보다는 개별적인 접촉을 통해 근무하는 것을 선호한다. 이러한 제우스의 클럽문화는 소규모 또는 신생창업조직에 전형적인 문화이다.

2) 역할문화

역할문화(role culture)는 아폴로의 은유로 표현된다. 아폴로는 질서와 규칙의 신이다. 그는 이성의 신이다. 아폴로의 역할문화는 합리성에 바탕을 둔다. 계층제, 규칙, 명확히 규정된 역할, 그리고 자연적인 충동과 욕망의 억제를 강조한다. 핸디(Handy, 1978)는 역할문화를 나타내는 상징으로서 그리스 신전을 이용한다. 신전의 각 기둥들은 조직의 기능과 내부 부서들을 표현한다. 각 기둥들은 신전의 꼭대기 부분에 있는 페디먼트(pediment)[7]에서만 결합된다. 계층제를 표현한 것이다. 아폴로 조직의 전형은 관료제이다. 아폴로의 역할문화는 국영산업체 또는 공무원조직에 전형적이다. 이러한 유형의 문화는 안정적이거나 예측 가능한 상황에 적합하다.

---

6) 그는 해리슨이 나중에 사용한 'achievement'와 'support'라는 용어 대신에 'task'와 'person'이라는 용어를 사용했다.

7) 페디먼트는 그리스 신전 건축의 가장 두드러지는 특색인데, 일반적으로 조각을 하고 세 꼭지에는 장식적인 벽돌을 붙인 것이 전형적이다. 박공은 건물의 입구 위쪽과 지붕 사이에 위치한, 삼각형의 마감장식을 한 건물의 벽으로 고대 그리스와 로마의 건물과 같이 장식을 하거나 특수한 형태로 된 경우에 그것을 페디먼트라고 부른다. 대표적인 예는 파르테논 신전에서 살펴볼 수 있으며, 페디먼트는 그 후 고전건축의 전형적인 모티브가 되었다(두산백과).

표 14-3 핸디의 조직문화 유형

문화	클럽문화 (권력정향문화)	역할문화 (역할정향문화)	과업문화 (과업정향문화)	실존문화 (인간정향문화)
신	제우스	아폴로	아테나	디오니소스
내용	-공식적인 직함이나 직위보다 더 권력자인 보스와의 관계가 중요함. -의사소통은 회의나 공식적 절차에 의거하기보다는 비공식적인 개별 접촉의 경향을 띰. -네트워킹과 후원 친소 관계가 중요함.	-무엇을 하느냐는 당사자의 역할이나 직무가 어떻게 규정되느냐에 달려 있음. -역할과 직무는 일련의 규칙과 절차에 의해 유지됨. 역할이나 의무는 고정되어 있음. -계약으로 명시된 계층적 책임이 있음.	-관리란 계속적이고 성공적인 문제 해결 활동으로 이해됨. -특정 문제를 해결하기 위해 조직의 다양한 부서에서 사람들이 차출되어 팀을 구성함. -조직은 느슨하게 연결된 특공대로 간주됨. -전문 능력이 권력의 원천임.	-개인의 목적 달성을 위해 조직이 존재함. 즉, 조직은 개인의 목적을 달성하는 데 도움이 되기 때문에 존재 이유가 있음. 그러므로 개인이 조직에 예속되지 않음. -조직 내 보스는 존재하지 않으나 행정관은 있을 수 있음.
대표 영역	소규모 기업가적 조직, 탄생기에 처한 모든 조직, 정치권	한 가지의 생산물, 서비스, 또는 전통으로 계속적인 성공을 거둔 오랜 역사를 가지고 있는 조직(독점기업, 대규모 관료조직, 국가산업권)	조직의 생산물이 문제해결 자체가 되는 조직(컨설팅회사, R&D부서, 광고기관)	개인의 재능이나 기술이 핵심자산인 조직(대학, 소규모 전문가집단)
강점	-신속한 의사 결정, 값싼 운영비용, 위기관리 능력	-안정적이고 예측 가능한 상황에서 탁월함. -흔히 심리적으로나 계약상으로 안정감을 줌.	-변화에 잘 대처함. -열정과 몰입이 높음.	-개인은 자유를 느끼고 정체성을 가짐. -개인적 재능의 표현을 최대화할 수 있음.
약점	-보스의 질과 승계 기준에 절대 의존적임. -부하들은 이 유형을 좋아하지 않음. -온정주의와 연고주의의 폐해가 있음.	-규칙에 집착, 구성원은 자신의 직무를 더도 덜도 하지 않음. -환경 변화 대응에 취약함.	-운영비용이 비쌈. -일상적 업무에 적합하지 않음.	-동의가 일상적으로 요구되고 관리자들이 권력이 없기 때문에 효과적인 관리가 어려움.

출처: Bignardi(1996: 51-52)에서 발췌함.

3) 과업문화

과업문화(task culture)는 아테나의 은유를 사용한다. 아테나 여신은 문제해결사인 오디세우스의 후견인이다. 아테나 문화는 문제 해결에 지속적인 관심을 둔다. 조직의 다양한 부서로부터 사람들과 자원을 끌어와서 하나의 특정 문제를 집중적으로 해결한다. 즉, 아테나의 과업문화에서는 조직의 기능부서보다는 팀을 활용해 문제를 해결한다. 문제가 해결되자마자 헤쳐모여 조직화(regrouping)가 단행된다. 조직은 느슨하게 연결된 특공대(commando units)로 간주된다. 이 문화에서는 전문적 능력이 권력의 원천이 된다.

4) 실존문화

실존문화(existential culture 또는 person culture)는 디오니소스의 은유로서 표현된다. 디오니소스는 신들 중에서 가장 개인주의자이다. 인간인 우리는 자신의 운명에 스스로 책임을 져야 한다. 위에서 살펴본 클럽문화, 역할문화, 과업문화 등 세 가지 유형의 문화에서는 개별 구성원이 조직의 목표 달성에 예속된다. 이와는 다르게 디오니소스의 실존문화에서는 조직이 소속 구성원의 개인적 목적 달성을 위해 존재한다. 이 유형의 문화에서는 개인의 자유, 정체성의 유지, 동의에 의한 관리 등에 가치를 부여한다.

지금까지 살펴본 문화 유형 중 어느 하나가 배타적으로 지배하는 조직은 없다. 이러한 문화 유형들은 이상형으로서 의미가 있다. 모든 조직의 문화는 위와 같은 네 가지 이념형이 조합되어 나타난다(최성욱, 2012). 다시 말해, 모든 조직은 이러한 네 가지 이념형이 조합된 문화적 프로필을 가지고 있다고 가정하는 것이 타당하다.

제 4 절 조직문화 연구의 접근법

조직이론 영역에서 문화 개념을 둘러싼 논쟁은 연구접근법이나 관점의 다양성으로부터 비롯된다. 지금까지 조직문화에 대한 연구접근법이나 관점은 학자들에 따라 여러 가지로 분류되어 왔다. 여기에서는 그 중 핵심적인 몇 가지를 소개한다(Schultz, 1995을 참고).

1 변수(소유) 대 핵심 은유(존재)

조직문화를 조직변수들 중 하나로 볼 것이냐 조직 자체의 상징적 활동으로 볼 것이냐에 따라 차이가 있다. 조직문화를 하나의 변수(critical variables)로 취급해, 조직이 소유하고 있는 것(something an organization had)으로서 문화를 이해할 수 있다. 반면, 조직문화를 조직의 핵심 은유(root metaphor)로 인식해, 조직 자체인 것(something it is)으로서 이해할 수 있다(Smircich, 1983). 사실, 문화가 조직에서 어떤 역할을 하느냐에 관한 것은 뜨겁게 달아오른 질문이다. 어떤 학자들은 조직이 문화를 가지고 있다는 관점을 취한다. 다른 학자들은 조직 자체가 문화라고 생각한다(Bolman & Deal, 1991: 268).

첫 번째 관점에서 문화는 구조, 과업, 기술, 구성원 등처럼 조직의 여러 가지 변수들 중 하나로 이해된다. 이 점에서 조직은 문화를 소유한다. 이 관점에서 문화는 조직의 한 속성으로서 간주된다. 두 번째 관점에서는 조직 자체가 문화이다. 이 관점에서 문화 개념은 조직 맥락에서의 인간 활동을 포착하는 핵심 은유로서 작용한다. 이 관점에서는 조직구성원이 자신의 경험을 어떻게 해석하는가, 그리고 이러한 해석이 어떻게 표현되며 행동과 연계되는가에 관심을 둔다.

2 통합적 · 분화적 · 분절적 관점

일반적으로 문화하면 조직 전체적으로 공유되거나 합의되어 있는 응집적인 성질만을 생각한다. 마틴(Martin, 1992)과 마이어슨(Meyerson, 1991)은 이러한 단선적 사고에 일침을 가했다. 그녀들은 모든 조직구성원에 의해 공유되는 응집적인 패턴으로서 문화의 관점뿐만 아니라, 하위문화의 존재와 모호하고 비정형적인 성질을 강조하는 관점들도 제시했다.

1) 통합적 관점

통합적 관점(integration perspective)은 조직문화에 대한 일반적이고 지배적인 관점이다. 이 관점은 조직 내의 문화적 표현물들 간의 일관성과 소속 구성원들 사이의 범조직적 공감과 합치를 강조한다. 통합적 패러다임에서 조직문화는 조직을 하나로 결속시키는 접착제로 인식된다. 이 장 제2절에서는 이러한 통합적 관점에서 조직문화를 정의했다.

2) 분화적 관점

분화적 관점(differentiation perspective)은 문화적 표현물들 간 일관성의 결여와 모든 소속 구성원 사이에 범조직적인 공감이나 공유 가치가 존재하지 않는다고 가정한다. 분화적 패러다임에서는 한 조직 내에 여러 가지 하위 단위의 문화들(subcultures)의 존재를 가정한다. 하위 단위부서 내에서는 부서원들 사이에 가치의 공유와 공감이 존재한다.

3) 분절적 관점

분절적 관점(fragmentation perspective)은 모호성(ambiguity)을 강조한다. 모호성이란 명료성의 결핍 또는 의미와 신념의 다양성으로부터 발생한다. 조직 내에 합의, 합의의 부재, 그리고 혼돈이 공존한다. 개별 구성원들은 어떤 방향에서는 공유하고 어떤 방향에서는 동의를 하지 않는다. 그리고 다른 구성원들에 대해 모르거나 무관심하다. 정형적인 질서와 명료함은 없다. 모호함만이 존재한다. 조직문화의 경계와 내부 하위문화들 간의 경계선을 긋기가 힘들다.

통합적 관점이나 분화적 관점 모두 명료성을 가정한다. 조직구성원들 모두에 의해 공유되든 이질적인 하위문화들 내에서만 공유와 공감이 있든 간에, 문화적 표현물들의 내용과 존재에 대한 명료성을 강조한다. 정형성(패턴)과 질서와 같은 명료성을 강조한다는 점에서 모더니즘적 접근이라 할 수 있다. 반면, 분절적 관점에서는 혼동, 불확실성, 그리고 모호성을 조직문화의 본성으로 가정한다. 모호성 또는 명료성의

표 14-4 조직문화의 통합적 · 분화적 · 분절적 관점

관점	통합	분화	분절
공감 · 공유에 대한 견해	범조직적 공감 · 공유	하위문화 단위의 공감 · 공유	다수의 관점 (공감 · 공유 부재)
문화적 표현물들 간의 관계	일관적	불일치	복잡성(명확히 일관적이지도 않고 불일치하지도 않음)
모호성에 대한 견해	모호성 배제	하위문화 외부로 한정	모호성 강조
은유	'정글 속의 공터' '거대 단일조직' '홀로그램'	'모호성 바다 가운데 있는 명료성의 섬'	'거미집' '정글'

출처: Martin(1992: 13) 표 1-1.

부재를 강조한다는 점에서 분절적 관점은 포스트모더니즘적 접근이라 할 수 있다.

3 합리주의 · 기능주의 · 상징주의 관점

조직에 대한 가장 일반적인 은유가 기계와 유기체이다. 기계로서 조직을 보는 관점이 합리주의(rationalism)이고, 유기체로서 조직을 보는 관점이 기능주의(functionalism)이다. 이러한 두 가지 지배적인 관점에 상징주의(symbolism)를 추가해 조직문화의 관점을 분류할 수 있다(Schultz, 1995).

1) 합리주의

합리주의 관점은 조직문화를 주어진 목표를 효과적으로 달성하기 위한 수단 또는 도구로 취급한다. 합리주의 관점에서의 문화는 이 장의 제2절에서 정의한 것처럼, "하나의 공동체로 굳게 결합시키는 공유된 '학자들이 선택한 핵심 용어'"로 개념화된다. 합리주의 관점은 강한 문화(strong culture)를 가정한다. 그래서 하위문화들의 존재를 조직 목표의 효율적 달성에 방해가 되는 요소로 인식한다. 이 점에서 합리주의 관점은 앞서 본 통합적 관점과 일맥상통한다.

한편, 합리주의 관점은 조직문화를 변수로서 취급한다. 변수의 성격을 가지기 때문에, 조직문화는 다른 조직변수들과 구별될 수 있으며, 조직 능률과 실적에 영향을 미친다고 가정한다.

2) 기능주의

기능주의는 조직을 필요한 기능들을 수행함으로써 조직의 생존을 추구하는 자연체계로서 인식한다. 여기에서 조직문화는 조직 생존에 공헌하느냐에 따라 판단된다. 문화가 무엇을 하느냐? 문화가 어떤 기능을 수행하느냐? 문화가 어떻게 창조되고 발전하는가? 이러한 것들이 기능주의 관점에서 문화를 분석하는 데 던지는 연구 질문이다. 기능주의에 의하면, 생존하기 위해 조직은 외부 환경에 적응할 수 있어야 하고 또 한편으로 조직의 내부 과정을 통합할 수 있어야 한다. 그래서 조직문화의 기능이란 외부 적응과 내부 통합이라는 기본 문제를 해결하는 것이다(Schein, 1985).

3) 상징주의

상징주의 관점은 조직을 상징적 행동 패턴을 나타내는 인간 체계로서 이해한다. 그래서 상징주의에서 던지는 근본적인 질문은 다음과 같다: 구성원들에게 조직의 의미는 무엇인가?

상징주의 관점은 인식론상 해석주의에 근거한다. 해석주의의 입장은 상징적 활동이 어떻게 창조되고 유지되는가에 관련된 질문에 초점을 둔다. 개인이 자신의 상황에 어떻게 의미를 부여하고, 그런 후 일상적으로 객관화될 수 있는 실재들을 어떻게 정의하고 공유하게 되는가를 이해하는 것이다. 해석학적 방법에 근거하고 있는 순수 이론가들은 조직문화를 조직 자체인 존재의 상태로서 파악하려고 한다. 그래서 상징주의 관점에서 조직문화는 하나의 조직변수로서가 아닌 핵심 은유로서 간주된다.

표 14-5 조직문화의 합리주의 · 기능주의 · 상징주의 관점

관점	조직 패러다임	조직문화
합리주의	조직은 효율적 목표 달성을 위한 수단임.	문화는 조직 목표 달성을 위한 도구임.
기능주의	조직은 필요한 기능을 수행함으로써 생존을 추구하는 집합체임.	문화는 외적 적응과 내적 통합에 관한 기능들을 수행하는 공유된 기본 가정과 가치 패턴임.
상징주의	조직은 복합적인 상징적 행동 패턴을 표현하는 인간 체계임.	문화는 사회적으로 구성된 상징과 의미의 패턴임.

출처: Schultz(1995: 14) 표 1-1.

제 5 절 조직문화와 상징의 관리

1 조직 리더와 상징관리

리더십의 본질적인 요소는 조직문화를 창출하고 유지하는 것이다(Schein, 1985). 조직문화의 창조 · 유지 · 변화에 상징이 중요한 역할을 한다. 조직문화와 관련된 리더의 핵심 업무는 상징관리(symbolic management)라고 볼 수 있다.

원숙한 조직 리더는 상징의 중요한 역할을 인식하고 관리한다. 왜냐하면 문화적 항목(또는 표현물)으로서 상징은 실제 행동을 유발시키는 가장 효과적인 수단 중 하나이기 때문이다. 조직문화는 상징을 통해 표현되고 학습된다. 바꿔 말하면, 상징은 문화를 창조하고 유지하고 변화시킨다. 상징관리는 무엇보다 조직의 가치와 열망을 표현하는 언어의 관리이다. 그래서 조직 리더 또는 관리자의 주된 업무는 소속 구성원들에게 의미 해석 도구로서 역할을 하는 상징을 관리하는 것이다. 리더가 상징을 효과적으로 활용하려면, 우선 조직구성원들에게 중요한 생각과 의미 해석이 무엇인지를 확인해야 한다. 그런 후 이것과 연결될 수 있는 상징을 창조해야 한다(Gioia, 1986).

상징은 행동을 유발하고 상징의 변화는 행동의 변화를 수반한다. 새로운 상징은 상황이나 문제를 재규정하는 틀을 제공함으로써 관계자들로 하여금 새로운 상황 해석의 준거틀을 제시하고, 집단행동을 유도한다(이종범, 1991). 두 조직이 합병된 상황을 예시해 보자. 이 상황에서 조직 리더의 주요 과업은 두 조직의 문화를 통합・관리하는 것이다. 우선 통합문화를 창조할 수 있는 문화적 인공물들을 설계한다. 이미지를 전달하는 상징들(예: 로고, 슬로건, 그림, 신호, 유니폼 등)의 활용과 그 이미지를 강화할 수 있는 다양한 활동들(예: 이야기, 의식・례, 행사 등)을 이용하는 것이다. 이러한 문화적 항목들에 콘텐츠가 있고 이것들이 조직 목표와 일관적이며 조직 이미지와 적합함을 확신시키는 것, 이것이 통합조직의 리더가 할 일이다(Tetenbaum, 1999).

2 조직문화 관리의 주요 메커니즘

앞서 언급했듯, 조직문화는 싱징을 통해 창조・유지・변화된다. 그래서 조직문화 관리의 핵심 메커니즘은 상징 과정이다. 여기에서는 좀 더 구체적인 수준에서 상징적 활동인 조직문화 관리의 메커니즘을 살펴보도록 한다(Schein, 1985 참조).

1) 조직 리더의 일관된 관심과 행동

조직 리더나 관리자는 자신이 믿고 관심을 갖는 것에 대해 체계적이고 일관된 의사소통을 하는 것이 중요하다. 단순한 일상적 언급이나 코멘트까지도 일관되게 하면 공식적 통제 메커니즘만큼 강력할 수 있다. 조직 리더가 일관된 행동을 보이면서 어떤 일에 대해 체계적인 관심을 기울이는 것은 메시지를 전달하는 강력한 수단이 된다. 이 메시지에 리더와 조직이 신봉하는 가치와 기본 가정이 담겨 있다.

2) 조직 위기와 중요 사건에 대한 반응과 대처 방식

조직이 위기에 처했을 때, 이에 대한 리더와 구성원들의 대처 방식은 새로운 규범이나 가치를 만들어 내고 기본 가정을 드러내 준다. 위기는 문화의 창조나 전수에 중요한 역할을 한다. 위기 상황 시 고조된 감정 몰입이 학습의 집중도를 증가시키기 때문이다. 만약 조직구성원들이 감정 경험을 공유하고 상황에 대처하는 방법을 집단적으로 학습한다면, 그들이 학습한 내용을 기억하기가 매우 쉬울 것이다. 그리고 위험스러운 것으로 간주하는 것 자체가 흔히 문화를 반영한다.

내부적으로 갈등을 해결하는 방법도 중요한 메커니즘이다. 조직 내 항명행위가 발생했을 때가 해당 조직을 관찰할 수 있는 좋은 기회이다. 조직문화는 위계와 권한, 그리고 권력과 영향력의 관계와 관련된다. 따라서 조직 내 갈등 해결 메커니즘이 제대로 작동해야 기존 조직문화는 정당하고 타당한 것이다. 위계와 권한이 도전받을 때가 리더에게는 인간성과 인간 관계에 관한 자신의 가정을 전달할 수 있는 가장 좋은 기회가 된다.

3) 상벌 및 인사 기준

조직구성원은 상벌 체계와 조직문화 간의 연계성을 자신의 경험으로부터 배운다. 상벌 기준 자체와 상벌을 받는 행태는 조직문화의 내용이 담겨 있는 일종의 메시지이다. 조직의 리더는 관련 행동과 상벌을 지속적으로 연계시킴으로써 자신의 관심사, 가치, 그리고 기본 가정을 이해시킬 수 있다. 그래서 만약 조직 리더나 관리자가 그들의 가치와 가정을 유지·강화하려면, 그들은 이러한 가치 및 기본 가정과 일관성을 이루는 상벌 체계를 만들어야 한다. 조직문화는 누구를 승진시키고 누구를 승진시키지 않을 것인지, 누구를 조기에 퇴직시키고 누구를 사실상 파면시킬 것인지에 대한 기준을 통해 더욱 강화되는 것이다.

조직문화는 충원과 선발의 기준에 의해서도 유지·강화된다. 신규자의 선발은 조

사례 **조직문화의 충돌: 사례와 논리**

1994년 말 '경제기획원'과 '재무부'가 합병되어 '재정경제원'이라는 거대한 정부부처가 설립되었다. 경제기획원은 국가경제발전계획과 정부예산을 담당했으며, 재무부는 금융정책과 국고, 그리고 조세수입을 담당했다. 재정경제원의 설립에 따라 국가재정 부문의 통합 운영으로 정책의 일관성 및 효과성이 향상될 것이라는 기대가 있었다. 그러나 정부 내 조정 기능이 상실되었다는 지적과 함께, 재정경제원은 대한민국사의 한 획을 긋는 IMF 외환위기를 초래하는 데 일조한 것으로 귀인되었다. 재정경제원 조직 내부에서는 합병 전의 경제기획원 출신과 재무부 출신 간에 화합보다는 반목과 갈등이 노정되었다. 당초 두 조직의 장점들이 시너지 효과를 가져오고 구성원들의 사고와 행동의 변화를 가져올 것으로 기대했었다. 하지만 여러 가지 부정적으로 인식되는 행태들이 나타났고, 두 모체조직의 문화 충돌이 발생했다. 합병된 재정경제원은 마치 '한 지붕 두 가족'과 같았다. 결국 재정경제원은 1998년에 개정된 정부조직법을 계기로 하여 해체되면서 재경부와 기획예산처로 다시 분리되었다. 최성욱(2001)은 재정경제원 조직에서 발생한 문화 충돌 현상을 해석해 IMF 외환위기의 원인 등을 조명했다.

조직이 합병(통합)되면 합병조직 내에서 문화 충돌의 지표라 할 수 있는 합병증후군(merger syndrome)이 포착된다. 다음과 같은 행태나 패턴이 나타나는 것이다: 합병 전 조직 간의 유사점보다는 차이점을 강조하고, 자신의 조직은 우월하게 상대 조직은 열등하게 보며, 상대 진영의 문화를 공격하는 한편, 자신의 문화를 방어하거나 값을 올리려고 계획을 꾀하고, 문화적 충돌이 발생할 때마다 어떤 진영이 얻고 잃었는지에 대한 점수 카드를 유지하는 등의 행태(예: "이번 승진 인사에서 우리가 몇 자리 차지했다")가 나타난다.

조직문화 충돌의 현상과 논리를 남빙양 은유(Antarctic metaphor)를 활용해 이해할 수 있다(Kilmann et al., 1985: 427).

> "남극에 떠 있는 두 개의 빙산이 있다. 각 빙산의 일각은 두 조직의 운명과 합병 방향을 결정하는 최고관리층을 은유한다. 양 조직의 최고관리층이 합병을 결정함에 따라, 두 개의 빙산은 각각의 일각이 서로 만나서 하나로 맞물릴 때까지 서로를 향해 움직이기 시작한다. 그러나 진정한 통합은 기대와 같이 발생하지 않는다. 두 빙산이 서로 접근할 때, 만나는 것은 일각(수면 위에 드러나 있는 빙산의 꼭대기 부문)이 아니다. 만나는 것은 두 조직의 문화를 은유하는 수면 밑에 있는 커다란 얼음덩어리 부문이다. 공식적으로 선언된 시너지 효과 대신에 실제적인 문화 충돌이 있는 것이다."

직문화를 체화시키고 영속화시키는 가장 효과적인 메커니즘 중 하나이다. 기존의 문화는 조직에 적격한 사람의 충원을 통해 영속화될 수 있다. 조직은 스타일이나 생각, 가치, 신념 등이 현재의 구성원들과 비슷한 후보자들을 선호하는 경향이 있다. 그래서 기존의 문화를 변화시켜야 한다면 충원 및 선발 기준을 바꾸어 기존의 구성원들과는 다른 후보자를 뽑아야 한다. 새롭게 추구하는 가치와 가정에 일관된 기준에 따라 충원한다면 조직문화의 변화를 촉진할 수 있는 것이다.

생각해 보기

1. '문화'로서의 조직을 '기계'와 '유기체'로서의 조직과 대비해 이해해 보자.
2. 조직문화의 양파구조란 무엇인가?
3. 그리스 신 아폴로(Apollo)를 은유한 조직문화의 특성은 무엇인가?
4. 조직의 문화와 리더십의 관계를 논의해 보자.
5. 조직문화 개념이 발전하게 된 계기는 무엇인가?

제 5 편

네트워크 수준의 공공조직행태론

제15장 네트워크 행동과 공공조직 행태

제 15 장 네트워크 행동과 공공조직 행태

최근 네트워크에 관한 논의가 활발하게 진행되고 있는데, 직접적으로 조직행태론에서 다루는 문헌은 찾아보기 어렵다. 여러 가지 원인이 있을 수 있지만, 기본적으로 기존의 네트워크 개념과 이론이 '구조적 특성'에 관심과 초점을 둔 반면, '행태적 특성'에는 많은 관심을 갖지 않았던 것이 사실이다.

그럼에도 불구하고, 지금까지의 네트워크 개념과 이론의 발전에서 행태적 측면을 상당 부분 논의하고 있음을 우리는 주지할 필요가 있다. 예를 들면, 칼리(Kathleen Carley)와 그의 동료들은 네트워크 생태계(network ecology)와 인지적 네트워크(cognitive network)을 연구하면서 네트워크의 진화(evolution)를 설명하고자 했다(Carley, 1990, 1991, 1995; Carley & Svoboda, 1996).

그 동안 네트워크 개념과 이론을 통해 복잡한 행정 현상을 이해하고 설명해 왔다. 특히 행정학 연구에서 네트워크 이론은 단순히 분석기법으로만 활용되는 것이 아니라, 정책 네트워크, 거버넌스, 옹호연합모형과 같이 행정 현상을 기술하는 이론으로서도 그 활용 범위를 넓히고 있다(고길권, 2013).[1]

이렇듯 다양한 활용에도 불구하고, 네트워크이론에 대한 체계적인 소개 없이 개별적인 학문적 관심사나 주제에 따라 단순히 기법만을 도입 적용하는 수준에 머물고

1) 단순히 논문의 수만을 보더라도 『한국행정학보』, 『한국정책학회보』, 『한국정책과학학회보』에 '네트워크'와 '연결망'을 제목에 포함하고 있는 논문이 90편 이상이다. 정책 형성과 의사 결정을 위한 정책 네트워크(김순양, 2010), 집행 과정에 대한 정책 네트워크(김준현, 2006), 조직 간 네트워크(이창길, 2007), 학술연구 네트워크(최영출 · 박수정, 2011) 등 다양하다(고길권, 2013).

있다는 비판이 제기되고 있다는 점을 지적하지 않을 수 없다. 더 나아가 이러한 네트워크 분석도 지극히 구조적 특성에 제한되어 있어(박치성, 2010), 행태적 특성에 대한 충분한 논의가 진행되지 못하고 있다.

이 장에서는 우선 네트워크의 행태적 특성이 왜 중요한지를 논의하고, 네트워크 행동의 유형과 특징을 살펴본다. 둘째, 네트워크 행동의 주요 이론을 개략적으로 고찰한다. 셋째, 최근 활발히 논의되어 왔던 협력적 네트워크를 구축하기 위한 방안에 대해 논의하고자 한다.

제 1 절 네트워크 행동의 의의

1 네트워크의 개념

네트워크 행동을 논의하기에 앞서 기본적인 개념인 네트워크에 대해 알아보기로 한다. 통상적으로 네트워크는 행위자(actor 혹은 node)와 관계(ties 혹은 relation)로 구성되어 있다. 행위자는 개인, 조직 혹은 국가가 될 수도 있고, 어떠한 사건이나 이벤트도 될 수 있다. 관계(relations)는 행위자를 연결시키는 다양한 형태의 목적이나 연결 관계의 방향을 의미한다. 예를 들면 친족, 결혼, 친구 등과 같이 행위자들을 특정의 목적으로 연결시키고 그 방향을 나타내는 것이 관계이다.

네트워크 분석의 초점은 행위자 간의 관계가 어떻게 형성되고, 그것이 어떻게 행위자에게 영향을 미치는지에 일차적인 관심을 가지고 있다. 다시 말하면, 행위자 간의 관계가 어떻게 형성되는가에 대한 것이 네트워크의 구조적 측면이 되고, 그 구조적 특성이 어떻게 행위자에게 영향을 미치는가에 관심이 네트워크의 행태적 측면이 된다. 위에서도 언급한 바와 같이, 기존의 네트워크 분석의 일차적 관심이 구조적 측면에 너무 치우쳐서, 네트워크의 행태적 측면에 대한 이해와 설명이 상대적으로 소홀했던 것이 사실이다.

네트워크와 유사한 용어가 실제로 사용되고 있음을 알 수 있다. 예를 들면, 네트워크 거버넌스가 조직 간 관계를 설명하는 다양한 개념들을 포용하는 넓은 개념으로 정의되고 있다(배응환, 2003: 72). <표 15-1>에서는 네트워크와 유사한 용어에 대한 정의를 요약했다.

표 15-1 네트워크와 유사한 용어와 정의

학자	용어	네트워크 거버넌스의 정의
Alter & Hage(1993)	조직 간 네트워크	법적으로 분리된 단위들의 비계층적인 집합인 제한된 또는 제한되지 않은 조직군집
Dubini & Aldrich(1991)	네트워크	개인들, 집단들 그리고 조직들 사이의 정형화된 관계
Gerlach & Lincoln(1992)	동맹자본주의	넓은 시장 스펙트럼을 초월하는 전략적이고 장기적인 관계
Granovetter(1994; 1995)	기업집단들	중간 결합 수준에 의해 공식적 또는 비공식적 방법으로 함께 활동하는 기업집합
Kreiner & Schultz(1993)	네트워크	비공식적 조직 간 공모
Larson(1992)	네트워크 조직 형태	외부, 기대, 명성 그리고 상호 이해의 혼합에 의존해 상호의존성을 창조하는 장기적이거나 간헐적 교환
Liebeskind, Oliver, Zucker & Brewer(1996)	사회 네트워크	가치 있는 행동을 위한 공유 규범의 지원하에 교환을 하는 개인들의 집합
Miles & Snow(1986; 1992)	네트워크 조직	시장 메커니즘에 의해 조정되는 기업들이나 전문화된 단위들의 군집
Powell(1990)	조직의 네트워크 형태	교환, 상호의존적인 자원 흐름 그리고 상호 의사소통 연결의 잠재적 또는 수평적 패턴

출처: 배응환(2003: 73).

2 네트워크 행동의 정의

네트워크 행동에 대한 일반적인 정의는 내려져 있지 않다. 네트워크 행동에 대한 정의를 내리기 위해서는 네트워크의 구성 요소인 행위자와 관계를 고려하고, 네트워크 분석의 목적인 네트워크 행위자 간의 관계가 행위자에 미치는 영향을 검토해 볼 필요가 있다.

즉, 네트워크 관계가 특정한 여건이나 원인에 의해 어떻게 행위자의 심경의 변화를 일으키게 하는지 살펴볼 필요가 있다는 것이다. 이러한 맥락에서 네트워크 행동은 "네트워크의 관계나 관계의 변화가 행위자에 영향을 미쳐 나타난 행태적 특성"으로 정의할 수 있다.

네트워크 행동을 이해하기 위해 네트워크이론에서 행위자와 관계에 대해 몇 가지 가정을 살펴보기로 한다.

첫째, 네트워크 행위자들은 상호 의존적이라는 가정이다(Wasserman & Faust, 2009). 예를 들면 친구 네트워크를 분석한다고 할 때 A는 B와 친구이고, B는 C와 친구라고 가정할 때, A와 C가 어떤 면에서 상호의존적인지는 명확하지 않다.

네트워크이론에서 상호의존성은 네트워크를 구성하는 행위자들의 '행동'이 다른 행위자의 행동에 의해 영향을 받는다는 것으로, 이 영향이 행위자 간 관계의 유무나 거리, 그리고 다른 '구조적' 특징에 의해 영향을 받는다고 본다. 만일 상호의존성이 네트워크의 구조가 아닌 다른 요인(예: 법적 권한 또는 행태적 특성)에 의해 영향을 받는다면 이것은 네트워크이론에서 이야기하는 상호의존성이라고 보기 어렵다.

네트워크이론의 상호의존성에 대한 관점은 네트워크의 관계가 네트워크의 구조에 의해 형성된다는 구조주의에 충실한 것이라고 할 수 있다. 그러나 네트워크의 관계가 개인이 갖는 네트워크 구조 이외의 다른 요인들에 의해 형성된다는 주장들도 다양하게 제기되고 있다. 여기에서 강조하고 싶은 점은 바로 네트워크의 구조적 특성 이외에 행태적 특성을 기본의 네트워크 분석이나 이론이 받아들여야 할 것이다.

둘째, 네트워크 구조적 관계에 의해 상호의존성이 생긴다는 것은 행위자의 행동이 네트워크 구조에 영향을 받는다는 네트워크이론이 받아들이고 있음을 의미한다(Freeman, 2004: 2). 물론 여기서의 구조는 네트워크상의 위치(position)에서 발생하는 구조를 의미한다. 이 구조주의적 가정을 받아들이면 행위자의 행동은 네트워크가 제공하는 기회나 제약에 의해 설명될 수 있다.

셋째, 네트워크에 의한 형성된 관계는 안정성을 가진다. 만일 네트워크의 구조가 지속적으로 변화한다면 행위자들이 네트워크의 구조를 파악하기 어렵게 되고, 따라서 이들의 행동은 구조가 아닌 다른 요인들에 의해 설명될 가능성이 높아진다(고길권, 2013). 물론 네트워크 구조의 안정성이 가정하는 시간적 범위가 어느 정도 길어지면 구조의 변화가 존재할 수 있다. 그러므로 여기서 이야기하는 네트워크 구조 변화는 행위자들의 행동 변화를 초래하는 경우에 한정된다고 할 수 있다.

넷째, 관심 주제에 적합한 네트워크이론의 적용이다(Freeman, 2004). 네트워크이론은 기본적으로 구조주의적 관점을 취하고 있기 때문에 관심의 초점이 구조에 맞추어져 있을 때 유용하나, 네트워크에서의 구조의 의미는 행위자와 관계를 어떻게 정의하는지에 따라 매우 다르게 해석될 수 있다(Wasserman & Faust, 1994). 그리고 구조를 측정하는 방식도 다양하기 때문에 어떠한 측면의 구조에 관심을 기울이는지에 따라 동일한 측정 도구에 대한 해석도 달라질 수 있다.

이상을 요약하면, 행위자, 관계를 분석하는 네트워크이론은 핵심 변수와 기본 가정들을 어떻게 정의할 것인지에 따라 분석 유용성이 달라질 수 있음을 보여 준다. 더 나아가, 네트워크 분석이 구조주의적 특성을 가정하고 있으니, 이러한 구조주의적 관점이 어느 특정한 네트워크 구조를 염두에 두고 있는 것이 아닌, 유기체로서의 네트워크 구조로 이해한다면, 네트워크 구조적 특성 이외에 행위자의 행동에 영향을 미치는 다른 요인-예를 들면, 행태적 요인-에도 주의를 기울이고 살펴볼 당위성은 존재한다고 할 수 있다. 이러한 맥락에서 네트워크 행동의 이해와 설명의 중요성이 있다고 본다.

제 2 절 네트워크 행동의 주요 이론

1 자원의존이론

자원의존이론(resource dependency theory)은 네트워크 내 행위자는 모든 자원을 가지고 있지 않으며, 다른 행위자와의 유기적 연계를 통해 필요한 자원과 서비스를 외부 환경과의 관계와 거래를 통해 받는 것이 불가피하다(Pfeffer & Salancik, 1978; Aldrich & Pfeffer, 1976). 자원 교환과 흐름에서 상호작용의 패턴에 초점을 맞추며 조직의 관리전략을 제시하는 이론이다. 공식적이고 단기적인 계약 관계(arms-length networks)보다 오랜 세월 신뢰를 바탕으로 하는 네트워크(embedded networks)에서 유사한 가치와 규범이 공유될 가능성이 더 크기 때문에 좀 더 중요한 기업의 성공 요인이라고 주장한다(Uzzi, 1997). 또한 가치와 규범을 공유하므로 네트워크 관계가 시장조직과 계급조직보다는 조정을 향상시키고 불확실성을 감소시키는 데 우세하다는 주장도 있다(Jones, Hesterly, & Borgatti, 1997).

자원은 네트워크의 생존과 성장을 가능하게 하는 결정적인 인자인 동시에 법적, 제도에 의해 네트워크의 행동을 제약하는 제약 조건으로 작용하기도 한다(Pfeffer & Salancik, 1978). 또한 사회합법성과 같은 사회 지지와 신뢰의 확충도 중요한 자원으로 들 수 있다. 이와 같은 자원은 지속적이고 장기적인 노력에서 확보할 수 있는 자원으로 네트워크의 성과에 중요한 영향을 미친다. 자원의 지속적 공급을 위한 방안으로 네트워크 협력 체제 구축이나 파트너십(산-학-연, 민간-정부, 조직 간 등), 정보 공유, 사회 신뢰 확보를 통한 지지 기반 구축, 정부나 비정부기관이나 단체로부터의 재정 지원 등이 좋은 예이다.

2 정책네트워크이론

정책네트워크이론(policy network theory)은 정책 도메인(policy domain)과 하위시스템(subsystem) 사이에 존재하는 관련 행위자의 관계와 접촉에 초점을 맞춘다. 관련 행위자로는 공적 행위자인 정부기관뿐만 아니라 사적 행위자인 비정부기관을 포괄한다. 행위자들은 그들에게 호의적인 입장과 이슈의 증진을 위해 다소 독립적으로 노력을 기울인다.

첫째, 정책네트워크이론은 행위자들의 목표를 달성하기 위해 필요한 자원을 공유하는 상호의존성의 측면을 강조했다(Thompson, 1967; Aldrich, 1979).

둘째, 정책 이해당사자들 간의 이익집단과 정책의제 설정에 관한 연구와 이론도 정책네트워크이론의 중요한 부분을 차지한다(Klinjn, 1997).

셋째, 정보 공유 및 커뮤니케이션 네트워크 구조의 특성과 이미지에 관한 연구가 정책네트워크이론의 형성에 중요하다. 이들 연구는 네트워크 내부의 규칙적이고 지속적인 커뮤니케이션과 빈번한 정보 교환이 정책 네트워크 행위자들의 안정된 관계의 수립과 행위자 간의 상호 이해 조정에 큰 영향을 미치는 것으로 보고했다.

정책 네트워크는 크게 수직적 네트워크와 수평적 네트워크로 분별될 수 있다. 수직적 네트워크는 행위자 간의 공식적 접촉와 커뮤니케이션에서 위계질서와 서열을 강조한다. 이는 전통적이고 공식적인 제도 하에서의 공식적・비공식적 참여자 간의 대치적(confrontational)이고 적대적(adversarial)인 관계를 특징으로 하는 다원주의적 네트워크(pluralistic networks)의 형태에서 벗어나지 못한다.

반면, 수평적 네트워크는 시장에서와 같은 비공식적, 분산적, 수평적 행위자 간의 관계를 통한 협력・협조적인 네트워크(collaborative or corporatist networks)에 기반을 둔 상호 접촉과 관계를 특징으로 한다(Kenis & Schneider, 1991). 이러한 수평적 네트워크 기반에서 정부는 그들의 정책 의지나 결정을 주도하고 지배하는 행위자의 역할보다는, 행위자 상호간의 이해 관계와 목표를 조정하고 문제 해결의 협력으로 유도하는 '정책조정자(policy coordinator)'로서의 역할이 중요하다.

3 합리적 제도선택이론

합리적 제도선택이론(institutional rational choice theory)은 일련의 공식적이나 비공식적인 규칙을 통해 행위자의 사회적 행위나 결정이 그들이 속한 사회나 커뮤니티의 공익에 유익한 방향으로 유도된다고 한다. 공식적 규칙은 법규, 사법적 판결, 행정적 처분, 그리고 다른 권위적인 형태의 성명으로 요구되고 허용(또는 금지)되는 행위를 규정하는 반면, 비공식적 규칙은 사회에 통용되고 일반적으로 인정되는 규범이나 전통에 의해 행위를 규정한다. 이와 같은 비공식적・공식적 제도를 통해 사회적・지역적 협력 관계의 구축을 목적으로 한다(Ostrom, 1990, 1999; Ostrom, Gardner, & Walker, 1994).

이론의 주요 초점은 (비공식 및 공식적) 제도적 규칙이 행위자의 행위나 결정이 내려지는 행위의 경연장(action area)에 어떻게 영향을 미치는지에 맞춰져 있다. 이 이론에서 행위자는 이익의 극대화를 추구하는 이기주의적인 성향을 갖고 있지만 그들의 이성적 결정을 내리는 능력은 사회인지 및 정보 처리 능력(bounded rationality)의 결핍으로 인해 제한적인 것으로 가정한다. 수자원 관리 및 이용에 관련된 이해당사자나 정책결정자도 다르지 않다. 그들의 한계적 이성 결정 능력은 다양한 접근 방법과 시도와 시행착오의 교육을 통해 그들의 입장과 이익을 관철시키고자 하는 이익 추구자로 이해한다. 제도 이성적 선택이론은 규칙(제도의 테두리에서 마련된)을 통해 행위자들이 속한 사회·커뮤니티에 유익이 되는 관찰 가능한 행위나 결정의 유도를 모색한다.

커뮤니티의 특성은 해당 커뮤니티 구성원의 행위적 규범의 동일성(homogeneity of behavioral norms), 문화적 차이(cultural differences), 각 구성원 간에 사용되고 있는 미래적 이익이나 비용의 계산에 사용되는 할인율(discount rates), 그리고 커뮤니티의 총체적인 인적이나 사회적 자본의 수준이 이에 해당한다(Ostrom, 1999). 특정 수자원 관리와 이용에 관련된 행위자의 특성은 종종 그들이 속한 커뮤니티의 특성과 관련이 있다. 또한 제도적 규칙은 자원의 사용의 선택이나 결정에 사용되고 있는 일련의 공식적·비공식적 규율이나 규칙을 가리킨다.

마지막으로 합리적 제도 선택이론의 중요한 점은 결정 산출에 각 다른 수준의 규칙의 존재를 통한 제도적 중첩성을 전제한다. 결정 산출에 이용된 높은 수준의 규칙은 낮은 수준의 규칙으로 이어진다(ostrom, 1999). 가장 낮은 수준의 규칙인 '행위규칙(Operational rules)'은 자연 자원을 이용하는 네 관련된 구제적 행농지침 및 규범을 결정하는 반면, '공동체적 규율(collective rules)'은 행위규칙 결정의 지침이 된다. 또한 헌법적 규율은 공동체적 규율을 통제하고 규정한다. 수자원 분쟁과 갈등 시 제도적 수준이 다른 중첩적 규율은 해당 분쟁 당사자에게 더 높은 수준의 제도에 해결을 상고할 수 있게 한다.

4 사회자본이론

사회자본은 지속적이고 안정적인 관계와 접촉의 축적된 부산물의 결과인 사회적 신뢰를 지칭한다(Putnam, 2000; Coleman, 1988). 일반적으로 사회구성원들 간의 빈번한 관계와 접촉은 높은 수준의 신뢰라는 긍정적인 부산물을 산출한다. 인간이 자신의 이익을 일정 부분 희생하면서 공동체적인 이익에 기여하는 것은 다른 사람도 자신을 이익 위해 언젠가는 똑같이 할 것이라는 사회적 기대와 관련이 있다. 많은 정책적 문제(수자원 관리 및 이용의 문제를 포함한)는 통제와 명령에 기반을 둔 법률과 법제도에 의하지 않고, 사회적 호혜에 기반을 둔 신뢰를 통해 해결할 수 있다는 것이 사회자본이론(social capital theory)이다.

사회 관계망(social network)은 대인 간의 공식적 및 비공식적 접촉과 대화를 통한 사회적 기회와 신뢰를 제공한다. 사회 관계망은 수평적 · 수직적 관계망으로 구별된다(Putnam, Leonnard, & Nanetti, 1993). 수평적 관계망은 동등한 지위와 권력에 있는 행위자 간의 관계를 지칭하는 데에 반해, 수직적 관계망은 위계적이고 의존적인 비대칭적 관계와 관련 있다. 수평적 관계망은 다음의 부차적인 혜택들을 통해 공동체적 행위를 촉진한다.

첫째, 기존 관계망에 참여는 대화, 교섭, 타협, 그리고 지도력를 증진시킨다.

둘째, 기존 관계망은 공동체의 존속과 발전에 필요한 교육을 장을 제공한다.

셋째, 관계망을 통해 형성된 협조와 상호 호혜의 문화적 규범과 전통이나 사회적 제재를 통해 관계망에 참여자의 신뢰 구축 형성에 도움을 줄 수 있다.

관계망 구조 외에 사회 접촉의 정도나 범위도 공동체적 행위의 형성에 영향을 미친다(Putnam, 2000). 연결 관계망(bridging network or social capital)은 서로간의 공통점이 부족하고 기존의 관계가 형성되어 있지 않는 사람과의 관계에서 나타나고, 결합 관계망(bonding network or social capital)은 혈연, 지연, 학연, 민족등 공통된 사회적 연결고리를 통해 두텁고 긴밀한 관계의 형성을 지칭한다. 연결 관계망은 결합 관계망에 비해 공동체적 · 협력적 커뮤니티 구축에 도움이 되고 유익하다.

제 3 절 협력적 네트워크 구축 성공 요인

프로반과 케니스(Provan & Kenis, 2008: 233-236)는 네트워크 거버넌스가 조정될 수 있는지 여부, 네트워크 조정이 참여자에 의한 것인지, 외부에 의한 것인지에 따라 네트워크 거버넌스의 구조를 유형화하고 있다. 이에 따르면, 네트워크 거버넌스의 구조는 참여자에 의한 네트워크(participant-governed networks), 주도조직에 의한 네트워크(lead organization-governed networks), 네트워크 운영조직에 의한 네트워크(network administrative organization)로 유형화할 수 있다.

첫째, 참여자에 의한 네트워크는 별개의 독립된 거버넌스 운영체가 존재하지 않고, 네트워크 참여자들에 의해 운영 및 조정되는 네트워크 구조이다. 가령, 예를 들어 네트워크 참여자들의 대표들이 정기적으로 회의를 하거나 비공식적으로 접촉함으로써 네트워크의 운영 및 조정이 이루어지게 된다. 이러한 참여자 중심의 네트워크는 전적으로 모든 네트워크 참여자의 적극적인 참여에 의존하게 된다. 네트워크 참여자들은 모두 동일하게 네트워크 내부의 관계와 네트워크 외부와의 관계에 책임을 지게 된다.

참여자에 의한 네트워크의 성공 여부는 네트워크 활동의 결정과 관리에서 참여자들의 협력성에 따라 결정된다. 참여자들의 조직 규모, 자원 역량, 성과의 상이성에도 불구하고 네트워크 수준의 의사 결정에서 참여자들의 권한은 동등하며, 네트워크를 대표하는 공식적인 운영조직은 존재하지 않는다. 또한 네트워크 활동은 협력적으로 이루어지며, 네트워크 참여자 중 하나의 단일 조직이 전체 네트워크를 대표하지 않는다.

둘째, 주도조직에 의한 네트워크는 주요 네트워크 활동과 의사 결정, 조정이 주요 행위자로 네트워크에 참여하는 주도조직에 의해 수행된다. 분권화되고 협력적인 자기 조정적 거버넌스인 참여자 중심의 거버넌스가 비효율적인 상황에서 좀 더 집권화된 형태의 거버넌스를 선호하게 된다. 이에 주요 행위자가 중심이 되는 네트워크가 발생하게 된다. 이러한 주도자 중심의 네트워크는 정부가 주도하는 거버넌스 구조에 다양하게 등장하게 되는데, 주도 행위자로 인해 네트워크는 집권화되고, 조정되며, 참여자 간 불균형적인 권한을 지닌 거버넌스 형태를 가지게 된다. 주요 행위자는 네트워크 운영을 담당하며, 네트워크 참여조직의 활동을 촉진하며, 네트워크의 목표를 달성하도록 참여조직을 독려한다.

셋째, 네트워크 운영조직에 의한 네트워크는 네트워크의 운영과 조정을 위해 별개의 독립된 네트워크 운영조직이 설립되고, 네트워크 조정자인 네트워크 운영조직이 네트워크의 운영 및 관리에 주된 역할을 하게 된다. 네트워크 참여자들 간 상호작용은 여전히 이루어지지만, 네트워크 운영조직에 의해 집권화된 형태로 이루어진다. 네트워크 운영조직은 네트워크 촉진자 및 조정자로서 개인이 될 수도 있고, 공식적인 정부조직이 될 수도 있으며, 비정부조직이나 조직 간 위원회가 될 수도 있다. 이러한 네트워크 운영조직에 의한 네트워크는 복잡한 네트워크 수준의 문제나 이슈를 다루는 데 용이하고, 거버넌스 조정의 복잡성을 완화해 준다.

이러한 세 가지 네트워크 거버넌스의 구조를 도해하면 [그림 15-1]과 같다.

그림 15-1 네트워크 거버넌스의 세 가지 유형

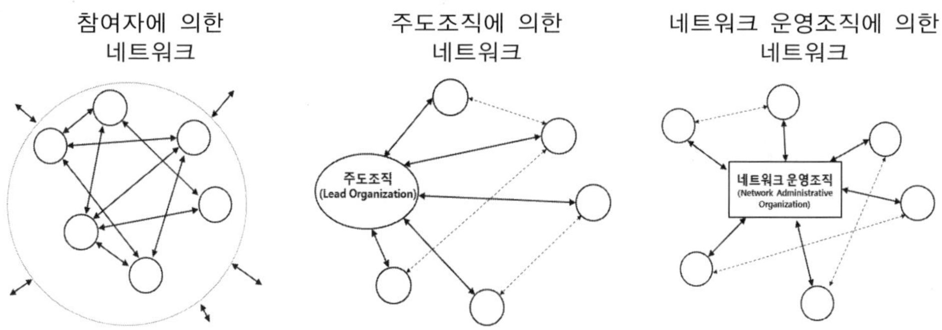

○: 네트워크 참여자, →: 좀 더 강한 관계, ⇢: 좀 더 약한 관계

출처: Provan & Kenis(2005: 44)의 재구성.

효과적인 네트워크 거버넌스를 운영하기 위해서는 다양한 요인에 정합적인 네트워크 거버넌스 구조가 선택되어야 한다. 앞서 논의된 거버넌스 유형의 성공적인 적용에서 신뢰(trust), 네트워크 규모(참여자의 수), 목표에 대한 합의(goal consensus), 네트워크 역량의 필요성(과제의 성격; 복잡성) 등 네 가지 주된 구조적 · 관계적 정합 조건이 제시될 수 있다(Provan & Kenis, 2008: 237-241).

1 신뢰

네트워크의 성과와 지속 가능성에서 일반적으로 중요한 요소로 신뢰(trust)가 논의된다. 네트워크 수준의 상호작용을 이해하기 위해서는 신뢰의 밀도(density)와 집중도(centralization)가 중요하다(Provan & Kenis, 2008: 238). 신뢰의 밀도는 네트워크 내 얼마나 많은 참여자가 서로 신뢰하는지를 의미한다. 즉, 신뢰의 범위를 의미하는 것으로 신뢰가 네트워크 참여자 간 넓게 분포되어 있으면 신뢰의 밀도가 높다는 것을 의미하고, 반면에 신뢰가 네트워크 내 참여자 간 양자 관계나 네트워크 내 집단에 개별적으로 분포된 경우, 즉 네트워크 전체로 보았을 때 신뢰의 분포 범위가 좁을 경우 신뢰의 밀도는 낮은 것이다. 그리고 네트워크가 전체로서 존속하기 위해 네트워크 내 모든 참여자 간 상호 신뢰가 필요한지, 네트워크 내 단일 참여자 혹은 한 집단에 신뢰가 집중되어도 충분한지에 관한 것이 신뢰 관계의 집중도를 의미한다.

참여자에 의한 네트워크는 신뢰가 네트워크를 통해 전체적으로 분포되어 있을 때 효과적이다. 이 경우 신뢰의 깊이가 깊을 필요는 없으나 단순히 네트워크 참여자 양자간 관계의 혼합은 아니다. 그보다 신뢰의 밀도가 높아야 한다. 높은 신뢰의 밀도가 부재할 경우 네트워크 참여자 간 협력을 위한 기초가 없으므로 참여자에 의한 네트워크는 효과적이지 못하다. 신뢰의 밀도가 낮은 경우에도 네트워크는 협력적 목표 달성을 위해 효과적일 수 있다. 하지만 이 경우 네트워크 거버넌스는 주도조직이나 네트워크 운영조직에 의해 조정되어야 한다. 주도조직에 의한 네트워크는 양자 관계의 집합을 중심으로 성립되므로 네트워크 운영조직에 의한 네트워크에 비해 네트워크 전체에 분포된 신뢰의 밀도는 낮을 수 있다. 반면 네트워크 운영조직에 의한 네트워그의 경우 네트워크 운영조직의 활동을 네트워크 참여사들이 협력석으로 삼시할 필요가 있으므로 주도조직에 의한 네트워크보다 전체적인 신뢰의 밀도는 높아야 한다.

2 네트워크 규모

네트워크 거버넌스의 근본적인 문제는 다양한 참여자들이 요구되는 한편, 다양한 참여자들을 네트워크에 수용하고 조정해야 한다는 점이다. 네트워크가 발전됨에 따라 네트워크 참여자들은 늘어가며, 잠재적인 관계의 수도 증가됨에 따라 네트워크는 점점 더 운영 및 조정의 어려움에 직면하게 된다.

참여자에 의한 네트워크는 참여자들이 모두 네트워크 관리에서 통제권을 지닐 수 있어 참여자 입장에서 가장 바람직한 네트워크 형태로 간주될 수 있다. 하지만 이러한 형태의 네트워크는 네트워크의 규모가 작을 때 적합하다. 이러한 네트워크에서는 문제가 발생할 경우 참여자들 간 완벽한 상호작용과 면대면 활동이 가능하다. 그러나 네트워크의 규모가 커지면, 상호작용 및 면대면 활동이 불가능해질 뿐만 아니라 많은 참여자 간 조정에 많은 비용이 들어 비효과적인 결과를 초래하게 된다. 네트워크 참여자가 지역적으로 넓게 분포되어 있거나, 참여자들 간 빈번한 접촉이 불가능할 경우 이러한 네트워크의 복잡성 문제는 중요하다.

이러한 문제에 대해 주도조직이나 네트워크 운영조직 같은 조정기구를 통해 네트워크 거버넌스를 집권화하는 것이 구조적 해결책이 될 수 있다. 주도조직에 의한 네트워크나 네트워크 운영조직에 의한 네트워크는 네트워크 의사 결정에서 모든 참여자의 직접적인 참여를 요구하지 않으므로 참여자에 의한 네트워크에 비해 더 많은 참여자를 네트워크에 수용할 수 있다. 이 경우 네트워크 참여자들은 더 이상 서로 직접적으로 상호작용해야 할 필요성을 낮아지며, 주도조직이나 네트워크 운영조직과 직접적으로 상호작용함으로써 문제를 해결한다.

네트워크 거버넌스 각각의 유형에 적합한 구체적인 네트워크의 규모는 존재하지 않지만, 일반적으로 참여자에 의한 네트워크의 경우 6~8개의 조직이 네트워크에 참여할 때 효과적이라는 주장이 있다(Provan & Kenis, 2008: 239). 물론 네트워크의 규모는 다른 요인에 의해 영향을 받는다. 예를 들어 신뢰의 밀도가 높을 경우에는 신뢰의 밀도가 낮은 경우보다 좀 더 많은 행위자가 참여하는 네트워크가 운영될 수 있을 것이다. 일반적으로 네트워크에 참여하는 행위자가 많을수록 네트워크 운영조직에 의한 네트워크가 효과적이다. 이는 별개의 관리조직을 운영함으로써 다양한 참여자를 다룰 수 있기 때문이다.

3 목표에 대한 합의

일반적으로 목표에 대한 합의(goal consensus)는 좀 더 조직효과성을 증진시키는 것으로 주장된다. 네트워크의 경우 네트워크 참여자들이 그들이 속한 조직의 목표와 네트워크의 목표 모두에 반응해야 하기 때문에 이러한 주장은 네트워크를 이해하는데 중요한 함의를 가진다. 네트워크에 대한 연구는 주로 목표에 대한 합의 그 자체에 초점을 두기보다는 유사성(similarity)이나 동질성(homophily)에 관심을 두었다(Provan & Kenis, 2008: 239).

목표 지향적 네트워크에서는 네트워크에 참여하는 조직의 목표뿐만 아니라 네트워크 수준의 목표도 참여조직 활동의 지침이 된다. 반 드 벤(Van de Ven, 1976)에 따르면, 네트워크 수준의 목표에 일반적인 합의가 존재하고, 네트워크 구조가 계층적이지 않을 때, 네트워크 참여자들의 네트워크에 대한 참여도가 높으며, 좀 더 협력적일 가능성이 높다고 한다. 하지만 이는 네트워크 참여자들의 목표가 서로 동일해야 한다는 것을 의미하는 것은 아니다(Provan & Kenis, 2008: 239).

목표에 대한 합의는 네트워크 거버넌스에서 중요한 함의를 가진다. 네트워크 참여자들이 네트워크 목표에 동의하더라도 참여자들 간 동의하는 정도가 상이하고, 네트워크 참여를 통해 달성할 수 있는 조직 목표의 정도에도 참여자들 간 상당한 차이점이 존재한다. 따라서 비록 높은 목표 합의가 네트워크에 대한 참여자들의 몰입에 가장 효과적일지라도 네트워크가 중간 수준의 적당한 목표에 대한 합의를 유지할 수 있다면 여전히 효과적일 수 있다.

참여자에 의한 네트워크는 일반적으로 네트워크 참여자들이 네트워크 목표에 동의할 때 가장 효과적일 수 있다. 목표에 대한 합의 정도가 높을 때 갈등을 피할 수 있으며, 참여자에 의한 네트워크의 경우 네트워크 목표를 달성함으로써 참여자 각각의 목표도 동시에 달성할 수 있기 때문이다. 여기서 주의할 점은 목표에 대한 합의와 신뢰는 구별되어야 한다는 점이다. 신뢰가 필요적으로 목표에 대한 합의와 관련되지는 않는다. 신뢰는 평판이나 과거 상호작용의 경험에 기초한 것인 반면 목표에 대한 합의는 목표의 유사성에 기초하고 있다.

목표에 대한 합의가 중간 수준인 경우에는 참여자에 의한 네트워크보다 주도조직에 의한 거버넌스나 네트워크 운영조직에 의한 거버넌스가 더욱 적합할 수 있다. 네트워크 참여자들이 상대적으로 다소 낮은 수준에서 목표에 대한 합의 정도를 결정할 때에는 주도조직에 의한 네트워크가 적합하며, 중간 수준보다 다소 높은 수준에서 목표에 대한 합의가 이루어질 때에는 네트워크 운영조직에 위한 네트워크가 적합하다.

주도조직에 의한 네트워크에서 주도조직은 전략적 의사결정 및 운영을 담당하며, 네트워크 수준의 목표에 대한 의사 결정을 수행한다. 따라서 네트워크 참여자들은 부분적으로 네트워크 목표에 동참하면 된다. 반면, 네트워크 운영조직에 의한 네트워크는 좀 더 많은 참여를 요구하게 된다. 네트워크 운영조직은 네트워크 참여자들에 의해 설립되고, 각각의 참여자들이 네트워크 운영조직에 부분적으로라도 참여함으로써 네트워크 목표에 몰입하게 되고, 전체 네트워크에 전략적으로 개입하게 된다.

4 네트워크 역량

조직은 정당성 확보, 효과적인 고객 유치, 더 많은 자원에 대한 접근, 복잡한 문제의 해결 등 다양한 이유로 네트워크에 참여하거나 형성하게 된다. 하지만 일반적으로 네트워크 참여자들이 독립적으로 문제를 해결하거나 목적 달성을 이루기 어려운 경우에 네트워크가 형성된다. 이러한 네트워크 수준의 목표를 달성하기 위해 네트워크 역량(network competency)이 요구되는데, 네트워크에 참여한 행위자들이 자신의 역량을 네트워크에 제공하도록 요구된다. 네트워크 거버넌스의 형태에 따라 요구되는 역량은 상이하다.

네트워크 역량과 관련해서 네트워크 참여자들에 의해 수행되는 과제의 성격과 네트워크가 직면하는 외부의 요구가 고려되어야 한다. 내부적으로 만약 네트워크의 과제가 상호의존성을 요구한다면, 네트워크 조정 역량, 상호의존적인 활동을 촉진하는 구체적인 과제 기술이 필요할 것이다. 참여자에 의한 네트워크의 경우 상호의존적인 과제나 참여자 간 조정이 요구되는 과제가 요구될 때 상대적으로 덜 효과적일 것이다. 반대로 이러한 과제가 요구되는 상황에서 주도조직에 의한 네트워크, 네트워크 운영조직에 의한 네트워크의 경우 전문성이 개발될 수 있어 좀 더 효과적이다.

외부적인 요구에 의해 다양한 네트워크 역량이 요구되기도 한다. 네트워크 외부와 관련된 과제는 외부 환경으로부터 네트워크를 보호하는 것과 관련이 있다. 이러한 외부적 압력에 따라 집권화된 행동이 요구되며, 따라서 외부 압력에 대한 대응이 분산되기 때문에 참여자에 의한 네트워크 거버넌스에서 수행되기 어려운 측면이 있다. 반면에 주도조직에 의한 네트워크의 경우 주도조직의 존재로 인해 외부적 요구나 수요를 다루는 데 참여자에 의한 네트워크에 비해 상대적으로 수월하며, 네트워크 운영조직에 의한 네트워크의 경우 외부와의 접점이 단일하기 때문에 효과적이다. 하지만 주도조직의 경우 네트워크 참여자들의 역량을 결집하기보다는 자신의 기술이나 역량에 더욱 의존하므로 과제의 복잡성이 높을수록 네트워크 운영조직에 의한 네트워크가 상대적으로 더 적합하다.

이러한 주요 정합 조건과 네트워크 거버넌스의 형태가 불일치하면 효과적인 네트워크를 형성하기 어려우며, 이는 전체 네트워크의 비효율성을 증진시키고, 더 나아가 네트워크가 붕괴되어 네트워크 형태의 변화를 가져오게 된다. 앞서 논의한 효과적인 네트워크 거버넌스의 정합 조건을 토대로 유형별로 네 가지 정합 조건의 관계를 정리하면 <표 15-2>와 같다.

참여자에 의한 네트워크는 네트워크 참여자들 간에 신뢰가 폭넓게 공유되고(신뢰의 밀도는 높고, 신뢰의 집중도는 낮음), 상대적으로 적은 행위자가 네트워크에 참여하고, 네트워크 수준의 목표에 대한 합의 정도가 높으며, 네트워크 역량의 필요성이 낮을 때 효과적이다.

주도조직에 의한 네트워크는 네트워크 참여자들 간에 신뢰가 좁게 형성되고(신뢰의 밀도는 낮고, 신뢰의 집중도는 높음), 네트워크 규모가 상대적으로 중간 수준이며, 네트워크 수준의 목표에 대한 합의 정도가 다소 낮고, 네트워크 역량의 필요성이 중간 수준일 때 효과적이다.

네트워크 운영조직에 의한 네트워크는 네트워크 참여자들 간 신뢰 공유 정도가 중간 수준이며, 다양하고 많은 행위자가 네트워크에 참여하고, 네트워크 수준의 목표에 대한 합의 정도가 중간 수준보다 다소 높으며, 네트워크 역량의 필요성이 높을 때 효과적이다.

표 15-2 효과적인 네트워크 거버넌스를 위한 유형별 정합 조건

거버넌스 유형	신뢰	참여자의 수	목표에 대한 합의	과제의 복잡성 (네트워크 역량의 필요성)
참여자에 의한 네트워크	높은 수준	적음	높음	낮음
주도조직에 의한 네트워크	낮은 수준 (집권화 정도 높음)	중간	낮음~중간	중간
네트워크 운영조직에 의한 네트워크	중간 수준 (참여자들에 의해 통제되는 네트워크 운영조직)	중간~많음	중간~높음	높음

출처: Provan & Kenis(2008: 237)의 재구성.

사례 정부3.0과 협력적 네트워크 구축

그제 정부3.0 비전 선포식이 있었다. 대통령은 정부가 가지고 있는 정보를 투명하게 공개하고 국민을 중심에 두는 행정이 되도록 정부 운용의 패러다임을 변화시키겠다고 국민과 약속했다. 정부 개혁을 국민에게 대통령이 직접 약속한 경우는 처음이며, 국민의 기대가 크다. 문제는 올바른 인식과 제대로 된 준비라고 본다.

정부3.0은 정부1.0과 2.0의 연장선상에서 이해하는 것이 좋다. 이런 표현은 정부와 국민 사이의 관계가 어떻게 이루어져야 하는지에 대한 가치 판단이다. 정부가 국민에게 일방향적 서비스를 제공하는 단계를 정부1.0이라고 규정한다면, 정부2.0은 정부와 국민 사이의 양방향 서비스를 강조한다. 반면 정부3.0은 국민이 원하는 서비스를 맞춤형으로 제공하는 것이 핵심이다. 이런 점에서 현 정부가 추진하려는 정부3.0은 국민 중심 서비스 정부로의 패러다임 전환을 의미하며, 그 키워드는 사람이다. 형식적으로 국민을 내세우는 것이 아니라 실질적으로 국민을 정부활동의 중심에 두는 것이다.

특히 박근혜 정부가 부처 중심의 칸막이 행정문화를 타파하기 위해 부처 간 협치(協治)를 통한 문제 해결 능력을 실질적으로 확립하려는 것은 적어도 시작 단계에서 문제의 본질을 파악하고 있는 것 같아 다행이다. 예컨대 중앙정부의 정책 구상, 정책 수립 및 집행 전(全) 과정에 지자체 일선 현장의 목소리를 반영하려는 시도는 눈여겨볼 대목이다.

그러나 정부3.0이 성공하려면 현란한 레토릭보다는 세심하게 챙겨야 할 조건들이 있다.

첫째, 정부 운영철학, 일하는 방식과 지향점에 대한 근본적인 발상의 전환을 요구하는 정부혁신으로 이어질 필요가 있다. 그동안 간헐적으로 진행되었던 정부혁신을 국민 입장에서 원하는 서비스를 부처 간 이음새 없이 신속하게 제공할 수 있도록 정부의 행정문화를 바꾸어야 한다. 공무원 스스로 국민을 배려하고 위하는 마음가짐이 없는 정부3.0은 지속 가능하지 않다는 점을 과거 정부의 행정개혁 경험이 말해 주고 있다. 맞춤형 서비스는 머리가 아닌 국민을 위하는 마음, 즉 행정문화의 변화에서 시작되기 때문이다.

둘째, 정부의 공급자적 입장보다는 수요자인 국민과 소통해야 한다. 맞춤형 서비스를 제공하기 이전에 국민이 무엇을 원하는지를 적시에 제대로 파악해야 한다. 정부가 선제적으로 국민의 니즈(needs)와 민원 발생 가능성을 판단해 적절히 대응해야 한다. 이를 위해 국민의 현장 목소리를 들을 수 있는 다양한 통로가 마련되어야 한다. 다만 여러 가지 정책 아이디어와 의견을 단순히 모아놓는 것은 무의미하며, 활용 가능한 정책 정보로 변환할 수 있는 해석력, 즉 소프트웨어적 역량 확보가 중요함을 간과해서는 안 된다.

셋째, 정보 공개의 목적은 정보를 일방적으로 제공하는 데 있는 것이 아니라 공개된 정보를 국민이 유용하게 활용하는 데 있다. 따라서 정부는 생애주기 관점에서 정보의 공개와 활용을 지원하고 관리하는 체계 구축이 필요할 것이다. 끝으로, 정부3.0 구현에 필요한 정보통신 인프라의 지속적이며 안정적 구축 못지않게 중요한 것은 다부처 연계 서비스가 부처 간(또는 부서 내) 막힘 없이 물 흐르듯 실행될 수 있도록 정부 내부의 일하는 방식의 장애 요인을 시급히 걷어내는 제도 개선이다.

정부3.0은 긴 호흡을 가지고 지속적으로 만들어가야 하는 개념이다. 그 성공 여부는 미래 정부의 모습과 운영, 그리고 서비스 전달 체계 등에 대한 기존의 관성적 사고를 뛰어넘는 상상력에 달려 있다. 이는 공무원만의 몫이 아니고 우리 모두가 함께하는 집단감성(集團感性)을 요구한다.

(중앙일보, 2013.6.21)

정부가 카드사 개인정보 유출에 따른 파장을 막기 위해 잇따라 대책을 쏟아내고 있다. 지난 22일 정보 수집, 보유, 이용을 대대적으로 제한하는 재발 방지 대책 발표에 이어 24일에는 불법 정보 유통·활용을 차단하는 조치를 내놓았다. 특히 금융회사에 대해 전화, 문자, 이메일을 통한 대출 권유와 모집을 3월 말까지 금지한다는 내용이 주목된다. 라이나, AIG 등 텔레마케팅(TM) 전문 보험사는 예외로 했지만, 사실상 합법적인 고객 정보를 이용한 마케팅도 불가능해졌다는 지적이 나온다.

물론 이런 지경에 이른 배경을 모르지 않는다. 그러나 당황한 정부가 앞뒤 가리지 않고 허둥지둥 무리한 조치를 쏟아내는 것은 적절치 않다. 기업들이 국민의 개인정보를 모두 털어가 은행 계좌에 들어 있는 내 돈이 다 날아갈 것처럼 호들갑을 떠는 일부 언론의 황색주의와 괴담풍의 보도에 정부가 오히려 동조하는 모양새다.

정부와 공공기관의 데이터를 대폭 개방해 국민과 기업이 상업적으로 자유롭게 활용할 수 있게 하겠다고 정부3.0을 선포했던 게 작년 6월이다. 안전행정부는 복지·재정 정보까지 공개하는 5개년 로드맵을 만들겠다고도 했다. 금융위도 불과 두 달 전인 작년 11월 '금융업 경쟁력 강화 방안'에서 금융회사와 신용정보사에 축적된 신용정보를 집중, 융합해 새로운 정보를 발굴할 수 있게 지원하겠다고 발표했다. 금융회사가 활용하는 신용정보 범위 확대, 신용정보회사의 업무 범위 확대 방안 등이 그 골자다. 주소와 통화 내역 등을 활용한 고객 분석, 고객 맞춤형 상담원 배치 등 구체적인 빅데이터 활용 사례까지 제시했다. 그러던 정부가 지금은 완전히 거꾸로다. 졸지에 합법적인 정보의 이용까지 막고 나선 것이다. 이거다 싶으면 이쪽으로, 저거다 하면 저쪽으로 몰리는 전형적인 '냄비 현상'이요 '냄비정책'이다.

(한국경제신문, 2014.1.17)

사례 문제

1. 정부3.0의 성공적인 실행을 위해서는 조건을 사례를 통해 논의해 보자.
2. 협력적 네트워크 구축의 성공 요인 중에서 정부3.0의 성공적 실행을 위해 우선적으로 고려되어야 하는 요인을 논의해 보자.

생각해 보기

1. 네트워크의 구성 요소를 말하고, 네트워크의 개념을 정의하라.
2. 네트워크 분석에서 구조적 특성과 행태적 특성의 중요성을 예시적으로 설명해 보라.
3. 네트워크 행동을 정의하고 그 중요성을 논의하라.
4. 네트워크 행동을 설명할 수 있는 주요 이론을 논의해 보라.
5. 협력적 네트워크 구축을 위한 성공 요인을 구체적으로 설명해 보라.

참고 문헌

국내 문헌

고길곤 (2006). 정책네트워크 연구의 유용성과 사회연결망 이론 활용 방법의 고찰. 「행정논총」, 45(1): 137-164.

고종욱 (2006). 직무 스트레스와 산출 간 관계에서의 조직몰입의 조절 역할: 지방자치단체 공무원을 중심으로. 「한국행정학보」, 40(2): 147-166.

김민경 · 김재곤 (2012). 호텔 종사원의 성격 유형에 따른 직무 스트레스 대처 방식과 직무만족도 연구. 「관광연구저널」, 26(1): 515-533.

김병섭 (1994). 공무원의 복지부동과 직무몰입도: 동기이론 및 스트레스이론을 중심으로. 「한국행정학보」, 28(4): 1279-1299.

김병섭 · 박광국 · 조경호 (1996). 정부혁신의 길: 레드테이프에서 결과 중심으로. 「지방자치시대의 행정의 역할」. 1996년도 한국행정학회 하계 학술대회 논문집.

——— (2007). 「살아 있는 우리 정부조직 이야기」. 서울: 법문사.

——— (2008). 「휴먼조직론」. 서울: 대영문화사.

김병식 (2000). 「조직행동론」. 서울: 형설문화사.

김선봉 · 정문영 · 이재구 · 정혜선 · 진종건 (2000). 「조직행동론」. 서울: 민영사.

김순양 (2010). 정책과정분석에서의 정책네트워크 Policy Network 모형: 이론적, 실천적 적실성의 검토 및 제언. 「한국정책학회보」, 19(4): 177-210.

김영돈 (1993). 교육공무원의 역할갈등과 직무만족에 대한 연구. 충북대학교 박사학위 논문.

김정택 · 심혜숙 (1991). 「MBTI 16가지 성격 유형」. 서울: 한국심리검사연구소.

김준현 (2009). 지역자활센터 협력 네트워크 구조에 대한 탐색적 분석: 서울, 부산, 경상북도 지역을 중심으로. 「행정논총」, 47(1): 339-366.

김태룡(1994). 한국지방정부의 권한배분 구조, 「한국행정학보」, 28(1): 238-250.

김호섭 (1999). 「새조직행동론」. 서울: 대영문화사.
김호섭·김판석·유홍림·김대건 (2011). 「행정과 조직행태」. 서울: 대영문화사.
김호정 (1994a). 지방자치제 실시 후 지방공무원의 의식 변화. 「한국행정학보」, 28(3): 937-955.
——— (1994b). 한국 관료행위의 결정 요인: 복지부동의 원인. 「한국행정학보」, 28(4): 1255-1278.
노정현 (1979). 한국 관료엘리트의 가치체계와 성분에 관한 조사연구. 「연세행정논총」, 6: 5-64.
문영규 (2009). 「사회복지행정조직론」. 서울: 청목출판사.
민경호 (2005). 「조직행동론」. 서울: 무역경영사.
민병모 (2001). 성격 5요인 모형에서 개인-조직 일치도와 수행의 관계. 고려대학교 박사학위 논문.
민 진 (2014). 「조직관리론」. 서울: 대영문화사.
박경효 (1993). 한국관료제의 지역대표성 제고를 위한 정책 방향. 「한국행정학보」, 27(3): 705-720.
——— (1995). 김영삼 정부의 장·차관(급) 충원정책: 국정지도력, 전문성, 그리고 대표성. 「한국행정학보」, 29(2): 487-501.
박광국·주효진·고수정 (2002). 공무원의 성격 유형과 업무 유형 간의 부합도와 직무만족 간의 관계에 관한 시론적 연구. 「한국인사행정학회보」, 1(1): 1-22.
박국흠(2008). 지방공무원의 조직몰입과 혁신 정향이 혁신 행태에 미치는 영향. 「한국행정학보」, 42(2): 263-282.
박기동 (1994). 「조직행동론」. 서울: 박영사.
박동건·김성훈·허영운 (1999). Halland 흥미 모형과 5요인 성격 모형 간의 관계에 대한 경험적 연구. 「한국심리학회지 산업 및 조직」, 12(1): 95-112.
박동서 (1968). 한국 행정부 고급관료의 자격조사. 「행정논총」, 6(1): 65-94.
——— (1987). 지방공무원의 의식구조와 행태의 변화. 「행정논총」, 3: 90-107.
——— (1992). 고급공무원의 성분 변화. 「행정논총」, 30(1): 181-201.
박미선 (2011). 성격 유형에 따른 감성지능, 심리적 웰빙, 직무 성과 간의 인과관계 연구: 서울지역 특급호텔 종사원을 대상으로. 경희대학교 박사학위 논문.
박연호 (2000). 「조직행동론」. 서울: 박영사.
박종민 (1994). 민주화시대의 정부관료의 의식. 「한국행정학보」, 28(1): 135-149.
박천오 (1996). 다원주의적 민주주의에 대한 한국 관료의 태도. 박천오·박경효 공저. 「한국관료제의 이해」. 서울: 법문사.
박치성 (2010). 한국의 행정학/정책학 연구에 있어서 사회 네트워크 방법론의 자리 찾기. 「한국정책학회보」, 19(4): 115-154.
박치성·오재록·남주현 (2011). 정부조직 개편의 효과 실증분석: 노무현, 이명박 정부의 중앙부처 간 업무 관계 네트워크의 변화를 중심으로. 「행정논총」, 49(4): 51-82.
박흥식 (1993). 관료들간의 주관적 거리와 출신지역적 태도의 차이. 「한국행정학보」, 27(2): 295-308.
방하남·김상욱(2009). 직무만족도와 조직몰입도의 결정 요인과 구조분석. 「한국사회학」,

43(1): 56-88.
배응환 (2003). 거버넌스의 실험: 네트워크조직의 이론과 실제. 「한국행정학보」, 37(3), 67-93.
백기복 (2002). 「조직행동연구」. 서울: 법문사.
백완기 (2013). 한국사회에서 공공성의 개념 정립과 역대 정권을 통한 정착화 과정. 「학술원논문집」, 52(1): 177-221.
백종섭 (1995). 지방공무원의 자치의식에 관한 연구: 대전 · 충남 지방공무원을 중심으로. 「한국행정학보」, 29(1): 61-75.
서병인 (2000). 「현대조직행동」. 서울: 삼영사.
송희준 · 송미원 (2002). 이동통신 정책네트워크와 사업자 선정의 상호관계에 관한 연구. 「한국정책학회보」, 11(4): 359-385.
신동아 (2008.4.1). '말단 큰형님' 6급 공무원이 사는 법.
신영상 (2008). 「조직관리」. 서울: 대영문화사.
신유근 (1982). 「조직행위론」. 서울: 다산출판사.
신형재 · 권용만 (2009). 「조직행동론」. 서울: 무역경영사.
신황용 · 이희선(2013). 조직공정성과 조직몰입 및 혁신적 업무행동 간의 구조적 인과관계 분석. 「한국행정학보」, 47(2): 157-179.
안광일 (1994). MBTI 이론에 따른 한국 공무원 의식구조의 진단 · 분석. 「한국행정학보」, 28(1): 151-168.
양형일 · 이태영 (1993). 사회적 형평과 국가 통합을 위한 대표관료제의 접근. 「한국행정학보」, 27(2): 348-358.
오세홍 (1992). 일선공무원의 행정통제에 관한 분석. 이문영 편. 「작은 정부를 위한 관료제」. 서울: 법문사.
유종해 (1990). 한국의 지역갈등에 관한 연구: 정부 인사정책에서의 지역주의에 대한 공무원 의식조사를 중심으로. 「한국행정학보」, 24(1): 581-602.
윤견수 (1991). 상징 체계를 통해 본 조직의 변화 과정. 고려대학교 대학원 박사학위 논문.
윤수재 · 김지수 (2011). 중앙정부 정책만족도 개선 방안에 대한 내부고객과 외부전문가의 인식분석: 언어네트워크분석을 중심으로. 「한국정책학회보」, 20(3): 133-161.
이대희 (2007). 「감성정부: 감성적 지성의 행정」. 서울: 대영문화사.
이복수 (1995). 한국 지방공무원의 무사안일 행태 원인에 관한 연구. 강원대학교 박사학위 논문.
이석환 (2008). 「UOFO: 신뢰받는 정부와 기업을 위한 전략적 성과관리」. 서울: 법문사.
이석환 · 조경호 (2005). 조직구성원의 몰입도 분석을 통한 여성정책담당관실의 성과분석: 설치부처와 비설치 부처간 비교연구를 중심으로. 「지방정부연구」, 9(3): 403-418.
이성혜 · 최승욱 (2001). 「신조직행동론」. 서울: 청목출판사.
이종범 (1991). 정책딜레마와 상징적 행동: 딜레마 상황에 대한 정책대응을 중심으로, 소정 이문영교수 정년기념논문집, 「작은 政府를 위한 官僚制」. 서울: 법문사.
——— (1994). 행정학의 연구와 조직문화: J. Martin의 조직문화에 대한 3가지 관점, 「한국행

정학보」, 28(2): 707-717.
———(1986). 「국민과 정부관료제」. 서울: 고려대학교출판부.
이종수 외 (2008, 2012). 『새행정학』. 서울: 대영문화사.
이준형 (2000). 「시스템의 이해: 이론과 응용」. 인하대학교출판부.
이창길 (2007). 중앙부처의 수평적 정책네트워크 구조 분석. 「한국행정학보」, 41(1): 21-47.
———(2010). 정권 초기의 가치 지향과 정책 우선순위: 참여정부와 이명박 정부의 언어네트워크 비교분석. 「한국행정학보」, 44(3): 165-189.
이춘근 (1996). 학습 없이 임파워먼트 없다. 「LG주간경제」, 44-48.
임경호 (1986). 한국 지방공무원의 의식구조에 관한 실증적 연구. 단국대학교 박사학위 논문.
정수진 (2005). 「현대조직행동론」. 서울: 삼우사.
정원식 · 정한식(2013). 공공부문 비정규직의 조직몰입 및 이직의도의 영향 요인에 관한 연구: 정규직과의 비교분석. 「한국공공관리학보」, 27(1): 27-54.
정홍익 (1989). 한국과 일본기업의 권력구조. 「행정논총」, 27(2): 2170-2173.
조경호 (1993). 한국 공무원의 조직몰입도 결정 요인에 관한 연구: 선형구조모형의 적용. 「한국행정학보」, 27(4): 1203-1226.
———(1995). 조직 변화에 대한 중간직 공무원의 인식과 경험. 「한국행정학보」, 29(3): 601-619.
———(1997). 「전환기의 공무원 가치관」. 서울: 집문당.
———(1998). Hunter의 메타방법론을 적용한 조직몰입과 직무만족 간의 상관관계분석. 「한국행정학보」, 32(2); 147-164.
조경호 · 진종순 · 박석희 (2009). 「공무원의 역할 연구」. 서울: 대영문화사.
조선일보 (2013.12.24). 김대식의 브레인 스토리(64). “술과 담배보다 중독성 높은 권력.”
———(2014.3.10). 조선일보 특집. 혁신 공기업.
주효진 · 정수미 (2013). 장애인복지기관 종사자의 성격 유형과 조직몰입에 대한 실증분석: 청원 · 청주지역을 중심으로. 「한국자치행정학보」, 27(4): 239-257.
최낙범 · 엄석진(2013). 조직공정성 인식이 조직몰입에 미치는 영향: 경찰조직에서의 상호작용 공정성을 중심으로. 「한국행정학보」, 47(3): 181-212.
최성욱 (2000.12). 스키마 관점과 상징을 활용한 조직문화 충돌의 해석: 통합 재정경제원의 사례를 중심으로. 고려대학교 박사학위 논문.
———(2001). 조직문화를 통해서 본 통합관료조직: 스키마 중심의 인지해석적 접근. 「한국행정학보」, 35(3): 127-145.
———(2005). 한국 행정조직의 문화적 프로필에 관한 연구: 중앙부처를 대상으로. 「한국행정학보」, 39(2): 41-62.
———(2007). 조직 유해성과 감정관리: Peter J. Frost의 논의를 기반으로. 「한국거버넌스학회보」, 14(2): 149-173.
———(2011). 행정세계에서 합리성과 감정의 이원구조 해체. 「한국행정학보」, 45(3): 227-249.

———(2012). 행정서비스조직에서 감정노동의 문화적 정향: 국세공무원을 대상으로. 「한국행정학보」, 46(4): 79-101.

최영출·박수정(2011). 한국행정학의 연구경향 분석: 네트워크 텍스트 분석 방법의 적용. 「한국행정학보」, 45(1): 123-139.

최창현(1991). 조직구조, 권위주의에 대한 태도, 직무만족도와 조직몰입도의 관계에 대한 경로분석적 연구. 「한국행정학보」, 25(2): 515-532.

하태권(1990). 한국 인사행정의 변천: 가치갈등적 관점에서의 고찰. 「한국행정학보」, 24(1): 89-116.

한국지방행정연구원(1993). 「지방행정인의 의식구조 조사」. 한국지방행정연구원 연구보고 92-9 (154권).

한국행정연구원(1992a). 「공무원의 의식과 행태에 관한 연구」. 한국행정연구원 연구보고 92-13-2.

———(1992b). 「행정에 관한 국민의 의식과 평가」. 한국행정연구원 연구보고 92-13-1.

———(1993). 「행정에 관한 국민과 공무원의 의식비교」. 한국행정연구원 연구보고 93-08-2.

한세억(1999). 국가기간전산망정책의 집행맥락과 설명모형: Elmore 모형의 적용과 한계 그리고 네트워크모형의 가능성. 「한국정책학회보」, 8(1): 67-89.

허만용(2001). 조직 유형과 직위에 따른 이직 의도와 조직몰입의 관계: 메타분석적 연구. 「한국행정학보」, 35(3): 181-196.

황성돈(1992). 민주주의에 대한 개념적 구조분석: 행정민주화를 위한 기초 과제. 고려대 행정문제연구소 discussion paper 92-02.

황윤원(2001). 「행정학원론」. 서울: 형설출판사.

황일면(1991). 한국 중견 공무원의 가치체계와 직무태도에 관한 실증적 연구. 연세대학교 박사학위 논문.

황창호·장용석(2011). 정부의 정책사업과 정부조직간 네트워크 분석: 노무현 정부와 이명박 정부 비교를 중심으로. 「한국정책학회보」, 20(3): 31-62.

국외 문헌

Aiken, G. (1980). An Exercise of Social Power Exchange. *The Organizational Behavior Teaching Journal*, 3: 38-39.

Albert, R., Jeong, H., & Barabasi, A.-L. (1999). Diameter of the World Wide Web. *Nature*, 401: 130-131.

Alderfer, C.(1972). *Existence, Relatedness, and Growth*. New York: Free Press.

Aldrich, H. E. (1979). *Organizations and Environments*. Englewood Cliffs, New Jersey: Prentice-Hall.

Aldrich, H. E. & Pfeffer, J. (1976). Environment of organizations, *Annual Review of Sociology*, 2: 79-105.

Allen, R. F. & Kraft, C. (1982). *The Organizational Unconscious*. Englewood Cliffs, New Jersey: Prentice-Hall.

Allport, G. W. (1936). *Personality: A Psychological Interpretation*. New York: Holt, Rinehart, & Winston.

Allport, G. W., Vernon, P., & Lindzey, G. (1960). *Study of Values*. Boston: Houghton-Mifflin.

Alonso, P. & Lewis, G. B. (2001). Public Service Motivation and Job Performance: Evidence From the Federal Sector. *American Review of Public Administration*, 31(4): 363-380.

Alter, C., & Hage, J. (1993). *Organizations Working Together: Co-ordination in Inter-organizational Networks*. Beverly Hills, CA: SAGE.

Anderson, C. J., Wasserman, S., & Crouch, B. (1999). A p* primer: logit models for social networks. *Social Networks*, 21(1): 37-66.

Anderson, E. & Schmittlein, D. (1984). Integration of the sales force: An empirical examination. *Rand Journal of Economics*, 15: 385-395.

Angle, H. & Perry, J. L. (1981). An empirical assessment of organizational commitment and organizational effectiveness. *Administrative Science Quarterly*, 26: 1-14.

Arendt, H. (1986). Communitive power, in Steven Lukes (ed.), *Power*. New York: NYU Press.

Argyris, C. (1980). Making the Undiscussable and Its Undiscussability Discussable. *Public Administration Review*, 40: 205-214.

Argyris, C. & Schön, D. A. (1978). *Organizational Learning*. Reading, Mass.: Addison-Wesley.

Avolio, B. J. (1999). *Full leadership development: Building the vital forces in organizations*. SAGE.

Bachrach, P. & Baratz, M. S. (1963). Decisions and Nondecisions. *American Pclitical Science Review*, 57: 641-651.

Balfour, D. L. & Wechsler, B. (1991). Commitment, performance, and productivity in public organizations. *Public Productivity & Management Review*, 14: 355-368.

——— (1996). Organizational commitment: Antecedents and outcomes in public organizations. *Public Productivity & Management Review*, 19: 256-277.

Banfield, E. (1975). Corruption as a feature of governmental organization. *Journal of Law and Economics*, 20: 587-605.

Barabasi, A.-L., & Albert, R. (1999). Emergence of scaling in random networks. *Science*, 286: 509-512.

Bass, B. M. (1985). *Leadership, performance beyond expectations*. New York: Free Press.

——— (1990). *Bass and Stogdill's handbook of leadership: Theory, research, and managerial applications*. New York: Free Press.

——— (1998). *Transformational Leadership: Industrial, Military, and Educational Impacts*. Mahwah, New Jersey: Lawrence Erlbaum.

Bass, B. M. & Avolio, B. J. (1994). *Improving organizational effectiveness through transformational leadership*. Thousand Oaks, CA: SAGE.

Bateman, T. S. & Strasser, S. (1984). A longitudinal analysis of the antecedents of organizational commitment. *Academy of Management Journal*, 27: 95-112.

Bazerman, M. H., Curhan, J. R., Moore, D. A., & Valley, K. L. (2000). Negotiation. *Annual Review of Psychology*, 51: 279-314.

Becker, T. E. (1992). Foci and bases of commitment: Are they distinctions worth making? *Academy of Management Journal*, 35: 232-244.

Becker, T. E., Billings, R. S., Eveleth, D. M., & Gilbert, N. L. (1996). Foci and Bases of Employee Commitment: Implications for Job Performance. *Academy of Management Journal*, 39: 464-482.

Becker, T. E., Randall, D. M., & Riegel, C. D. (1995). The multidimensional view of commitment and the theory of reasoned action: A comparative evaluation. *Journal of Management*, 21: 617-638.

Bennis, W. G. & Nanus, B. (2003). Leaders: Strategies for taking charge. New York: Harper Collins Publishers Inc.

Benson, K. J. (1975). The Inter-organizational Network as a Political Economy. *Administrative Science Quarterly*, 20: 229-249.

Ben-Ze'ev, A. (2002). Emotional Intelligence: The Conceptual Issue, in N. M. Ashkanasy, W. J. Zerbe, & C. E. J. Hartel(eds.), *Managing Emotions in the Workplace*. New York: M. E. Sharpe.

Berlo, D. (1960). *The Process of Communication*. New York: Holt, Rinehart and Winston Inc.

Berndt, E. R. & Morrison, C. J. (1995). High-tech Capital Formation and Economic Performance in U.S. Manufacturing Industries: An Exploratory Analysis. *Journal of Econometrics*, 65: 9-43.

Bertalanffy, L. v. (1969). *General system theory: Foundations, development, applications*. New York: G. Braziller.

Bignardi, G. E.(1996). Cultural conflict in a bacteriology department: Apollo vs. Athena. *Journal of Management in Medicine*, 10(3): 49-58.

Blake, R. R. & Mouton, J. S. (1991). The managerial grid. Houston: Gulf Publishing Co.

Blau, P. M. (1964). *Exchange and Power in Social Life*. New York: John Wiley & Sons.

——— (1971). Justice in Social Exchange. *Sociological Inquiry*, 34: 193-208.

Boal, K. B. & Bryson, J. M. (1987). Representation, testing, and policy implications of planning processes. *Strategic Management Journal*, 8(3): 211-231.

Bolman, L. G. & Deal, T. E. (1991). *Reframing Organizations: Artistry, Choice, and Leadership*. San Francisco · Oxford: Jossey-Bass Publishers.

Bono, J. E. & Judge, T. A. (2003). Self-Concordance at Work: Toward Understanding the Motivational Effects of Transformational Leaders. *Academy of Management Journal*, October, 46: 554-72.

Bowditch. J. L. & Buono, A. F. (2005). *A Primer on Organizational Behaviour*.(6th ed.) Hoboken. New Jersey: John Wiley & Sons.

Boulding, K. E. (1956). General Systems Theory-The Skeleton of Science. *Management Science*, 2(3): 197-208.

Bozeman, B. (1987). *All Organizations Are Public*. San Francisco, CA: Jossey-Bass.

Bradford, L. P. (1997). *Group Development*, 2nd ed. San Francisco: Jossey-Bass.

Brewer, G. A., Selden, S. C., & Facer, L. F. (2000). Individual conceptions of public service motivation. *Public Administration Review*, 60: 254-264.

Bright, L. (2007). Does Person-Organization Fit Mediate the Relationship Between Public Service Motivation and the Job Performance of Public Employees? *Review of Public Personnel Administration*, 27(4): 361-379.

Britt, J. (2002). Workplace no-shows' cost to employers rise again. *HRMagazine*, December: 26-29.

Brown, K. & Lee, G. L. (2004). Lucent Fires Top China Execurives. *The Wall Street Journal*, April: 48.

Burrell, G. & Morgan, G.(1979). *Sociological Paradigms and Organisational Analysis*. London, England: Heinemann.

Burt, R. S. (1977). Power in a Social Topology. *Social Science Research*, 6: 1-83.

——— (1978). A structural theory of interlocking corporate directorates. *Social Networks*, 1(4): 415-435.

——— (1980). Autonomy in a Social Topology. *American Journal of Sociology*, 85(4): 892-925.

——— (1992). *Structural holes: the social structure of competition*. Cambridge, Mass.: Harvard University Press.

Buss, A. H. (1989). Personality astraites. *American Psychologist*, 44: 1378-1388.

Cacioppe, R. & Mock, P. (1984). A comparison of the quality of work experience in government and private organizations. *Human Relations*, 37: 923-940.

Callaway, D. S., Hopcroft, J. E., Kleinberg, J. M., Newman, M. E. J., & Strogatz, S. H. (2001). Are randomly grown graphs really random? *Physical Review*, E, 64(041902).

Cameron, K. S. & Quinn, R. E.(1999). *Diagnosing and Changing Organizational Culture: Based on The Competing Values Framework*. Readings. MA: Addison-Wesley.

Campbell, J. P. (1977). On the nature of organizational effectiveness, in P. S. Goodman & J. M. Pennings(eds.), *New Perspectives on organizational effectiveness*. San Francisco: Jossey-Bass.

Carley, K. M. & Svoboda, D. (1996). Modeling Organizational Adaptation as a Simulated Annealing Process. *Sociological Methods and Research*, 25(1): 138-168.

Cho, Y. J. & Lewis, G. B. (2012). Turnover Intention and Turnover Behavior Implications for Retaining Federal Employees. *Review of Public Personnel Administration*, 32(1), 4-23.

Chun, Y. H. & Rainey, H. G. (2005). Goal ambiguity and organizational performance in US federal agencies. *Journal of Public Administration Research and Theory*, 15(4): 529-557.

Chung, K. H. & Megginson, L. C. (1981). *Organizational Behavior: Developing Managing Skills*. New York: Harper & Row Publisher.

Clegg, C. W. (1983). Psychology of employees lateness, absence, and turnover: A methodological critique and an empirical study. *Journal of Applied Psychology*, 68: 88-101.

Clegg, S. & Dunkerley, D. (1980). *Organizations, class. and Control*. London: Routledge & Kagan Paul.

Cohen, S. & Wills, T. A. (1985). Stress, social support, and the buffering hypothesis. *Psychological Bulletin*, 98(2): 310.

Coleman, J. S.(1973). Loss of Power. *American Sociological Review*, 38(1): 1-17.

———(1988). Social capital in the creation of human capital. *The American Journal of Sociology*, 94: s95-s120.

Coleman, R. & Rainwater, L. (1978). *Social Standing in America: New Dimensions of Class*. New York: Basic Books.

Collins, B. E. & Raven, B. H.(1969). Group Structure: Attraction, Coalitions, Communication, and Power, in Gardner Lindzey & Elliot Aroson(eds.), *Handbook of Social Psychology*, 4. Reading, MA: Addison-Wesley.

Conger, J. A. (1998). *Winning'Em Over: A New Model for Managing in the Age of Persuasion*. New York: Simon & Schuster.

Conger, J. A. & Kanungo, R. N. (1998). *Charismatic Leadership in Organizations*, Thousand Oaks, CA: SAGE.

Coser, L. (1956). *The Function of Social Conflict*, New York: Free Press.

Crozier, M. (1964). *The Buroaucratic Phenomenon*. London: Tavistock.

Curhan, J. R., Elfenbein, H. A., & Xu, H. (2006). What Do People Value When They Negotiate? Mapping the Domain of Subjective Value in Negotiation. *Journal of Personality and Social Psychology*, 91(3): 293-512.

Currie, G. & Procter, S. (2002). Impact of MIS/IT upon Middle Managers: Some Evidence from the NHS. *Work & Employment*, 17(2): 102-118.

Cummings, T. G. & Worley, C. G. (2009). *Organizational Development & Change*. New York: South-Western, Cengage Learning.

Dahl, R. A. (1957). The Concept of Power. *Behavioral Science*, 2: 201-215.

——— (1986). Power as the Control of Behavior, in Steven Lukes(ed.), *Power*. New York: NYU Press.

Dahl, R. A. & Lindblom, C. E. (1953). *Politics, economics and welfare*. New York: Harper & Brothers.

De Dreu, Carsten, K. W. & Van de Vliert, E. (eds.) (1997). Using conflict in organizations. CA: SAGE.

Deal, T. E. & Kennedy, A. A. (1982). *Corporate Cultures: The Rites and Rituals of Corporate Life*. Reading, MA: Addison-Wesley.

Den Hartog, D. N., De Hoogh, A. H., & Keegan, A. E. (2007). The Interactive Effects of Belongingness and Charisma on Helping and Compliance. *Journal of Applied Psychology,* 92(4): 1131-1139

Denison, D. R. (1996). What is the Difference between Organizational Culture and Organizational Climate? A Native's Point of View on a decade of Paradigm War, *American Management Review,* 21(3): 619-654.

Deutschman, A.(1992). The CEO's Secret of Managing Time. *Fortune*, June 1.

Dornbusch, S. M. & Scott, W. R. (1975). *Evaluation and the Exercise of Authority: A Theory of Control Applied to Diverse Organizations*. San Francisco: Jossey-Bass.

Duncan, W. J. (1994). Why some people loaf in groups while others loaf alone. *The Academy of Management Executive*, 8(1): 79-80.

Dutton, J. E., Worline, M. C., Frost, P. J., & Lilius, J. (2006). Explaining Compassion Organizing. *Administrative Science Quarterly*, 51: 59-96.

Earley, P. C. (1989). Social loafing and collectivism: A comparison of the United States and the People's Republic of China. *Administrative Science Quarterly*, 565-581.

Easley, D. & Kleinberg, J. (2010). *Networks, Crowds and Markets: Reasoning about a highly Connected World*: Cambridge University Press.

Emerson, R.(1981). Social Exchange Theory, in Morris Rosenburg & Ralph H. Turner (eds.), *Social Psychology*. New York: Basic Books.

Erdos, P. & Renyi, A. (1960). *On the Evolution of Random Graphs*. Publ. Math. Inst.

Internat. Acad. Sci., 5, 17-61.

Evans, M. G. (1996). Commentary on R. J. House's Path-Goal Theory of Leadership Effectiveness. *The Leadership Quarterly,* 7: 305-309.

Festinger, L. (1950). Informal social communication. *Psychological Review*, 57(5): 271.

Fiedler, F. E. (1967). *A Theory of Leadership Effectiveness*, New York: MaGraw-Hill.

Fineman, S. (ed.) (1993). *Emotion in Organizations*. CA: SAGE.

Fisher, B. A. (1974). *Small group decisions making: Communication and the group process.* New York: McGraw-Hill.

Fleishman, E. A., Burtt, H. E., & Harris, E. F. (1955). *Leadership and supervision in industry*. Columbus, OH: Bureau of Education Research. Ohio State University.

Forrester, J. W. (1971). Counter-Intuitive Behavior of Social Systems. *Technological Review*, 73.

Forsyth, D. R. (2013). *Group dynamics*. 6th ed. Pacific Grove, CA: Brooks/Cole.

Frederick, C. W. & Weber, C. (1990). The Values of Corporate Managers and Their Critics: An Empirical Description and Normative Implication, in C. W. Frederick & L. E Preston (eds.), *Business Ethics: Research Issues and Empirical Studies*, 124-144. Greenwich, CT: JAI Press.

Freeman, L. C. (1979). Centrality in social networks conceptual clarification. *Social Networks*, 1(3): 215-239.

——— (1996). Some Antecedents of Social Network Analysis. *Connections*, 19(1); 39-42.

——— (2004). *The Development of Social Network Analysis: A Study in the Sociology of Science*. Vancouver, Canada: Emprical Press.

French, J. & Raven, B.(1959). The Bases of Social Power, in Dorwin Cartwright (ed.), *Studies in Social Power*. Ann Arbor, MI: Research Center for Group Dynamics, Institute for Social Researches, Univ. of Michigan Press.

Frost, P. J. (2003). *Toxic Emotions at Work: How Compassionate Managers Handle Pain and Conflict*. Massachusetts: Harvard Business School Press.

Galbraith, J. R. (1998). *Designing Organizations*. San Francisco: Jossey-Bass.

George, J. M. (1992). Extrinsic and intrinsic origins of perceived social loafing in organizations. *Academy of Management Journal*, 35(1): 191-202.

George, J. M. & Jones, G. R. (2007). *Understanding and managing organizational behavior*. Upper Saddle River, New Jersey: Prentice-Hall.

Gersick, C. J. (1988). Time and transition in work teams: Toward a new model of group development. *Academy of Management Journal*, 31(1): 9-41.

——— (1989). Marking time: Predictable transitions in task groups. *Academy of Management Journal*, 32(2): 274-309.

Gerth, H. & Mills, C. W.(1948). *From Max Weber: Essays in Sociology*. London: Routledge & Kegan Paul.

Gibson, J. L., Ivancevich, J. M., & Donnelly, Jr. J. H. (1994). *Organizations*. 8th ed. Burr Ridge, IL: Irwin.

Gigone, D. & Hastie, R. (1997). Proper analysis of the accuracy of group judgments. *Psychological Bulletin*, 149-167.

Gioia, D. A. (1986). Symbols, Scripts, and Sensemaking: Creating Meaning in the Organizational Experience, in Henry P. Sims, et al.(eds.), *The Thinking Organization*. San Francisco: Jossey-Bass.

Goldberg, L. R. (1992). The Development of Markers for the Big-five Factor Structure. *Psychological Assessment*, 4: 26-42.

Goldman, A. I. (1986). Toward a Theory of social Power, in Steven Lukes (ed.), *Power*. New York: NYU Press.

Goleman, D. (1995). *Emotional Intelligence: Why it can matter more than IQ*. New York: Bantan.

Gordon, M. E., Philpot, J. W., Burt, R. E., Thompson, C. A., & Spiller, W. E (1980). Commitment to union: Development of a measure and an examination of its correlates. *Journal of Applied Psychology*, 65: 479-499.

Gortner, H. F., Mahler, J., & Nicholson, J. B. (1987). *Organization theory: A public perspective*. Chicago, IL: Dorsey.

Gouldner, A. W. (1971). *The Coming Crisis of Western Sociology*. London: Heinemann.

Graen, G. B. & Uhl-Bien, M. (1995). Relationship-based approach to leadership: Development of leader-member exchange (LMX) theory of leadership over 25 years: Applying a multi-level multi-domain perspective. *The leadership Quarterly,* 6.2: 219-247.

Granovetter, M. S. (1973). The Strength of Weak Ties. *American Journal of Sociology*, 78(6): 1360-1380.

——— (1985). Economic Action and Social Structure: The Problem of Embeddedness. *American Journal of Sociology*, 91(3): 481-510.

Guy, M. E. (1992). Managing People, in M. Holzer (ed.), *Public Productivity Handbook*. New York: Marcel Dekker.

Guy, M. E., Newman, M. A., & Mastrascci, S. H. (2008). *Emotional Labor: Putting the Service in Public Service*. New York: M. E. Sharpe.

Hackman, J. R. (1987). The design of work teams. *Ariel*, 129: 32-197.

Hampden-Turner, C. (1981). *Maps of the Mind*. New York: Macmillan.

Handy, C. (1978). *Gods of Management*. London: Souvenir Press.

Harrison, R. (1972). Understanding your organization's character. *Harvard Business Review*, 50(3): 25-43, 119-128.

——— (1987). Harnessing personal energy: how companies can inspire employees, *Organizational Dynamics*, 16(2): 5-20.

Harrison, R. & Stokes, H. (1992). *Diagnosing Organizational Culture*. New York: Jossey-Bass/ Pfeiffer.

Harvey, S. Royal, M. & Stout, D. (2003). Instructor's Transformational Leadership: University Student Attitudes and Ratings, *Psychological Reports*, April: 395-402.

Hatch, M. J. & Cunliffe, A. L. (2006). *Organization Theory: Modern, Symbolic and Postmodern Perspectives*. Oxford University Press.

Hatfield, E., Cacioppo, J., & Rapson, R. (1994). *Emotional Contagion*. New York: Cambridge University Press.

Heclo, H. (1978). Issue Networks and the Executive Establishment, in A. King (ed.), *The New American Political System*. Washington, D. C.: American Enterprise Inc.

Heffron, F. (1989). *Organization Theory and Public Organizatins*. Oxford University Press.

Heide, J. B. (1994), Inter-organizational Governance in Marketing Channels. *Journal of Marketing*, 58: 71-85.

Heide, J. B., & John, G. (1990). Alliances in Industrial Purchasing: The Determinants of Joint Action in Buyer-Supplier Relationships, *Journal of Marketing Research*, 27: 24-36.

Hellriegel, D. & Slocum. J. W. (2007). *Organizational Behavior*. 11th ed. Thomson South-Western.

Hersey, P. & Blanchard, K. H. (1988). *Management of Organizational Behavior*. Englewood Cliffs, New Jersey: Prentice-Hall.

Herzberg, F. (1966). *Work and the Nature of Man*. New York: World Publishing Co.

——— (1987). One more time: How do you motivate employees? *Harvard Business Review*, 65(5): 109-120.

Hinds, P. J. & Bailey, D. E. (2003). Out of Sight, Out of Sync: Understanding Conflict in Distributed Teams. *Organization Science*, November-December: 615-632.

Hochschild, A. R. (1983). *The Managed Heart: The Commercialization of Human Feeling*. Berkeley, CA: University of California Press.

Hofstede, G. (1993). Cultural constraints in management theories. *The Academy of Management Executive*, 7(1): 81-94.

Hofstede, G., Neuijen, B., Ohayv, D. D., & Sanders, G. (1990). Measuring Organizational Cultures: A Qualitative and Quantitative Study across Twenty Cases, *Administrative Science Quarterly*, 35: 286-316.

Homans, G. C.(1974). *Social Behavior: Its Elementary Forms.* New York: Harcout, Brace, & Jovanovich.

House, R. J. & Aditya, R. N. (1997). The Social Scientific Study of Leadership. *Journal of Management,* 23(3): 441.

Hyde, A. C. (2001). Pay for Results: The Brave New World of Pay for Performance, *PA Times*, April Issue, available at http://64.91.242.87/patimes/archives/2001/04/ss_hyde-0401.html

Ilgen, D. R., LePine, J. A., & Hollenbeck, J. R. (1997). Effective decision making in multinational teams, in P. Christopher Earley & Miriam Erez (eds.), *New Perspectives on International Industrial/Organizational Psychology.* San Francisco: New Lexington Press.

Janis, I. L. (1982). *Groupthink.* 2nd ed. Boston, MA: Houghton Mifflin.

Jehn, K. A. (1994). Enhancing Effectiveness: An Investigation of Advantages and Disadvantages of Value Based Intragroup Conflict. *International Journal of Conflict Management*, July: 223-238.

Jehn, K. A. & Mannix, E. A. (2001). The Dynamic Nature of Conflict: A Longitudinal Study of Intragroup Conflict and Group Performance. *Academy of Management Journal*, April: 238-251.

Jones, C., Hesterly, W. S., & Borgatti, S. P. (1997). *A General Theory of Network.*

Jones, G. R. (1984). Task visibility, free riding, and shirking: Explaining the effect of structure and technology on employee behavior. *Academy of Management Review*, 9(4): 684-695.

Judge, T. A., Bono, J., & Locke, E. (2000). Personality and Job Satisfaction: The Mediating Role of Job Characteristics. *Journal of Applied Psychology*, 85(2).

Judge, T. A., Piccolo, R. F., & Ilies, R. (2004). The forgotten ones? The validity of consideration and initiating structure in leadership research. *Journal of Applied Psychology*, 36.

Judge, T. A., Thoresen, C. J., Bono, J. E., & Patton, G. K. (2001). The job satisfaction - job performance relationship: A qualitative and quantitative review. *Psychological Bulletin*, 127(3): 376.

Kabanoff, B. (1981). A Critique of Leader Match and Its Implications for Leadership Research. *Personnel Psychology*, Winter: 749-764.

Kanter, R. M. (1977). *Men and Women of the Corporations.* New York: Basic Books.

Kaplan, L. (1965). *Foundations of Human Behavior.* New York: Harper & Row.

Katz, D. & Kahn, R. L. (1966). *The Social Pyschology of Organizations*, New York: Wiley.

Katz, E. & Lazarsfeld., P. F. (1955). *Personal influence.* Free Press.

Katz, N. (2007). *Interest Based Negotiation: A Primer for the Government Finance Officer Association.* Syracuse, New York: Unpublished.

Katz, R. (1982). The effects of group longevity on project communication and performance. *Administrative Science Quarterly*, 81-104.

Katzenbach, J. R. & Smith, D. K. (1993). The discipline of teams. *Harvard Business Press* (March/April): 111-120.

Kelman, H. C. (1958). Compliance, identification, and internalization: Three processes of attitude change. *Journal of Conflict Resolution*, 2: 51-60.

Kenis, P. & Schneider, V. (1991). Policy network and policy analysis: Scrutinizing a new analytical toolbox, in Bernd Marin & Renate Mayntz (eds), *Policy networks: empirical evidence and theoretical consideration*, Frankfurt/Boulder, CO: Westview Press.

Kilmann, R. H., Saxton, M. J., & Serpa, R. (1985). *Gaining Control of the Corporate Culture.* San Francisco, CA: Jossey-Bass.

Kirkpatick, S. A. & Locke, E. A. (1991). Do Traits Matter? *Academy of Management Executive*, May: 48-60.

——— (1996). Direct and Indirect Effects of Three Core Charismatic Leadership Components on Performance and Attitudes. *Journal of Applies Psychology,* February: 36-51.

Klein, H. J. & Kim, J. S. (1998). A Field Study of the Influence of Situational Constraints, Leader-Member Exchange, and Goals. *Academy of Management Journal*, February, 41: 88-96.

Klingner, D. E. & Nalbandian, J. (1998). *Public Personnel Management: Contexts and Strategies.* Upper Saddle River, New Jersey: Prentice-Hall.

Klijn, E-H. (1997). Policy networks: An overview, in Walter J. M. Kckert, Erik-Hans Klinjn, & Joop F. M. Koppenjan (eds.), *Managing complex networks: strategies for the public sector*, London: SAGE.

Knoke, D. (1993). Networks of Elite Structure and Decision Making. *Sociological Methods & Research*, 22(1): 23-45.

Ko, K., Lee, K. J., & Park, C. (2008). Rethinking Preferential Attachment Scheme: Degree centrality versus closeness centrality. *Connections*, 28(1): 4-15.

Kolasa, J. (2969). *Introduction to Behavioral Science for Business.* New York: John Willy & Sons.

Kotter, J. P. (1990). *A Force for Change: How Leadership Differs from Management.* New York: The Free Press.

Kramer, R. M. (1999). Trust and distrust in organizations: Emerging perspectives, enduring questions. *Annual review of psychology,* 50(1): 569-598.

Kravitz, D. A. & Martin, B (1986). Ringelmann rediscovered: The original article. *Journal of Personality and Social Psychology*: 936-941.

Kroeber, A. L. & Kluckhonh, C. (1952). *Culture: A Critical Review of Concepts and Definitions.* New York: Vintage Books.

Lakoff, G. & Johnson, M. (1980). *Metaphors We Live By*, Chicago: University of Chicago Press.

Lan, Z. & Rainey, H. G. (1992). Goals, rules, and effectiveness in public, private, and hybrid organizations: More evidence on frequent assertions about differences. *Journal of Public Administration Research and Theory*, 2: 5-28.

Langfred, C. W. (2007). The downside of self-management: A longitudinal study of the effects of conflict on trust, autonomy, and task interdependence in self-managing teams. *Academy of Management Journal*, 50(4): 885-900.

Latané, B., Williams, K., & Harkins, S. (1979). Many hands make light the work: The causes and consequences of social loafing. *Journal of personality and social psychology*, 37(6): 822.

Laumann, E. O. (1973). *Bonds of pluralism: the form and substance of urban social networks.* New York: John Wiley & Sons.

Lawler, E. E. & Mohrman, S. A. (1987). Quality circles: After the honeymoon. *Organizational Dynamics*, 15(4): 42-54.

Lasswell, H. D. (1956). *The Decision Process: Seven Categories of Functional Analysis.* College Park: University of Maryland Press.

Lee, S-H. (2000). *A multidimensional view of public sector employee commitment and willingness to support productivity improvement strategies: A comparative study of public employees at managerial level between the United States and South Korea.* Unpublished dissertation, Rutgers University, Newark, New Jersey.

——— (2001). Does Performance-Base Pay Motivate? Maybe, or Maybe Not…, *PA Times*, April Issue, available at http://64.91.242.87/patimes/archives/2001/04/ss_lee0401.html

——— (2008). The Effect of Employee Trust and Commitment on Innovative Behavior in the Public Sector: An Empirical Study, *International Review of Public Administration*, 13(1): 27-46.

Lee, S-H. & Olshfski, D. (2002a). An examination of variations in the nature of employee commitment: The case of paid and volunteer firefighters. *International Review of Public Administration,* 7(1): 29-38.

——— (2002b). Employee Commitment and Firefighters: It's My Job. *Public Administration Review*, 62(4): 108-114.

LePine, J. A., Erez, A., & Johnson, D. E. (2002). The nature and dimensionality of organizational citizenship behavior: a critical review and meta-analysis. *Journal of Applied Psychology*, 87(1): 52.

Likert, R. (1961). *New Patterns of Management*. New York: McGraw-Hill.

Liou, K. T. (1995). Understanding employee commitment in the public organization: A study of the juvenile detention center. *International Journal of Public Administration*, 18: 1269-1296.

Locke, E. A. & Latham, G. P. (1990). *A theory of goal setting & task performance*. Prentice-Hall, Inc.

Lord, R. G., Klimoski, R. J., & Kanfer, R.(eds.) (2002). *Emotions in the workplace: Understanding the structure and role of emotions in organizational behavior*. CA: Jossey-Bass.

Lorsch, J. W. (1987). *Handbook of organizational behavior*. Prentice-Hall, Inc.

Luhmann, N. (1995). *Social systems*. Stanford, CA: Stanford University Press.

March, J. C. & Simon, H. A. (1958). *Organizations*. New York: John Wiley & Sons, Inc.

Marsden, P. V. (1982). Brokerage Behavior in Restricted Exchanse Networks, in Peter Marsden & Nan Lin(eds), *Social Structure and Network Analysis*. Beverly Hills, CA: SAGE.

Martin, J. (1982). Stories and Scripts in Organizational Settings, in Albert H. Hastorf & A. Lsen (eds.), *Cognitve Social Psychology*, 255-305. New York: Elsevier Morth Holland.

——— (1992). *Cultures in Organizations: Three Perspectives*. New York: Oxford University Press.

——— (2002). *Organizational Culture: Mapping the Terrain*. SAGE.

Maslow, A. H. (1954). *Motivation and Personality*. New York: Harper & Row.

Mathieu, J. E. & Zajac, D. M. (1990). A review and meta-analysis of the antecedents, correlates, and consequences of organizational commitment. *Psychological Bulletin*, 108: 171-194.

Mayer, R. C., Davis, J. H., & Schoorman, F. D. (1995). An integrative model of organizational trust. *The Academy of Management Review*, 20(3): 709-734.

McCann, J. & Galbraith, J. R. (1981). Interdepartmental Relationships, in P. C. Nystrom & W. H. Starbuck (eds), *Handbook of Organizational Design*. New York: Oxford University Press.

McCrae, R. R. & Costa, P. T. (1985). Comparison of EPI and Psychoticism Scales with Measures of the Five-Factor Theory of Personality. *Personality and Individual Differences*, 6: 587-597.

McCue, C. P. & Gianakis, G. A. (1997). The Relationship between job satisfaction and performance: The Case of Local Government Finance Officers in Ohio. *Public Productivity & Management Review*, 21(1): 170-191.

McQuaii, D., & Windahl, S. (1981). *Communication Models*. London: Longman

McPherson, M., Smith-Lovin, L., & Cook, J. M. (2001). Birds of a Feather: Homophily in Social Networks. *Annual Review of Sociology*, 27: 415-444.

Mechanic, D.(1987). Sources of Power of Lower Participants in Complex Organizations, in Jay M. Shafritz & J. Steven Ott(eds.), *Classics of Organization Theory*, 335-345. Chicago, IL: Dorsey.

Meier, K. J. (1987). *Politics and Bureaucracy*. Monterey, CA: Brooks/Cole.

Meyer, J. P., Allen, N. J., & Smith, C. A. (1993). Commitment to organizations and occupations: Extension and test of a three-component conceptualization. *Journal of Applied Psychology,* 78: 538-551.

Meyer, J. W. & Brian, R. (1977). Institutionalized Organizations: Formal Structure as Myth and Ceremony. *American Journal of Sociology*, 83(2): 340-363.

Meyerson, D. E. (1991). Acknowledging and Uncovering Ambiguities in Cultures, in Peter J. Frost, et al. (eds.), *Reframing Organizational Culture*. Newbury Park: SAGE.

——— (1994). Interpretations of Stress in Institutions: The Cultural Production of Ambiguity and Burnout. *Administrative Science Quarterly*, 39: 628-653.

——— (1998). Feeling Stressed and Burned Out: A Feminist Reading and Re-Visioning of Stress-based Emotions Within Medicine and Organization Science. *Organization Science*, 9(1): 103-118.

Milton, R. (1973). *The Nature of Human Values*. New York: Free Press.

Mintzberg, H. (1980). *The Nature of Managerial Work*. Englewood Cliffs, New Jersey: Prentice-Hall.

——— (1983). *Power In and Around Organizations*. Englewood Cliff, New Jersey: Prentice-Hall.

Mofflet, M. (1992). Culture Shock. *Wall Street Journal*, September 24, R13-R14.

Moorhead, G. & Griffin, R. (1992). *Organizational Behavior*. 3rd ed. Boston: Houghton Mifflin.

Morgan, G. (1986). *Images of Organization*. SAGE.

Morgan, G., Frost, P. J., & Pondy, L. R. (1983), Organizational Symbolism, in R. Pondy et al. (eds.). *Organizational Symbolism*. San Francisco: JAI Press.

Morrow, P. C. (1983). Concept redundancy in organizational research: The case of work commitment. *Academy of Management Review*, 8: 486-500.

Mowday, R. T., Porter, L. W., & Steers, R. M. (1982). *Employee-organization linkages: The psychology of commitment, absenteeism, and turnover*. New York: Academic Press.

Mowday, R. T., Steers, R. M., & Porter, L. W. (1979). The measurement of organizational commitment. *Journal of Vocational Behavior*, 14: 43-77.

Moynihan, D. P. & Pandey, S. K. (2005). Testing how management matters in an era of government by performance management. *Journal of Public Administration Research and Theory*, 15(3): 421-439.

——— (2007). The Role of Organizations in Fostering Public Service Motivation. *Public Administration Review*, 67(1): 40-53.

Myers, I. B. & McCaulley, M. H. (1985). *Manual: Aguide to the Development and Use of the Myers-Briggs Type Indicator*. Palo Alto, CA: Consulting Psychologists Press.

Naff, K. C. & Crum, J. (1999). Working for America: Does public service motivation make a difference? *Review of Public Personnel Administration*, 19: 5-15.

Newman, M. E. J. (2001). Clustering and preferential attachment in growing networks. *Physical Review,* E, 64(025102).

——— (2003). The structure and function of complex networks. *SIAM Review*, 45: 167-256.

Nohria, N. & Eccles, R. G. (1992). *Networks and organizations: structure, form, and action.* Boston, MA: Harvard Business School Press.

Nyhan, R. C. (2000). Changing the paradigm: Trust and its role in public sector organizations. *American Review of Public Administration,* 30(1): 87-109.

O'Leary, R. & Bingham, L. (2007). *A Manager's Guide tp Resolving Conflicts in Collaborative Networks*. Washington, D. C.: IBM Center for the Business of Government.

O'Reilly, C. A. & Chatman, J. (1986). Organizational commitment and psychological attachment: The effects of compliance, identification, and internalization on prosocial behavior. *Journal of Applied Psychology,* 71: 492-499.

O'Toole, Jr., L. J. (1997). Treating Networks Seriously: Practical and Research-Based Agendas in Public Administration. *Public Administration Review*, 57(1): 45-52.

Ohmae, K. (1982). Quality control circles: They work and don't work. *Wall Street Journal*, 29.

Onnela, J. P. et al. (2007) Structure and Tie Strengths in Mobile Communication Networks, *Proceedings of the National Academy of Sciences*, 104(18): 7332-7336.

Organ, D. W. (1988). *Organizational citizenship behavior: The good soldier syndrome.* Lexington Books/DC Heath and Com.

Ostrom, E. (1990). *Governing the Commons: The Evolution of Institutions for Collective Action*. New York: Cambridge University Press.

——— (1999). Coping with Tragedies of the Commons. *Annual Review of Political Science*, 2: 493-535.

Ostrom, E., Gardner, R., & Walker, J. (1994). *Rules, Games, and Common-Pool Resoutces.* Ann Arbor: University of Michigan Press.

Ott, J. S. (1989). *Organizational Culture Perspective.* Chicago: The Dorsey Press.

Pandey, S. K. & Garnett, J. L. (2006). Exploring public sector communication performance: Testing a model and drawing implications. *Public Administration Review,* 66(1): 37-51.

Partnership for Public Service & Booz Allen Hamilton (2010). *Beneath the surface: Understanding attrition at your agency and why it matters.* Washington, DC: Partnership for Public Service.

Pattison, P. & Wasserman, S. (1999). Logit models and logistic regressions for social networks: II. Multivariate relations. *British Journal of Mathematicaland Statistical Psychology,* 52: 169-193.

Penny, L. M. & Spector, P. E. (2005). Job Stress, Incivility, and Counterprodctive Work Behavior: The Moderating Role of Negative Affectivity. *Journal of Organizational Behavior,* 26(7): 777-796.

Perry, J. L. (1996). Measuring Public Service Motivation: An Assessment of construct reliability and validity. *Journal of Public Administration Research and Theory,* 1: 5-22.

——— (1997). Antecedents of public service motivation. *Journal of Public Administration Research & Theory,* 7(2).

Perry, J. L., Brudney, J. L., Coursey, D., & Littlepage, L. (2008). What Drives Morally Committed Citizens? A Study of the Antecedents of Public Service Motivation. *Public Administration Review,* 68(3): 445-458.

Perry, J. L. & Rainey, H. G. (1988). The public-private distinction in organization theory: A critique and research strategy. *Academy of Management Review,* 13: 182-201.

Perry, J. L. & Wise, L. R. (1990). The Motivational Bases of Public Service. *Public Administration Review,* 50(3): 367-373.

Peters, T. J. & Waterman, Jr. R. H. (1982). *In Search of Excellence: Lessons from America's Best-Run Companies.* New York: Warner Books.

Pfeffer, J. (1984). *Power in Organizations.* Mansfield, MA: Pitman.

Pfeffer, J., & Salancik, G. R. (1978). *The external control of organizations.* New York: HaperCollins.

Pfeffer, J. & Sutton, R. I. (2006). *Hard facts, dangerous half-truths, and total nonsense: Profiting from evidence-based management.* Harvard Business Press.

Phares, E. J. (1984). 「성격심리학(*Introduction to Personality*)」. 홍숙기(역). 서울: 박영사.

Pierre, J. & Guy Peters, B. (2000). *Governance, Politics and the State.* London: Macmillan

Press Ltd.

Pincus, J. D. (1986). Communication satisfaction, job satisfaction, and job performance. *Human Communication Research*, 12(3): 395-419.

Podsakoff, P. M., MacKenzie, S. B., Paine, J. B., & Bachrach, D. G. (2000). Organizational citizenship behaviors: A critical review of the theoretical and empirical literature and suggestions for future research. *Journal of Management*, 26(3): 513-563.

Porter, L. W., Crampon, W. J., & Smith. F. J. (1976). Organizational commitment and managerial turnover: A longitudinal study. *Organizational Behavior and Human Performance*, 15: 87-98.

Porter, L. W., Steers, R. M., Mowday, R. T., & Boulian, P. V. (1974). Organizational commitment, job satisfaction, and turnover among psychiatric technicians. *Journal of Applied Psychology*, 59: 603-609.

Priem, R. L., Harris, D. A. & Muir, N. K. (1995). Structured Conflict and Consensus Outcomes in Group Decision Making. *Journal of Management,* 21(4): 691-710.

Provan, K. G. & Kenis, P. N. (2008). Modes of network governance: Structure, management, and effectiveness. *Journal of Public Administration Research and Theory*, 18(2): 229-252.

Pruitt, D. G. & Rubin, J. Z. (1986). *Social conflict: Escalation, Stalemeate, Settlement*. New York: Random House.

Pugh, D. S., Hickson, D. J., & Hinings, C. R. (1969). An empirical taxonomy of work organizations. *Administrative Science Quarterly*, 14: 115-126.

Putnam, R. (2000). *Bowling Alone: the Collapse and Revival of American Community*. New York: Simon and Schuster.

Putnam, R., Leonardi, R., & Nanetti, R. (1993). *Making Democracy Work: Civic Traditions in Modern Italy*. Princeton. New Jersey: Prinveton University Press.

Quinn, R. E. & Cameron, K. (1983). Organizational life cycles and shifting criteria of effectiveness: Some preliminary evidence. *Management Science*, 29(1): 33-51.

Quinn, R. E. & Rohrbaugh, J. (1981). A competing values approach to organizational effectiveness. *Public Productivity Review,* 5: 122-140.

Rainey, H. G. (1983). Public Agencies and private firms: Incentive structures, goals, and individual roles. *Administration & Society*, 15: 207-242.

——— (2003). *Understanding and Managing Public Organizations*. San Francisco, CA: Jossey-Bass.

Rainey, H. G., Backoff, R. W., & Levine, C. L. (1976). Comparing public and private organizations. *Public Administration Review*, 36: 233-246.

Rainey, H. G., Pandey, S., & Bozeman, B. (1995). Research note: Public and private managers' perceptions of red tape. *Public Administration Review*, 55: 567-574.

Reichers, A. E. (1985). A review and reconceptualization of organizational commitment. *Academy of Management Review*, 10: 485-476.

Redfield, C. E. (1958). *Communicatuon in Management: The Theory and Practice of Administrative Communication,* Chicago: University of Chicago Press.

Rhodes, R. A. W. (1990). Policy Networks: A British Perspective. *Journal of Theoretical Politics,* 2(3): 219-318.

Rice, R. W. (1978). Psychometric Properties of the Esteem for the Least Preferred Coworker (LPC) Scale. *Academy of Management Review*, January: 106-118.

Riggs, F. W. (1964). *Administration in Developing Countries: The Theory of Prismatic Society*. Boston: Houghton Mifflin.

Riketta, M. (2008). The causal relation between job attitudes and performance: a meta-analysis of panel studies. *Journal of Applied Psychology*, 93(2): 472.

Ringlemann, M. (1913). Recherches sur les moteurs animés: Travail de l'homme, *Annales de l'Institut national agronomique,* 12(1): 1-40.

Robbins, S. P. (2005). *Essentials of Organiazation Behavior*. Prentice-Hall.

Robbins, S. P. & Judge, T. A. (2011). *Organizational Behavior*. Upper Saddle River. New Jersey: Prentice-Hall.

Robins, G. et al. (2007). An introduction to exponential random graph (p*) models for social networks. *Social Networks,* 29(2): 173-191.

Rokeach, M. (1982). *Halgren Tests*. Clifford: Pullman.

Rousseau, D. M. et al. (1998). Not so different after all: A cross-discipline view of trust. *Academy of Management Review,* 23(3): 393-404.

Saari, L. M. & Judge, T. A. (2004). Employee attitudes and job satisfaction. *Human resource management*, 43(4): 395-407.

Sabatier, P. A. (1988). An advocacy coalition framework of policy change and the role of policy-oriented learning therein. *Policy Sciences*, 21: 129-168.

Sackmann, S. A.(1992). Culture and Subcultures: An Analysis of Organizational Knowledge, *Administrative Science Quarterly*, 37: 140-161.

Salovey, P. & Mayer, J. (1990). Emotional Intelligence. *Imagination, Cognition and Personality*, 9: 185-211.

Sarason, I. G., Levine, H. M., Basham, R. B., & Sarason, B. R. (1983). Assessing social support: The social support questionnaire. *Journal of personality and social psychology*, 44(1): 127.

Schein, E. H. (1980). *Organizational Psychology*, 3rd ed. Upper Saddle River, New Jersey: Prentice-Hall.

——— (1985). *Organizational Culture and Leadership: A Dynamic View*. San Francisco: Jossey-Bass.

Scherkenbach, W. W. (1987). *The Deming routs to quality and productivity: Road maps and Roadblocks.* Rockville, MD: Mercury Press.

Schermerhorn, Jr., J. R., Hunt, J. G., & Osborn, R. N. (2008). *Organizational Behavior*. 10th ed. Hoboken, New Jersey: John Wiley & Sons, Inc.

Schlesinger, L. A., & Heskett, J. L. (1991). *The Service-Driven Company. Harvard Business Review,* 69(5): 71-81.

Schriesheim, C. A., Brendan, D. B., & William, H. M. (1979). Psychometric Properties of the LPC Scale; An Extension of Rice's Review. *Academy of Management Review*, April: 287-290.

Schriesheim, C. A. & Neider, L. L (1996). Path-Goal Theory: The Long and Winding Road. *The Leadership Quarterly*, 7: 316-321.

Schultz, M.(1995). *On Studying Organizational Cultures: Diagnosis and Understanding.* Berlin · New York: Walter de Gruyter.

Scott, P. G. & Pandey, S. K. (2005). Red tape and public service motivation: Findings from a national survey of managers in state health and human services agencies. *Review of Public Personnel Administration*, 25: 155-180.

Scott, W. G. Mitchell, T. R. (1976). *Organizational theory: a structural and behavioural analysis.* Illinios: Irwin.

Scott, W. R. (1987). *Organizations*. Englewood Cliffs, New Jersey: Prentice-Hall.

Senge, P. M. (1990). *The Fifth Discipline: The Art and Practice of the Learning Organization.* New York: Doubleday.

Shannon, C. E. & Weaver, W. (1949). *A Mathematical Model of Communication*. Urbana, IL: University of Illinois Press.

Shamir, B., House, R. J., & Arthur, M. B. (1993). The motivational effects of charismatic leadership: A self-concept based theory. *Organization Science*, 4(4): 577-594.

Simon, H. A. (1957). *Models of man: social and rational; mathematical essays on rational human behavior in society setting*. New York: Wiley.

Smircich, L. (1983). Concepts of Culture and Organizational Analysis, *Administrative Science Quarterly*, 28: 339-358.

Snijders, T. A. B. (2002). Markov Chain Monte Carlo Estimation of Exponential Random Graph Models. *The Journal of Social Structure*, 3(2).

Spector, P. E. (1985). Measurement of human service staff satisfaction: Development of the Job Satisfaction Survey. *American journal of community psychology*, 13(6): 693-713.

Stacey, R. D. (1995). The Science of Complexity: An Alternative Perspective For Strategic

Change Processes. *Strategic Management Journal*, 16(6): 447-495.

Stark, E. M., Shaw, J, D., & Duffy, M. K. (2007). Preference for group work, winning orientation, and social loafing behavior in groups. *Group and Organizational Management,* 32(6): 699-723.

Steel, R. P., Mento, A. J., Dilla, B. L., Ovalle, N. K., & Lloyd, R. F. (1985). Factors influencing the success and failure of two quality circle programs. *Journal of Management*, 11(1): 99-119.

Steers, R. M. (1977). Antecedents and outcomes of organizational commitment. *Administrative Science Quarterly*, 22: 46-56.

Steiner, L. D. (2007). Group Process and Productivity(Social Psychological Monograph).

Stone, D. A. (1997). *Policy Paradox: the Art of Political Decision Making*, Revised Edition. New York: W.W. Norton.

Sturman, M. C. & Trevor, C. O. (2001). The implications of linking the dynamic performance and turnover literatures. *Journal of Applied Psychology*, 86(4): 684.

Tetenbaum, T. J.(1999). Beating the Odds of Merger & Acquisition Failure: Seven Key Practices That Improve the Chance for Expected Integration and Synergies. *Organizational Dynamics*, Autumn: 22-36.

Tett, R. P. & Meyer, J. P. (1993). Job satisfaction, organizational commitment, turnover intention, and turnover: Path analyses based on meta analytic findings. *Personnel psychology*, 46(2): 259-293.

Thomas, K. W. (1977). Toward Multidimensional Values in Teaching: The Example of Conflict Behavior. *Academy of Management Review*, 487.

——— (1992). Conflict and Negotiation Processed in Organizations, in M. D. Dunnete & L. M. Hough (eds.), *Handbook of Industrial and Organizational Psychology*, 2nd ed., Palo Alto, CA: Consulting Psychologists Press.

Thompson, J. D. (1967). *Organizations in action: Social science bases of administration.* New York: McGraw-Hill.

Tolbert, P. S. & Zucker, L. G.(1996). The institutionalization of institutional theory, in Stewart R. Clegg, Cynthia Hardy, & Walter Nord (eds.), *Handbook of Organizational Studies*, 175-190. London: SAGE.

Trice, H. M.(1985). Rites and Ceremonials in Organizational Cultures, in S. B. Bacharach(ed.), *Research in the Sociology of Organizations*, 4: 221-270.

Tsai, W. (2001). Knowledge Transfer in Intraorganizational Networks: Effects of Network Position and Absorptive Capacity on Business Unit Innovation and Performance. *The Academy of Management Journal,* 44(5): 996-1004.

Tuckman, B. W. (1965). Developmental sequence in small groups. *Psychological Bulletin,*

63(6): 384.

Uzzi, B. (1996). The Sources and Consequences of Embeddedness for the Economic Performance of Organizations. *American Sociological Review*, 61: 674-698.

——— (1997). Social Structure and Competition in Interfirm Networks: the Paradox of Embeddedness. *Administration Science Quarterly,* 42: 35-67.

Vardaman, G. T. & Halterman, C. C. (1968). *Managerial Control through Communication.* New York: John Wiley & Sons, Inc.

Vroom, V. H. (1964). *Work and Motivation.* San Francisco, CA: Jossey-Bass.

Van de Ven, A. H. & Ferry, D. L. (1980). *Measuring and Assessing Organizations.* New York: Wiley.

Waldman, D. A., Bass, B. M., & Yammarino, F. J. (1990). Adding to Contingent-Reward Behavior: The Augmenting Effect of Charismatic Leadership. *Group & Organization Studies,* December: 381-394.

Waldman, D. A., Javidan, M., & Varella, P. (2004). Charismatic Leadership at the Strategic Level: A New Application of Upper Echelons Theory. *Leadership Quarterly,* June: 355-380.

Waldrop, M. M. (1992). *Complexity: the emerging science at the edge of order and chaos.* New York: Simon & Schuster.

Wall, J. A. & Callister, R. R. (1995). Conflict and its management. *Journal of Management,* 21(3): 515-558.

Walton, R. E. (1972). How to counter alienation in the plant. *Harvard Business Review,* 50(6): 70-81.

Walton, R. E., & Dutton, J. M. (1969). The management of interdepartmental conflict: A model and review. *Administrative Science Quarterly,* 14: 73-84.

Walton, R. E. & McKersie, R. B. (1965). *A Behavioral Theory of Labor Negotiations: An Analysis of a Social Interaction System.* New York: McGraw-Hill.

Wamsley, G. L., & Zald, M. N. (1973). *The political economy of public organizations.* Lexington, MA: Lexington Book.

Wasserman, S. & Faust, K. (1994). *Social Network Analysis: Methods and Applications.* Cambridge: Cambridge University Press.

Watson, W. E., Kumar, K., & Michaelsen, L. K. (1993). Cultural diversity's impact on interaction process and performance: Comparing homogeneous and diverse task groups. *Academy of Management Journal,* 36(3): 590-602.

——— (2003). *Six degrees: the science of a connected age.* New York: W.W. Norton.

Watts, D. J. (1999). *Small worlds: the dynamics of networks between order and randomness.* Princeton, New Jersey: Princeton University Press.

Weber, M.(1948). "The Fundamental Concepts of Sociology" and "The Types of Authority and Imperative Co-ordination," in A. Henderson & T. Parsons (trans.), *Max Weber: The Theory of Social and Economic Organization*. New York: Free Press.

Werther, W. B., Ruch, W. A., & McClure, L. (1986). *Productivity though people*. New York: West Publishing Co..

Westley, B., & MacLean, M. (1957). A conseptual Model for Communication Research. *Journalism Quarterly*, 34: 31-38.

Wiener, N. (1948). *Cybernetics; or, Control and communication in the animal and the machine*. New York: John Wiley & Sons.

Williams, K., Harkins, S. G., & Latané, B. (1981). Identifiability as a deterrant to social loafing: Two cheering experiments. *Journal of Personality and Social Psychology*, 40(2): 303.

Williams, M. (2001). In whom we trust: Group membership as an effective context for trust development. *Academy of Management Review*, 26(3): 377-396.

Wilson, J. Q.(1973). *Political Organization*. New York: Basic Books.

Wittmer, D. (1991). Serving the people or Serving for pay: Reward Preference Among Goverment, Hybrid Sector, and Business Managers. *Public Productivity and Management Review*, 14(4): 369-383.

Wolfram, S. (2002). *A new kind of science*. Champaign, IL: Wolfram Media.

Wright, B. E. (2001). Public sector work motivation: A review of current literature and a revised conceptual model. *Journal of Public Administration Research and Theory*, 11(4): 559-586.

Yang, K, Hsieh, J & Lee, S-H. (2014). Goal Ambiguity and Job Satisfaction across National Cultures: Do National Cultures Make a Difference? *Working Paper*.

Yishai, Y.(1992). From an Iron Triangle to an Iron Duet? *European Journal of Political Research*, 21: 91-108.

Yukl, G. A (1989). *Leadership in organizations*. Englewood Cliffs. New Jersey: Prentice-Hall.

Yukl, G. A & Van Fleet, D. D. (1992). Theory and Research on Leadership in Organizations, in M. D. Dunnette & L. M. Hough (eds.), *Handbook of Industrial and Organizational Psychology*, 2: 147-197. Palo Alto, CA: Consulting Psychologists Press.

Zagorecki, A., Ko, K., & Comfort, L. K. (2010). Interorganizational Information Exchange and Efficiency: Organizational Performance in Emergency Environments. *Journal of Artificial Societies and Social Simulation*, 13(3).

찾아보기

ㄱ

가외적 노력 102, 107
가치관 24, 52, 54, 58
갈등 58, 213, 221, 225, 227, 229
갈등관리의 접근법 227
감정노동 83, 92
감정 소진 84
감정유해성 84, 88, 92, 96
감정적 갈등 225
감정지능 91
강한 문화 237, 257
개인적 연계 209
객관성 테스트 67
거래적 리더십 186
경력 208
경로-목표이론 177
경쟁가치모형 247
계급이론 205
계선조직 213
고전적 조건화 69
골먼(D. Goleman) 91
공공의제 217
공공조직 15, 18, 23
공공조직행태론 22
공무원 윤리 20
공식적 지위 208
공식적 집단 126
공식적 커뮤니케이션 156
공직 동기(PSM) 109, 110
과업문화 253
과업 상호의존성 137
관계지향문화 248
관리 168
관리 그리드 모형 172
교환이론 199, 204, 205
구조적 자율성 202
굴드너(A. Gouldner) 196
권력 195, 197, 206, 211, 215
권력정향문화 250
권위 198
권위권력론 202
그래언(G. B. Graen) 182
긍정적 강화 72
기능적 갈등 223
기능적 자율성 196

기능주의 257
기대이론 118, 178
기질이론 49

ㄴ

내부동맹 218
네트워크 27, 230, 232, 265
네트워크의 개념 266
네트워크 거버넌스 273
네트워크 규모 276
네트워크 역량 279
네트워크 행동 266, 269

ㄷ

다양성-합의 딜레마 139
달(R. A. Dahl) 196
던컬리(D. Dunkerley) 205
동기 부여 109
동기 요인 115
동료 몰입도 102
동료 신뢰도 103
동정 90
듀턴(J. E. Dutton) 94
딜(T. E. Deal) 237
딜레마적 상황 204

ㄹ

라스웰(H. D. Lasswell) 155
레드필드(C. E. Redfield) 151
레이니(H. G. Rainey) 168, 185
로빈스(S. P. Robbins) 32, 38, 129, 168, 171, 190, 221
로저스(C. Rogers) 47
로크(E. A. Locke) 121
로키치(M. Rokeach) 52, 55
룬드스테트(S. Lundstedt) 117
리더-멤버 교환이론 182
리더십 167, 187, 207
리더십 상황이론 175
리우(K. T. Liou) 98
리프레이밍(reframing) 90
링겔만(M. Ringelmann) 134

ㅁ

마르크스(K. Marx) 205
마스덴(P. V. Marsden) 201
마이어(J. Mayer) 91, 191
마이어(K. J. Meier) 206, 207, 210
마이어슨(D. E. Meyerson) 93, 253
마틴(J. Martin) 243, 255
맥그리거(D. McGregor) 117
머슬로(A. H. Maslow) 112
메이요(E. Mayo) 127
메카닉(D. Mechanic) 211
명령집단 127
모건(G. Morgan) 85, 195, 237
모델링(modeling) 52
모튼(J. S. Mouton) 172
목표설정이론 121
목표에 대한 합의 277

ㅂ

바스(B. M. Bass) 91, 101, 186, 189
방어기제 89
버나드(C. Bernard) 79

버트(R. S. Burt) 202
벌로(D. K. Berlo) 155
베버(M. Weber) 199, 202, 204, 247
변혁적 리더십 91, 186
부정적 강화 73
분배적 협상 233
불확실성 회피지수 121
불확실성에 대한 회피 정도 121
브룸(V. H. Vroom) 118
블랜차드(K. H. Blanchard) 180
블레이크(R. R. Blake) 172
비공식적 집단 127
비공식적 커뮤니케이션 158
비언어적 커뮤니케이션 159

ㅅ

사무관 19
사전적 규범 205
사회자본이론 272
사회적 위신 207
사회적 지원 93
사회적 태만 129, 134, 139
사회적 학습이론 47, 71
살란식(G. R. Salancik) 202, 269
살로베이(P. Salovey) 91
상관 몰입도 102
상관 신뢰도 103
상동적 효과 64, 66
상징 241
상징관리 258
상징주의 258
상향식 커뮤니케이션 157
상황이론 174
생산성 35
샤논과 위버의 커뮤니케이션 모형 153
설득 198
성격 41, 44
성격수명 주기이론 46
성과급 119
성과측정 119
성취정향문화 93, 250
성향이론 45
셀리(H. Selye) 78
셀리그만(M. Seligman) 81
셀즈닉(P. Selznick) 219
셰인(E. H. Schein) 92, 243, 244
소거 73
숀(D. A. Schön) 244
수직적 갈등 226
수평식 커뮤니케이션 157
수평적 갈등 226
순응 203
순응의 자발성 203
쉬람(W. Schramm) 154
스키너(B. F. Skinner) 71, 72
스톡스(H. Stokes) 248
스트레스 78, 81, 88, 94
스트레스 인자 80
시장지향문화 247
신공공관리(NPM) 87
신뢰 102, 190, 275
실제적 갈등 225
실존문화 254

ㅇ

아렌트(H. Arendt) 198, 204
아이젱크(H. J. Eysenck) 45
아지리스(C. Argyris) 87, 244

앨더퍼(C. Alderfer) 114
앨런(R. F. Allen) 213
언어적 의사소통 159
언어적 커뮤니케이션 159
에릭슨(E. H. Erikson) 46
엘리트이론 196
역기능적 갈등 223
역할 갈등 226
역할문화 252
역할정향문화 250
연결망 분석이론 199
연합 형성 217
영향력 198
오스굿(E. Osgood) 154
올포트(G. W. Allport) 45, 51, 57
욕구5단계론 112
욕구충족요인 이원론 115
워터맨(R. H. Waterman Jr.) 237
위계지향문화 247
위생 요인 115
위원회 220
유클(G. A. Yukl) 167, 185, 188
융(C. G. Jung) 24, 46, 48
은유 236, 241
응집성 132, 207
의사 결정 146
의사소통 148
이익집단 128
이중회로학습 87
이직 의사 100, 110
임시집단 132

ㅈ

자기이해 66
자기인정 66
자아이론 47
자원의존이론 204, 269
자원 혼합 17
재니스(I. L. Janis) 141
저지(T. A. Judge) 32, 35, 38, 127, 168, 171, 190, 221
전문적 친화력 91
정당성 203, 206
정신역동이론 45
정책네트워크이론 270
조작 198
조직몰입 98, 100, 102
조직 몰입도 102
조직문화 93, 236, 238, 243, 247, 254
조직분위기 240
조직시민행동 32, 36, 85, 90, 191
조직 신뢰 102, 103
조직유형론 15
조직행태론 22
조직화 63
주민 설득집단 217
준거 208
지각 60, 62, 65
지각의 메커니즘 62
지각적 방어 64
지배구조 205
지원정향문화 93, 251
직무 만족 34, 99
직무만족도 110
직무 성과 99
진실한 리더십 190
집단사고 131, 141
집단역학 125, 139
집단 의사결정 140

ㅊ

참모조직 213
처벌 74
체제이론 196
최적 수준의 스트레스 82
친교집단 128

ㅋ

카눙고(R. N. Kanungo) 190
카리스마적 리더십 185
카츠(E. Katz) 54, 148, 230
카텔(J. M. Cattel) 45
칸터(R. M. Kanter) 196
칼리(K. Carley) 265
캐넌(W. Cannon) 80
커뮤니케이션 146, 150, 156
커뮤니케이션 과정 152
커뮤니케이션 순환모형 154
커뮤니케이션 장애의 극복 162
커뮤니케이션의 일반 원칙 151
커뮤니케이션의 장애 160
케네디(A. A. Kennedy) 237
코터(J. P. Kotter) 168
콩거(J. A. Conger) 190
크로지어(M. Crozier) 213
클럽문화 252
클레그(S. Clegg) 205

ㅌ

탈진 81, 93
태스크포스(taskforce) 127
터크맨(B. W. Tuckman) 130
터크맨의 5단계 모형 130
톰슨(J. D. Thompson) 137, 157
통합적 협상 233
특성이론 170
팀(team) 128, 141, 143

ㅍ

파블로프(I. Pavlov) 69
파인만(S. Fineman) 93
판단 65
페퍼(J. Pfeffer) 202, 215, 269
프로스트(P. J. Frost) 84, 86, 90
프로이트(S. Freud) 45, 89
피그말리온 효과 65
피들러(F. F. Fielder) 175
피터스(T. J. Peters) 237

ㅎ

하우스(R. J. House) 177
하향식 커뮤니케이션 157
학습 67, 72
학습이론 46, 69
합리적 제도선택이론 271
합리주의 257
항상성 79
해리슨(R. Harrison) 93, 248, 252
해석 63
핸디(C. Handy) 251, 252
행동수정 72
행위이론 171
허시(P. Hersey) 180
허즈버그(F. Herzberg) 86, 115

혁신적 행태 108
혁신지향문화 248
현상학적 이론 47
협력적 네트워크 229
협상 232
형평이론 134
호만스(G. C. Homans) 200
호손 실험 127, 237
혹쉴드(A. Hochschild) 83, 87
혼합조직 15
홉스테드(G. Hofstede) 34, 121, 243, 245
효과적 집단 129
후광 효과 64, 66
흡수 219
힘 198

5요인 모형(FFM) 50
ERG 114
MBO 122
MBTI 성격 유형 24, 48
MBUO 122
S-M-R-C모형 155
UOFO 122
X이론 117
Y이론 117
Z이론 118

저자 소개

조경호(趙慶鎬)

고려대학교를 나와 미국 뉴욕주립대학교(Albany)에서 행정학 석사학위를 취득하고 미국 조지아대학교(University of Georgia)에서 행정학박사학위(Ph.D)를 받았다. 울산대학교 행정학과 조교수로 근무했으며, 현재는 국민대학교 행정정책학부 교수로 재직 중이다. 미국 조지아대학교 LG연암해외연구교수, 미국 캘리포니아주립대학교(East Bay) 객원연구교수, 한국행정학회 연구부회장, 서울행정학회 연구부회장, 한국인사행정학회 연구부회장 및 대외협력부회장 등을 역임했다. 조직이론, 인사행정론, 정부혁신 및 행정개혁이 관심 영역이다.

이석환(李碩桓)

국민대학교를 나와 고려대학교에서 행정학 석사학위를 취득하고 미국 뉴저지주립대학교(Rutgers University-Newark)에서 행정학 박사학위(Ph.D)를 받았다. 미국 일리노이대학교(Springfield) 행정학과 조교수, 가톨릭대학교 행정학 전공 조교수를 거쳐 현재는 국민대학교 행정정책학부 교수로 재직 중이다. 현재 SSCI 저널인 *Public Performance & Management Review*와 *Review of Public Personnel Administration*의 편집위원으로 봉사하고 있으며, 전략적 성과관리, 조직관리론, 행태론이 관심 영역이다.

이정욱(李政昱)

연세대학교 행정학과를 나와 서울대학교 행정대학원에서 행정학 석사학위(정책학 전공)를 취득하고 미국 조지아대학교(University of Georgia)에서 행정학박사 학위를 취득했다(박사학위 논문: The Political Environment of Public Organizations: Political Salience, Structural Insulation and Goal Ambiguity in U.S. Federal Agencies). 미국 일리노이대학교(Springfield) 행정학과에서 3년간 조교수로 근무했으며, 현재는 연세대학교 행정학과 부교수로 재직 중이다. 정부 성과, 정책관리, 공공리더십, 정부개혁 등이 관심 영역이다.

조윤직(曺崙樱)

연세대학교 행정학과를 졸업하고 서울대학교 행정대학원에서 석사학위를 취득한 후, 미국 인디애나대학교에서 행정학 박사학위(Ph.D)를 받았다. 미국 조지아주립대학교(Georgia State University)의 Andrew Young School of Policy Studies(AYSPS)에서 조교수로 근무했으며, 현재는 연세대학교 행정학과 부교수로 재직 중이다. 또한 *International Review of Public Administration(IRPA)*의 편집이사를 맡고 있으며, 공공관리, 조직행태, 인적자원관리 등이 관심 영역이다.

주효진(朱孝振)

영남대학교에서 학부, 석사 및 행정학 박사학위(Ph.D)를 취득했고, 현재 꽃동네대학교 부교수로 재직 중이다. 한국행정학회 총무이사, 한국정책분석평가학회 편집위원, 한국지방정부학회 편집위원 등을 역임했다. 조직이론, 문화정책론, 정책분석 및 평가 등이 관심 영역이다.

최상옥(崔相鈺)

성균관대학교 행정학과를 졸업하고 미국 시라큐스대학교 Maxwell School에서 행정학 석사학위를 취득하고 미국 플로리다주립대학교(Florida State University)에서 행정학 박사학위(Ph.D)를 받았다. 미국 버지니아공과대학교(Virginia Tech) 행정학과와 캘리포니아대학교(Dominguez Hills) 행정학과에서 조교수로 근무했으며, 현재는 고려대학교 정경대학 행정학과 부교수로 재직 중이다. 조직이론, 인사행정론, 과학기술, 재난관리, 네트워크분석이 관심 영역이다.

최성욱(崔誠旭)

호남대학교 행정학과를 졸업하고 고려대학교 대학원에서 행정학석사와 행정학박사를 취득했으며, 현재 전남대학교 행정학과 교수로 재직 중이다. 미국 플로리다주립대학교 방문연구교수, 한국행정학회 총무이사, 한국조직학회 편집이사, 한국거버넌스학회 편집이사 등을 역임했다. 2011년 한국행정학회 학술상을 수상했다. 조직이론, 갈등관리, 관료제론이 관심 영역이다.

공공조직행태론

펴낸날 / 제1판 제1쇄 2014년 7월 15일
제1판 제2쇄 2016년 7월 15일

지은이 / 조경호 외
펴낸이 / 임춘환
펴낸곳 / 도서출판 대영문화사
주소 / 서울특별시 용산구 청파로 61길 5(청파동 1가) 제일빌딩 2층
등록 / 1975년 12월 26일 제3-16호
전화 / (02)716-3883, (02)714-3062
FAX / (02)703-3839
홈페이지 / http://www.dymbook.co.kr

ISBN 978-89-7644-490-5

〔값 16,000원〕